VERGISS DIE ZEIT DER DORNEN NICHT

Günter K. Koschorrek

VERGISS DIE ZEIT DER DORNEN NICHT

Ein Soldat der 24. Panzerdivision
erlebt die sowjetische Front
und den Kampf um Stalingrad

Mit einem Vorwort von
Georg Leber

Weltbild

Genehmigte Lizenzausgabe für Verlagsgruppe Weltbild GmbH,
Steinerne Furt, 86167 Augsburg
Copyright © 2007 by Verlagshaus Würzburg GmbH & Co. KG, Würzburg
Umschlaggestaltung: Uhlig, Augsburg / www.coverdesign.net
Gesamtherstellung: CPI Moravia Books s.r.o., Pohorelice
Printed in the EU

ISBN: 978-3-8289-0860-4

2011   2010   2009   2008
Die letzte Jahreszahl gibt die aktuelle Lizenzausgabe an.

Einkaufen im Internet: *www.weltbild.de*

Inhalt

Dr. h.c. Georg Leber
Bundesminister der Verteidigung a.D.

Vorwort

In den mehr als fünfzig Jahren, seit der Zweite Weltkrieg sein Ende fand, sind aus vielen Federn in vielen Sprachen viele Bücher geschrieben worden. Was Günter K. Koschorrek geschrieben hat, fällt aus dem Rahmen. Er war nicht Heerführer, nicht Wissenschaftler oder Historiker, er hat in seinem Buch zusammengefaßt, was er als einfacher Soldat im Grauen des Krieges täglich aufgeschrieben hat. Sein Erleben des Krieges war ein anderes als das in Stäben oder Befehlsständen.

Der Verfasser war 19 Jahre alt, als ihn der Krieg in seiner schlimmsten Phase einholte und ihn in seine unerbittliche Gewalt nahm. In dem Krieg, wie er von da an war, reimte sich das Wort Krieg nicht mehr auf Sieg. Er verlangte Kämpfen, Aushalten, Ertragen, Leiden und Töten, begleitet auch vom Zittern und von der Angst um das eigene Leben.

In dem Krieg, in den Koschorrek eingebunden war, hatte er zu gehorchen und nicht nach dem Warum zu fragen. Den meisten noch jungen deutschen Soldaten im Zweiten Weltkrieg war die Unmoral, die Abartigkeit, die Menschenverachtung derer, die das Volk in den Krieg geführt hatten, in diesem Stadium ihres Lebens nicht bewußt. Sie konnte ihnen unter den damaligen Umständen, mit Zensur und gesteuerten Informationen, auch kaum bewußt werden. Das Regime, das seine Ziele in Maßlosigkeit und Hemmungslosigkeit verfolgte, hatte eine ganze Generation unter Eid und in die Pflicht genommen, ihre Ideale schändlich mißbraucht, ihr Vaterland ins Verderben geführt und den deutschen Namen besudelt..

Im alten Griechenland hat Perikles in seiner Rede für die Gefallenen gesagt: "Denn auch dies ist unsere Art: da am freiesten zu wagen, wo wir am besten überlegt haben. Bei anderen aber erzeugt nur die Unkenntnis Tapferkeit, die Überlegung jedoch Zagen!"

Die Tapferkeit, wie Perikles sie verstanden hat, ist eine der Kardinaltugenden, deren natürliche Schwester Gerechtigkeit heißt. Sie gründet sich auf Wissen um das, was gut und böse, was recht und unrecht ist. Von dorther erhält sie ihren Rang und auch ihren Adel. Bei Thomas von Aquino heißt es: "Das Lob der Tapferkeit hängt von der Gerechtigkeit ab."

Wenn das nicht der Fall ist, gerät die Tapferkeit in die Gefahr, als Hebel des Bösen mißbraucht zu werden. Sie muß auf etwas Gutes gerichtet sein, sonst wird sie zu bloßem Draufgängertum mit Schlauheit, List oder geschicktem, trickreichem Taktieren.

Gegen das Unmenschliche des Auftrages, gegen die Unterordnung und den Gehorsam, die den Soldaten abverlangt wurden, aufzubegehren war gefährlich.

In eine solche Situation geriet der Verfasser im Kampf gegen die Partisanen in Italien. Der Befehl, drei gefangene unbewaffnete Italiener zu erschießen, wurde nicht ausgeführt. Wenn diese Weigerung dem Feldwebel bekannt geworden wäre, der den Befehl dazu gegeben hatte, dann hätte es Koschorrek und seinem Gefährten Hamann so ergehen können, wie es 41 sowjetischen Soldaten am 17. Juni 1953 im Osten Deutschlands ergangen ist: Sie wurden standrechtlich erschossen, weil sie sich geweigert hatten, auf unbewaffnete deutsche Zivilisten zu schießen, wie es ihnen befohlen worden war.

Ihnen, den beiden Deutschen in Italien und den einundvierzig Rotarmisten in Ostdeutschland, ist wohl bewußt gewesen, welche Strafe für eine Befehlsverweigerung sie erwartete. Dann hatten sie in Italien "in Kenntnis und Abwägung gehandelt und als Freie gewagt und nicht gezagt" und sie hätten ihr Leben verloren wie die 41 Rotarmisten.

Mit dem zeitlichen Abstand spannt sich, vom Ende des Krieges bis an das Ende der deutschen Teilung ein weiter Bogen. Es hat Beispiele dafür gegeben, daß Tapferkeit nicht nur eine Tugend von Soldaten ist.

Es gab auch die Tapferkeit derjenigen Deutschen, die sich in den Jahren nach dem Unheil, als alles verloren war, im Osten Deutschlands nicht gebeugt, sondern verzichtet, ertragen und lautlos in der engen Nische zwischen Verzweiflung und einem Fünkchen Hoffnung ausgehalten und durchgehalten haben.

Und es ist ein Zeugnis von Tapferkeit, als 1989, in einer Kirche in Leipzig, Frauen und Männer das Ende der Diktatur verlangten, wissend um die Gefahren in einem Staat, der noch fähig war, sich zu rächen und zu strafen, und mit dieser Forderung hinausgingen in ihre Stadt und in das Land, bis die Mauern abgerissen und die Stacheldrähte eingerollt waren.

Wenn man diesen Bogen spannt, vom Krieg bis an das Ende der Teilung Deutschlands, dann ergibt sich Sinn, mehr als ein halbes Jahrhundert danach, in einer Zeit, in der wir ohne Krieg leben, ein solches Buch zu schreiben.

Es mag uns allen und denen, die jünger sind oder nach uns kommen, die Verpflichtung bewußt machen, daß freiheitlich verfaßte Gemeinwesen nie wieder ungeschützt, unverteidigt und ohne Widerstand Despoten in die Hände fallen zu lassen, denen Macht mehr ist als Menschenwürde und Freiheit.

Das bezieht sich auch auf den Auftrag unserer Bundeswehr.

Es ist Sache des ganzen Volkes und insbesondere derer, denen das Volk Führung und Verantwortung im Staat überträgt, daß der Auftrag der Bundeswehr immer ein ehrenhafter und ein moralisch sauberer bleibt.

Ihr von unserem Grundgesetz ausgehender Auftrag ist aus den Quellen der europäischen Kultur geschöpft und von dem Geist bestimmt, wie ihn Perikles in der Antike formuliert hat.

Sie hat unseren Frieden und unsere Freiheit gegen Gefahren von außen zu schützen, nicht nur weil das Gesetz es so befiehlt, sondern auch, weil ein solcher Auftrag im Einklang mit einem lauteren Gewissen von unseren Soldaten als ihre Bürgerpflicht übernommen werden kann. Dazu gehört auch die Aufgabe im Auftrag der Völkergemeinschaft, im Benehmen mit unseren Verbündeten, ehrenhaft für Menschlichkeit und Frieden in der Welt einzutreten.

Zum Geleit

Meine unauslöschlichen Erlebnisse aus dem II. Weltkrieg habe ich als mahnende Erinnerung und in treuem Gedenken an meine Kameraden der ehemaligen 1.Kav.Div./24.Pz.Div. aufgezeichnet, denen es nicht vergönnt war, aus dem unseligen Krieg heimzukehren.

Möge diese Dokumentation auch von jenen gelesen werden, die den damaligen NS-Zeitabschnitt nur aus der Literatur kennen und in weitgehender Unkenntnis der Auswirkungen des Krieges auf den Menschen, heute den Anspruch erheben, über die Soldaten der deutschen Wehrmacht richten zu können.

Für die erfolgte Publikation meiner authentischen Aufzeichnungen bedanke ich mich sowohl bei meinem ehemaligen Abteilungskommandeur und jetzigen Bundeswehr-Oberstleutnant a.D. Ernst-Georg v. Heyking, als auch recht herzlich bei allen Regimentskameraden, durch deren großzügige finanzielle Mithilfe erst die Voraussetzungen geschaffen wurden, daß meine Kriegsaufzeichnungen nunmehr auch einer interessierten Leserschaft als Buch zur Verfügung gestellt werden können.

Prolog

Es ist nicht so einfach, seine Erlebnisse aus dem II. Weltkrieg erst nach fünf Jahrzehnten aus dem Gedächtnis zu holen, um daraus einen authentischen, chronologisch geordneten Bericht zu schreiben. Entweder gibt man sich mit herausgefilterten Bruchstücken zufrieden - oder man ergänzt die fehlenden Lücken mit einer lebhaften Phantasie.

Aus letzterer Mixtur würde zweifellos wieder eines der vielen Bücher entstehen, die den Krieg im Lichte von unbestrittenen Heldentaten glorifizieren, oder ihn absichtsvoll boshaft so interpretieren, daß der Leser in allen Soldaten blutgierige Mordbrenner sieht.

Ich will keines von beiden. Weder glorifizieren, noch irgend etwas verteufeln oder zurechtrücken. Ich will die Wirklichkeit beschreiben. So, wie ich den Krieg an der Rußlandfront, vom Herbst 1942 bis zum bitteren Ende als einfacher Soldat, mit nur wenigen Unterbrechungen wegen einiger Verwundungen, selbst erlebt und empfunden habe.

Es soll ein authentischer Bericht werden, mit den Schilderungen unauslöschlicher Erlebnisse, Eindrücke und Empfindungen. Aus der Sicht eines ganz gewöhnlichen Frontsoldaten, der im damaligen Jargon als "Landser" bezeichnet wurde.

Es soll ein Dokument der vielen Namenlosen sein, die die meiste Zeit des Krieges in den dreckigen Erdlöchern der russischen Erde steckten und bei Kämpfen diese Deckung verlassen mußten. Niemand fragte danach, ob im Sommer bei brütender Hitze oder bei Regen im knietiefen Schlamm, ob im Winter bei schneidender Kälte und knochenhart gefrorenem Boden oder im tiefen Schnee in der eisigen Wüste Rußlands. Diese Namenlosen hatten nur die einzige Hoffnung, vielleicht wieder einmal für eine kurze Zeit abgelöst zu werden, um hinten bei ihrem Troß etwas zu verschnaufen. Bis dahin waren die Gräben und Panzerdeckungslöcher ihr Zuhause.

Dort an der Hauptkampflinie, wo sie Tag für Tag um ihr Leben bangten und ihre Feinde töteten, um nicht selbst getötet zu werden. Wo sie gemeinsam mit ihrer Einheit kämpften, aber letztlich jeder auf sich allein gestellt war. Wo sich die Erde um sie herum oft in eine flammende Hölle verwandelte, und sie den eiskalten Hauch des Todes spürten, wenn die glühenden Metallsplitter und die sirrenden Kugeln ihre Körper suchten, um sich tief in sie hineinzubohren. Dort, wo sich die zerfetzten Leiber ihrer Feinde im Vorfeld häuften und sich die gellenden Schreie der Verwundeten mit den schwachen Rufen der Sterbenden mischten.

Davon will ich berichten, denn ich gehörte zu ihnen. Ich will auch schreiben über meine Ängste und Zweifel, über die bis zum Zerreißen gespannten Nerven, die bei manchen scheinbar Starken und Unbezwingbaren zerfaserten wie ein mürbe gewordenes Hanfseil. Aber auch von den Tagen des Aufbegehrens und der unendlichen Steigerung der Willenskräfte, die den Feind und sogar den Tod besiegen wollten. Und auch von den Zeiten der stupiden Abgestumpftheit, wo das Töten schon fast zu einer routinemäßigen Handlung geworden war.

Zweifellos gibt es nach einem halben Jahrhundert nicht mehr so viele, die von sich sagen können, den mörderischen Krieg an der Rußlandfront oder eine unmenschliche Gefangenschaft überlebt zu haben.

Ich verdanke mein Leben einer unergründlichen göttlichen Fügung, die mich, trotz meiner Angst, schwer verwundet zu werden oder in Gefangenschaft zu geraten, wunderbarerweise nie daran zweifeln ließ, daß ich dieser Hölle heil entkäme.

Da ich in meiner Rekrutenzeit an einem schweren Maschinengewehr (sMG) ausgebildet wurde, haben mich meine Vorgesetzten auch an der Front vorwiegend als MG-Schütze und als Gewehrführer eingesetzt. Ich kann nicht leugnen, daß ich mit diesem schnellfeuernden MG, das auf einer Lafette aufgesetzt wurde und mit einer optischen Zieleinrichtung versehen war, im Rußlandkrieg viele unserer Feinde getötet habe.

Dennoch habe ich niemals darüber triumphiert oder mich gar als Held gefühlt. Alle diese Taten hatten absolut nichts mit den so gern zitierten schneidigen Heldentaten zu tun.

Meine wahren Antriebskräfte kamen immer aus der Selbsterhaltung und der panischen Angst, zusammen mit meiner Einheit vom Feind überrannt zu werden, wie ich es später einmal bei meinem ersten Fronteinsatz im Raum Stalingrad erlebte. Um das zu verhindern, setzte ich immer mein ganzes Können ein, das sich im Laufe weiterer Fronterfahrungen perfektionierte.

In dieser Zeit habe ich viele Notizen gemacht, um sie nach dem Krieg für einen Tatsachenbericht zu verwenden. Anfänglich führte ich noch ein Tagebuch, obwohl es uns Landsern verboten war. Als ich später bei der kämpfenden Truppe war verstaute ich es während meiner Fronteinsätze in einer meiner Packtaschen.

Bei einem massiven russischen Panzerangriff am 13. Dezember 1942 am Rande des Kessels von Stalingrad fiel unser Troß und unser persönliches Eigentum in die Hände des Feindes. Bedauerlicherweise auch mein Tagebuch.

Erst Wochen später, während der Ausheilung meiner ersten Verwundung, holte ich die Aufzeichnungen aus dieser verhängnisvollen Zeit nach. Es waren die Tage und Wochen, in denen wir voller Verzweiflung versuchten, aus dem Kessel von Stalingrad zu fliehen und schließlich in einer kopflosen Hetzjagd über den zugefrorenen Don, unter dem wahnsinnigen Feuer von annähernd hundert russischen Panzern zu entkommen.

Seit dem Verlust meines Tagebuches machte ich meine Aufzeichnungen nur noch auf einem Stück Papier, das ich gerade zur Hand hatte. Die beschriebenen Blätter faltete ich danach zusammen und schob sie durch einen kleinen Schlitz in das Innenfutter meines Uniformrocks. Während meiner kurzen Lazarettaufenthalte hatte ich zweimal die Gelegenheit, die Blätter meiner Mutter zur Aufbewahrung mitzugeben. Ich war überzeugt, daß außer mir niemand in der Lage war, mein Geschreibsel, teilweise auch in Kurzschrift abgefaßt, zu entziffern.

Während meines Heimaturlaubs deponierte ich, einer Eingebung folgend, alle Aufzeichnungen in ähnlicher Weise im Innenfutter meines Wintermantels, den ich zuletzt noch Ende 1940 trug, bevor ich für ein Jahr zur Motorsportschule nach Itzehoe einberufen wurde, um in einer vormilitärischen Ausbildung einige Wehrmachtsführerscheine zu machen.

Mein Wintermantel war ein Geburtstagsgeschenk, und ich trug ihn immer voller Stolz. Nicht zuletzt, weil er eine prächtige taubenblaue Farbe hatte und aus einer hochwertigen Wollqualität gefertigt war. Das mußte auch der Grund sein, warum meine Mutter dieses Stück auf der Flucht aus Ostpreußen im Winter 1944/45 bis zu ihrer Ankunft in einem kleinen Ort in Niedersachsen ständig mitschleppte.

Als wir uns nach einigen Monaten noch in den Wirren der Nachkriegszeit wiederfanden, war ich heilfroh, dieses warme Bekleidungsstück zu besitzen. Meine Aufzeichnungen waren in dem dicken Winterfutter zwar arg zerknittert, aber alle noch vorhanden.

Irgendwann habe ich dann begonnen, sie chronologisch zu ordnen. Mein sehnlichster Wunsch, damit später ein Buch zu schreiben, blieb aus vielerlei Gründen noch unerfüllt. Jahre vergingen, in denen ich immer wieder den Drang verspürte, endlich das aufzuschreiben, was mir in der Tiefe meiner Seele brannte.

Dann kam die Zeit, wo ich meine Unterlagen vermißte und annahm, daß sie mir irgendwann bei einem Wohnungswechsel abhanden gekommen waren. Erst viel später habe ich erfahren, daß ich sie bereits bei meiner überstürzten Trennung von meiner ersten Frau Mitte der fünfziger Jahre in der gemeinsamen Wohnung zurückgelassen hatte. ...

Die Dornen des Krieges steckten immer noch schmerzhaft in der Tiefe meiner Seele. Und die während der Jahrzehnte nach dem Krieg entstandene Umkehrung vieler bislang gültiger Werte des menschlichen Lebens in Respektlosigkeit, Aggression, Haß und brutale Gewalt trug nicht dazu bei, die schicksalhafte Zeit des letzten Krieges zu vergessen.

So entstanden denn auch sofort wieder die unvergessenen Bilder vor meinen Augen, als ich eines Tages ganz unerwartet meine Kriegsaufzeichnungen wieder in Händen hielt und einige Zeilen davon las.

Es begann mit einem Anruf aus den Vereinigten Staaten. Eine unbekannte Frauenstimme mit unüberhörbar amerikanischen Akzent fragte nach meinem Namen und sprach mich danach einfach mit "Vater" an. Es dauerte eine Weile, bis ich begriff, daß die Anruferin meine Tochter aus erster Ehe war, die ich seit der Trennung Mitte 1950 nicht mehr gesehen hatte. Ein unbeschreibliches Gefühl, plötzlich eine Tochter zu haben, die bereits verheiratet war und mich über Nacht zum Großvater von zwei Enkelkindern machte.

Als sie uns, meine Frau und mich, später in Deutschland besuchte, brachte sie mir ein wunderbares Geschenk. Sie überreichte mir eine Mappe mit meinen vermißten Unterlagen, die sie die langen Jahre als einziges Andenken an ihren Vater aufbewahrte, in der Hoffnung, mich eines Tages wiederzusehen.

Einige Jahre später hatte ich ein Erlebnis, das mich in meinem Vorsatz, das Buch mit den jetzt wiedererlangten Unterlagen endlich zu schreiben, aufs neue bestärkte.

Ich stellte fest, daß viele junge Menschen, die ihr Wissen über Kriege nur aus Geschichtsbüchern oder vom Hörensagen kennen, sich die Wirklichkeit unmöglich vorstellen können, so wie es auch mir derzeit erging, als ich zum ersten Male etwas über den I. Weltkrieg erfahren habe.

Die Realität ist völlig anders. Sie übertrifft auch die gewagtesten Phantasien, denn die menschliche Vorstellungskraft reicht nicht aus, die wahren Gefühle und Empfindungen der Männer an der Front nachzuvollziehen.

Unbestritten gab es unter den Soldaten auch welche, die von ihrer Veranlagung her hartgesottener waren und die in den Kämpfen wie in einem Rausch kämpften und töteten. Aber wirklich extreme Brutalitäten, wie sie oft den kämpfenden Truppen nachgesagt wurden, habe ich bei unserer Einheit nicht erlebt.

Mit dem Schreiben meiner Erlebnisse begann für mich die imaginäre Wiederholung einer leidvollen Zeit, der ich im Grunde niemals richtig entronnen bin. Vielleicht gelingt es mir jetzt, wenn ich das Buch zu Ende geschrieben habe.

Es lag nicht in meiner Absicht, alle Namen oder die Bezeichnung meiner Einheit exakt anzugeben, da ich in diesem Buch allein meine persönlichen Erlebnisse, meine Eindrücke und Wahrnehmungen sowie meine Gefühle und Empfindungen während des Krieges dokumentieren will. Sollten noch lebende Angehörige unseres Truppenteils meine Aufzeichnungen lesen, werden sie ohnehin ihre Einheit erkennen und sich möglicherweise auch noch an Einzelheiten erinnern.

Mein heutiges Wissen über die unmenschliche Vernichtungspolitik der nationalsozialistischen Machthaber des Dritten Reiches nahm ich nicht zum Anlaß, meine Kriegsdokumentation in größere politische Zusammenhänge zu stellen. Es wäre unglaubwürdig zu suggerieren, daß ich als junger Soldat oder daß irgendeiner meiner gleichaltrigen Kameraden an der Front an mehr gedacht hat als daran, die erbarmungslosen Kampfhandlungen heil zu überstehen.

Obgleich ich keine Mühe hatte, meine noch lesbaren Aufzeichnungen chronologisch auszuwerten, besteht die Möglichkeit, daß einige Daten oder Ereignisse zeitlich nicht genau übereinstimmen. Die in den folgenden Kapiteln beschriebenen Begebenheiten und Ereignisse haben sich jedoch genauso zugetragen und sind von mir wahrheitsgetreu aufgezeichnet worden. Alle Dialoge konnten wegen der vergangenen großen Zeitspanne nur nach der Erinnerung, und darum nur sinngemäß wiedergegeben werden.

Auf dem Weg nach Stalingrad durch die Kalmückensteppe

18. Oktober 1942. Ich sitze auf dem Strohlager in einem Güterwaggon, der zu einem Truppentransport gehört, und mache, so gut es das Rütteln des fahrenden Zuges zuläßt, meine ersten Eintragungen in meinem nagelneuen Notizbuch. Wir sind vor circa drei Stunden in die Waggons eingewiesen worden. Wir - das sind circa dreihundert frisch ausgebildete Rekruten im Alter von achtzehn Jahren sowie einige Gefreite, Obergefreite und Unteroffiziere.

Unser Waggon ist mit einem Obergefreiten als Wagenältestem und sechzehn Rekruten belegt. Nachdem unsere Strohlager hergerichtet und die Waffen und das Gepäck ordnungsgemäß verstaut waren, setzte sich der Zug, bestehend aus zwanzig Güter- und einem Personenwaggon für die Transportleitung, mit einem lauten Pfiff der Lokomotive in Bewegung.

Endlich haben wir etwas Zeit für uns. Die letzten drei Tage ging es ziemlich turbulent zu. Auf dem Wege zur Front wurden wir zuerst über den Truppenübungsplatz Stablak in Ostpreußen zur Frontvorbereitung geschleust. Den Tag zuvor hatte uns der Kommandeur des Ausbildungsbataillons in Insterburg mit einer erhebenden Rede zum Einsatz in Rußland verabschiedet.

Für uns war es ein denkwürdiger Augenblick, endlich das Ausbildungsziel erreicht zu haben, wonach wir uns als vollwertige Soldaten an der Front bewähren konnten. Die Rede des Kommandeurs machte uns mächtig stolz. Er sprach von der ruhmreichen deutschen Wehrmacht, von ihren siegreichen Kämpfen und von dem ehrenvollen Auftrag, uns für unseren Führer und unser geliebtes Vaterland mit der ganzen Kraft unserer soldatischen Fähigkeit einzusetzen. Unsere Stimmung war großartig, nicht zuletzt weil auch die Schleiferei zu Ende gegangen war.

Die sechs Monate Ausbildung waren oft verdammt hart, und so mancher von uns wird sie nicht so leicht vergessen. Vor allem wegen der willkürlichen Schikanen mancher Ausbilder. Disziplin und Härte beibringen nannten sie es offiziell. Der schlimmste war Unteroffizier Heistermann, ein früherer Stallknecht, wie es hieß. In meinen Augen ein Typ mit ausgesprochen sadistischen Anlagen. Er machte sich einen teuflischen Spaß daraus, wenn er Schwächere bis zur Erschöpfung schleifen und quälen konnte. Bei mir hatte er kein Glück, weil ich als Sportler immer in Hochform war. Das brachte ihn oft zur Weißglut und mir eine zusätzliche Wache oder Ausgangssperre ein.

Ein übler Typ war auch unser Zugführer. Er kam erst vor zwei Monaten als frisch gebackener Leutnant zu uns, ein arroganter und blasierter Geck aus adeligem Haus. Sein Gesicht war blaß und aufgeschwemmt, sehr weiche Züge und mehr der Muttersöhnchentyp. Wir sahen ihn nie ohne Reitpeitsche. Sie wippte schon morgens in seiner Hand, wenn er in einem seidenen Morgenmantel und in einer scheußlichen Parfümwolke gehüllt, die seine Alkoholfahne überdecken sollte, aus seinem Zimmer trat. Das Bürschchen pflegte uns schon am frühen Morgen in den Waschräumen hin und her zu jagen.

Aber das war nun schon Vergangenheit für uns. Vor uns liegt eine neue Zeit, wenn auch mit einer ungewissen Zukunft. Gleich nach der Verabschiedung durch den Kommandeur ging es durch das Kasernentor hinaus in Richtung Verladebahnhof. Ja, unsere Marschlieder hatten schon lange nicht mehr so freudig und zuversichtlich geklungen wie an diesem sonnigen Herbstmorgen. Die Fahrt nach Stablak erfolgte vom Verladebahnhof in Waggons.

Älteren Soldaten war der Truppenübungsplatz Stablak noch bekannt als Standort, berüchtigt für harten militärischen Drill. Jetzt diente er als Durchgangslager für Fronttruppen. An welchen Frontabschnitt es gehen sollte, wußte niemand. Alles war streng geheim, sogar Schreibverbot war seit zwei Wochen angesagt.

In den drei Tagen in Stablak kamen wir nicht zur Ruhe. Von Kopf bis Fuß wurden wir neu ausstaffiert, mit Tornister, Decken, Wintermantel, Koppel, Klappspaten, Gasmaske und neuen Gewehren. Wir machten uns unsere Gedanken, wie wir das alles mitschleppen sollten. Am vorletzten Tag: Untersuchung und einige Spritzen gegen Tetanus, Typhus, Ruhr und anderes. Am nächsten Morgen ging es dann weiter.

Nachdem wir für drei Tage Marschverpflegung erhalten hatten, wurden wir in diese Waggons eingewiesen. Seitdem begann das Rätselraten über unser Ziel. Der einzige, der es hätte wissen können, war der Obergefreite mit dem Eisernen Kreuz II. Klasse und dem Verwundetenabzeichen. Der schwieg sich aber aus und sog seelenruhig an seiner Pfeife.

Er und einige andere mit einem oder zwei Winkeln auf dem Ärmel waren als ausgeheilte Verwundete aus der Genesungskompanie gekommen. Sie wurden vom Transportführer als Aufsichtspersonen und als Wagenälteste eingeteilt. Wir vermuteten, daß sie wieder zu ihrer alten Einheit zurückversetzt wurden, für die wir als Ersatz bestimmt waren.

Jemand hatte gehört, unsere Einheit sei eine ehemalige Kavalleriedivision, umgeschult zur Panzerdivision mit zwei Grenadierregimentern. Der Beweis sei die goldgelbe Paspelierung an unseren Schulterklappen. Es war die traditionelle Farbe dieser ehemaligen Kavallerieeinheit, die sich angeblich zur Zeit in Stalingrad befand. Ich hielt nichts von diesen sogenannten Scheißhausparolen und wollte abwarten.

Von den sechzehn Mann in unserem Waggon sind außer mir nur sechs aus meiner Ausbildungskompanie. Alle anderen kenne ich nur vom Sehen. Da ist zuerst Hans Wichert, der immer Hunger hat. Der nächste ist der lange Warias, der rechte Flügelmann in der Ausbildungskompanie. Dann ist da Küper, ein muskulöser und bulliger Blonder, als vierter der stille und sensible Grommel, weiter Heinz Kurat, der so gut Mundharmonika spielt, und als letzter Otto Wilke, der jede freie Zeit zum Kartenspielen nutzt. Auch jetzt ist er mit einigen anderen eifrig dabei.

Das Wetter ist auch heute wieder schön, wir lassen deshalb die Schiebetüren des Waggons offen. Einige betrachten die vorüberziehende Landschaft. Zwischendurch quietschen die Bremsen, der Zug verlangsamt seine Fahrt, passiert irgendeinen kleinen Bahnhof, um dann wieder Fahrt aufzunehmen.

Aus den vorderen Waggons kommt Gesang, andere singen laut mit, und auch wir stimmen mit ein. In den nächsten Stunden werden abwechselnd alle Lieder, die wir kennen, gesungen, wobei "Muß i denn zum Städt'le hinaus" mehrmals wiederholt wird. Als es Abend wird, klingt aus dem Nachbarwaggon das wunderbare Lied "Es steht ein Soldat am Wolgastrand" zu uns herüber. Jemand begleitet es mit der Mundharmonika. Als es zu Ende geht, ist es auffallend still in unserem Waggon. Das Lied vom Soldaten, der an der Wolga auf Wache steht, nimmt uns zum ersten Mal etwas von unserer Heiterkeit und läßt uns nachdenklich werden.

Auch mich packt so etwas wie Heimweh. Ich denke an die Zeit in der Kaserne zurück, die trotz der harten Ausbildung auch ihre guten Seiten hatte. An unseren Stadtbummel durch Insterburg und an das Tanzcafé Tivoli, wo man schon mal ein Mädchen kennenlernen konnte. Zwar war ich diesbezüglich immer etwas zurückhaltend und bekam in der Nähe von Mädchen immer einen roten Kopf, aber ich verstand es geschickt, das durch gescheite Redensarten zu überspielen. Bis jetzt hatte ich noch kein festes Verhältnis und ich glaube, ich war darin etwas wählerisch.

Wenn ich diese kritisch-wählerische Einstellung auf unsere Ausbilder in der Ausbildungskompanie anwendete, blieben davon nur ganze fünf übrig, die ich akzeptierte. Das waren die fähigen Ausbilder mit Format. Bei den anderen hatte ich das Gefühl, daß sie den geforderten militärischen Drill als Alibi für ihre Komplexe und sadistischen Anlagen benutzten.

Ein harter Ruck und quietschende Bremsen reißen mich aus meinen Gedanken. Der lange Warias steckt seinen Kopf nach draußen und versucht, im Halbdunkel den Namen der Station zu entziffern. Er zerbricht sich fast die Zunge, es ist polnisch. Wir sind schon lange in Polen, nur hat niemand darauf geachtet. Draußen ist jetzt nicht mehr viel zu sehen, und wir bereiten uns für die Nacht vor.

Pflichtgemäß wird pro Waggon die Wache eingeteilt, ich bin noch nicht dran. In dieser ersten Nacht schlafe ich schlecht. Trotz der Strohschicht unter mir spüre ich die Schläge der Achsen. Ständig werde ich hin- und hergeschüttelt, wenn der Zug bremst und dann wieder beschleunigt. Die meisten scheint es nicht zu stören, sie unterbrechen nicht einmal ihr Schnarchen.

Am Morgen halten wir auf einem Nebengleis. Ich springe mit anderen aus dem Waggon und renne mit meinem Kochgeschirr zur Lokomotive. Wir holen uns warmes Wasser zum Rasieren und machen uns etwas frisch. Danach ist Kaffee-Ausgabe. Wir wissen, daß wir in den nächsten Tagen außer warmem Kaffee keine warme Mahlzeit mehr erhalten. Wir haben keine Feldküche dabei. Nach einer Stunde geht es weiter.

19. Oktober. Heute ist Sonntag, aber wir merken nichts davon. In der Nacht war es schon etwas kühl, doch seit die Sonne wieder scheint, wird es wärmer im Waggon. Draußen zieht die Landschaft an uns vorbei. Sie sieht armselig aus, überall Holzhäuser und Zerfall. Wir kommen durch kleine Ortschaften, sehen Bauernhäuser mit Strohdächern und halbzerfallene Backsteingebäude in vielen Gehöften.

Am nächsten Bahnhof sind Menschen. Sie stehen auf den Gleisen und auf dem Bahnsteig, dazwischen Wehrmachtsuniformen - wahrscheinlich Wachsoldaten. Einige von uns winken aus dem Waggon, aber niemand winkt zurück. Unser Zug fährt ganz langsam, die Gestalten vor uns schauen uns an. Viele Frauen sind darunter. Sie haben Kopftücher, während die Männer Schirmmützen auf dem Kopf tragen. Es sind Polen. Sie machen einen bedrückten Eindruck. Sie haben Schaufeln und Spitzhacken in den Händen und arbeiten an den Gleisen.

Unser Zug fährt schneller, neue Ortschaften kommen in Sicht und verschwinden wieder. Wenn der Zug zwischendurch hält, springen wir ab und entleeren etwas abseits die Blase. Das größere Geschäft wird meist hinter einem Bahndamm verrichtet. Wenn der Zug unversehens anfährt, kann es passieren, daß einer mittendrin unterbricht und unter dem Gelächter der anderen, mit einer Hand seine Hose haltend, hinter dem Zug herhetzen muß, um noch den letzten Waggon zu erreichen.

In den größeren Pausen wird Kaffee und zwischendurch auch ein Stückchen Frischwurst ausgegeben; das Büchsenfleisch hängt uns langsam zum Hals heraus. Zwischendurch finden wir immer Zeit, uns zu waschen und frisch zu machen. Wir wissen nicht, wo wir uns genau befinden, aber seit heute nacht sollen wir bereits in Rußland sein. Im Morgengrauen hören wir plötzlich Gewehrschüsse von vorne. Der Zug hält, es wird erhöhte Wachsamkeit durchgesagt. Es sollen sich Partisanen in der Nähe befinden, die es auf Nachschubzüge abgesehen haben. Es bleibt aber alles ruhig.

23. Oktober. Tag für Tag verrinnt, die Weite Rußlands zieht an uns vorbei. Soweit das Auge reicht abgeerntete Felder, zwischendurch immer wieder riesige Strohschober und Gehöfte, sogenannte Kolchosen. In der Ferne entdecke ich einige Gestalten, die in einer Reihe marschieren. Als sie näher kommen, sehe ich, daß es vorwiegend Frauen sind, die mit Bündeln bepackt sind. Einige Männer laufen ohne Gepäck nebenher.

Die Frauen tragen Kopftücher, so daß ich ihre Gesichter nur schlecht erkennen kann. Die Männer haben eine Art Pelzmütze mit langen Ohrenklappen auf dem Kopf. Alle tragen trotz der spätsommerlichen Wärme dicke, längsgesteppte Jacken, die mich an aufgeblasene Gummiboote erinnern.

Hans Wichert regt sich über die Männer auf, weil die Frauen die schwere Last tragen und die Männer nebenher latschen. Unser Wagenführer, der Obergefreite, klärt ihn auf: "Das ist in diesem Teil Rußlands so üblich. Die Panjenkas, die Mädchen und die Mattkas, die Mütter oder Frauen, sind es von klein auf gewöhnt, das zu tun, was ihnen vom Pan, dem Mann, aufgetragen wird. Die Männer sind richtige Faulpelze, sie bestimmen, was zu machen ist. Wenn man ihnen irgendwo begegnet, traben sie immer neben den Frauen her.

Im Hause liegen sie meist auf dem warmen Lehmofen und pennen. Jetzt sieht man aber nur alte Männer, weil die jungen im Krieg sind."

Unser Obergefreiter war in den letzten Tagen gesprächiger geworden und entpuppte sich als patenter Typ. Es begann damit, daß ihn einige, wie in der Ausbildung gewohnt, mit "Herr Obergefreiter" ansprachen. Er fuhr ihnen regelrecht übers Maul und erklärte, daß wir hier nicht mehr in der Ausbildung wären. Außerdem beginne das mit dem "Herr" erst, wenn jemand Lametta auf der Schulter trüge, und zwar ab Unteroffizier.

"Sollen wir Sie mit *Sie* anreden?" fragte der kleine Grommel.

"Quatsch, sagt auch nicht *Sie* zu mir, sagt einfach *Kumpel*, so heißt das bei uns."

"Oder *Kamerad*, meinte ein schlanker Blonder, den ich nicht kannte, der mir aber später erzählte, daß er KOB, also Kriegsoffizierbewerber werden wollte, nachdem er seine Frontbewährung hinter sich gebracht hätte.

Der Obergefreite hob abwehrend die Hände: "Mann, bloß das nicht. Die Anrede überlasse mal lieber den geschniegelten Salonsoldaten im Hinterland oder in der Heimat. Die kennen sich da besser aus als wir Frontschweine. Tut mir leid, Kumpel, aber bei uns sind die Kameraden alle gefallen."

Danach erzählte er uns einiges über seine Einheit, der ehemaligen Kavalleriedivision, der er seit der Umstellung zur Panzerdivision im Frühjahr 1942 angehörte. Von der Verlegung seiner Einheit nach Rußland und dem Vorstoß nach Woronesch im Juni. Den anschließenden Kämpfen mit vielen Toten und Verwundeten im Juli/August bis zum Tschir und Don und weiter nach Stalingrad hinein. Also doch nach Stalingrad, wie schon vermutet! Soweit ist es aber für uns noch lange nicht.

24. und 25. Oktober. Wir sind jetzt schon sieben Tage unterwegs und haben das Gefühl, daß wir nur hin und her verschoben werden. Uns überholen immer wieder Waffen- und Gütertransporte mit Nachschub für die Front.

Gestern haben wir fast einen halben Tag auf einem Nebengleis gewartet. Neben uns stand ein Zug mit ungarischen Soldaten. Wir haben einige Flaschen Wacholderschnaps gegen Ölsardinen bei ihnen eingetauscht. Später kamen einige zerlumpt aussehende russische Kinder an die Waggons und bettelten um Brot. Sie erhielten es reichlich, denn wir hatten noch genug zu essen.

Jemand sagte, daß wir gestern nacht den Bahnhof Krementschug passiert hätten. Wir waren demnach mitten in der Ukraine, der Kornkammer Rußlands. Der Obergefreite - inzwischen wußte ich, daß er Fritz Marzog hieß - meinte, daß wir jetzt über Dnjepropetrowsk und Rostow und von da weiter in nordöstlicher Richtung nach Stalingrad geleitet werden. Er behielt recht. Bereits einen Tag später erreichten wir im Morgengrauen Rostow an der Donmündung zum Asowschen Meer.

In der Nähe des Bahnhofs wird auf einem Abstellgleis gehalten. Wasser ist in der Nähe, so daß wir uns wieder frisch machen können. Das Wetter ist schön warm, obwohl es dunstig und die Sonne noch nicht zu sehen ist. Wir laufen mit freiem Oberkörper herum, da es heißt, daß wir hier wieder länger halten werden. Ich bin gerade dabei, einige Bekannte in den Nachbarwaggons aufzusuchen, als der Teufel los ist.

Wir hören das Motorengeräusch zu spät. Aus dem dunstigen Himmel stürzen sich plötzlich drei russische Jäger im Tiefflug auf uns. Ihre Maschinengewehre rattern, und noch bevor der Ruf kommt: "Fliegerdeckung!" liegen die meisten schon unter den Waggons. Ich sehe die Funken von den Gleisen sprühen und höre das Sirren der Querschläger. Dann ist es vorbei, aber sofort ruft jemand: "Sie kommen wieder!"

Tatsächlich, auch ich sehe, wie sie einen Bogen beschreiben und genau auf uns zukommen. Und plötzlich ist die Hölle los. Bei aufheulenden Sirenen geht ein Krachen los, daß mir fast das Trommelfell platzt. Es müssen im Bahnhofsbereich mehrere Flakbatterien stehen, die jetzt ihr Sperrfeuer legen. Die drei Maschinen drehen sofort ab und verschwinden, ohne getroffen zu werden.

Wir sehen uns verdutzt an, es ging alles so rasend schnell, und es war alles so ganz anders als auf dem Exerzierplatz, wenn der Ausbilder "Fliegerdeckung" brüllte. Das hier war voller Ernst, und darum sind wir auch noch nie so schnell in Deckung geflitzt wie vorhin. Jemand sagt, daß es einen erwischt hat. Ist aber nicht schlimm, ein Streifschuß am Bein, den der Sanitäter verarzten kann.

"Alle Wagenältesten zum Transportführer zur Besprechung", wird durchgesagt. Obergefreiter Marzog kommt kurz darauf mit Neuigkeiten zurück. Er berichtet, daß zwei offene Waggons an unseren Zug angekoppelt werden mit jeweils einer Zwillingsflak zur Fliegerbekämpfung. Man rechnet also mit mehr Beschuß durch russische Flieger. In den Waggons sollen wegen verstärkter Partisanentätigkeit ab sofort in der Nacht zwei Mann Wache halten. Es könnte auch sein, daß wir Umwege machen müssen, weil damit zu rechnen ist, daß vor uns Gleise gesprengt sind. Zum Schluß kommt dann noch etwas überraschend Gutes: "Wir erhalten nachher von der Flakbatterie eine gute Erbsensuppe", sagt uns Marzog.

Wir jubeln, und dem verfressenen Wichert läuft schon das Wasser im Mund zusammen, er leckt sich über die Lippen und streicht mit der Hand über seinen Bauch. Seit der Abfahrt von Stablak haben wir außer heißem Kaffee immer nur Kaltverpflegung erhalten. Die Erbsensuppe schmeckt uns besser als der Sonntagsbraten in der Kaserne.

Nach etwa zwei Stunden geht es weiter. Die Lok pfeift und stößt Dampf aus. Inzwischen ist auch der Dunst verschwunden, und der Himmel erstrahlt blau und wolkenlos. Es wird wärmer, um die 25 Grad schon am Vormittag. Einige von uns legen sich hin und dösen, Wilke hat wieder seine Karten in der Hand, und Kurat spielt leise auf seiner Mundharmonika ein sentimentales Lied.

Das Stroh unter uns ist bereits zu Häcksel geworden, neues haben wir nicht bekommen. Die Decke, die über der Strohschütte liegt, hält auch nicht viel ab, und wir haben das Gefühl, auf den blanken Waggonbrettern zu liegen. Der lange Warias und einige andere sagen, daß ihnen bereits die Hüftknochen weh tun. Der Obergefreite grinst und meint, daß es immerhin ein gutes Training ist, denn vorne in den Drecklöchern der Front sei es noch härter.

Auf unser Bitten erzählt er wieder von den siegreichen Kämpfen seiner Einheit in den Sommermonaten. Wir werden danach richtig ungeduldig und haben den Wunsch, möglichst schnell zu dieser Einheit zu kommen, um ja nichts zu verpassen. Was wir alle denken, drückt Dieter Malzahn - so hat sich inzwischen der schlanke Blonde, der KOB werden wollte, bei uns vorgestellt - in Worte aus. Er handelt sich dafür vom Obergefreiten Marzog die etwas hämische Erwiderung ein: "Laß dir ruhig Zeit, mein Junge, wenn du vorne bist, wird dir der Arsch noch früh genug eins-zu-hunderttausend gehen."

Das ist nicht neu für uns. Diese dumme Redensart haben wir schon des öfteren von einigen Landsern aus der Genesungskompanie gehört. Sie meinten, daß wir, die jungen Spritzer, uns beim ersten Kampf gleich in die Hosen scheißen würden. Blödsinn! - Wenn es die vielen anderen durchgestanden haben, warum nicht auch wir. Außerdem ist es keine Frage des Alters.

Ich muß mir allerdings eingestehen, daß ich mir die Front nicht so richtig vorstellen kann. Natürlich ist es kein Abenteuer, wovon ein Jugendlicher in meinem Alter träumt. Dafür ist ein Krieg zu ernst, es wird scharf geschossen, und man kann verwundet werden oder gar fallen. Aber jede Kugel trifft ja nicht, sagt man, außerdem haben wir die weit größeren Chancen, am Leben zu bleiben, als die armseligen Russen. Wir haben die besseren Waffen und sind deshalb unseren Feinden weit überlegen. Die Deutsche Wehrmacht hat es in vielen siegreichen Schlachten bewiesen.

Fast bei jedem Halt hören wir die Erfolgsmeldungen der Wehrmachtberichte, die aus dem Waggon des Transportleiters laut herüberschallen. Auch heute am 25. Oktober wird eine Siegesmeldung durchgegeben. Unsere Stimmung schäumt über, und wir stimmen Kampflieder an.

Seit gestern hat sich die Landschaft wieder verändert. Wenn wir bisher schon selten Dörfer zu Gesicht bekamen, werden es jetzt noch viel weniger. Zu beiden Seiten dehnt sich eine mit braunem Gras bewachsene Steppe aus, die manchmal von kleinen Hügeln unterbrochen wird. Zwischendurch kommen von Zeit zu Zeit größere Kolchosen in Sicht.

Der Lokomotivführer hält gerade mitten auf der Strecke. Wir steigen aus und hören, daß er im gleißenden Sonnenlicht ein gesprengtes Gleisstück entdeckt hat. Danach fahren wir fast einen halben Tag rückwärts und danach auf eine andere Strecke. Jetzt geht es im Zuckeltrab weiter, die Lokomotive schnauft wie ein altes Walroß, wenn es etwas bergauf geht.

Die Hügel werden höher, die Lok schnauft und schafft es kaum noch. Einige springen ab und laufen hinterher. Sie machen Witze darüber, daß man dabei Blumen pflücken oder ein Buch lesen kann. Auch ich springe ab und vertrete mir die Beine. An einem langgezogenen Hügel bleibt die Lok fast stehen: "Alles aussteigen und schieben!" heißt es dann. Alles springt heraus und beginnt an beiden Seiten kräftig anzuschieben ...., die Lok bewegt sich wieder schneller. Danach beginnt für uns ein munteres Spiel: bergauf schieben, und wenn es wieder bergab geht, aufsitzen und mitfahren.

So geht es eine ganze Weile, bis plötzlich alles erstarrt! Über einem Hügel, dicht vor uns, sehen wir einen großen, dunklen Schatten wie einen riesigen Raubvogel auf uns zukommen. Hören erst ein dumpfes und dann ein anschwellendes Brummen, wie von einer gereizten Hummel. Fliegerdeckung! Wir liegen flach auf der Erde - über uns das Rattern der Bordkanonen. Ich sehe den Dreck spritzen, dann beginnt unsere Flak zu ballern. Ich schaue nach oben, sehe, wie aus dem Flieger kleine Bomben fallen. Sie explodieren vorne an der Lokomotive. Dann wieder das böse Brummen, und weg ist er.

Die Flak hat nicht getroffen, es ist aber auch nicht viel passiert. Ein paar Splitter in die Eisenteile der Lok und einige Durchschüsse in die Seitenwände einiger Waggons. Obergefreiter Marzog klärt uns über den Flieger auf: "Das war der eiserne Gustav, ein sowjetischer Schlachtflieger, den der Iwan auch an der Front einsetzt. Es ist ein wendiger Tiefflieger, der plötzlich auftaucht und alles mit seinen

Bordwaffen beharkt. Meist wirft er auch kleinere oder größere Bomben ab. Mit normaler Munition ist dem nicht beizukommen, da er unterm Rumpf gepanzert ist."

Nach dem Zwischenfall geht es weiter: bergauf schieben, bergab aufspringen. Wie lange noch? - Irgendwann ist es zu Ende, auch das Schieben bringt nichts mehr, die Lok schafft es nicht. Was tun? Wir stehen irgendwo in der Kalmückensteppe mit etwa dreihundertzwanzig Mann und gut vierzig Pfund Gepäck für jeden.

Wie weit ist es noch bis Stalingrad? Der Transportführer sagt: "Etwa noch hundertvierzig bis hundertfünfzig Kilometer bis zu unserem Ziel."

Wir hören, daß wir durch die vielen Umleitungen und Unterbrechungen mit der Zeit arg im Rückstand sind. Wir marschieren jetzt die restlichen Kilometer zu Fuß, heißt es dann. Unser Ziel müssen wir in vier Tagen erreichen. Heute also noch in den Waggons übernachten, und morgen um sechs geht es weiter.

26. Oktober. Um fünf Uhr war wecken, und es ist noch stockdunkel. Wir empfangen heißen Kaffee und pro Mann ein halbes Kommißbrot und ein Stückchen Hartwurst. Wir merken es seit gestern, daß die Verpflegung knapp geworden ist. Mit der Zugbesatzung und den Flakschützen bleiben einige Fußkranke als Bewachung im Zug zurück. Wir nehmen das umfangreiche Gepäck auf und nach dem Kommando marschieren wir nach Kompaß und Karte. Damit beginnt für uns eine Strapaze, die unsere ganze Kraft verzehren wird.

Am Anfang wird noch gesungen, doch nach und nach verebben die Lieder. Die Sonne steigt hoch, und es wird wärmer. Um die Mittagszeit wird eine längere Rast eingelegt. Nachmittags brennt die Sonne wie im Backofen. Wir haben noch Reserven und marschieren, wenn auch schon stark ermüdet, weiter bis in die Dunkelheit hinein. In einer kleinen Mulde lassen wir uns einfach auf den Boden fallen und verschnaufen erst einmal, bevor wir unsere Zeltbahn und die Decke vom Tornister schnallen und auf dem Boden zur Nacht ausbreiten. Wir schlafen wie die Toten.

27. Oktober. Am Morgen sind meine Beine steif wie bei einem alten Packesel, den anderen geht es ähnlich. Ich esse meine Scheibe trockenes Brot und trinke einige Schluck kalten Kaffee, wer weiß, wann wir wieder etwas zu trinken bekommen. Auf - weiter! Vorne legen sie ein schnelles Tempo vor. Der Zugtrupp hat nicht so viel zu schleppen. Wir anderen traben wie bepackte Maulesel daher: auf dem Rücken den vollen Tornister mit der gerollten Decke und der Zeltbahn, den Stahlhelm draufgeschnallt und den schweren Wintermantel darübergeworfen. Am Koppel die gefüllten Patronentaschen, hinten der Brotbeutel mit der Feldflasche und auf der anderen Seite der Klappspaten. Über der Schulter hängt die Gasmaske und vor der Brust baumelt das schwere Gewehr, dessen Gurt um den Hals gelegt ist. Zum Schluß noch in einer Hand eine gefüllte Packtasche mit Socken, Unterwäsche und ähnliches. Alles in allem so an die vierzig Pfund.

Nach einigen Stunden machen wir die erste Rast. Wir müssen lange warten, bis alle aufgeschlossen sind. Als es weitergeht, ist von einer Marschordnung keine Rede mehr. Die Formation zieht sich weit auseinander, und der Abstand zu den letzten wird immer größer.

Am frühen Nachmittag die zweite Rast. Ich wundere mich, daß ausgerechnet die Großen und Starken unter den Nachzüglern sind. Auch Warias gehört zu ihnen. Der Hunger und der Durst machen ihnen mehr zu schaffen als uns übrigen. Bereits vor einer Stunde habe ich meinen Rest Kaffee mit Warias geteilt, er hat selbst schon lange keinen Tropfen mehr in seiner Feldflasche. Zu essen habe auch ich nichts mehr.

Nach dieser Rast wird es noch schlimmer. Die Sonne brennt schon einige Stunden unbarmherzig vom Himmel, und mit den dicken Klamotten und dem Gepäck schwitzen wir wie die Polarbären in der Sahara. Der Schweiß hat bereits die Unterwäsche so stark durchnäßt, daß sie auf der Haut klebt. Schweiß rinnt uns in die Augen, sie brennen und entzünden sich. Die Zunge klebt am Gaumen und ist angeschwollen wie ein Schwamm. Der Tornister drückt wie ein Betonklotz, und die Riemen schneiden tief ins Fleisch.

Mein Rücken krümmt sich immer tiefer, und dann beginnen auch die Blasen an den Füßen aufzuplatzen und brennen wie Feuer. Ich beiße die Zähne zusammen und trotte weiter. Meine Energie ist fast verbraucht.

Die Zeit verrinnt. Immer wieder lassen sich die Männer vor Müdigkeit auf den Boden fallen, um zu verschnaufen - nach einiger Zeit stehen sie auf und wanken weiter. Viele Nachzügler sehen blaß und krank aus.

Dann kommt eine erlösende Durchsage: "Vor uns in der Mulde ist ein Dorf!" Das bedeutet Wasser und etwas zu essen. Wir mobilisieren unsere letzten Kräfte und schleppen uns weiter. Dann sehen wir die Häuser - es sind nur wenige, aber große Strohschober einer Kolchose, wie wir sie in dem weiten Rußland immer wieder gesehen haben, stehen dabei. Gleich vor den ersten strohgedeckten Holzhäusern steht ein Brunnen mit einer Holzwinde und einem zerbeulten Eimer daran.

Ein Feldwebel wartet einige Schritte davor, bis die ersten herangekommen sind. Die Vordersten stürzen zum Brunnen, um den Eimer herunterzulassen. "Halt!" kommt sein schneidender Ruf. Der Mann an der Winde zuckt zusammen und läßt den Eimer an der Welle in den Brunnen sausen. Der Feldwebel sagt, daß das Wasser auch vergiftet sein könnte. Er geht auf die Häuser zu und betritt eine von diesen halb zerfallenen Hütten mit den einst recht ansehnlichen Holzschnitzereien an den Fenstern. Keine Menschenseele ist draußen zu sehen.

Er kommt mit einem ärmlich aussehenden Russen aus dem Haus. Es ist ein älterer Mann, wieder in einer gesteppten Jacke. Er trägt einen struppigen Bart und hat ein freundliches Grinsen im Gesicht. Der Feldwebel zieht ihn mit zwei spitzen Fingern am Ärmel zum Brunnen. Auf dem Querbrett des Brunnens steht ein Eimer Wasser. Der Feldwebel weist mit der Hand auf das Wasser: "Trink, Ruski!" fordert er ihn auf. Der Alte schaut ihn mit listigen Augen an, lächelt und dienert mehrmals, wobei er wiederholt etwas sagt, das wie "Pan, karosch, Pan karosch" klingt. Der Feldwebel wird ungeduldig. Er packt den Alten hinten am Genick und stubst ihn mit dem Gesicht in den Eimer. Da prustet er und schluckt Wasser, macht danach zwar ein überraschtes Gesicht, aber ohne ängstlichen Ausdruck oder Abwehr.

Das Wasser ist also gut. "In Ordnung! Ihr könnt das Wasser trinken", sagt der Feldwebel. Jetzt wird Eimer um Eimer hochgezogen, und der Russe grinst. Er hat jetzt erst kapiert, worum es ging. Wir schwelgen dann geradezu im Wasser, wir trinken und machen uns frisch.

Der alte Russe schaut uns neugierig zu und holt aus seiner Joppe ein zerknülltes Zeitungspapier hervor. Reißt ein Stück davon ab und macht damit eine lange, dünne Tüte, die er am unteren Ende zusammendrückt. Danach greift er in eine andere Tasche und zieht einen schmutzigen Stoffbeutel hervor. Daraus schüttet er vorsichtig einige braune Krümel in die Tüte. Das Ding sieht wie eine dicke Zigarette aus. Der Alte steckt das Ding in den Mund und gestikuliert, daß er Feuer braucht. Ich schnippe mein Sturmfeuerzeug an und halte es ihm unter die Nase. Eine Stichflamme verbrennt ihm fast den Bart, aber das Ding glimmt, und er zieht den Rauch mit spitzen Lippen hastig in die Lungen.

Wir amüsieren uns köstlich. Ein Gefreiter sagt, daß es Machorka sei, was der Alte qualmt. Ein russischer Wald- und Wiesentabak, mit Stumpf und Stiel zu verwenden. Er habe ihn auch schon in der Pfeife geraucht. Nach dem Gestank zu urteilen müßte er wohl wie alte Seegrasmatratzen schmecken. Obwohl ich ein starker Raucher bin, würde ich das Zeug nicht probieren, solange ich noch einen kleinen Vorrat an Tabak habe.

Von der Kolchose sind wir enttäuscht. Nirgendwo etwas zu essen aufzutreiben. Nur in einer Remise liegen ein Haufen Runkelrüben und ein paar Maiskolben herum. Küpper probiert die Futterrüben, er flucht und spuckt sie gleich wieder aus. Inzwischen kamen auch einige Frauen aus den Häusern und gaffen uns neugierig an. Wichert sagt, daß der alte Russe etwas von 'Kommandantura' und 'Sappserapp' gefaselt habe. Es sollte wohl bedeuten, daß irgendeine deutsche Kommandostelle ihnen alles Eßbare weggenommen hat.

Mit dem Hunger wird es langsam kritisch. Er rumort und nagt in unseren Därmen. Wir schlafen im frischen Stroh aus den Heuschobern zwar recht angenehm, aber das Knurren unserer Mägen ist oft lauter als das Schnarchen mancher Landser. Der Sani, unser Sanitäter, warnt uns davor, zum Schlafen die Stiefel auszuziehen. Wilke und Warias tun es trotzdem. Sie brüllen am nächsten Morgen vor Schmerz, als ihnen der bullige Küpper hilft, die geschwollenen Füße wieder in die Knobelbecher zu pressen.

28. Oktober. Wir marschieren mit leerem Magen weiter. Stunde um Stunde verrinnt. Wir schwitzen, stöhnen, schimpfen, manche brüllen laut heraus, um sich zu erleichtern, aber wir schleppen uns weiter - Kilometer um Kilometer. Dann ist plötzlich ein dumpfes Dröhnen in der klaren Luft. "Fliegerdeckung!" brüllt jemand. Wir versuchen in Deckung zu laufen, wie wir es gelernt haben. Es bleibt aber beim Versuch. Nur einige Schritte, und wir fallen wie Steine auf die Erde.
Ich starre in den Himmel und sehe am Horizont einige Flugzeuge auf uns zukommen. Ihre Rümpfe gleißen im Sonnenlicht silbrig. Wir hören am Geräusch, daß sie schwer beladen sind. Sie kommen näher - da erkennen wir das Balkenkreuz an den Tragflächen - deutsche Bomber im Einsatz! Wir stehen auf und winken. Sie verschwinden mit ihrer tödlichen Last in nordöstlicher Richtung. Dort muß Stalingrad liegen!
Weiter im Trott. Gegen Mittag, rechts von uns in Sichtweite, wieder eine Kolchose. Zu weit für uns, wir müssen immer geradeaus. In einiger Entfernung ziehen langgezogene Reihen Russen vorbei. Wieder eine Menge Frauen. Ich sehe auch zwei kleine Wagen, die mit kleinen Pferden bespannt sind. "Panjegäule!" sagt jemand, "die Biester sind klein und zäh, aber auch sehr bockig." Sie ziehen im langsamen Trott weiter.
Die meisten von uns sind fix und fertig. Nichts im Magen - außer einigen Schluck Wasser - und dann diese Schlepperei. Der Transportführer läßt anhalten, erkennt, daß wir wieder rasten müssen. Einige sagen, daß sie ihre eiserne Ration, die aus einem Beutel

Hartzwieback und einer kleinen Büchse Fleisch besteht, bereits gegessen hätten. Hoffentlich gibt's da keinen Ärger, denn sie war nur für den Ernstfall während des Fronteinsatzes bestimmt.

Neben uns ist ein abgeerntetes Feld. In der Erde stecken noch die Weißkohlstrünke. Wichert leidet am meisten unter dem Hunger. Er sagt, er hätte seine eiserne Ration schon am Morgen verdrückt. Jetzt sitzt er am Feldrand und hantiert mit seinem Kochgeschirr herum. Er hat im Lehmboden eine Mulde gegraben und darin ein Feuer entzündet, das er ständig mit trockenem Steppengras in Gang hält. Sein Kochgeschirr steht über dem Feuer, und ich sehe, wie es darin brodelt. Es werden immer mehr, die es ihm nachmachen. Es stinkt in weiter Runde nach gekochtem Kohl.

Auch ich gehe und zupfe mir eine Handvoll gelbgrüner Blätter von den Strünken. Im Kochgeschirr habe ich noch etwas Wasser, das wir uns auf der Kolchose vorsorglich einfüllten. Den Deckel des Kochgeschirrs dichteten wir mit ungebrauchten Fußlappen ab. Beim Marsch ging durch die Bewegung ein Teil verloren, aber es reicht gerade noch zum Kochen dieser Zwischenmahlzeit aus.

Die Brühe schmeckt scheußlich. Ohne Salz und halbroh würgen wir die schon leicht angefaulten Kohlblätter herunter und trinken mit angehaltenem Atem das widerlich schmeckende warme Wasser nach. Zu diesem Zeitpunkt ist von unserer Begeisterung und Euphorie nichts mehr übrig geblieben.

Es geht wieder weiter. Wir sind zwar noch immer hungrig, aber ein wenig erholt. Wir bemerken jetzt vor uns und seitlich einige tiefe Einschnitte im Boden, die oft so groß und lang sind, daß gut ein ganzes Bataillon mit Fahrzeugen darin Platz hätte. Die älteren Landser nennen diese Schluchten auch "Racheln". Einige müssen wir umgehen. Als es dämmert, halten wir in einer flachen Rachel, um in ihrem Schutz zu übernachten.

"Wie weit ist es noch bis Stalingrad?" fragt der kleine Grommel, der es sich zwischen mir und dem Obergefreiten Marzog bequem gemacht hat.

Marzog zuckt die Achseln: "Keine Ahnung, aber wie ich hörte, sollen wir morgen unser Ziel erreichen." Wie zur Antwort vernehmen wir aus der Ferne ein dumpfes Rumoren und Donnergrollen. Als es dann völlig dunkel ist, sehen wir weit vorne einen rotgefärbten Himmel.

"Das ist Stalingrad!" sagt jemand.

Warias deutet mit der Hand nach links. "Was sind das für Lichter?" fragt er in das Dunkel hinein.

Wir schauen in die Richtung und sehen eine Reihe Lichter am Himmel, wie aufgesteckte Laternen. Dann hören wir dumpfe Detonationen, und gleich darauf erscheinen am Himmel langgezogene, leuchtende Perlenschnüre, die nach oben aufsteigen und gleich wieder verschwinden.

Jemand sagt: "Der Rollbahn-UvD ist wieder bei der Arbeit."

Der Landser erklärt uns, daß es sich hier um einen leichtgebauten russischen Doppeldecker handelt, der meist in der Nacht die Rollbahn kontrolliert und, um seine Ziele besser zu erkennen, einige Leuchtfallschirme setzt. Danach wirft er entweder einzelne Bomben ab oder schüttet gleich einen ganzen Sack voll Splitterbomben aus. Er kann seinen leichten Motor abstellen und gleitet dann wie ein Segler durch die Nacht. Wenn man ihn bemerkt, ist es meist schon zu spät. An der Front bezeichnen ihn die Landser auch als "Nähmaschine", weil sein Motor so ähnlich klingt. Der Landser meint noch: "Übrigens, die Perlenketten am Himmel sind Leuchtspurgeschosse der 2 cm-Zwillings- und Vierlingsflak, die versuchen, ihn herunterzuholen." Ein tolles Schauspiel für uns. Immer mehr Lichter werden aufgesteckt, und immer mehr Perlenketten erscheinen am nachtdunklen Himmel. Wir hören aber nichts, alles läuft ab wie in einem Stummfilm.

29. Oktober. Ein neuer Morgen dämmert heran, unsere Stimmung ist auf dem Nullpunkt. Vor einer Stunde setzte ein feiner Nieselregen ein, einige schimpfen über die Nässe. Meine Uniform fühlt sich noch trocken an. Ich erfahre, daß mich Wilke, als er Wache stand, mit einer Zeltbahn zugedeckt hat. Feiner Kerl, der Wilke. Soweit

kenne ich ihn schon, daß er es nicht gern hat, wenn man ihm dafür dankt. Darum nehme ich meinen Tabaksbeutel aus der Tasche und drehe ihm eine Zigarette, die er mit einem freundlichen Grinsen annimmt. Wir sind hungrig wie die Wölfe, aber ohne Tabak wäre es noch weit schlimmer.

Der Regen wird allmählich stärker, und dann kommt noch Wind auf. Zum ersten Mal ein Sauwetter und in einer Form, wie wir es nicht erwartet hatten. Die Windböen werden stärker, die freie Ebene bietet keinen Schutz. Der Regen sticht wie feine Nadeln ins Gesicht, er trommelt auf den Stahlhelm, den wir zum Schutz aufgesetzt haben. Die Windböen zerren an der Zeltplane, die unseren Körper nur notdürftig schützt. Sie klatscht uns an die nassen Hosenbeine, und die Böen reißen uns fast um. Wir stapfen und torkeln immer weiter, bis es einfach nicht mehr geht.

Wir rasten wieder in einer Mulde, der Wind hat sich etwas gelegt. Welch ein Mist! Wir legen uns vor Müdigkeit auf den aufgeweichten, schmierigen Lehmboden. Alles ist naß und klebrig, ich bin bis auf die Unterwäsche durchweicht und weiß nicht, ob es vom Schweiß oder vom Regen ist. Langsam erholen wir uns wieder. Auf! - Weiter, weiter! Von vorne kommen immer wieder anfeuernde Rufe, wenn zwischendurch einige stehenbleiben und sich zum Verschnaufen auf den Boden legen.

Wie weit ist es noch? - Wir sollen heute das Ziel erreichen.

Es dauert noch Stunden, bis wir endlich ein Dorf sehen. Der Regen hat aufgehört. Wir fallen erleichtert auf den Boden einer leeren, nur mit einigen Brettern und einem Dach verkleideten Maisscheune. Wir schnallen die Tornister erst ab, nachdem wir uns ein wenig erholt haben. Auf die Letzten müssen wir fast eine halbe Stunde warten.

Ist das unser Ziel? Niemand weiß es. Ein Blinder kann nicht sehen, darum sagt man ihm, wo er sich befindet. Wir können sehen, aber uns sagt man nichts, wir tappen wie blind und taub umher - das Schicksal des einfachen Landsers, des sogenannten "Schützen Arsch".

Im Dorf ist es rege, Landser einfacher Dienstgrade sausen umher. Sie reißen die Knochen zusammen und grüßen, wenn ein Vorgesetzter vorbeigeht. Ich denke, wir sind schon im Frontgebiet oder doch nicht? An den vielen Schildern erkennen wir, daß hier eine Kommandantur und einige Regimentsstäbe liegen. Also mehr die organisatorischen Schreibstubengefechtsstände, wie sich Marzog ausdrückt. Es heißt, daß unser Transportführer Verpflegung organisieren will.

Es klappt, wir erhalten alle einen großen Schlag Graupensuppe mit Fleischeinlage. Die leben hier nicht schlecht. Nach der Graupensuppe fühlen wir uns schon wieder besser. Wie geht es weiter? Wir warten und warten... dann die Durchsage: Noch acht bis zehn Kilometer bis zu unserem Ziel. In uns erwachen neue Kräfte. Obwohl uns immer noch die Knochen schmerzen und die Blasen an den Füßen brennen, schaffen wir es in knapp eineinhalb Stunden. Mit diesem Gepäck eine Superleistung.

Es hat sich herumgesprochen, daß wir von hier mit Fahrzeugen abgeholt werden. Sie sind aber noch nicht da. Wieder warten! In der Dunkelheit kommen sie an. Wir fahren in das Dunkel hinein, dann über eine lange Brücke mit vielen anderen Fahrzeugen.

"Der Don", sagt jemand hinter mir.

Dann geht es weiter auf einer Rollbahn. Alles im Dunkeln wegen des Rollbahn-UvD. Wir sehen jetzt seine Laternen sehr nahe und hören die Detonationen seiner Bomben recht deutlich.

Nach einigen Stunden halten wir irgendwo zwischen einigen Panjehütten. Wir werden zur Nacht in die Hütten eingewiesen. Aus der Ferne hören wir es rumoren, der Himmel ist glutrot - dort ist Stalingrad! Wie war das noch mit unserer Begeisterung vor einer Woche? Sie hat durch den Gewaltmarsch einen kräftigen Dämpfer erhalten, und wir ahnen, daß hier Begeisterung und Euphorie nicht am Platze sind. Die Realität ist anders - sie fragt nicht nach Stimmung oder Gefühlen. Unser erstes Etappenziel haben wir zunächst erreicht, wir werden sehen, wie es weitergeht. Jetzt erst einmal schlafen und an nichts denken.

Im Kampfgebiet von Stalingrad

30. Oktober. Um sechs Uhr ist Wecken, draußen ist es noch dunkel. Es gibt heißen Kaffee und Verpflegung. Niemand weiß etwas Konkretes, es kursieren aber eine Menge Gerüchte. Einer sagt, daß wir hier noch nicht am Ziel wären, sondern erst bei einem Regiment der Division. Von hier soll es aber endgültig zur Einheit gehen, die sich in Stalingrad befindet.

Die Gefechtsstärke soll stark zusammengeschrumpft sein, darum sollen wir die Lücken auffüllen. Man erzählt sich, daß das ganze Regiment nicht einmal mehr zwei Kompanien stark sei. Solche 'Scheißhausparolen' sind für den einfachen Landser oftmals die einzigen Informationsquellen. Wenn sie auch nicht immer exakt stimmen, steckt in den meisten Fällen doch ein Quentchen Wahrheit in ihnen.

Ich vermisse den Obergefreiten Marzog und die anderen von der Genesungskompanie aus Insterburg. Sie sollen bereits abgeholt worden sein. Dann beginnt für uns wieder das bekannte Ritual: Antreten und bis zwei abzählen! Wir stellen uns so ins Glied, daß wir die Nummer zwei werden. Es klappt - außer Malzahn sind wir sechs wieder zusammen. Die gesamte Gruppe ist neunzig Mann stark. "Zur ersten Abteilung, Regiment 21", sagt ein junger Oberleutnant zu uns.

Erst gegen Mittag werden wir mit einigen Lkws und vier Mercedes-Mannschaftswagen abgeholt. Die Fahrzeuge tragen alle das taktische Zeichen der Division: ein springender Reiter in einem Kreis. Ich darf neben dem Fahrer in einem achtsitzigen Mannschaftswagen Platz nehmen. Es geht eine Rollbahn entlang, eine breite, von vielen Fahrzeugen festgefahrene Straße. Die Oberfläche ist wellig, aber glatt und glänzend wie eine Speckschwarte. Sie zieht sich fast schnurgerade durch die Steppenlandschaft. An manchen Stellen sind Abzweigungen mit einer Menge Hinweisschildern, die mit Ortsnamen und taktischen Zeichen der Einheiten beschriftet sind.

Das Rumoren in der Luft verstärkt sich, es ist sicher nicht mehr weit bis Stalingrad. Ich frage den Fahrer, auch ein Obergefreiter. Er sagt, daß es nicht nach Stalingrad hineingeht, sondern in die sogenannte Winterstellung. Dort befände sich der Troß mit den gesamten Fahrzeugen, die man nicht mehr in Stalingrad einsetzen könne. Aus dieser Bunkerstellung wird die kämpfende Truppe in Stalingrad zur Zeit mit Munition und Verpflegung versorgt.

31. Oktober. Die Bunkerstellung ist in der Nähe einer Kolchose auf freiem Feld. An der Seite bietet eine Rachel etwas Schutz. Ein Hauptfeldwebel, im Landserjargon auch Spieß und Mutter der Kompanie genannt, empfängt uns. Er unterrichtet uns, daß wir nun einer traditionsreichen Division angehören, die noch im Polenfeldzug und in Frankreich beritten war, und dessen Fahrzeuge als taktisches Zeichen den springenden Reiter in einem Kreis tragen.

Besonderen Wert legt er auf die von der Reiterei entliehenen Bezeichnungen - Wachtmeister für Feldwebel sowie Schwadron für Kompanie. Es heiße bei ihnen auch nicht Bataillon, sondern Abteilung, und der Hauptmann sei ein Rittmeister.

"Jawohl, Herr Hauptwachtmeister!" brüllen wir auf seine Frage, ob wir verstanden haben. Nach einer nochmaligen Einteilung gehören wir mit dreißig Mann der 1. Schwadron an, während die übrigen auf die anderen Schwadronen aufgeteilt werden, die aber innerhalb der Abteilung ganz in unserer Nähe liegen. Man informiert uns, daß unsere Schwadron nur noch mit einer Gefechtsstärke von 26 Mann im Einsatz wäre. Auch das Regiment sei stark dezimiert, und sie kämpften in den Ruinen von Stalingrad meist nur in einzelnen Kampfgruppen, die mangels Offizieren auch von Unteroffizieren geführt werden. Die Kämpfe sollen mörderisch sein. Kein Stein läge mehr auf dem anderen, und täglich gäbe es mehr Tote und Verwundete.

Das ist wahrlich kein Grund für eine Hochstimmung. Wo sind sie geblieben, die Erfolge und Siegesmeldungen der stolzen deutschen

Wehrmacht, die wir noch vor Tagen so pathetisch aus dem Radio vernahmen? Sollte das alles übertrieben gewesen sein, oder gab es nur vorübergehend eine Unterbrechung der gewohnten Erfolge?

1. - 6. November. In Anbetracht der Lage sind wir verwundert, nicht sofort eingesetzt zu werden. Statt dessen geht die übliche Barrasroutine wieder los: Vorgesetzte grüßen, Strammstehen, Appelle, Anschiß von Vorgesetzten einstecken und ähnliches. Rekruten sind eben auch nach der Ausbildung noch militärische Lehrlinge, und sie müssen erst beweisen, ob sie richtige Soldaten sind. Gut - dann soll man uns auch Gelegenheit dazu geben.

7. November. Die ersten Nächte verbrachten wir auf dem Strohlager eines Bunkers oder in den gedeckten Lkws. Um sechs Uhr ist täglich Wecken. Der Spieß setzt Appelle an, er kontrolliert und beanstandet ständig. Er spricht einen breiten ostpreußischen Dialekt und betitelt uns mit "ihr Lümmels". Es soll väterlich klingen, aber es klingt eher erzieherisch. Wir müssen unsere Sachen auf Hochglanz wienern, immer wieder schickt er einen zurück und läßt sich Sachen erneut zeigen. Manchen verpaßt er eine Extrawache.
Dann ist Appell mit unseren eisernen Rationen. Drei Mann können sie nicht vorzeigen. Der Spieß vergattert sie zu drei Tagen verschärften Arrest. Eintrag in die Unterlagen und Absitzen bei nächster Gelegenheit.
Was ist mit Wichert und Warias? Ich weiß, daß auch sie ihre Ration bereits auf dem Marsch verputzt haben. Beide zeigen sie vor und grinsen zu mir herüber. Wichert tut geheimnisvoll. Als wir die folgende Nacht zusammen unsere Fahrzeuge bewachen, führt er mich zu einem Mannschaftskübelwagen und öffnet einen nicht abgeschlossenen, schmalen Behälter gleich hinter den Sitzen. Ich staune! Der Raum ist bis obenhin voll mit kleinen und großen Blechbüchsen. An den Seiten sehe ich eine Menge kleiner Säckchen mit Zwieback.
"Das findest du hier in jedem Wagen", klärt Wichert mich auf. "Habe mir sagen lassen, daß das noch Vorrat vom Sommer ist, als

die Truppe im Vormarsch war. Lauter eiserne Rationen für acht Mann, und der Rest Büchsen mit Gemüseeintopf und Rindfleisch. "Hätte mir schon was unter den Nagel gerissen, ich müßte es warm machen, und das fällt auf." Er hatte außerdem ausgekundschaftet, daß sich im Küchenwagen einige leckere Rauchwürste befanden - eine Rarität, und sicher nur für den Küchenbullen selbst und einige Auserwählte bestimmt.

Der verfressene Wichert bringt es tatsächlich fertig, sich zwei Würste an Land zu ziehen. Auch wenn er sie nicht mit mir und Warias geteilt hätte, wäre er meiner Verschwiegenheit sicher gewesen. Kein Mensch bemerkt etwas davon, wir stellen nur fest, daß sich die Kontrollen des Wachhabenden verstärken. Man entdeckt einige beim Büchsenöffnen und vergattert sie zu drei Tagen Bau.

8. November. Wir sind jetzt schon über eine Woche hier. Vor zwei Tagen wurde es kälter. Die Erde ist bereits an der Oberfläche gefroren. Vor Arbeit und Müdigkeit bin ich nicht dazu gekommen, mir Notizen zu machen.

Wir hatten unter Anleitung des Schirrmeisters begonnen, den Rest der Fahrzeuge einzugraben und noch drei Bunker zu bauen. Bohlen und Balken für die Bunker gab es genügend, man hatte sie noch vor unserem Eintreffen aus Stalingrad geholt. Unteroffizier Wittlich und Obergefreiter Herrmann vom ehemaligen Schwadronstrupp waren Experten. Sie hatten bereits die ersten Bunker geplant und ausgemessen. Auch die unseren wurden etwas schräg in den Abhang gegraben.

Wir buddeln bereits seit vier Tagen. Meine Hände sind voller ausgetrockneter Blasen, eine Hornschicht hat sich an den Innenflächen gebildet. Aber es ist geschafft. Wir fahren die Mannschaftswagen und den Opel Blitz rückwärts in die Deckungslöcher und tarnen sie. Die quadratischen, zwei Meter tiefen Bunker werden mit einer Schicht dicker Bohlen abgedeckt und an der Seite mit einem Dunstabzug und Lichtschacht versehen. In der Abdeckung bleibt eine Öffnung für das Ofenrohr, alles andere wird mit einer dicken Schicht Erde aufgeschüttet und mit Steppengras getarnt.

Im Inneren zimmern wir aus Brettern einen Tisch und zwei Bänke und schlagen an den Abstützbalken einige Nägel als Aufhänger für unsere Sachen ein. Frisch aufgeschüttetes Stroh von der Kolchose ist unser Lager. Gemütlich macht es aber erst unser Bunkerofen, den wir gleich tüchtig mit Holz füttern. Damit nicht zuviel Wärme verlorengeht, hängt vor dem Eingang eine Decke mit einer Zeltbahn. Nach oben führt ein schmaler, schräg verlaufender Aufgang.

9. November. Die letzten Tage war das Wetter immer etwas diesig, dabei kalt und trocken. "Unser Vorteil", meint Unteroffizier Wittlich, "so findet uns der eiserne Gustav nicht so leicht."
Das ständige an- und abschwellende Donnern und Rumoren an der Stalingradfront hören wir kaum noch. In der Nacht ist der Himmel immer glutrot, und manchmal sind die Leuchtfallschirme des Rollbahn-UvD ganz in unserer Nähe. Er sucht nach lohnenden Zielen.
Heute abend haben wir Marketenderware erhalten. Pro Mann eine Flasche Wacholderschnaps, Zigaretten oder Tabak, etwas Schokolade und Schreibutensilien. Seit ich sechzehnjährig gerade noch einer Alkoholvergiftung entgangen war, als ich in den Ferien einem Schulfreund half, für die Gaststätte seiner Eltern Kognak aus dem Faß in Flaschen zu füllen, wird mir jedesmal übel, wenn ich nur Alkohol rieche. Deshalb tausche ich meine Flasche bei den Nichtrauchern gegen Tabak ein und komme so als starker Raucher zu einer doppelten Portion.
Der Alkohol bringt Stimmung in den Bunker, und es wird nach langer Zeit auch wieder gesungen. Grommel und ich bleiben nüchtern und übernehmen die nächste Bunkerwache. Es ist kalt und windig, ich bin jetzt froh, daß ich den gefütterten Wintermantel überziehen kann, den ich wegen seines Gewichts auf dem Marsch mehr als einmal verflucht habe. Als ich Grommel für die Wache wecke, schlafen schon alle.

10. November. Der neue Tag ist sonnig. Bei uns geht es wieder rund. Anordnung von oben: Gefechtsausbildung für die Ersatzmannschaft - MG-Stellungen ausbauen, angreifen, schießen, Nah-

kampfübungen und ähnliches. Jeden Tag Appelle mit Waffen und Lederzeug. Eine neue Scheißhausparole ist im Umlauf: Die kämpfenden Reste unserer Einheit werden aus Stalingrad herausgezogen und zu einer neuen Kampfgruppe formiert. Wir werden darin eingegliedert. Aber es rührt sich auch nach einigen Tagen nichts. Immer noch tagsüber Gefechtsübungen und nachts Wache schieben.

11. November. Es ist kälter geworden, aber es bleibt trocken. Über Nacht bildete sich Reif an den Gräsern, der wie feine Filigranarbeit aussieht. In der Luft ist jeden Tag Bewegung. Unsere Bomber fliegen nach Stalingrad. Wir erkennen den Flakgürtel des Russen an den vielen kleinen Explosionswolken am Himmel.
Ich schiebe mit einem Kumpel aus unserem Bunker Wache. Gerade ist der Verpflegungs-Lkw, wie jede Nacht, von Stalingrad zurückgekommen. Sie laden wieder zwei Tote und drei Verwundete aus. Ein Oberwachtmeister soll schwer verletzt sein. Sie laden die Verwundeten in einen Sanka-Sanitätswagen, der sie zum Hauptverbandplatz bringt.
Die Toten haben wir noch nie zu Gesicht bekommen. Sie werden immer an einem bestimmten Platz vergraben. Die vielen Holzkreuze habe ich bereits vor Tagen gesehen, als wir bei einer Gefechtsübung daran vorbeigefahren sind. Mit dem Küchenwagen sind auch drei Landser mitgekommen; man wechselte sie aus Gesundheitsgründen. Sie werden in die einzelnen Bunker eingewiesen. Einer kommt auch zu uns.
Als ich nach der Wache in den Bunker trete, ist mein Platz auf dem Strohlager besetzt. Der Landser aus Stalingrad liegt dort. Ich erkenne kaum sein Gesicht. Es ist von einem Stoppelbart bedeckt, seine Schirmmütze verdeckt fast seine Augen, und die Ohrenklappen sind tief heruntergezogen. Er schläft tief, ohne zu schnarchen. Zwischendurch zuckt er wie in einem bösen Traum zusammen. Ich lege mich auf den Platz von Kurat, der mich abgelöst hat.

12. November. Heute hat mich der Spieß von der Gefechtsübung befreit und mit einer Sonderaufgabe betraut. Ich soll eine neue La-

trine bauen, weil die alte bereits voll ist. Unsere Latrine besteht aus einem etwa eineinhalb Meter langen und achtzig Zentimeter breiten Graben mit entsprechender Tiefe, an dessen beiden Seiten Pfähle eingerammt sind. Darauf wird in Sitzhöhe der sogenannte Donnerbalken gelegt. Er muß in Entfernung und Höhe so plaziert sein, daß er auch für die kleineren Leute paßt und sie nicht bei ihrem Geschäft abkippen und in die Grube fallen, was schon vorgekommen ist. Die zwei gefangenen Russen, die man vor einigen Tagen aus Stalingrad mitbrachte, sollen mir buddeln helfen.

Ich sehe zum erstenmal russische Soldaten aus der Nähe und betrachte sie neugierig. In ihren schmutzigbraunen Mänteln und den speckigen Kopfbedeckungen mit den langen Ohrenklappen sehen sie nicht gerade vertrauenerweckend aus. Sie strömen nichts Gefährliches, eher Fremdländisches aus. Einer scheint mongolischer Abstammung zu sein. Ihre Gesichter sind unrasiert und grau, mit unruhigen Augen. Ich spüre die Unsicherheit und die Ängstlichkeit in ihren Blicken. Wahrscheinlich würde ich mich in dieser Lage ähnlich fühlen.

Ich zeichne mit der Spitzhacke die Umrisse der Latrine in den Boden, gebe jedem Hacke und Spaten in die Hand und sporne sie an "Raboty, daway, daway!" Diese Worte schnappte ich vom Küchenbullen auf, wenn er seine Hiwis zum Arbeiten aufforderte. Es heißt soviel wie: Vorwärts, arbeiten!

Die beiden Russen, ich schätze sie zwischen fünfundzwanzig und dreißig Jahren, sind ganz faule Burschen, und ich muß sie öfter zur Arbeit anfeuern. Wir sind mit dem Buddeln fertig und ich begutachte gerade unser Werk, da wirft der neben mir stehende Russe seinen Spaten hin und springt an mir vorbei in den ausgeschachteten Graben. Der andere sogleich hinterher, und rein reflexmäßig ducke ich mich und springe gleichfalls in das Loch, dem ersten Russen direkt auf den Rücken.

Wir liegen alle drei flach und hören auch schon das Rattern von Bordwaffen genau über uns. Ein Schatten, begleitet von einem bösen Brummen, das ich schon kenne, fliegt seitlich an uns vorbei.

Der eiserne Gustav muß sich im Tiefflug über die Kolchose an uns herangeschlichen haben.

Die neue Latrine liegt etwas abseits. Ich schaue vorsichtig aus dem Graben auf die seitlich von uns liegenden Bunker und eingegrabenen Fahrzeuge. Der eiserne Gustav kurvt dort in niedriger Höhe herum, schießt mit zwei Bordkanonen und wirft einige mittelgroße Bomben ab. Dann sind plötzlich zwei weitere Schlachtflieger am Himmel. Auch sie feuern aus ihren Bordkanonen und werfen Bomben. Dort müßten die anderen Teile unserer Abteilung sein. Oder beschießen sie etwa die Mannschaft bei der Gefechtsübung?

Jetzt wird von allen Seiten auf sie mit Maschinengewehren geschossen, dazwischen höre ich auch die etwas schwerfälliger wirkenden Abschüsse einer 2 cm-Flak. Unter den Rümpfen der Maschinen sprühen die Funken, wie beim Schweißen von Stahlnähten. Die normalen Kugeln prallen an der Panzerung einfach ab... aber plötzlich eine Rauchfahne - getroffen! Ein eiserner Gustav schmiert ab und knallt mit einer hohen Stichflamme auf den Steppenboden. Die anderen suchen das Weite.

Ich springe auf und renne zu den Bunkern und den Fahrzeugen. Außer der Besatzung aus dem Schreibstubenbunker sind nur einige Kranke und ein paar Fahrer in der Bunkerstellung zurückgeblieben. Ich sehe einige Bombentrichter dicht bei den Fahrzeugen. Einige der Wagen haben an der Seite Einschüsse, und bei einem Lkw läuft der Sprit aus. Auch auf den Bunkern sehe ich einige Trichter, aber nicht tief. Die Erdwälle haben gehalten. Auch unser Bunker hat etwas abbekommen, denn das Ofenrohr ist nicht mehr zu sehen. Ein flacher Trichter gleich daneben hat das Rohr und mit Erde verschüttet.

Am Eingang sieht es noch schlimmer aus. Eine Bombe muß genau auf die Kante geschlagen sein und hat ihn zugeschüttet. Auch die Öffnung für den Dunstabzug ist dicht. Ich suche mit den Augen die Russen, sie sind nirgendwo zu sehen. Ob sie den Fliegerangriff zur Flucht genutzt haben? Wer weiß es? Ich habe sie danach nie mehr gesehen.

Die Fahrer und der Spieß sehen den verschütteten Bunker. Sie kommen angerannt, und der Spieß sagt atemlos in seinem breiten ostpreußisch: "Menschenskind, Meinhard is ja noch drin!" Richtig, der Obergefreite aus Stalingrad sollte sich im Bunker ausruhen und seinen Durchfall auskurieren.

"Was ist mit dem Ofen?" fragt jemand.

"Der ist am Tage immer aus", sage ich. "Dann kommt kein Rauch raus." - "Los, graben wir den Eingang frei."

Wir buddeln zu dritt, und der Spieß steigt in meiner Achtung, weil er sich nicht zu schade ist, selbst mit den Händen anzupacken...

Wir sind schnell durch. Innen ist es stockdunkel, und wir sehen und hören nichts. Ich schnippe mein Feuerzeug an - und dann sehen wir auf dem Lager eine zusammengekrümmte Gestalt. Beim Nähertreten hören wir seine tiefen Atemzüge - er schläft seelenruhig im Bunker, während draußen der Teufel los war.

Der Spieß rüttelt ihn. Der Landser schreckt auf und steht sofort geduckt vor uns. Er starrt uns mit flackernden Augen an. Dann erkennt er den Spieß und grinst. "Mann, hast du mich erschreckt, Rudi", war alles, was er sagt. Dann stopft er sich in aller Ruhe eine Pfeife. Er duzt den Spieß, und auch der sagt Heinz zu ihm. Wir machen noch unsere Witze über seinen tiefen Schlaf.

Am späten Nachmittag kommen alle von der Gefechtsübung zurück. Vom Luftangriff haben sie nichts mitbekommen, sie waren zu weit weg; wie Warias sagt, in der Nähe von Karpowka, an der Bahnlinie Kalatsch-Stalingrad. Die Schäden am Bunker sind bald behoben. Gegen Abend kommt Obergefreiter Meinhard wieder zu uns zurück. Er war im Schreibbunker beim Spieß. Meine empfindliche Nase riecht Alkohol, sie haben sicher einen gehoben. Wir beäugen ihn respektvoll und sehen neben seinem EK auch das silberne Verwundetenabzeichen auf seiner Brust, das man nach drei Verwundungen erhält.

Ich biete ihm meinen Tabak an und stopfe mir auch eine Pfeife. Er reißt ein Stück Papier aus einer Zeitung, die noch von meinem letzten Feldpostpäckchen stammt, hält es über die Flamme des Hindenburglichts und brennt sich die Pfeife an. Genießerisch zieht er den Rauch in die Lunge und bläst ihn in einem dicken Schwaden in den Bunker. Wie in Gedanken fragt er uns: "Wer hat eigentlich heute Nacht neben mir geschlafen?"

Warias und der kleine Grommel melden sich.

Meinhard hat ein Grinsen im Gesicht: "Ihr seid mir ja ganz schön auf den Pelz gerückt. Denke, ihr habt dabei einige Überläufer von mir erwischt."

Warias macht von uns allen das dümmste Gesicht. "Überläufer?" fragt er erstaunt.

"Na ja, ich meine die kleinen netten Tierchen, die immer unter meinem Hemd Truppenverschiebung spielen. Ich habe zwar vorhin neue Unterwäsche angezogen, aber ich spüre sie schon wieder."

"Du meinst Läuse?" fragt der kleine Grommel.

"Was denn sonst, Junge", grinst Meinhard noch breiter. "Aber keine Bange, du kannst sie ganz leicht unterscheiden, meine haben nämlich rote Bändchen um den Bauch."

War gut gebracht, der Witz von Meinhard. Merkwürdigerweise spüre ich plötzlich am ganzen Körper ein Kribbeln. Der Spieß hat uns während der Appelle immer nach Läusen befragt und empfohlen, sogleich vom Sani Läusepulver zu empfangen. Bisher hatte sich noch niemand gemeldet, obwohl ich beobachtet habe, daß sich so mancher seinen Rücken am Stützbalken scheuerte. Mir fällt auf, daß auch ich mich häufig an der Seitenwand zum Eingang schabe, wenn ich nachts auf Wache stehe. Ich führte es bisher auf die Hautabschürfungen an meinem Körper zurück, die zwischendurch immer wieder abheilen.

Aber Läuse? Nein - wo sollen die herkommen? Und wie sehen die überhaupt aus? So ähnlich sage ich es auch Meinhard, der mir aber empfiehlt, mein Hemd auszuziehen, um nachzusehen. Er erkennt es schon an den aufgekratzten Stellen meiner Haut, daß ich Läuse habe. Nach kurzem Suchen findet er auch welche zwischen den Hemdnähten und hält sie mir unter die Nase. Als er sie zwischen beiden Daumennägeln zerquetscht, knackt es eklig, und zurück bleibt ein kleiner Blutfleck.

Nun beteiligen sich auch andere an der Jagd nach Läusen, und siehe da, alle werden über kurz oder lang fündig. "Wo kommen die Biester her?" fragen wir.

"Die gibt es in Rußland überall, und du kannst ihnen nicht entrinnen. Auch wenn man was dagegen tut und sogar die Wäsche auskocht. Nach ein paar Tagen hat man sie wieder. Ich habe es schon lange aufgegeben, etwas dagegen zu unternehmen. Bin jetzt daran gewöhnt, wie die Russen."

Schöne Aussichten sind das, denke ich.

Wir wollen aber gleich morgen früh vom Sani das Pulver holen und uns damit einpudern, damit wir sie loswerden. Jeder weiß, daß von Läusen Typhus übertragen wird und in Stalingrad bereits einige Fälle aufgetreten sind. In dieser Nacht brennt das Licht länger in unserem Bunker. Man kann sogar aus dem seitlichen Dunstabzug einen schwachen Schein erkennen.

Meinhard erzählt uns von den großartigen Erfolgen in den Sommermonaten und den Kämpfen um Woronesch und den Kessel im Donbogen mit den vielen russischen Gefangenen, bis es dann Ende August/Anfang September nach Stalingrad hineinging. Er spricht von dem plötzlichen mächtigen Widerstand an der Wolga und den anschließenden Kämpfen in der Stadt, die zur Hölle wird, und in deren Ruinen sich die früher so stolze deutsche Truppe bereits seit Wochen nur noch verteidigen kann. Wir sind ganz Ohr, und ich höre auch den unzufriedenen und kritischen Unterton in seinen Worten. Plötzlich eine jähe Unterbrechung.

"Licht aus, die Nähmaschine ist über uns!" brüllt Wilke in den Bunker. Er ist wieder draußen, weil er oben auf Wache steht. Wir blasen die Lichter aus und lauschen. Nichts zu hören. Ich schleiche zum Eingang und stecke den Kopf heraus. Wilke zeigt nach oben. Ich sehe nichts, aber ich höre jetzt ein starkes Rauschen in der Luft. Ich erinnere mich an meine Segelflugstunden bei der Hitlerjugend in Sensburg/Ostpreußen. Das gleiche Rauschen in den Wanten eines Seglers. - Dann setzt plötzlich der Motor ein, etwas hart und tuckerig, wie bei einer alten Nähmaschine.

"Der Iwan sucht uns", sagt Meinhard hinter mir. "Die Schlachtflieger haben unsere Position durchgegeben. Sie wissen jetzt, wo wir uns befinden, und werden uns sicher öfter besuchen." Dann haben wir ja noch was zu erwarten...

Wir beobachten, wie er sich langsam entfernt und weiter weg seine Laternen aufsteckt. Danach kommen einige Detonationen seiner Bomben. Es war ein bewegter Tag heute. Ich bin hundemüde. Weil ich keine Wache habe, kann ich bis sechs Uhr morgens schlafen.

13. November. Das Wetter hat sich kaum geändert. Es ist kalt und trocken, es soll 15° minus sein. In Stalingrad greift der Russe im Bereich unserer Einheit täglich an, heißt es. Vorher schießt er Vorbereitungsfeuer mit schweren Waffen. Es soll aber immer wieder zurückgeschlagen werden. Doch unsere Verluste sind hoch.

Von unserer Schwadron sollen sich nur noch achtzehn Mann vorne befinden. Das ganze Regiment ist zu einer Kampfgruppe zusammengefaßt worden und wird immer dort eingesetzt, wo es gerade erforderlich ist. Noch erfolgt, soweit möglich, der tägliche Verpflegungs- und Munitionsnachschub. Außer dem Küchenbullen, Unteroffizier Winter, kommen immer der Sani und zwei Fahrer mit Fahrzeugen mit. Als Schlepper für die Essenkübel werden jeweils zwei Freiwillige gesucht. Küpper und ich hatten uns schon gestern angemeldet, da es pro Bunker reihum geht und unser Bunker an der Reihe war.

Als es bereits dunkel ist, geht es im Mannschaftswagen Steyr 70 mit Verdeck und in einem mit einer Plane versehenen eineinhalb Tonner Opel Blitz mit Vierradantrieb los. Wir fahren, solange es geht, mit schwacher Marschbeleuchtung in die Dunkelheit hinein. Der Küchenbulle kennt den Weg, aber er sagt, daß in Stalingrad von einer Hauptkampflinie (HKL) nicht die Rede sein kann, da sich die Front inmitten der Ruinen der Stadt von Stunde zu Stunde verändert. Seit gestern sollen die Unsrigen im Abschnitt des sogenannten Tennisschlägers liegen. Der Russe soll dort eine chemische Fabrik verteidigen und hat einen Brückenkopf gebildet.

"Wir müssen uns durchfragen", sagt Unteroffizier Winter zu uns.

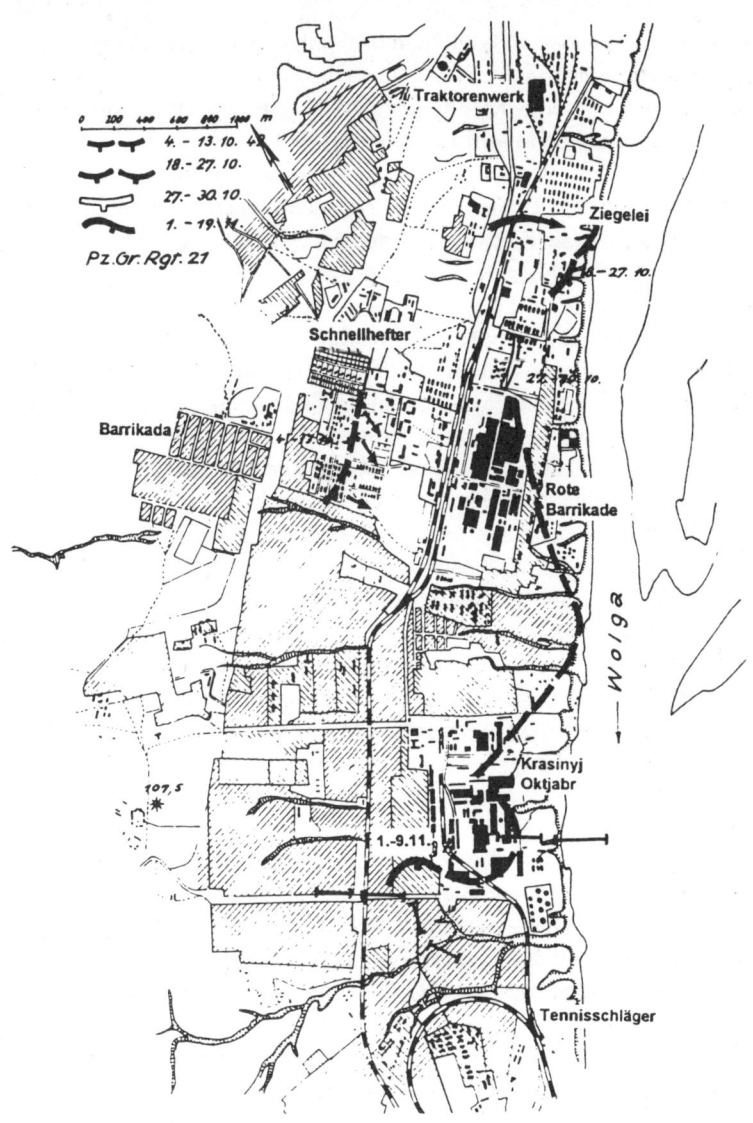

Im Kampfgebiet von Stalingrad am 13. November 1943

51

Na, denn mal los! - Da können wir nur hoffen, daß wir sie möglichst schnell finden.

Wir fahren nur vom Mondlicht geleitet auf einer Rollbahn. Fahrzeuge kommen uns entgegen oder überholen uns. Auf der rechten Seite ist die Bahnlinie, die von Kalatsch nach Stalingrad führt. Ein Stück hinter dem Bahnhof Woroponowo biegen wir links ab und sind nach einigen Kilometern bereits zwischen den ersten Ruinen der Stadt. Wir fahren durch flache Trichter, über Gesteinsbrocken, umgehen Schutt und umgestürzte Telegrafenmasten. Dicker, beißender Qualm von schwelenden Feuern nimmt uns den Atem, links und rechts liegen ausgebrannte Wracks von verschiedenem Kriegsgerät. Unsere Fahrer fahren langsam und immer im Zickzack auf ein Wäldchen oder einen Park zu.

Wir stehen auf einer kleinen Erhebung und können einen Teil der Stadt übersehen. Schwarzer Qualm und schwelende Brände. Wir spüren den heißen Atem von Stalingrad in der Luft. Ein schreckliches Schauspiel! So ähnlich muß das ausgebrannte Rom ausgesehen haben, als Nero es anstecken ließ. Nur, daß heulende Granaten und todbringende Explosionen hier alles noch infernalisch verstärken. Je weiter wir in die Stadt eindringen, desto dichter schlagen die Granaten bei uns ein.

"Der übliche Abendsegen vom Iwan", sagt der Sani.

Es soll belustigt klingen, aber es gelingt ihm nicht. Er sitzt, wie ich, geduckt auf einigen Munitionskisten. Ich spüre, wie mir das Herz bis in den Hals hinein hämmert - Angst steigt in mir auf. Da ist in der Luft ein neues Geräusch - es hört sich an wie das Rauschen von tausend Flügeln. Es verstärkt sich und kommt genau auf uns zu.

"Raus! Die Stalinorgel!" brüllt der Sani.

Wir springen aus dem Wagen unter eine ausgebrannte Zugmaschine. Das Rauschen schwillt an, und dann prasseln die Explosionen vor und neben uns, wie bei einem Feuerwerk. Ein handgroßes Stück, das wie verbogenes Blech aussieht, surrt mir am Kopf vorbei und schlägt neben Küpper in den Boden.

"Schwein gehabt", sagt der Sani.

Hinter uns hören wir Schreie und Rufe nach dem Sanitäter.

"Es muß einige von der Flakstellung erwischt haben, an der wir vorbeigefahren sind", sagt Unteroffizier Winter, der in ein Loch gesprungen war. "Los, machen wir, daß wir weiterkommen." Wir sitzen wieder auf.

Der Sanitätsgefreite sagt, daß die Stalinorgel ein ganz primitiver Raketenwerfer sei, der auf einem offenen Lkw montiert ist. Die Raketen werden einfach auf Schienen gesteckt und elektrisch gezündet. Treffsicher sind sie nicht, dafür kann der Iwan aber mit diesen Stalinorgeln gleichzeitig ein großes Terrain beharken, und wehe, wer sich darin ohne Deckung befindet.

Wir fahren jetzt sehr vorsichtig. Manche Stellen sind notdürftig geräumt, damit man sich durch die Trümmer schlängeln kann. Wir treffen auf andere Fahrzeuge, deren Besatzung gleiches vorhat wie wir. Manche laden Tote und Verwundete auf. Sie können das nur nachts tun, wenn der Russe keinen Einblick hat. Aber er weiß es und streut mit der Artillerie und anderen schweren Waffen auch in der Dunkelheit seinen weiten Bezirk ab. In der Luft befinden sich ständig einige Nähmaschinen. Manchmal sehen wir den Doppeldecker ganz deutlich vor dem roten Feuerschein am Himmel.

Von unten steigen Leuchtspurgeschosse auf, vor uns rattern Maschinengewehre. Ich höre am Klang, daß es russische sind. Einige Handgranaten krepieren dazwischen, wir hören Geschrei und halten irgendwo in den Ruinen. Unteroffizier Winter verschwindet zwischen den Mauerresten und kommt nach einigen Minuten wieder.

"Unsere Leute sollen noch im gleichen Abschnitt liegen wie gestern", sagt er. Wir versuchen, soweit zu kommen wie es geht, und laden dann ab.

Die Fahrzeuge bewegen sich wieder langsam und vorsichtig. Ich sehe zwei ausgebrannte russische T 34 Panzer. Wir rumpeln daran vorbei auf ein großes halbzerstörtes Gebäude zu, früher offenbar ein Fabrikgebäude. Vor dem Hintergrund des Feuerscheins ragt aus den Trümmern der Schatten eines Schornsteins wie ein drohender Finger in den Himmel. Wir halten seitlich.

Während wir abladen, schießt die russische Artillerie mit schwerem Kaliber genau dorthin, wo wir jetzt hinwollen. Auch in unserer

Nähe schlägt es ein. Eine Stichflamme hinter uns zeigt an, daß ein Fahrzeug getroffen wurde. Dort brennt auch ein helles Feuer, wahrscheinlich ein Öllager oder was ähnliches. Wir warten noch, aber wir sind startbereit.

In einer Feuerpause geht es los. Wir tragen mit Küpper drei ovale Essenbehälter, deren Deckel oben verschraubt sind. Jeder in einer Hand einen kleineren, und den schweren Behälter tragen wir gemeinsam an den Griffen. Wir folgen Winter, dem Sani und einem Fahrer, die gleichfalls mit Munitionskisten und Kaltverpflegung beladen sind. Der andere Fahrer bewacht die Fahrzeuge.

Vor uns Trichter, Gesteinsbrocken, Schutthalden, In der Luft das Jaulen der Granaten und Getöse der Einschläge. Meine Haut am Kopf und am Rücken krampft sich bei jedem Einschlag zusammen. Wir bewegen uns im Zickzack, klettern über Steine und Balken, stolpern, liegen am Boden, stehen auf und hetzen weiter.

"Dicht zusammenbleiben", krächzt Winter.

Er sitzt auf einem umgekippten Stahlmast und atmet schwer. Wir unterdrücken alle den Hustenkrampf in der Kehle. Der Wind treibt uns Zementstaub von einem Einschlag ins Gesicht. Dicker Qualm aus einem halbverlöschten Feuer läßt unsere Augen tränen.

In aufloderndem Feuerschein sehe ich Gestalten rennen - einige Handgranaten detonieren. Wir drücken uns dicht an den Boden und warten. Meine Nerven vibrieren - Angst steigt mir in den Hals und schnürt die Kehle zu. Küpper liegt neben mir und atmet schwer. Im flackernden Feuerschein sieht sein Gesicht wie eine zuckende Fratze aus. Von links kommt leises Geklapper von Metall. Einige Gestalten laufen geduckt an uns vorbei. Winter steht auf und spricht sie an. Ich erkenne eine Offiziersuniform.

"Wir müssen weiter nach rechts", sagt er danach. "Vor ein paar Stunden haben sie hier den Iwan rausgeschmissen. Jetzt ist dicke Luft, denn er will es sich zurückerobern."

Vorsichtig schleichen wir weiter - dann kommt ein freies Stück. Umgewühlte Erde und Betonklötze, in denen Eisenstreben stecken. Vielleicht ein ehemaliger Bunker, von unseren Fliegerbomben zerstört. Eine langgestreckte Mauer ragt am anderen Ende aus dem Trümmerfeld. Drei Pfeiler stehen noch aufrecht.

"Dort sollen sie irgendwo sein", sagt Winter und zeigt auf die Mauer.

Wir kommen nicht weiter. Der Iwan schießt wie verrückt auf das aufgewühlte Terrain, über das wir müssen. Ob er uns bemerkt hat? Wir liegen hinter Gesteinsbrocken, aber die Einschläge kommen so dicht heran, daß ich das heiße Feuer im Gesicht spüre und sich die Muskeln auf meinem Rücken wieder krampfhaft zusammenziehen. Vor uns zischen Leuchtkugeln hoch, Gewehrsalven und Maschinengewehrfeuer. Greift der Iwan an?

Die Knallerei ebbt langsam ab. "Los, jetzt bis zur Mauer!" ruft Winter unterdrückt.

Wir rennen durch das Gewirr von Steinen, Draht und Eisenteilen. Niemand ist zu sehen. Wir schleichen die Mauer entlang - kommen zu einem Kellereingang.

"Wer seid ihr?" kommt eine Stimme aus dem Dunkel.

"Verpflegung und Munition", sagt Winter, der vor uns kniet.

"Prima, Kumpel, wir haben schon mächtig Kohldampf. Komm herein!"

Winter verschwindet nach unten, kommt aber gleich wieder hoch. "Das sind nicht unsere. Wir müssen zurück und zum anderen Ende der Mauer", sagt er ärgerlich.

"Scheiße!" preßt Küpper hervor, und ich pflichte ihm bei.

Am Ende der Mauer treffen wir einige Landser. Es sind wieder nicht unsere Leute. Wir schleichen weiter. Aus einem Loch kommt ein bärtiger Kopf mit heruntergezogenem Käppi.

"Wen sucht ihr?" - "Regiment 21", sagt diesmal der Sani.

"Die liegen seit heute morgen weiter vorn in den Ruinen", sagt der Bärtige und zeigt mit der Hand auf einen Punkt.

"Wie weit noch?" - "Etwa zweihundert Meter", sagt er.

Wir gehen in diese Richtung wieder über Trümmer und verkohlte Bohlen, geraten in hellen Feuerschein und werden irgendwo mit MGs beschossen. Küpper reißt mir fast den Arm aus, als er hinter einen Trümmerblock rennt. Ich halte den Kübel fest und hetze hinter ihm her. Das schwere Tragen wird langsam zur Qual, mir rinnt schon der Schweiß in die Augen, und das Hemd klebt auf der Haut, obwohl es saukalt ist. Sobald wir irgendwo liegen müssen, fange ich an zu frieren.

Wo ist hier eigentlich die Front, die sogenannte HKL, die Hauptkampflinie? Von überall wird geschossen, oder sind es nur Querschläger, die uns wie wilde Bienen um die Ohren schwirren und von den Steinen zurückprallen? Zwischendurch zischen Leuchtkugeln hoch und beleuchten alles mit einem kalten Licht.

"Wie weit müssen wir noch?" frage ich den Fahrer, um überhaupt etwas zu sagen.

"Bin heute zum erstenmal mit", sagt er, und ich höre heraus, daß seine Stimme zittert.

Dann plötzlich ein Anruf von irgendwo, wie aus dem Grab: "Mensch, haut ab von hier! Wollt ihr uns den Iwan auf den Hals hetzen?" Ich sehe einen Stahlhelm aus den Trümmern hochkommen.

"Wir suchen unsere Einheit", höre ich Winter sagen.

"Welche?" - Winter sagt es ihm. "

"Keine Ahnung, wir gehören nicht zu dem Haufen. Aber wenn es die sind, die heute morgen den Iwan wieder rausgehauen haben, dann liegen die hier keine fünfzig Meter weiter rechts in dem großen Fabrikgebäude. Aber macht, daß ihr hier abhaut, wir sind froh, daß es hier noch ruhig ist." Der Kopf mit dem Stahlhelm verschwindet wieder.

Das nennt der hier doch tatsächlich ruhig, denke ich, wo wir uns kaum trauen, die Nase aus dem Dreck zu heben. In einer kurzen Feuerpause stolpern wir weiter, unter unseren Füßen knirscht zersprungenes Glas, Schatten springen auf. Sofort zischen Leuchtkugeln hoch, mit ihnen prasseln Maschinengewehrgarben in den Mauerschutt. Wir hetzen weiter, die Essenkannister scheppern gegen Gesteinsbrocken. Neben uns steht ein Schatten auf.

"Seit ihr die Essenträger von der 1. Schwadron?" kommt die Frage aus dem Dunkel.

"Bist du es, Domscheid?" fragt Winter zurück.

"Klar, ich warte hier schon über zwei Stunden auf euch und soll euch einweisen."

Uns fällt ein Stein vom Herzen. Domscheid ist Obergefreiter. Er erzählt uns, daß sie heute morgen einen Gegenstoß durchführten und sich jetzt wieder ein Stück weiter vorn in der Fabrik befinden.

"Der Teufel soll sich hier auskennen", schimpft Winter. "Jedesmal seid ihr woanders. Eines Tages werden wir mit unserer Verpflegung noch den Iwan beglücken."

"Ist schon geschehen", sagt Domscheid. "Letzte Nacht sind vier Leute von der 74. Infanteriedivision mit Verpflegung und Munition direkt beim Iwan gelandet. Bei unserem Gegenstoß heute morgen haben wir in den Trümmern nur noch die leeren Behälter gefunden - von den Landsern keine Spur."

Wir schleichen hinter Domscheid her, zwischendurch gehen in Abständen Leuchtkugeln von beiden Seiten hoch. Ich stolpere und schlage mit meinem Kanister gegen eine Metallstrebe - ein lautes Geräusch. Sofort rattert ganz in der Nähe ein russisches MG, einige Leuchtkugeln erhellen die Nacht. Der Iwan ganz in der Nähe! - Wir liegen flach, die Schüsse sengen über meinen Kopf und knallen in den Betonklotz. Der Kalk rieselt mir in den Kragen und vermischt sich mit dem Schweiß. Ich rolle mich vor und ziehe die beiden Kübel hinter den Klotz. Auch Küpper hat seinen Kübel losgelassen und zieht ihn in Deckung. Er liegt ein paar Schritt weiter an einer schützenden Mauer. Ich will zu ihm und mache einen Satz vorwärts - doch ich falle ins Leere in ein schwarzes Loch. Hände greifen nach mir und richten mich auf.

"Nicht so eilig", sagt eine tiefe Stimme. Und dann: "Wo kommt ihr denn so plötzlich her? Wir wollten gerade auf euch ballern, habt direkt Schwein gehabt."

Domscheid sagt es ihm.

"Mann, müßt ihr ausgerechnet diese Straße hier benutzen? Der Iwan sitzt uns hier genau auf der Pelle."

"Vor zwei Stunden bin ich hier noch vorbei, und der Iwan war weiter vorn", sagt Domscheid.

"Klar, aber seit einer Stunde nicht mehr. Max, hast du deine Spritze fertig?" fragt die tiefe Stimme.

"Klar, wie immer", kommt die Antwort.

"Gut, dann geben wir euch jetzt Feuerschutz. Hinter uns über die Straße kommt ihr gut durch. - Los jetzt!"

Mit den ersten Feuerstößen rennen wir los. Küpper ist schneller und reißt mir den Arm lang, mit dem ich den Essenkübel am anderen Griff halte. Der Iwan schießt wie wild zurück. Dann feuert auch noch die Ari mit ihren schweren Brocken. Zwischendurch höre ich das "Plopp" der Granatwerferabschüsse. Die Granaten rauschen heran und detonieren rund um uns. Der Feuerzauber überfällt uns wie ein reißendes Tier, und wir verkriechen uns in einem halbzerbombten Keller. Bei jedem Einschlag ducke ich mich und denke, daß der Keller zusammenstürzt und uns begräbt. Die Erde über uns vibriert. So muß es auch bei einem Erdbeben sein, denke ich. Meine Nerven flattern. Niemals hätte ich mir jemals vorgestellt, daß ich soviel Angst um mein Leben haben könnte.

Aber es ist wohl, weil man hier wie ein gejagtes Kaninchen im Bau sitzt und wartet. Man kann nichts, aber auch gar nichts tun. Das einzige wäre vielleicht, einfach raus und laufen. Aber wohin? Der Tod kommt höchstens etwas schneller. Verdammt, in den Wehrmachtsberichten sprach man immer von den stolzen, erfolgreichen deutschen Vorstößen. Aber hier in Stalingrad habe ich noch nichts davon gesehen. Ich sehe nur, daß sie sich alle in den Trümmern wie die Ratten verkrochen haben und ihr Leben verteidigen. Aber was sollen sie bei dieser wahnsinnigen Übermacht des Feindes auch tun?

Neben mir sitzen der Fahrer und der Sani, auf der anderen Seite Unteroffizier Winter und Küpper. Küpper ist leichenblaß, und alle starren wir zur Decke, die schon eine Menge Risse hat. Domscheid hat die besten Nerven, er steht in der Nähe des Ausgangs und späht ab und zu nach draußen. Für Küpper und mich dämpfen diese wenigen Stunden in Stalingrad unsere Vorstellung vom Krieg deutlich, dabei hatten wir noch nicht einmal eigene Feindberührung, wie man so schön sagt. Meine Gedanken kreisen jetzt nur noch darum, wie und wann wir wieder heil herauskommen. Wir sind hier in dieser unheilvollen Trümmerstadt nun schon Stunden unterwegs und haben noch nicht einmal unsere Einheit erreicht.

Ich höre, wie Domscheid vom Eingang her sagt, daß der Iwan auf jede kleinste Bewegung mit schweren Brocken schießt. Als unsere MGs losratterten, glaubte er sicher an einen Angriff, den er gleich im Keim ersticken wollte.

"Wenn der wüßte, daß wir im Moment froh sind, mit der Schnauze unten zu bleiben, bis wir Verstärkung bekommen", sagt Domscheid und fügt etwas lauter hinzu: "Wir sollen demnächst durch frische Truppen ersetzt werden, sagte unser Wachtmeister."

"Wer glaubt, wird selig", brummt der Sani.

Dann endlich eine Feuerpause - mir kommt es wie eine Ewigkeit vor.

Wir springen auf, Domscheid kennt den Weg. Er steuert auf eine Fabrikruine zu, weiß, daß dort einer in Deckung liegt und alles beobachtet. Er ruft schon von weitem leise die Parole und nennt seinen Namen. Wir gehen bis zu einem halbverschütteten Kellereingang. Domscheid führt uns durch einen Gang bis zu einem Raum, vor dessen Eingang eine lose Eisenplatte angelehnt ist. Durch den breiten Spalt sehe ich zwei Hindenburglichter, die den Raum notdürftig erhellen.

Domscheid macht eine komische Verrenkung. "Darf ich bitten, unser neuer Gefechtstand."

Auf der Erde liegen eine Menge Säcke und Lumpen, darauf liegen zusammengerollt zwei Landser, auf ein paar aufgestapelten Munitionskisten sitzt ein anderer. Von den Geräuschen aufgeschreckt, stehen die beiden Landser auf und helfen uns, die Kübel in den Raum zu tragen. Die sehen verdammt müde aus, wer weiß, wann die überhaupt zum Schlafen kommen, denke ich. Ihre Gesichter kann ich unter dem Schmutz und den Stoppeln kaum erkennen. Aber so ähnlich sehen wir ja inzwischen auch schon aus.

Dann kommt ein Wachtmeister herein, begrüßt uns und gibt Wichert die Hand. Ich erkenne ihn wieder. Er war es, der in der Kalmückensteppe den Kopf des Russen in den Eimer stubste, um das

Brunnenwasser auf Trinkbarkeit zu überprüfen. Er erzählt Winter, daß heute morgen der letzte Offizier der Kampfgruppe ausgefallen sei und er die Führung in diesem Abschnitt übernommen hätte. Die Männer liegen hier vor und seitlich in den Ruinen. Es geht hin und her, und keiner weiß genau, wo die eigentliche HKL sei. Auch heute wieder ein Toter und zwei Verwundete, die aber bereits auf dem Weg zum Hauptverbandplatz wären.

Der reinste Wahnsinn sei das hier. "Nur noch Nahkämpfe in den Ruinen, und der Iwan sitzt oft nur zwanzig und dreißig Meter oder auf Handgranatenwurfweite vor uns. Keine dreihundert Meter vor uns ist eine tiefe Rachel, die bis zum Ufer der Wolga führt. Von da schafft er jede Nacht neue Reserven heran. Schon seit Tagen warten wir alle fieberhaft auf die Ablösung oder aber auf Verstärkung, an die wir langsam auch nicht mehr glauben." Den letzten Satz hatte er leiser zu Winter gesprochen, aber ich habe es mit meinem feinen Gehör doch verstanden. Sie haben also ihre Zweifel. Es macht mich nachdenklich. Das warme Essen und der Kaffee müßte inzwischen schon gefroren sein, obwohl die Kübel doppelwandig und isoliert sind. Winter hat jedoch eine Menge Hartspiritus und Esbitkocher zum Aufwärmen mitgebracht. Das Essen ist eiskalt, aber noch nicht hart gefroren. Es ist eine schöne dicke Nudelsuppe mit viel Büchsenrindfleisch darin. Weit besser, als wir sie in der Bunkerstellung bekommen. Die Männer hier haben sie mehr als verdient.

Von außen kommen einige Landser mit Kochgeschirren herein. Sie wärmen die Suppe in den Kochgeschirren auf und tragen sie raus zu den anderen. Wir haben im Moment Glück. Draußen ist es verhältnismäßig ruhig. Ich höre nur von Zeit zu Zeit einen Einschlag.

"Auch der Iwan braucht Ruhe", sagt ein Landser zu mir, als ich mich darüber wundere. "Aber du kannst dich wie auf das 'Amen' in der Kirche darauf verlassen, daß bei Tagesanbruch das Spektakel wieder neu losgeht. Dann kannst du deinen Kopf nicht einen Zentimeter herausstrecken, ohne einen verplettet zu kriegen."

Ich höre an seinem Dialekt, daß er Ostpreuße ist. Er sagt, daß er aus Osterode stammt und Walter Gralla heißt. Gelernt habe er aber in

Allenstein bei Thams und Garfs als Heringsbändiger, wo er dann bis zu seiner Einberufung 1940 Filialleiter war. Ich wußte, was er meinte. Mit "Heringsbändiger" bezeichnete man in Ostpreußen den Lebensmittelkaufmann. Er hatte es demnach weit gebracht, denn ich schätze ihn höchstens auf vierundzwanzig Jahre.

Im Gespräch finden wir Gemeinsamkeiten, denn auch ich bin ein Ostpreuße mit einem mehr westfälischen Dialekt. Ich wurde zwar in Gelsenkirchen geboren, aber als ich elf war, zog es meinen Vater samt seiner Familie wieder nach Ostpreußen zurück. Dort habe ich auch den schönsten Teil meiner Kindheit und die ersten Jugendjahre verbracht. Ich sage ihm, daß ich Osterode von den Ferienfahrten her kenne und Allenstein unser Regierungsbezirk war.

Gralla ist Obergefreiter und sicherlich ein erfahrener Landser, der weiß, wo es beim Barras langgeht. Als ehemaliger Reiter war er bereits in Frankreich und jetzt auch lange in Rußland dabei. Seine Brust schmückt das EK II, aber noch kein Verwundetenabzeichen.

"Bisher mächtig Schwein jehabt", antwortet er auf meine Frage. "Hoffentlich bleibt es so", und dann fügt er etwas leiser hinzu: "Aber ich hab hier so das komische Jefühl, nur mit'm Heimatschuß rauszukommen." Er gibt mir dann drei Feldpostbriefe mit der Bitte, sie dem Spieß zur Weiterleitung zu übergeben. Draußen schießt die Ari wieder heftiger. Manchmal spüren wir die Erschütterung der Einschläge bis in den Keller. Einige Landser gehen trotzdem ein und aus. Ich bewundere sie, sie stört das nicht einmal.

"Was Besonderes?" fragt der Wachtmeister einen, der gerade mit einer Handvoll leerer Kochgeschirre hereinkommt.

Der Landser schüttelt den Kopf: "Nur das Übliche, Herr Wachtmeister. Die Ari macht mal wieder Rabatz. Aber Unteroffizier Seifert von der dritten läßt fragen, ob man ihm morgen seine zwei Päckchen Tabak und die neue Pfeife mitbringen kann. Alles soll in seiner Packtasche im Mannschaftswagen liegen."

Unteroffizier Winter nickt. "Geht in Ordnung, werde Bescheid sagen. Grüß Seifert von mir." Winter hat schon sein Buch in der Hand und macht sich Notizen.

In einer Ecke des Kellers sitzt ein Landser auf einer Kiste und schlürft seine Nudeln aus dem Kochgeschirr, das er gerade auf einem Esbitkocher warm gemacht hat. Sein Gesicht liegt im Halbdunkel, aber ich sehe, daß es rußig und mit Bartstoppeln bedeckt ist. Auf dem Kopf trägt er ein Käppi, das er mit den Seitenteilen tief über beide Ohren gezogen hat. Seine Hand zittert, wenn er den Löffel zum Mund führt, und er streckt immer das Kinn etwas vor, um nichts zu verschütten.

Wie alt mag er wohl sein, geht es mir durch den Kopf. Er dürfte nicht älter als dreißig sein, aber er sieht schon wie ein alter Mann aus. Jedesmal wenn über uns eine Granate mit hartem Knall auf dem Beton detoniert, zuckt er so stark zusammen, daß ihm der Inhalt des Löffels über den Stoppelbart auf seinen dreckigen Uniformrock läuft. Mit müden Handbewegungen wischt er es ab, streicht mit dem Handrücken über seinen Mund und streift die klebrige Hand an der Hose ab.

Er hat keinen Sinn für seine Umgebung. Nachdem er gegessen hat, beginnt er mit zittrigen Fingern sich eine Zigarette zu drehen. Es gelingt ihm nicht, immer wieder zerreißt das dünne Papier. Ich biete ihm eine von meinen fertigen an. Er nimmt sie wortlos und nickt ein wenig mit dem Kopf, ohne mich anzusehen. Während er den Rauch ausbläst, geht sein Blick zur Decke hoch, kommt wieder herunter und streift mein Gesicht. Ich sehe für einen Augenblick in glanzlose, gerötete Augen, die durch mich hindurch ins Leere starren.

Einst müssen auch diese Augen Glanz gehabt haben - einst, aber das liegt bei diesem Landser sicherlich schon eine Ewigkeit zurück. Man braucht kein großer Menschenkenner zu sein, um zu erkennen, daß dieser Mann ein ausgehöhltes Wrack ist, ein schreckhaftes zittriges Wesen, das jederzeit zusammenbrechen kann. Der Krieg hat ihn fertig gemacht und seine Nerven zerfressen. Ich habe schon davon gehört, daß es das geben soll. Hier kann ich es mit eigenen Augen sehen. - Was nützt er noch an der Front? Ist er überhaupt noch fähig zu kämpfen? Er gehört in die Bunkerstellung, wo man ihn anderweitig beschäftigen kann, meine ich. Oder aber gleich ins Lazarett zur Ausheilung.

Wir unterhalten uns mit dem Fahrer darüber. Er pflichtet mir bei, erzählt mir aber, daß er noch bis zu seinem Urlaub vor einigen Wochen beim Troß war, aber wegen des neuen Divisionsbefehls, nach seiner Rückkehr vor zehn Tagen, mit vielen anderen nach Stalingrad hineinmußte. Er sei einer der ältesten Schwadronsangehörigen, die von Anfang an dabei wären. Sein EK hatte er bereits in Frankreich erhalten, als sie noch beritten waren. Er heißt Petsch und soll zur Zeit der älteste Obergefreite sein, der sich noch vorn im Einsatz befindet. Danach fragte ich mich um so mehr, warum man diese Leute nicht gegen unverbrauchte Kräfte austauscht, zu denen ja auch unsere Ersatztruppe in der Bunkerstellung gehört. Sollte etwa an den Scheißhausparolen doch etwas dran sein, daß unsere Einheit demnächst von Stalingrad herausgezogen wird, und will man uns deshalb noch nicht verheizen? Fragen, die uns zur Zeit nicht einmal unsere Dienstgrade beantworten können. Wie soll es einem einfachen Landser wie mir möglich sein?

Unteroffizier Winter drängt zum Abmarsch. Seit unserer Abfahrt von der Bunkerstellung sind schon Stunden vergangen. Der Wachtmeister benötigt mehr Munition, die wir noch auf dem Wagen haben. Er teilt fünf Mann ein, die uns begleiten sollen. Obergefreiter Gralla ist auch dabei. Küpper und ich tragen jetzt die leichten Behälter, die anderen lösen sich beim Tragen ihres toten Kameraden ab. Er ist in eine Zeltbahn gewickelt und in der Kälte bereits steif gefroren. Auch er soll, wie schon viele andere vor ihm, auf unserem Friedhof bei Businowka begraben werden.

Wir beschreiben den Landsern den Weg zu den Fahrzeugen. Ein Gefreiter kennt den Standort. Er sagt, daß noch vor Stunden eine Sanka für die Verwundeten bei den zwei ausgebrannten T 34 gestanden habe. Auf dem Wege dorthin streut der Iwan wieder schwere Koffer in die Gegend. Wir traben im Eilschritt hinter dem führenden Landser her und verhalten nur kurz, wenn ein Koffer in unserer Nähe krepiert.

Ich wundere mich, daß wir so schnell bei den Fahrzeugen sind. Wir waren demnach höchstens eineinhalb Kilometer davon entfernt, haben aber vorher einige Stunden gebraucht. Der zurückgebliebene Fahrer ist froh, als wir auftauchen. Den Fahrzeugen ist nichts passiert. Nur ein Stückchen weiter ist ein Halbkettenfahrzeug von einer Flugzeugbombe stark beschädigt worden, berichtet er.

Während die Landser die Munition abladen, will ich mir eine Zigarette anstecken. Ich suche mein Feuerzeug, kann es aber nicht finden. Es muß mir irgendwann aus der Hosentasche gefallen sein. Vorhin im Keller hatte ich es nicht bemerkt, da ich von anderen Feuer für meine Zigaretten bekommen habe. Auch Gralla steckt sich gerade eine Zigarette an. Er reicht mir sein Feuerzeug, und als ich es ihm zurückgeben will, wehrt er ab. "Du kannst es behalten, ich habe noch eins davon."

Ich freue mich ehrlich über das schöne flache Sturmfeuerzeug mit dem abklappbaren Deckel. Als starker Raucher brauche ich ja öfter mal Feuer, und Tabak ohne Feuer ist so wie ein Gewehr ohne Patronen. Ich bedanke mich und wiege das kompakte Stück in meiner Hand. Dann stecke ich es in die linke obere Außentasche meiner Uniform und knöpfe die Klappe darüber. So kann ich es nicht mehr verlieren. Danach lege ich Gralla die restlichen MG-Gurte um den Hals und beobachte, wie er mit den anderen im Dunkel untertaucht. Ob wir sie demnächst mal wiedersehen?

Winter feuert seinen Fahrer an: "Los, Seifert, gib Gas! - In knapp einer halben Stunde ist hier die Hölle los, und dann kommen wir nur noch als Leichen zurück."

Er dreht sich zu uns um, weil wir gerade aufspringen wollen. "Ihr habt heute eine verdammt schlechte Nacht erwischt. Bisher war es wenigstens nachts noch halbwegs ruhig. Weiß nicht, was da vor sich geht. Entweder will uns der Iwan jetzt auch in der Nacht keine Ruhe mehr gönnen und uns langsam zermürben oder er hat irgendeine andere Teufelei vor."

Wir springen auf den Lkw und setzen uns auf die leeren Munitionskisten. Der Tote liegt vorne in der Zeltbahn. Es soll einen anderen Weg zurückgehen. Der Fahrer sagt, daß die Strecke über den

Ort Petschanka und an einer Kolchose vorbei nach Warwarowka von hier aus kürzer sei. Durch den Frost sei der Boden überall gut befahrbar. Zunächst fahren wir aber wieder durch die Trümmer. Die Wagen fahren in eine Vertiefung und kommen an der anderen Seite wieder heraus. Wir fliegen nach hinten und halten uns an den Streben fest, die Munitionskisten knallen uns gegen die Knobelbecher. Nur weiter so, denke ich, nur weg von hier. Wenn es gleich losgeht, müssen wir außer Reichweite sein.

Wir durchfahren wieder eine Vertiefung und müssen helfen, den Wagen hochzuschieben. Wir passieren andere Fahrzeuge, einige Kübelwagen mit Offizieren überholen uns. Die Rollbahn ist holprig, aber gut und fest.

"Wie weit sind wir schon entfernt?" frage ich den Sani, der durch einen Schlitz im Verdeck schaut.

"Schon einige Kilometer", höre ich ihn sagen.

In dem Moment hören wir alle den Donner, als würde die Welt jeden Augenblick zerbersten. Ich rutsche hastig nach hinten und öffne an einer Seite die Überspannung. Ich sehe ein beängstigendes Schauspiel, das meinen Körper regelrecht zusammenschrumpfen läßt. Auch Küpper kommt und starrt mit offenem Mund auf diesen Weltuntergang in Stalingrad. Fast ein schaurig schönes Bild aus dieser Sicht, wenn nicht dieses unheimliche Dröhnen und Krachen einen tausendfachen Tod erahnen ließe.

Im Hintergrund geht von der aufgehenden Sonne ein langer, heller Streifen aus, von düsteren Wolken umrahmt. Über Stalingrad glüht der Himmel. Vom Boden steigen ununterbrochen weiße und graue Rauchwolken auf, dazwischen helle Stichflammen. Am Himmel überschneiden sich lange Lichtfinger der Flakscheinwerfer und zerreißen das Halbdunkel des anbrechenden Tages. Viele Flugzeuge müssen am Himmel sein. Sie bomben ununterbrochen in die vom Tod gezeichnete Stadt. Die Detonationen vermischen sich zu einem infernalischen Getöse. Im kilometerweiten Rund steigen Leuchtspurgeschosse in den Himmel. Zwei Flugzeuge explodieren über der Höllenglut und werden von ihr verschluckt.

Das ist Wahnsinn, denke ich, das kann kein Mensch aushalten. In dieser Hölle kann man nicht überleben. Und doch! - Auch in diesem Inferno bleiben immer wieder welche am Leben. Und nicht nur das - sie wehren sich und kämpfen. Denn immer nach diesem Trommelfeuer soll der Feind angreifen und oftmals auch Boden gewinnen. Aber er wird meist durch einen Gegenangriff in seine Ausgangsstellung zurückgeworfen. So soll es nun schon seit Anfang September gehen, seit deutsche Truppen in die Stadt eingedrungen sind und sich wegen der starken Gegenwehr an der Wolga in den Ruinen der Stadt buchstäblich verkriechen müssen.

Wie lange soll es aber hier noch weitergehen? - Und wie lange können sie es bei dieser wahnsinnigen Übermacht noch in den Ruinen aushalten? Und wann treffen die angekündigten frischen Truppen zur Verstärkung ein? Lauter Fragen, die mich verwirrt machen. Wie gut haben wir es doch in der Bunkerstellung, muß ich denken.

Als wir dort ankommen, ist es bereits taghell. Im Bunkerbereich hören wir nur noch das dumpfe Grollen aus der Ferne, so wie die Tage zuvor. Für mich ist es aber nicht mehr dasselbe. Ich höre jetzt deutlich die unerbittliche Drohung und das Unheil heraus.

Weil wir in der Nacht nicht geschlafen haben, dürfen wir es nachholen und bis Mittag im Bunker bleiben. Ich bin hundemüde, falle aber nur in einen unruhigen Schlaf und schrecke zwischendurch bei dem kleinsten Geräusch auf. Am späten Nachmittag kommt unsere Bunkerbesatzung von der schon früh angesetzten Gefechtsübung zurück. Sie bestürmen uns mit Fragen und wollen wissen, wie es in Stalingrad war.

Was sollen wir ihnen sagen? Um das in den Ruinen wirklich zu beschreiben reichen unsere Worte nicht aus. Und von unserer gräßlichen Angst, die uns wie gejagte Kaninchen von Deckung zu Deckung hetzen ließ, wollen wir nicht berichten. So sagen wir ihnen nur das Notwendigste und behalten das Schlimme für uns. Vielleicht werden sie es bald selbst erfahren, wenn wir alle in den Rattenlöchern von Stalingrad sitzen werden, um unser nacktes Leben zu verteidigen.

14. - 16. November. Diese Tage verliefen für uns ohne besondere Vorkommnisse. Neben der Gefechtsausbildung werden die Stellungen weiter ausgebaut und die Inneneinrichtung unserer Bunker verbessert. Zwischendurch erhalten wir immer wieder den Besuch des Rollbahn-UvD, der aber im Bunkerbereich keine größeren Schäden anrichtet.

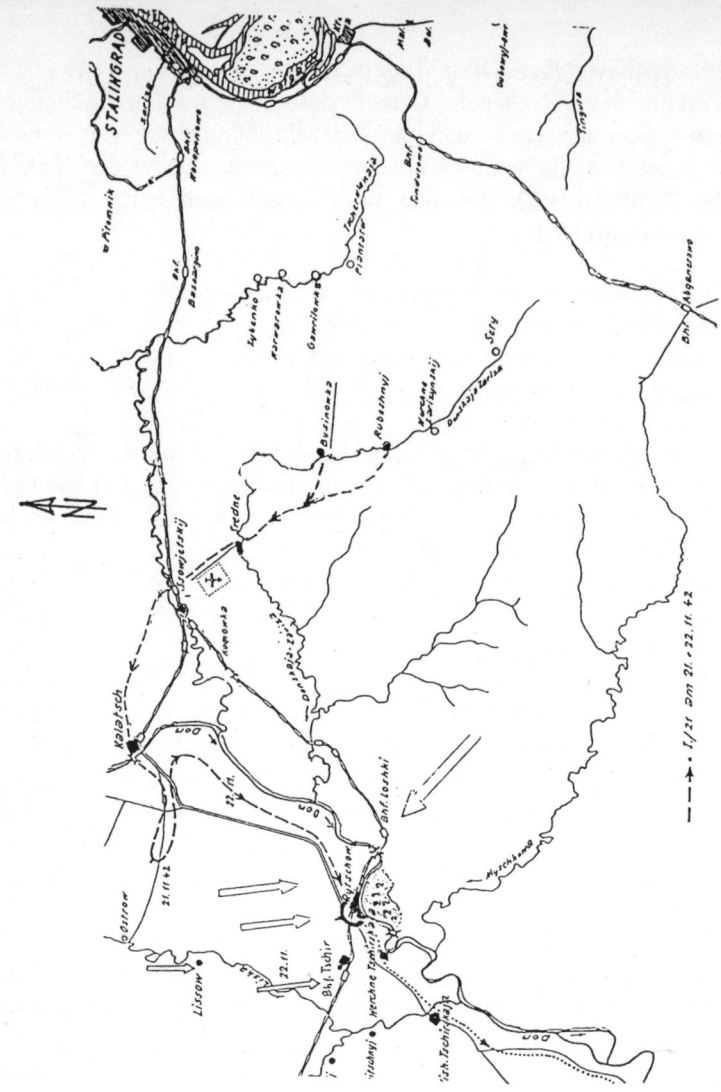

21.11.1942

Fluchtweg aus dem Kessel von Stalingrad: Von Businowka über Kalatsch nach Rytschow am Don. ⇒ russische Angriffe

Dem Kessel von Stalingrad nur knapp entronnen

17. November. In der Nacht ist der erste Schnee gefallen. So weit wir sehen können, liegt eine weiße Decke über der Steppe. Es scheint mir, als würde alles um uns gedämpfter klingen. Auch das Grollen der Detonationen ist nur zu hören, wenn der starke Wind es zu uns herüberweht.

In der letzten Nacht sind einige Leute aus Stalingrad zurückgekommen. Ich freue mich, daß auch der kranke Stabsgefreite Petsch dabei ist. Man hat sicher eingesehen, daß er vorne kaum mehr nützt, weil er nervlich am Ende ist.

Die Kampfgruppe soll inzwischen wieder Tote und mehrere Verwundete beklagen. Auch Unteroffizier Seifert, der vorher noch seinen Tabak und die neue Pfeife erhielt, soll durch einen Granatsplitter am Bein schwerer verwundet worden sein. Domscheid soll mächtig Schwein gehabt haben, erzählt mir ein anderer Landser. Eine Fliegerbombe hat ihm den Stahlhelm regelrecht vom Kopf gerissen und zerbeult. Während er nur einen blutigen Einschnitt vom Kinnriemen davongetragen hat, sei ein anderer von der dritten Schwadron, nur zwei Schritte neben ihm, hochgeschleudert und in Stücke gerissen worden. Man hatte von ihm nur noch einzelne Körperteile in die Zeltbahn packen können.

Es hat sich herumgesprochen, daß die Schwadron Filzstiefel und zusätzliche Winterbekleidung bekommen hat. Es reicht nicht für alle, und zuerst kommen die Männer in Stalingrad, was ja durchaus verständlich ist. Aber wir sehen auch einige vom Troß mit neuen Filzstiefeln. Klar, wir haben noch nichts geleistet, aber wir kommen sicher dran, wenn was übrig bleiben sollte. Aber es bleibt nichts übrig für uns. Wir haben aber gottlob noch unsere dicken Wintermäntel. Und die Stiefel? Jetzt bei dem Schnee sind die Knobelbecher verdammt kalt, und ich bin froh für den Tip eines älteren Landsers in Stablak, der mir riet, die Knobelbecher lieber etwas größer zu nehmen. Ich hatte mir deshalb beim Marsch hierher einige Blasen eingehandelt, aber jetzt kommt es mir zugute, weil ich entweder zwei Paar Socken anziehen oder sie zusätzlich mit Zeitungspapier ausstopfen kann. Auch diesen Trick hatte mir der erfahrene Landser verraten.

Der Schnee draußen näßt das Oberleder der Stiefel. Im Bunker ziehen wir sie aus, reinigen sie und fetten sie ein. Wegen der ständigen Bereitschaft sollen wir sie anbehalten. Aber im Bunker ist es immer warm, und ich muß oft an die Leute in Stalingrad denken, die jetzt in den eiskalten Ruinen sitzen.

Wir unterhalten uns am Abend mit Meinhard über die allgemeine Lage, soweit sie bis zu uns durchgedrungen ist. Es ist mehr ein Gemisch aus Hörensagen, Vermutungen und besten Wünschen für einen guten Ausgang. Er hat wieder Schnaps getrunken, ich rieche seine Fahne. Er ist dann immer gesprächig. Warias scheuert gerade seinen Rücken an einem Stützbalken. Es ist so geräuschvoll, daß wir es hören und hinschauen. Wir haben uns zwar mit Läusepulver eingepudert und auch die Wäsche ausgekocht, aber es hilft nur vorübergehend.

Im warmen Bunker werden die Biester immer munter und tatendurstig. Meine Haut war schon immer empfindlich, aber jetzt ist sie aufgescheuert und rauh wie ein Reibeisen. Es hilft etwas, wenn ich das Hemd ausziehe und die Nähte absuche. Ich zerquetsche die widerlichen Biester dann mit einem grimmigen Ausdruck, so, wie Meinhard es mir zeigte.

Wilke und Kurat machen sich manchmal einen Spaß und wetten um Zigaretten, wer die meisten Abschüsse hat. Wilke brachte es doch tatsächlich einmal auf vierundzwanzig. Heute wird er aber von Panzergrenadier Seidel übertroffen. Er hat es auf sechsundzwanzig gebracht, sagt er, und Küpper bestätigt es, weil er mitgezählt haben will.

Seidel ist, wie wir, am 30. Oktober hier angekommen und ein prima Kumpel. Seine Stiefel und sein Koppelzeug sind immer so blank, daß man sich darin spiegeln kann. Vor jedem Appell bringt er sogar auch unser Lederzeug auf Hochglanz. Seine Bedingung ist aber, daß ihm niemand zuschaut, wie er es macht. Einmal habe ich es dennoch gesehen, wie er irgend etwas mit seiner Spucke vermischte und damit das Lederzeug blankwienerte. Seidel ist auch im Aufräumen und Saubermachen unser Spezialist. Darum sind wir beim Bunkerappell durch den Spieß auch noch nie unangenehm aufgefallen wie andere, sondern sogar als vorbildlich belobigt worden.

Die sechsundzwanzig Abschüsse nehmen wir ihm allerdings nicht ab, denn soviel Läuse kann er gar nicht auf einmal haben, weil er seine Unterwäsche in jeder freien Minute auf Blutsauger absucht. Es stellt sich dann auch heraus, daß Seidel uns austricksen wollte. Die meisten Abschüsse stammen nämlich nicht von ihm, sondern vom Hemd des kleinen Grommel, der kurz vorher sein verlaustes gegen ein frisches ausgetauscht hat. Zur Strafe wird Seidel mit Gebrüll nach oben getragen und sein nackter Oberkörper ordentlich mit Schnee abgerieben.

Nach der kalten Prozedur saust Seidel an uns vorbei in den warmen Bunker... und prallt im Eingang direkt auf den Rücken eines Landsers. Der fliegt sogleich langgestreckt in den Bunker. Seidel hilft ihm auf und stammelt eine Entschuldigung. Wir haben den Landser mit dem Winkel auf dem Ärmel noch nie vorher gesehen. Noch bevor jemand etwas sagen kann, brüllt Meinhard durch den Bunker: "Mensch, Swina, wo kommst du denn her, ich denke du bist vorne bei den anderen?"

Der so Angesprochene faßt sich an den Hals, um den ein dicker Schal gebunden ist, und krächzt etwas Unverständliches. Ich sehe, daß er klein und pummelig ist. Auf dem Kopf trägt er ein Käppi, so weit heruntergezogen, daß es fast die etwas schlapp hängenden Ohren verdeckt. Er geht zu Meinhard an den Tisch, und wir beäugen ihn neugierig. Als er sein Käppi abnimmt, habe ich den Eindruck, daß sie alle ein wenig grinsen. Auch ich kann es mir nur schlecht verkneifen.

Allein der Name "Swina" ruft in mir die Erinnerung an ein grunzendes Säugetier wach, dessen Fleisch wir schon lange entbehren müssen. Dieser Vergleich verstärkt sich noch, als ich in dem Bunkerlicht sein pausbackiges, rosiges Gesicht mit den zwei kleinen geröteten Äuglein sehe, die uns unter borstigen, fast weißen Augenbrauen anblinzeln. Ein rundes, gutmütiges und fast zur Belustigung anregendes Gesicht mit einem Wust strohblonder Haare auf dem Kopf.

Swina gibt Meinhard die Hand. Er deutet auf seinen dicken Schal und krächzt: "Habe einen schlimmen Hals, kann kaum sprechen. Wachtmeister Romikat hat mich zurückgeschickt, soll mich beim Troß auskurieren."

"War vernünftig von ihm. Seit wann bist du hier?" fragt Meinhard.

"Was?" krächzt Swina und streckt den Kopf vor wie ein äugender Vogel.

Meinhard zieht Swina zu sich auf die Bank und spricht direkt in sein Ohr: "Seit wann du hier bist?"

Swina hat jetzt verstanden und quäkt mit rauhem Hals: "Schon seit einer Stunde. Sollten schon morgens bei der 4. Schwadron ankommen, aber der Lkw war verreckt. Mußten den ganzen Tag warten, bis wir abgeschleppt wurden."

"Sind noch mehr mitgekommen?" Meinhard hält seinen Mund wieder dicht an Swinas Ohr.

"Ja, Gorny und Kirstein."

"Was - die beiden sind auch hier?" ruft Meinhard freudig überrascht.

Der pummelige Gefreite nickt. Aber er macht einen niedergedrückten Eindruck und preßt kaum verständlich heiser hervor: "Gorny hat nur was am Arm abbekommen, aber Kirstein war sofort tot - ein Granatsplitter. Sie haben ihn schon auf den Friedhof zu den anderen gebracht."

Danach ist es still im Bunker. Auch heute wieder ein Toter, denken wir. So geht es schon seit einigen Tagen. Die Toten bringt man her, damit sie ordentlich begraben werden. Die Schwerverwundeten fährt man zum Hauptverbandplatz, und wer nur kleine Schrammen hat, kann sich für ein paar Tage hier bei uns ausruhen. Für manche ist es nur ein kleiner Aufschub.

Meinhard muß den Toten gut gekannt haben, denn er sagt mit belegter Stimme: "Das ist schon eine verfluchte Stadt, dieses Stalingrad. Jetzt ist bald keiner mehr von der alten Truppe übrig. Nun hat es auch noch Fritz erwischt, der immer glaubte, daß ihm nichts geschehen könnte. Wir waren die ganzen Monate in einer Gruppe zusammen. Als ihm einmal seine Knarre regelrecht aus der Hand geschossen wurde und gleich darauf ein Splitter den Stahlhelm an der Seite aufschlitzte, sagte er voll Überzeugung, daß für ihn hier in Rußland keine Kugel gegossen wäre. Er werde einmal in aller Ruhe als alter Mann im Bett sterben. Manchmal war er direkt leichtsinnig, aber von seinem Glauben nicht abzubringen, obwohl wir viele Kameraden neben uns sterben sahen. Nun ist es doch geschehen, mein Junge, obwohl du so fest daran geglaubt hast." Die letzten Worte hat Meinhard mehr zu sich selbst gesprochen. Ich sehe, wie es in seinem Gesicht zuckt und wie er hastig an seiner Pfeife zieht und tief in Gedanken dicke Rauchwolken in den Bunker bläst.

Swina sitzt indessen still auf der Bank und starrt in die zwei flakkernden Flammen unserer improvisierten Benzinlampe, die uns der Schirrmeister gestern in den Bunker gestellt hat. Ein findiger Landser hat Schnapsflaschen halb mit Benzin gefüllt und eine Patronenhülse mit zwei seitlichen Löchern durch den Kork geführt. Das ausströmende Gas brennt gleichmäßig ab und erhellt den Bunker besser als die schon knapp gewordenen Hindenburgkerzen.

Unsere Stimmung im Bunker ist gedrückt. Ich sehe, daß die Gesichter rundum nicht mehr den unbeschwerten Ausdruck haben wie zuvor. Gerade in den letzten Tagen haben wir von hohen Verlusten und auch von Nachschubschwierigkeiten unserer Truppen gehört. Der Russe dagegen soll sich an der Wolga mehr und mehr verstärken.

"Wie sieht es vorne aus?" hören wir dann wieder Meinhard fragen.

Swina hat ihn nicht verstanden und hält seine Hand wie eine Muschel ans Ohr. Der Mann muß ja halb taub sein, denken wir, und ich sehe auch die bedeutsamen Blicke der anderen.

Meinhard hebt wieder seine Stimme und spricht Swina direkt ins Ohr: "Wie es vorne aussieht?"

Swina krächzt wieder: "Wird immer schlimmer. Vor zwei Tagen sind zwei Granatwerfer in unserem Abschnitt hopsgegangen. Haben in der Kampfgruppe jetzt nur noch einen."

"Hab's schon vom Spieß gehört", sagt Meinhard. Dann beugt er sich wieder vor und hebt seine Stimme zur vollen Lautstärke: "Mann, das wird ja immer schlimmer mit dir. Als wir das letztemal zusammen waren, hast du noch besser gehört."

Swina zeigt auf seinen verbundenen Hals: "Macht der Hals!"

Was hat denn der Hals mit seiner Schwerhörigkeit zu tun, denken wir.

Auch Meinhard denkt so ähnlich. Er spricht auch mehr zu uns, als er mit Nachdruck sagt: "Ach was, der Hals! Die sollen dich man nach Hause schicken, wo du schon so lange schwerhörig bist. Ich verstehe es sowieso nicht, daß sie dich immer wieder nach vorne schicken. Übrigens, in welchem Bunker bist du untergekommen?"

"Gleich beim ersten, bei den jungen Spritzern", krächzt Swina - "aber da gefällt es mir nicht."

Wir sehen uns an, und Meinhard grinst ein wenig.

"Das hier sind auch junge Spritzer", sagt er. "Und die haben es nicht gern, wenn du es zu ihnen sagst."

Wir sehen es dem Pummeligen an, daß es ihm nicht angenehm ist, darum räuspert er sich, zuckt etwas unbeholfen mit den Schultern und sagt kratzend: "Aber das sagen doch alle so zu den Neuen."

Darüber müssen wir jetzt wirklich lachen und nehmen es ihm auch nicht übel. Swina lacht mit.

"Du möchtest gern zu uns in den Bunker?" Meinhard hat wieder seinen Mund an Swinas Ohr und schaut uns dabei an... Wir nicken. Warum nicht? Unser Bunker ist groß genug. Wenn wir etwas zusammenrücken, können auch noch zwei Mann zusätzlich hinein. Swina bejaht seine Frage und schaut auch uns an.

"Gut - hol Deine Klamotten, du kannst hierbleiben!" sagt Meinhard laut.

Der kleine pummelige Gefreite macht ein freudiges Gesicht und trabt wie ein wandelnder Mehlsack aus dem Bunker.

Meinhard sagt, daß es ihm schleierhaft wäre, wie Swina überhaupt zum Barras gekommen sei. Im Sommer, so erzählt er uns, sei er mit einem Trupp Genesender zur Schwadron gekommen. Er konnte damals schon nicht richtig hören. Zuerst glaubten wir, daß es seine Sturheit wäre, wenn er uns keine Antwort gab. Bis wir feststellten, daß er manchmal sogar das Heulen der Granaten überhörte und erst im letzten Moment von uns in Deckung gezerrt wurde. Seine Schwerhörigkeit wurde nach einem Ari-Einschlag in seiner Nähe noch schlimmer. Man kann ihn deshalb nicht für alles gebrauchen, wir haben ihn meist zum Munitionsschleppen und Essenholen eingesetzt, da kann man sich aber auf ihn voll verlassen. Vorne wirkt er etwas ängstlich, aber das macht seine Schwerhörigkeit. Swina ist aber kein Feigling.

Meinhard unterbricht sich und zieht mehrmals an seiner Pfeife, die er eigentlich nur beim Schlafen ausgehen läßt. Danach tastet er mit der Hand unter den Tisch und holt eine halbvolle Flasche hervor. Er setzt sie an und nimmt einen kräftigen Schluck. Ich hatte die Flasche im Halbdunkel gar nicht gesehen.

Er erzählt weiter: "Swina ist streng katholisch und betet sehr häufig, wo er sich auch gerade befindet. Von ihm könnt ihr alles haben, wenn ihr es mit ihm gut versteht, denn er ist sehr willig. Aber wehe, wenn er merkt, daß ihr ihn verscheißern wollt, er kann dann verdammt giftig werden. Ich rate euch, es nicht zu versuchen, sonst schaltet er auf stur und macht nichts mehr. Er stellt sich einfach taub, auch wenn ihr noch so brüllen würdet. Bei Swina haben sich da schon Vorgesetzte die Zähne ausgebissen. Aber für mich ist er trotzdem ein armer Teufel, den nur ein besoffener Stabsarzt KV, also kriegsverwendungsfähig, geschrieben haben kann."

Nun wußten wir einiges über den pummeligen Gefreiten mit dem runden, rosigen Gesicht.

"Warum sagst du Swina zum ihm?" will der kleine Grommel wissen.

"Ganz einfach, weil er so heißt", schmunzelt Meinhard.

"Was? Ich glaubte, das wäre sein Spitzname?" staunt Warias.

"Na ja, er heißt nicht ganz so. Wir haben seinen Namen einfach abgekürzt. Richtig heißt er: Johann Swinowski."

So war das also. Draußen poltert jemand vor dem Eingang. Swina kommt hereingewatschelt. Er trägt seine Packtasche und hat einige Decken unter den Arm geklemmt. Seidel weist ihm seinen Platz neben Meinhard an, den er vorher freigemacht hat.

Die Nacht verläuft ruhig. Ab und zu wache ich kurz auf, weil ich unterbewußt ein neues Geräusch im Bunker wahrnehme, das sich wie ein zufriedenes Grunzen anhört.

18. November. Es war heute kein besonderer Tag. Wir führten wie immer Gefechtsübungen durch. Ein Offizier vom Regiment war zu Besuch hier und unterhielt sich mit einigen Vorgesetzten. Der Spieß begleitete ihn und kam erst spät zurück. Er hatte gesoffen und besuchte Meinhard in unseren Bunker. Er nahm ihn danach zu sich mit zum Weitersaufen. Meinhard kam erst kurz vor meiner Wache um ein Uhr in den Bunker zurück. Der Spieß hatte ihm erzählt, daß sich beim Russen was zusammenbrauen soll. Die Aufklärer haben im Hinterland größere Truppenansammlungen festgestellt. Aber niemand weiß etwas Genaues.

Die Nacht ist klar und kalt. Für die Wache habe ich mich dick angezogen und einen Schal umgelegt. Der Frost beißt in den Ohren. Bei jedem Schritt knirscht der gefrorene Schnee unter meinen Stiefeln. Ich muß an Zuhause denken und ans Skilaufen bei gleißender Wintersonne und knirschendem Schnee. Ich war ein guter Skiläufer und bin sehr oft von unserer Waldschanze so an die dreißig Meter weit gesprungen. Hier in der Steppe ist alles flach.

Ich kann den Sternenhimmel beobachten. Ich suche den kleinen Wagen, an dessen Deichselende sich nördlich der Polarstern befindet. So weiß ich wenigstens die grobe Richtung, wo in weiter Ferne die Heimat liegt. Manchmal höre ich noch spät aus dem Nachbarbunker die Ziehharmonikaklänge von Unteroffizier Döring herüber, wenn er sein Lieblingslied "Heimat deine Sterne" spielt. Döring ist heute Unteroffizier vom Dienst und macht seine Kontrollen im Bunkerbereich.

Döring leitet auch unsere Gefechtsausbildung. Er ist ein alter Hase und wurde extra für unsere Ausbildung von vorne freigestellt. Wir kommen gut mit ihm klar und haben eine ganze Menge von ihm gelernt. Nicht exerzieren, sondern richtige Kampfausbildung in den Gräben.

Nicht weit von uns sehe ich wieder die Laternen der Nähmaschine. Sie kommen fast jede Nacht und suchen uns. Ab und zu hören wir auch Bomben fallen, aber wir haben bisher Glück gehabt. Heute steht der Wind ungünstig. Es ist kein Donnern in der Luft. In Richtung Stalingrad ist der Himmel nur etwas heller. Um zwei Uhr wecke ich Grommel, der mich ablöst.

19. November. Gegen Morgen wurde es windiger, und die Luft ist diesig. Leichte Schneewolken treiben über die Steppe. Meinhard sagt uns, daß er heute wieder nach Stalingrad zurück muß. Der Spieß hat es ihm schon gestern gesagt. Er fährt mit Winter nach vorn, der wieder dran ist.

"Alles geht vorbei", sagt Meinhard und fügt nachdenklich hinzu: "leider auch das Leben."

"Stimmt!" sagt Kurat, "aber es kann noch hundert Jahre dauern."

"Kann sein", stimmt Meinhard zu. "Aber so alt will ich gar nicht werden. Wäre froh, wenn ich den verdammten Krieg überstehen würde."

"Du wirst", sagt Grommel mit Überzeugung.

Wir wollten ihm alle ein wenig Mut zusprechen, haben es aber wohl nicht erreicht, denn Meinhard spricht nicht mehr viel. Er qualmt noch mehr als sonst. Dann setzt er sich hin und schreibt einen Feldpostbrief nach Hause. Für uns ist erst am Mittag wieder Appell. Bis dahin bringen wir unsere Waffen und Ausrüstungsgegenstände in Ordnung.

Als wir zum Appell antreten, ist es im Bunkerbereich anders als sonst. Die Fahrer laufen umher und sind mit ihren Fahrzeugen beschäftigt. Ein Kradfahrer kurvt in der Gegend herum und verschwindet in Richtung Kolchose. Auch auf den Spieß warten wir länger als sonst. Irgendwas geht vor hier. Aber was? Wir schauen uns an. Auch die Kumpel aus den anderen Bunkern wissen nichts. Dann kommt der Spieß mit Landkarten in der Hand.

Er erklärt uns ohne Umschweife, daß wir uns in höchster Alarmbereitschaft befänden, weil der Russe heute morgen mit starken Panzerverbänden am linken Flügel der Front bei den Rumänen durchgebrochen wäre. Der Durchbruch erfolgte im Raum Kletskaja. Die gesamte rumänische Front sei in Auflösung und auf der Flucht in Richtung Kalatsch.

"Schöne Scheiße!" höre ich einen unserer Ausbilder sagen.

Und dann geht das Geschimpfe auf die feigen Rumänen los. Nur Unteroffizier Döring behält die Ruhe und sagt, daß die Rumänen arme Schweine wären. Sie sind lange nicht so gut ausgebildet wie wir und müssen noch mit veralteten Waffen kämpfen. Gegen einen starken Gegner haben die nie eine Chance. Daraufhin diskutieren einige Landser darüber, warum man die Rumänen an der wichtigen Flankenstellung von Stalingrad überhaupt eingesetzt hat.

Der Spieß mildert unseren ersten Schock und berichtet, daß bereits Gegenmaßnahmen getroffen wurden, um die Russen zurückzuwerfen. Unsere Panzer und die Luftwaffe seien bereits im Einsatz. Mehr erfahren wir nicht.

Doch Meinhard sagt uns später, daß er und Winter nicht nach Stalingrad hinein müssen, weil man nicht weiß, wo sich die Kampfgruppe befindet. Sie sei aus den Ruinen abgezogen und irgendwohin verlegt worden. Wir müssen abwarten. Der Schirrmeister rechnet damit, daß die Fahrzeuge in Marsch gesetzt werden. Er hat aber nur für wenige Fahrzeuge Sprit, weil es schon seit Wochen nur beschränkt Nachschub gibt.

"So schlimm sieht es aus?" frage ich Meinhard.

Er zuckt die Achseln. "Niemand weiß etwas Genaues, aber es kann sein, daß wir mit den Fahrzeugen von hier abhauen müssen, wenn sie den Iwan nicht aufhalten können."

"Na, dann Prost!" sagt Seidel in seiner flapsigen Art.

Die Nacht schlafen wir unruhig. Als ich gegen fünf Uhr morgens meine Wache antrete, lausche ich nach Norden in die Dunkelheit hinein. Der Wind treibt ein schwaches Grollen an mein Ohr, nicht mehr als sonst auch. Wenn oben bei Kletskaja Kämpfe stattfinden, kann man es sowieso nicht hören - es ist noch zu weit weg. Oder ist möglicherweise der Durchbruch von unseren Truppen wieder bereinigt worden?

20. November. Bei Tagesanbruch wird es am Himmel lebhaft. Noch nie haben wir über uns so viele He-111-Bomber und Stukas, die Ju 87, fliegen sehen. Also muß dort im Norden schwer was los sein. Die Luft ist erfüllt vom Dröhnen der Motoren. Dazwischen hört man bereits ein Rumpeln aus der Ferne. Es nimmt von Stunde zu Stunde zu, es wird deutlicher und schwillt bald zu einem drohenden Grollen an. Es kommt direkt von Norden, wo der Russe durchgebrochen sein soll. Aber dann hören wir es auch im Süden. Irgend etwas tut sich auch dort unten. Wir sind in Bereitschaft und warten. Einige sind im Bunker, andere stehen wie ich oben und warten auf das, was auf uns zukommt.

"Alarm!" brüllt jemand. "Alles raus aus den Bunkern!"
Wir sausen nach unten, packen den Karabiner und schnallen uns im Laufen das Koppel mit allem Drum und Dran für den Einsatz um und rennen nach oben. Manche laufen zurück, weil sie den Wintermantel vergessen haben. Was ist los? In unseren Gesichtern stehen Fragen. Dann sagt jemand von den Fahrern, daß der Iwan auch im südlichen Teil durch die rumänischen Stellungen durchgebrochen ist und uns von beiden Seiten in die Zange nehmen will. Seine Panzerspitzen seien schon bis Sety vorgestoßen, und wir sollen ihn aufhalten.
Der Schirrmeister schreit nervös Befehle. Wir helfen den Fahrern, einige festgefrorenen Fahrzeuge aus den Deckungen zu schieben. Ich höre, wie er sagt, daß der angeforderte Sprit erst im Laufe des Tages zu erwarten ist. Es reicht gerade noch für unsere zwei Lkws und drei Mannschaftstransportwagen (MTW). Einige Kanister werden als Reserve mitgenommen. Der Schirrmeister, der Küchenunteroffizier mit zwei russischen Hiwis und drei Kranke bleiben

zurück. Alle anderen sitzen auf und fahren in Richtung Süden. Meinhard und Swina sind auf unserem Lkw. Sie haben ein leichtes MG und einige Kästen Munition empfangen. Niemand spricht, wir sind mit uns selbst beschäftigt und hören auf den Geschützdonner, der immer näher kommt.

Plötzlich sind russische Jäger über uns. Sie schießen in unsere Kolonne. Die Fahrer reagieren und fahren fächermäßig auseinander. Vor uns sind andere Fahrzeuge. Von Bordkanonen getroffen explodiert ein Kübelwagen rechts von uns. Ich sehe, wie die Insassen in die Luft geschleudert werden. Neben uns sind zwei Halbkettenfahrzeuge mit Packgeschützen. Sie fahren mit uns in breiter Linie vor. Wir hören Abschüsse von Panzerkanonen. Sind es unsere oder russische T 34?

"Absitzen!" Wir springen in den Schnee. Die Sicht ist nicht sehr gut, wir sehen nur einige hundert Meter weit. Dahinter verschluckt der Dunst das Gelände. Über uns wieder Flugzeuge. Es sind unsere! Sie laden ein oder auch zwei Kilometer vor uns Bomben ab. Wir können nichts sehen. Danach ist es ruhig.

Wir verteilen uns im Gelände und warten. Im Boden sind einige Panzerdeckungslöcher von früheren Gefechten. Werden wir angreifen oder in Stellung gehen, um uns zu verteidigen? Dann hören wir wieder die metallharten Abschüsse der Panzerkanonen. Sie kommen aber von rechts und entfernen sich immer weiter von uns.

Ein Wagen mit einem Offizier kommt und fragt nach unserem Einheitsführer. Danach geht es wieder zurück in unsere Bunkerstellung. Was ist los? "Ist der Russe etwa schon dort?" wird gefragt. "Keine Ahnung!" Niemand kennt die Lage.

In der Bunkerstellung ist es ruhig. Die restlichen Fahrzeuge stehen noch in der Deckung. Der Sprit soll noch nicht eingetroffen sein. Meinhard hat die bessere Verbindung zu unseren Vorgesetzten - er geht zu ihnen, um Näheres zu erfahren. Nichts - auch sie hängen in der Luft und warten auf den Lagebericht und neue Befehle. Eine undurchsichtige Situation.

In der Nacht zum 21. November wird es kälter. Draußen treibt der Wind dünnen Schnee vor sich her. Wer nicht draußen in den Stellungen auf Horchposten stehen muß, kann in den Bunkern schlafen. Unsere Packtaschen und die übrige Habe sind vorsorglich in den Fahrzeugen verstaut worden.

Ich ahne, daß es jetzt auch für uns und alle, die sich im Großraum von Stalingrad in Sicherheit fühlten und sich schon in den Häusern und Bunkern für den Winter eingerichtet haben, ernst wird. Denn das Poltern und Donnern in der Luft wurde bis zum Eintritt der Dunkelheit stärker. Es kam bereits aus zwei Richtungen. Nur vor uns schien es noch ruhig zu sein. Wer bis dahin noch zweifelte, wurde jetzt eines Besseren belehrt. Auch dem unerfahrensten Landser wurde klar, daß wir bereits von zwei Seiten in die Zange genommen wurden. Noch ist es hier bei uns ruhig. Aber wie lange noch? Ist es die Ruhe vor dem Sturm?

21. November. So war es dann auch. Im Morgengrauen geht es los. Es beginnt mit dem Jaulen schwerer Granaten über unseren Köpfen und den krachenden Einschlägen. Wer sich noch im Bunker befindet, rennt nach draußen in die vorbereiteten Stellungen. Zu sehen ist nichts.

"Die Ari schießt Vorbereitungsfeuer", sagt ein Fahrer neben mir.

Die Granaten schlagen meist rechts von uns und weiter nach hinten ein. Eine Serie Stalinorgeln rauscht seitlich über uns hinweg. Die Raketen schlagen im Bereich der Kolchose ein.

Langsam wird es heller und die Sicht vor uns besser. Zwischen dem Heulen und den Einschlägen der Granaten vernehmen wir vor uns andere Geräusche. Es ist das Dröhnen von Dieselmotoren und quietschendem Gerassel von Panzerketten. Russische T 34 kurven dort herum! Auch sie haben jetzt bessere Sicht. Hart knallen ihre Abschüsse in die frostige Luft und die Granaten durchschneiden sie zischend und explodieren am Ziel. Manchmal prallen sie wie glühende Bälle auf den Boden, springen sirrend hoch und bohren sich dann in die Erde. - "Panzergranaten!" sagt jemand.

Dann kommen die T 34 aus dem Dunst heraus. Ich zähle fünf Stahlkolosse. Sie sind noch einige hundert Meter entfernt - und sie bewegen sich nur langsam. Ihre Kanonen drehen sich mit den Türmen und suchen ihre Ziele. Wenn sie es gefunden haben, erfolgt der Abschuß. Auch die Ari schießt stärker... Immer noch liegen die Einschläge seitlich und weiter hinten. Die Panzer schießen gleichfalls dorthin. Haben sie uns noch nicht entdeckt oder haben sie dort ein lohnenderes Ziel?

Hinter uns kommt jemand den Laufgraben entlanggeschlichen. Es ist der Lkw-Fahrer Jansen. Ihm folgen noch zwei unserer russischen Hiwis mit Munition. Er geht zu Meinhard in die MG-Stellung. Ich höre, wie Jansen sagt, daß inzwischen der Sprit eingetroffen ist und der Befehl lautet, daß sich der gesamte Troß mit allen Fahrzeugen über die Brücke bei Kalatsch nach Westen absetzen soll. Der Spieß und Döring wollen aber erst die Nacht abwarten. Sie meinen, daß wir am Tage keine Chancen hätten, weil uns die Panzer ohne panzerbrechende Unterstützung wie die Hasen abknallen würden.

Das sieht ja verdammt brenzlig aus, denken wir. Besteht überhaupt noch eine Chance, von hier wegzukommen? Was ist, wenn die Panzer auf uns zu rollen? Ohne schwere Waffen sind wir erledigt. Wir haben nicht einmal Hafthohl-Ladungen zur Panzerbekämpfung oder geballte Ladungen. Wir können höchstens die Infanterie aufhalten, sollte sie auch angreifen. Die Gedanken überschlagen sich. Es kommt nichts dabei heraus. Ich zwinge mich, an nichts zu denken und mich auf das Geschehen vor uns zu konzentrieren.

Wie ein Blitz plötzlich ein knallharter Panzerabschuß seitlich von uns. Wir zucken zusammen und schauen nach rechts. Sind die T 34 schon hinter uns?

Einer jubelt: "Unsere Panzer schießen! Sie haben einen T 34 erwischt!"

Tatsächlich - vor uns qualmt einer. Also sind wir hier doch nicht allein. Wir atmen auf. Das Gefühl, hier auf weiter Flur allein zu sein, war für uns junge Spritzer verdammt bedrückend. Unsere Panzer waren also das Ziel der Ari und der T 34. Wie viele Panzer von uns sind es? Nach den Abschüssen zu urteilen müssen es vier sein. Es entwickelt sich eine regelrechte Panzerschlacht vor unseren Augen. Und es qualmen bald zwei weitere T 34 - aber wir sehen auch auf unserer Seite Rauchwolken aufsteigen.

Dann ist über unseren Köpfen das tiefe Brummen der russischen Schlachtflieger. Sie donnern über unsere Köpfe hinweg und laden ihre Bomben ab. Hinter uns steigen Rauchwolken hoch. Von der Seite kommen drei kleine Maschinen im Tiefflug auf uns zu. Wir erkennen deutlich den Sowjetstern an den Rümpfen und den Tragflächen.

"Ratas!" ruft ein Landser aufgeregt.

Wir ziehen die Köpfe zurück und lassen uns in den Graben fallen. Sie fliegen über unsere Stellungen und beharken uns mit Bordwaffen. Sie haben uns trotz der guten Tarnung entdeckt! Der Dreck auf unserer Deckung spritzt hoch und zeichnet eine dunkle Spur im weißen Schnee. Jemand schreit auf. Links von uns hat es einen erwischt. - Dann brennt plötzlich eine Maschine! Sie zieht eine lange Rauchfahne hinter sich her und explodiert zwischen den T 34. Unsere Jäger haben sie erwischt! Wir triumphieren und sehen zwei schlanke Messerschmitt-Jäger am Himmel, die hinter den anderen zwei russischen Maschinen herjagen. Dann beobachten wir interessiert den Luftkampf, der sich zwischen den plump wirkenden Ratas und den schlanken deutschen Jägern abspielt. Wir beobachten, wie ein weiterer russischer Jäger abgeschossen wird. Trotz unserer bedrohlichen Lage spüre ich so etwas wie einen Auftrieb in mir. Wir sind auch in der Luft noch da und sogar überlegen.

Wo sind die russischen Panzer geblieben? Wir sehen sie weiter rechts. Drei Qualmwolken steigen in den Himmel. Dann hören wir neues Motorengeräusch. Es kommt von links. Wir erkennen mehr Panzer. Sie sind noch weit weg, sie sehen wie große Klumpen aus. Meinhard beobachtet sie mit dem Fernglas. Dann ruft er herüber: "Auf den Panzern ist die Infanterie aufgesessen!" Das kann für uns gefährlich werden!

Wir haben zwar gelernt, uns in den Deckungslöchern von Panzern überrollen zu lassen und dann auf die nachfolgende Infanterie zu feuern. Aber wie sollen wir uns verhalten, wenn die Infanterie wie hier auf den Panzern aufgesessen ist?

"Abwarten und in Deckung bleiben! - Nur auf Befehl schießen!" wird durchgesagt.

Wir starren nach vorn - meine Nerven flattern. Alles ist völlig anders, als bei den Gefechtsübungen, geht's mir durch den Kopf. Die Panzer vor uns bewegen sich nur langsam. Ich schleiche nebenan zu Meinhard und schaue durch sein Glas.

Auf den weißgetarnten Panzern kleben die Soldaten wie schmutzigbraune Lehmklumpen obenauf. Ich sehe unsere Feinde zum erstenmal vor mir. Ein leichtes Schaudern geht durch meinen Körper. Wenn die mich erwischen, ist es aus, denn wir hörten oft von Greueltaten an deutschen Landsern. In mir ist ein Gemisch von Spannung, Angst und Aufbäumen gegen das, was uns bevorstehen könnte. Mein Mund ist trocken, und ich umklammere den Griff des Karabiners fester.

Meinhard, der seinen weißgekalkten Stahlhelm vorsichtig aus der Deckung hebt, vermutet, daß sie nach rechts an uns vorbeiziehen. Sie erhalten von dort kräftig Feuer, auch von anderen schweren Waffen. Der Strom vor uns stockt - die Infanterie ist abgesessen. Für unsere MGs und Karabiner wäre es viel zu weit. Sie haben uns vielleicht noch gar nicht bemerkt? Das Gegenfeuer von uns wird schwächer, die Panzer und die Infanterie ziehen fast parallel zu uns weiter nach rechts.

Neben mir schiebt sich ein Unteroffizier im Laufgraben vorbei. Ich habe ihn noch nie gesehen, aber Meinhard kennt ihn und sagt Willi zu ihm. Weiß er mehr über die Lage? Ich höre, wie der Unteroffizier sagt, daß der Iwan gar nicht scharf auf uns ist. Er will uns umgehen und erst den Sack zumachen, dann hat er uns sowieso mit drin. Seine Panzerspitze soll den Stab der 4. Panzerarmee in Werchne Zarizynskij bereits überrannt haben und ist auf dem Wege zur Vereinigung mit dem nördlichen Teil. Wie weit die vom Norden vorgestoßen sind, weiß niemand. Wir wollen im Schutz der Dunkelheit versuchen, über den Don bei Kalatsch zu kommen. Wir haben seit einigen Stunden zu niemand mehr Funkverbindung und sind völlig auf uns allein gestellt. Dann sagt er noch, daß viele fliehende Troßfahrzeuge zwischen Rubeshnyj und uns von T 34 zusammengeschossen wurden. Nur zwei Fahrzeuge seien bis zu uns durchgekommen, erzählten die Fahrer.

"Da haben wir Schwein gehabt, daß wir noch hier geblieben sind",
höre ich Meinhard sagen.

Wir warten in der Stellung und beobachten weiter. Die feindlichen
Panzer sind außer Sicht. Auch die Abschüsse werden leiser. Der
Dunst vor uns wird stärker und überzieht langsam die weiße Fläche
mit einem leichten Nebel.

Wir warten noch etwas ab - dann kommt das Kommando: "Alles an
die Fahrzeuge und aufsitzen!" Wir warten, bis die Fahrzeuge aus
der Deckung sind und springen auf.

"Abmarsch!" - Wir schauen uns um. Es bleibt ein wenig Wehmut
zurück. Die Bunker waren für uns eine Art Zuflucht. Wir hatten uns
an die Strohpritschen und an die rissigen Lehmwände schon gewöhnt. Jetzt geht es hinaus in die Kälte, in den hartgefrorenen
Schnee und in die große Ungewißheit. Die grobe Richtung ist Kalatsch!

Der Fahrer des Vorauswagens kennt den Weg, er ist ihn schon öfters gefahren. Es ist trotz der Wintermäntel saukalt auf dem Wagen,
obwohl ich mir schon auf Meinhards Rat zwei Hemden und eine
zweite Unterhose übergezogen habe. Unsere leeren Mägen tragen
mit dazu bei, daß wir frieren. Heute Morgen haben wir zwar Kaltverpflegung empfangen, sind aber noch nicht zum Essen gekommen. Wir holen es jetzt auf dem Fahrzeug nach. Aufs Trinken müssen wir verzichten, weil der Kaffee in den Feldflaschen gefroren
ist.

Unterwegs treffen wir auf andere Fahrzeuge: Lkws, Mannschaftswagen, Kräder, Kübelwagen und Halbkettenfahrzeuge mit Lafetten
und Geschützen. Sie fliehen alle wie wir hastig vor etwas, das mehr
zu spüren als zu sehen ist. Seitwärts liegen defekte und beschädigte
Fahrzeuge. Der "Rollbahn-UvD" hatte hier vor kurzem seine Laternen gesetzt und seine Bomben abgeladen. Erst der Beschuß durch
eine Vierlingsflak hat ihn in die Flucht gejagt.

Wir hören es von einem Fahrer, der auf unseren Wagen aufspringen
will, und den der lange Warias vollends in den Wagen zieht. Am
Wege sind noch andere, die versuchen, auf Fahrzeuge aufzuspringen. Als wir über eine Bahnlinie kommen, nehmen wir einen weite-

ren Landser auf. Er sagt, daß sein Verpflegungswagen vor einer halben Stunde nicht weit von hier an dieser Bahnlinie von einem T 34 gerammt wurde. Sein Unteroffizier sei sofort tot gewesen, während er, am Kopf verletzt, zu Fuß entkommen ist.

"Bis zur Donbrücke bei Kalatsch sind es noch etwa zehn Kilometer", sagt er.

Die Strecke von Karpowka bis Kalatsch wäre er fast täglich hin- und zurückgefahren. Er gehörte der 16. Panzerdivision an, stellte sich heraus, die monatelang zusammen mit unserer Division gekämpft hatte. Wir waren in jenen stolzen Zeiten ja noch nicht dabei und sind erst kürzlich in diesen Schlamassel hereingeschlittert, auf den wir, weiß Gott, nicht besonders stolz sein können.

Bereits vor der Brücke über den Don stauen sich die Fahrzeuge. Alles drängt, und vorne geht es nur im Schritt weiter. Es ginge vielleicht zu Fuß schneller, und wir könnten uns ein wenig warmlaufen. Aber bei dem Durcheinander in der Dunkelheit könnten wir unsere Fahrzeuge nicht wiederfinden. Wir bleiben also oben und frieren weiter. Die anderen Fahrzeuge mit dem Spieß und Döring haben wir bereits aus den Augen verloren.

Immer mehr Landser, und auch verschiedene Dienstgrade, versuchen, auf andere Fahrzeuge aufzuspringen. Darunter sind viele Rumänen und Italiener. Viele stellen sich auf die Trittbretter. Zwischendurch hören wir Schreie, wenn jemand von anderen Fahrzeugen eingequetscht wird. Vor der Brücke sehen wir eine 8.8-Flak, die die Brückensicherung übernommen hat.

22. November. Gegen Morgen kommt vom Don der Nebel hoch. Er zieht langsam ein milchig-weißes Tuch über die Brücke. Wir haben sie gerade passiert, da hören wir hinter uns die metallharten Abschüsse. Ein russischer Panzer schießt in die Fahrzeuge, die sich vor der Brücke stauen. Wir sehen alles nur noch als schwache Schemen. Einige Detonationen!

"Die 8.8-Flak hat es erwischt!" sagt Küpper, der ganz hinten sitzt und mehr sehen kann.

Die Fahrzeuge vor uns geben Gas und fahren in die milchige Masse hinein, die zusehends dichter wird. Wir folgen! - Nach einigen Kilometern halten wir - es ist still um uns. Wir steigen aus, vertreten uns die Füße und warten. Worauf? Auf die anderen Fahrzeuge? Hier im Nebel müßte es ein Zufall sein, wenn wir sie wiederfinden. Wir sind nur noch drei Fahrzeuge: der Schirrmeister mit seinem Steyr und vier Mann, zwei Opel Blitz mit vierzehn von uns und drei Landsern aus anderen Einheiten.

Ob der Spieß, Döring und die anderen Fahrzeugen noch über die Brücke gekommen sind? - Sie müßten, denn sie waren noch vor uns an der Brücke.

Wo sind wir hier? Schon aus der Umklammerung heraus, oder ist der Iwan bereits auf dem Westufer des Don? - Die dicke Nebelsuppe nimmt uns vollkommen die Sicht. Wir fahren nach kurzer Besprechung einfach aufs Geratewohl weiter. Jederzeit können wir auf ein Hindernis stoßen. Dann kommt plötzlich aus dem Dunst um uns Motorengeräusch. Wer könnte es sein? Etwa der Russe?... Oder unsere Fahrzeuge, die wie wir im Nebel herumirren?

Unsere Nerven sind aufs äußerste gespannt. Wir laufen neben den Fahrzeugen her, um uns nicht die Füße zu erfrieren. Halt, Motor abstellen! Der Schirrmeister läßt halten und gibt den Fahrern Handzeichen. Aus dem Nebel hören wir jetzt deutlich Motorengeräusche. Rauhe Motoren, wahrscheinlich Diesel, schätze ich.

"T 34!" flüstert der Schirrmeister, der sich in Motoren besser auskennt.

"Wir müssen zurück, hier kommen wir nicht durch", flüstert er. Der Iwan ist also schon über den Don und versperrt uns den Weg. Auch von der rechten Seite hören wir jetzt Panzermotoren. Sie fahren langsam eine Linie entlang, vermuten wir. Die Geräusche entfernen sich zwar, kommen aber immer wieder zurück.

Wir starten unsere Wagen. Leise brummen die Motoren. Wir fahren langsam wieder zurück. Zwei Landser gehen vorweg und winken die Fahrzeuge ein. Es ist ein nervenaufreibendes Vorgehen, und ich habe den Eindruck, als bewegen wir uns im Kreis. Jeden Moment kann vor uns ein russischer Panzer stehen, der seinen

Motor abgestellt hat und uns abschießt. Aber auch er kann in der milchigen Brühe nicht sehen und orientiert sich wie wir an den Geräuschen. Immerhin ein Vorteil für uns, wenn auch nur ein geringer.

Wieder Geräusche vor uns. Unvermittelt steigt eine Leuchtkugel zischend hoch. Wir erstarren! Haben sie uns entdeckt? Das Licht der Leuchtkugel dringt kaum durch den Nebel. Es wirkt gespenstisch - die Fahrer haben sofort die Motoren abgestellt. Das gelbliche Licht senkt sich, von einem kreisrunden Lichtschein begleitet, nach unten und erlischt auf dem Schnee. - Stille! Ich spüre meinen Herzschlag bis in den Hals hinauf. Da springt dröhnend der Dieselmotor eines Panzers an. Die Ketten knirschen - langsam bewegt er sich und entfernt sich nach links.

Schwein gehabt, denke ich. Aber er ist in der gleichen Situation wie wir. Vielleicht hat er uns sogar gehört, aber auch ihm war es nicht ganz geheuer. Das kann uns nur recht sein. Aber wohin jetzt? Haben wir uns im Kreise gedreht? Gut möglich in dieser Waschküche.

"Laßt uns vorsichtig nach rechts weiterfahren", schlägt Jansen, unser Fahrer, vor.

Der Schirrmeister ist unschlüssig. Er schaut mit der Taschenlampe auf seinen Kompaß und berät sich mit seinem Fahrer.

"Wir fahren nach Süden", sagt er dann.

Wir fahren wieder Schritt für Schritt durch die Milchsuppe, wie zuvor. Kurz darauf kommt einer von den Landsern, die vorweg gegangen sind, atemlos mit der Meldung, daß er ein Stück seitlich einen schwachen Feuerschein entdeckt hat. Wir vermuten dort Russen und wollen einen Spähtrupp vorschicken.

Ich bin beim Spähtrupp mit dabei. Wir schleichen vorsichtig von der Seite bis zur bezeichneten Stelle. Den rötlichen Schein des Feuers sehen wir erst auf kurze Entfernung. Die Flammen flackern. Im Nebeldunst sieht es aus, als würde es in einer Höhle brennen. Der dichte Nebel gaukelt uns Wände vor. Links und rechts davon tauchen dunkle Schatten von Häusern und Strohschobern auf. Wir gleiten auf dem Schnee näher ans Feuer und unterscheiden einige

Gestalten, die sich unterhalten. Da springt ein Landser neben mir auf und ruft erleichtert, "Mensch, daß sind ja unsere!"

Auch ich habe sie sofort an der Sprache erkannt. Es ist unser Spieß mit Döring und zwei weiteren Mannschaftswagen. Unter den zwölf Mann sind auch Meinhard, Swina und der kranke Stabsgefreite Petsch. Sie sind wie wir in dem Nebel herumgeirrt und dann hier auf einer Kolchose gelandet. Wo die restlichen Fahrzeuge geblieben sind, können sie auch nicht sagen.

Das Feuer tut gut, es wärmt unsere erstarrten Glieder. Wir tauen den Kaffee in den Feldflaschen auf und essen die Reste unserer kalten Verpflegung. Wir haben nur noch trockenes Brot, aber der Landser, den wir an der Bahnlinie aufgelesen haben, verteilt ein Stück Hartwurst, das er noch im Brotbeutel hat.

Ich halte meine hartgefrorenen Stiefel dicht an die Glut und bewege ständig die Zehen. Wehe, wenn die Zirkulation nicht mehr stimmt, dann kann es leicht Erfrierungen geben, ohne daß man es merkt. Einige Landser haben sogar die Stiefel ausgezogen und massieren ihre Zehen. Sie haben schon leichte Erfrierungen, erzählen sie.

Wie soll es jetzt weitergehen? Noch schützt uns der Nebel, aber wenn es klarer wird, sind wir dran. Es wird entschieden, daß wir einen Spähtrupp voranschicken, der den Standort der russischen Panzer erkunden soll. Döring richtet danach seinen Marschkompaß ein und verschwindet mit drei weiteren Männern in den Dunstschwaden. Um uns bleibt es still. Das Holz knistert leise, und die Flammen werfen zittrige Reflexe an die Nebelwand. Wir hören nur ein leises Schlurfen auf dem Schnee, als Döring wiederkommt. Er ist ein alter Fuchs und ein erfahrener Spähtruppführer, erzählt man. Er berichtet, daß nicht weit von hier russische Panzer eine Kette bilden. Teilweise sind die Besatzungen ausgestiegen und unterhalten sich. Weiter südlich haben sie aber nur einen Panzer entdeckt. Dort sei auch eine größere Lücke. Das wäre die Möglichkeit, dort durchzustoßen. Wie lange die Lücke offen bleibt, weiß man nicht. Es wäre möglicherweise die Chance für uns.

Der Spieß und einige andere diskutieren darüber. Sie kommen überein, daß ein Vorabtrupp versuchen soll, eine möglichst breite

Lücke ausfindig zu machen. Die Fahrzeuge sollen sich dann mit gedrosseltem Motor soweit wie möglich heranschieben und danach mit Vollgas durchbrechen.

Wir beten, daß sich der dicke Nebel nicht lichtet, es wäre sonst unser Untergang. Als das Feuer gelöscht ist, folgen wir langsam dem Voraustrupp. Leise stapfen wir neben den Fahrzeugen her, um uns warmzuhalten. Ich muß mir immer häufiger die Augen auswischen. Vom ständigen Starren und der schneidenden Kälte fangen meine Augen an zu tränen. Immer wenn jemand kurz verhält und in den Nebel starrt, vermeinen wir vor uns Gestalten zu sehen und packen unsere Waffen fester, um sofort abdrücken zu können. Der wallende Nebel gaukelt uns Phantasiegebilde vor.

Die Zeit verrinnt. Um uns ist alles gedämpft, wie in Watte gepackt. Selbst die Motoren hört man nur leise brummen. Von vorne kommt ein Handsignal: Halt! - Leise flüsternd kommt der Lagebericht: Vor uns stehen einige T 34 auf breiter Front. Zwischendurch sind aber Lücken. Eine breite Lücke befindet sich etwa fünfzig Meter rechts. Die Fahrzeuge sollen an dieser Stelle in Linie langsam mit gedrosseltem Motor vorfahren. Sobald die Panzer uns bemerken, muß mit Vollgas durchgebrochen werden.

Wir besteigen die Fahrzeuge und verhalten uns ruhig. Die Wagen fahren im Schritt mit gedrosseltem Motor. Zuerst noch seitlich bis zur angegebenen Lücke, danach in die bisherige Richtung wie zuvor. Neben uns sehen wir nur schemenhaft einen Mannschaftswagen, die anderen sind im Nebel untergetaucht. Wir rollen Meter um Meter vorwärts. Die Zeit kommt mir wie eine Ewigkeit vor. Ich spüre nicht einmal die Kälte, die mir vorher zu schaffen machte. In meinem Kopf denke ich nur an den schrecklichen Knall, der gleich aus dem Nebel peitschen könnte und an die Granate, die uns in die Luft fliegen läßt. Aber auch die Panzerbesatzung kann nichts sehen, ob wir Freunde oder Feinde sind, beruhige ich mich.

Dann dringen aus dem Nebel deutlich russische Stimmen an unsere Ohren. Sie kommen von der linken Seite. Gleich darauf ein lauter Ruf und eine Frage. Als Antwort springt dröhnend ein Panzermotor an. Da heult neben uns der Motor des Steyr auf, und auch Jansen tritt das Pedal vom Opel Blitz durch. Unser Wagen macht einen Satz vorwärts und prescht los. Jetzt hören wir auch rechts von uns die aufheulenden Motoren der anderen Fahrzeuge.

Wir sehen vor uns nichts, die milchige Masse ist wie eine Wand. In dem welligen Gelände fliegen wir bis oben an das Verdeck und halten uns krampfhaft an den Streben. Hoffentlich gibt es nicht einen Achsenbruch, denken wir ständig. Hinter uns hören wir die metallisch klingenden Abschüsse der Panzerkanonen. Die Geschosse zischen seitlich über uns hinweg. Die T 34 schießen blind in den Nebel hinein. Es müßte ein direkter Zufall sein, wenn sie uns treffen.

"Wir sind durch!" brüllt Warias als erster, und auch in uns löst sich die aufgestaute Spannung. Dennoch - wir haben die Panzerkette durchbrochen, aber sind wir auch aus dem Kessel heraus? Die Abschüsse hinter uns sind verstummt, und Jansen nimmt sofort vom heißgelaufenen Motor das Gas weg. Wo sind wir hier? Und wo sind die anderen? Wir haben in der Hetzjagd niemanden mehr gesehen.

Der Nebel hat sich nicht einen Deut gelichtet, er ist so dicht wie zuvor, und wir schwimmen mittendrin. Wir steigen wieder ab und vertreten uns die Füße, ich spüre erneut die Kälte. Grommel entdeckt im Schnee Reifenspuren von zwei Fahrzeugen. Wir folgen ihnen und stoßen kurz darauf auf den anderen Opel Blitz und auf den Mannschaftswagen vom Schirrmeister. Der Lkw hängt mit einem Hinterrad in einem tiefen Loch am Rand einer Rachel. Daran hatten wir in der Aufregung gar nicht gedacht. Wie leicht hätten auch wir in einer der zahlreichen Racheln landen können.

Mit vereinten Kräften machen wir das Fahrzeug wieder flott und rasten in der nächsten Mulde. Langsam lichtet sich der Nebel. Weit hinter uns ist nur schneebedeckte Steppe. Aus der Ferne hören wir Gefechtslärm. Was nun? Alle sind ratlos.

"Wir sollten südlich nach Nishne Tschirskaja fahren", erinnert ein Obergefreiter den Schirrmeister. Das war der Ort, wo die Troßfahrzeuge kurz nach dem Durchbruch des Russen hingeleitet werden sollten. Gut! Dann weiter Richtung Süden nach Nishne Tschirskaja!

Unterwegs stoßen wir auf zwei weitere Fahrzeuge aus unserer Abteilung, die wie wir heil durch die Panzerkette gekommen sind. Sie geben uns drei Kanister Sprit aus ihrem Vorrat, weil wir knapp sind. Wir lesen auch einige Landser auf, die versprengt wurden und sich zu Fuß durchgeschlagen haben. Sie machen einen verstörten Eindruck. Dann sind wir plötzlich auf einer Rollbahn. Sie ist breit und der dünne Schnee ist durchgefahren. Tiefe dunkle Rinnen ziehen sich durch die Steppe. Uns wundert, daß sie nicht belebt ist. Kurz darauf kommen wir an eine Bahnlinie und ein Dorf.

Ein kleiner Leutnant der Infanterie stoppt uns und spricht mit dem Schirrmeister. Um ihn steht eine Gruppe Landser. Ich sehe an den Paspelierungen der Schulterklappen, daß sie verschiedenen Waffengattungen angehören, sogar einige in Luftwaffenuniformen sind dabei. Ein zusammengewürfelter Haufen, stelle ich fest. Nach dem Gespräch gehören die Wagen nicht mehr uns, sondern dem Haufen. Wir werden mit einverleibt. Ab sofort gehören wir der Kampfgruppe des Infanterieleutnants an, der als ranghöchster Vorgesetzter die Führung übernimmt.

Ein ganz mieses Gefühl beschleicht mich. Ich würde mich am liebsten von hier absetzen, so wie es bereits einige getan haben. Nicht, daß ich feige geworden wäre, aber die Flucht vor dem Iwan, die Landser um mich mit den ängstlichen blassen Gesichtern, teilweise ganz ohne Waffen, bereiten mir Unbehagen. Dazu kommt die Figur des kleinen Leutnants, der mir eher den Eindruck eines Verwaltungsbeamten oder eines Lehrers macht und notgedrungen als einziger Offizier eine Aufgabe übernehmen muß, der er wohl nicht gewachsen ist. An seinem Knopfloch sehe ich zwar das rotgestreifte Band des sogenannten Gefrierfleischordens, den alle Landser bekommen haben, die den russischen Winter 1941/42 überstanden haben. Dennoch ist anzunehmen, daß er keine Fronterfahrung hat. Auch meine Kumpel sehen es so.

Er teilt uns in Gruppen ein und schickt uns zur Sicherung der Rollbahn in die noch von früheren Kämpfen vorhandenen Panzerdek-
kungslöcher und Stellungen. Eine verteufelte Situation. Wir haben
weder schwere Waffen noch genügend Handwaffen und Munition.
Die Löcher sind teilweise mit Schnee zugestürmt. Ich arbeite mit
Küpper wie wild an einem Panzerdeckungsloch, nur um warm zu
bleiben. Danach rechnen wir es dem kleinen Leutnant hoch an, daß
er es fertiggebracht hat, uns eine warme Mahlzeit zu organisieren.
Wir wissen nicht, was es ist. Es ist viel zu diesig, um es in den
dunklen Gräben zu erkennen, aber es schmeckt herrlich nach
Fleisch. Seidel aus dem Nachbarloch fängt an zu wiehern. Er meint,
das sei der alte Gaul, den wir vorhin an der Bahnlinie noch gesehen
haben. Kann sein, man kann es nicht ausschließen. In jedem Falle
schmeckt uns die erste warme Mahlzeit nach drei Tagen hervorragend.

Die Nacht verläuft ohne Vorkommnisse. Wir lösen uns laufend mit
der Wache an den Stellungen ab. Wegen der Kälte finden wir doch
keinen Schlaf und unterhalten uns meist mit den anderen in den
Gräben. Wir machen uns Sorgen um unsere anderen Männer. Der
Spieß und die Wagen mit Döring, Meinhard, Swina und Petsch
waren rechts von uns, als wir lospreschten. Sie müßten wie wir
auch durchgekommen sein. Aber wo sind sie? Hoffentlich hat der
Iwan sie nicht doch erwischt.

23. November. Es blieb den ganzen Vormittag ruhig. Nur über unseren Köpfen fliegen die deutschen Bomber und Stuka ihre Einsätze. Ein kleiner sehniger Unteroffizier von der Infanterie, der uns als
Gruppenführer zugeteilt ist, beobachtet mit seinem Glas links von
uns Truppenbewegung. Wir erwarten einen russischen Angriff. Als
sie näher kommen, erkennt er, daß es erneut Versprengte von uns
sind. Durch sie und andere wird unsere Kampfgruppe immer stärker. Es kommen noch einige Fahrzeuge dazu sowie ein 7.5-Pak,
eine Vierlingsflak zum Bodenbeschuß von unserem Regiment und

ein 8.8-Flakgeschütz aus einer Flakabteilung. Manche kennen sich und begrüßen sich erfreut.

Auch bei uns gibt es ein Wiedersehen, als auch der MTW mit Döring und den Vermißten zu uns stößt. Sie waren im Nebel aus der Richtung gekommen und hatten wieder Panzerberührung. Sie hätten sich aber die ganze Nacht still verhalten und wären erst heute Morgen wie die Teufel losgeprescht. Zu unserer Freude treffen auch der Spieß und zwei weitere Fahrzeuge mit der Feldküche ein. Dadurch ist unsere Schwadron stark vertreten. Ein Teil der Troßfahrzeuge aus unserer Abteilung soll sich bereits gestern auf die Südseite des Don in Richtung Nishne-Tschirskaja abgesetzt haben.

Die Galgenfrist am Brückenkopf

Noch am frühen Nachmittag des 23. November wurde unsere Kampfgruppe überraschend von einer größeren Einheit Pioniere unter der Führung eines Hauptmanns verstärkt. Sie tauchen vor uns aus dem Nichts auf und treiben einen Trupp Rotarmisten vor sich her, die sie auf dem Wege zu uns gefangen nahmen. Sie kommen von einer Armee-Pionierschule, die sich in der Nähe von Kalatsch auf den Donhöhen befand. Sie haben sich, nahezu drei Kompanien stark, noch rechtzeitig vor den T 34 in Sicherheit bringen können.

Ab diesem Zeitpunkt übernimmt der erfahrene Pionierhauptmann als dienstältester Offizier unsere Kampfgruppe und bringt etwas Übersicht in den zusammengewürfelten und demoralisierten Haufen. Es stellt sich heraus, daß die meisten versprengten Soldaten und Dienstgrade über keine Kampferfahrung verfügen, weil sie im Raum Stalingrad bei den Trossen, Werkstattkompanien und Heeresverwaltungen tätig waren. Wenn auch uns, der Ersatzmannschaft vom Oktober, noch die Fronterfahrung fehlt, so sind wir doch an den Waffen bestens ausgebildet und für den Ernstfall gut vorbereitet worden. Darum werden die meisten von uns den einzigen kampferfahrenen Landsern, die sich während des russischen Durchbruchs gerade als Kranke oder Urlauber beim Troß befanden, als MG-Schütze II zugeteilt.

Ich bin nicht sehr glücklich, als mich ein Vorgesetzter dem nervlich angeschlagenen Obergefreiten Petsch als MG-Schütze II zuteilt. Küpper wird Schütze II bei Meinhard, der das zweite leichte MG 34 in unserer Gruppe erhält. Es stärkt etwas unsere Kampfmoral, daß Männer unserer Schwadron sowie Teile der Abteilung in den Stellungen dicht zusammen bleiben können.

Inzwischen hat sich herumgesprochen, wo wir uns befinden. Unsere Stellungen liegen an der sogenannten Don-Höhenstraße. Hinter uns ist ein Dorf, das Rytschow heißt. Es liegt direkt am Don und unmittelbar an der Bahnlinie Tschir nach Stalingrad. Einige Kilometer in südöstlicher Richtung befindet sich eine wichtige Eisenbahnbrücke über den Don, die wir aber nur mit dem Glas deutlich erkennen können. Auf der anderen Seite des Don soll eine weitere Kampfgruppe in Stellung liegen. Nur einige Kilometer westlich vor uns liegt der Bahnhof Tschir. Dort befindet sich eines unserer Nachschublager für Treibstoff und Kriegsmaterial.

Zwei Fahrer, die aus dieser Richtung zu uns kommen, berichten, daß auch dort schon die Sowjets eingesickert wären. Um die Lage zu erkunden, schickt der Pionierhauptmann einen Spähtrupp hin. Er kommt mit der Meldung zurück, daß sich dort nur ein schwacher Feind befindet. Daraufhin läßt er am Spätnachmittag auf Fahrzeugen aufsitzen und längs der Bahnlinie angreifen. Wir beobachten mit dem Glas, daß sie auf heftigen Widerstand stoßen und nach einer kurzen Zeit wieder umkehren müssen. Dieser Angriff kostet uns einen Toten und mehrere Verletzte.

Sie berichten, daß der größte Teil der Sowjets besoffen war und wie die Teufel gegrölt und geschossen hätte. Sie konnten dort eine große Anzahl zusammenschießen, mußten sich aber wegen der großen Übermacht wieder zurückziehen. Während der Schießerei haben sie beobachtet, daß ein Trupp Flintenweiber damit beschäftigt war, einige Wagen mit Truppenverpflegung und Feldpostpäckchen zu beladen. Die Kampfgruppe hat lediglich aus einem abgestellten Waggon noch einen Teil der darin lagernden Feldpostpäckchen retten können.

"Die verdammten Schweine", knirscht Warias, als uns Meinhard davon berichtet. Auch ich wünsche mir gehässigerweise, daß dem Iwan jeder Bissen im Hals steckenbleibt. Ein scheußlicher Gedanke, daß sich die Rotarmisten den Inhalt der Feldpostpäckchen einverleiben, die den armen Teufeln in Stalingrad von ihren Lieben in der Heimat zugedacht waren.

Von Meinhard erfahren wir auch, daß unsere Kampfgruppe hier einen Brückenkopf gebildet hat, um zu verhindern, daß der Iwan die wichtige Eisenbahnlinie nach Stalingrad und die zwei Brücken, die nach Süden über den Don führen, kassiert. Zur Verteidigung haben wir nur eine 8.8-Flak, zwei 7.5-Pakgeschütze auf Lafette und eine Vierlingsflak für den Bodenbeschuß. Die Pioniere verfügen außerdem über einige Granatwerfer und Hafthohl-Ladungen zur Panzerbekämpfung. Es sollen aber noch drei Panzer und eine weitere 8.8-Flak hinzukommen.

Wir haben nicht die Erfahrung und können nicht beurteilen, ob die wenigen schweren Waffen zur Abwehr genügen. Meinhard und andere erfahrene Landser sind der Meinung, daß uns die Sowjets bei einem massiven Panzerangriff mit den wenigen Abwehrwaffen überrollen wie nichts. Dennoch schöpfen wir wieder Hoffnung, als die Parole umläuft, daß Generaloberst Hoth mit Teilen der 4. Panzerarmee auf dem Wege ist, den Kessel von Süden her aufzusprengen. Dadurch wird sich auch unsere Lage hier entspannen, sagt man.

Diese Nachricht und die nachfolgenden Parolen unter dem Motto "Soldaten haltet aus, der Führer haut euch raus!" stärkten unsere Kampfmoral, aber nur vorübergehend. Wir erkannten bald, daß wir hier ganz auf uns allein gestellt waren. Die fast täglichen sowjetischen Angriffe und der ständige Kampf ums Überleben zermürbten uns zusehends. Dazu kam wegen tagelanger Verpflegungsausfälle der Hunger, der uns sogar dazu trieb, die schmutzstarrenden Tragebeutel unserer toten Feinde vor den Stellungen nach Brot und Eßbarem abzusuchen. Teilweise hatten sie in ihren Beuteln mehr deutsche Verpflegung, als wir je zugeteilt bekamen. Eine harte Zeit, die ich und die wenigen Überlebenden dieser Kampfgruppe nie vergessen werden.

Besonders demoralisierend für uns war, daß wir nach der Zerstörung der wenigen panzerbrechenden Waffen keinen Ersatz mehr bekamen. Zudem war jegliche Verbindung zu den anderen Kampfgruppen auf der südlichen Seite des Don völlig unterbrochen.

In dieser Zeit bekam ich als halbwegs gläubiger Soldat meine ersten Zweifel an unserer so gerühmten Kriegführung und den verantwortlichen Führungskräften. Ich sah mich und alle hier in der Kampfgruppe völlig allein gelassen und fühlte mich als Kanonenfutter erniedrigt. Diese Empfindung wurde noch verstärkt durch die Tatsache, daß sich seit Beginn der Verteidigung bis zu unserem verhängnisvollen 13. Dezember 42 nicht ein einziger höherer Vorgesetzter bei uns blicken ließ, um sich von der zur Verteidigung des so wichtigen Brückenkopfes unzureichenden Bewaffnung zu überzeugen. Zweifellos hätte allein das Erscheinen eines höheren verantwortlichen Offiziers unsere Moral gefestigt und uns vermittelt, daß wir hier nicht ganz vergessen waren.

Erst viel später habe ich erfahren, daß sich zu dieser Zeit die Verantwortlichen mit ihren Stäben schon weit vom Schuß bis nach Morosowskaja hinter dem Tschir zurückgezogen hatten, um dort die Lage abzuwarten.

Ich möchte jedoch nicht vorgreifen, sondern die unheilvolle Entwicklung am Brückenkopf bei Rytschow in der richtigen Reihenfolge schildern.

24. November. Wir hören schon ganz frühmorgens heftigen Kampflärm links hinter uns von der anderen Seite des Don. Dort soll die andere Kampfgruppe liegen, die bei Werchne Tschirskaja die Donbrücke absichert. Die Luft ist heute stark diesig, und wir können nichts erkennen. Der Angriff muß vom Bahnhof Tschir ausgehen, denn von dort hören wir einige Panzer schießen.

Vor uns im Norden ist noch alles ruhig. Soweit wir sehen können, ist die Steppe von einer unberührten Schneedecke überzogen. Es sind aber nur wenige hundert Meter, die wir einsehen können. Was dahinter liegt, bleibt unserem Auge verborgen. Ich bemerke, wie Unteroffizier Döring, einige Löcher weiter links von uns in Stellung gegangen, ständig mit dem Glas nach vorne beobachtet. Hat er etwas entdeckt oder ist es reine Routine? Im Norden ist nichts festzustellen. Sogar der Kampflärm schräg hinter uns ebbt langsam ab.

Gegen Mittag hämmert dann plötzlich an unserer rechten Flanke eines von unseren leichten MGs. Danach prasseln auch Gewehrschüsse. Die Schießerei wird stärker, und dann sehen wir die russische Infanterie aus dem Dunst auftauchen. Ich erlebe zum erstenmal den Anblick des angreifenden Feindes und fühle neben unbestreitbarer Neugier enorme Nervosität und Spannung. Die erdbraunen geduckten Gestalten erinnern mich irgendwie an eine große Herde Schafe, die sich auf einem schneebedeckten Feld fortbewegt. Sobald sie von uns Feuer bekommen, stockt die Herde kurz, läuft dann etwas auseinander, um sich aber sofort wieder nach vorn zu bewegen.

Wir feuern aus allen Stellungen, nur unser MG schweigt noch. Was ist los? Ich hatte mich so stark auf die angreifenden Russen konzentriert, daß ich nicht auf Petsch achtete. Warum schießt er nicht? Der Gurt ist eingeführt, und das MG ist in Ordnung. Da schreit auch schon Döring herüber: "Was ist los, Petsch - warum schießt du nicht?"

Ja, warum schießt er nicht, verflixt? Zwar werden einige Angreifer von Gewehrschüssen und Meinhards MG getroffen und fallen in den Schnee, doch die Masse quillt unaufhörlich weiter auf uns zu.

Ich bin in Aufruhr und fühle die Angst in jeder Faser meines Körpers. Warum fummelt Petsch immer noch mit flatternden Händen am MG herum und zieht nicht den Abzug? schreit es in mir. Ich sehe, wie sein ganzer Körper wie in einem Fieberanfall geschüttelt wird und der Lauf des MGs hin-und herschwankt. Der ist fertig! Seine Nerven sind kaputt, und er ist nicht mehr imstande, das MG zu bedienen. Was soll ich tun? Ich kann ihn doch nicht einfach von der Spritze wegstoßen und mich selbst dahinterklemmen. Noch habe ich zuviel Respekt vor dem einst verdienstvollen Obergefreiten. Aber es kommt jetzt auf jede Sekunde an!

Endlich geschieht es!... - Aus dem Lauf kommt ein Feuerstoß! Jede dritte Patrone im Gurt ist eine Leuchtspur. Ich sehe, wie die Schußgarbe weit über die Angreifer hinweg im Dunst verschwindet. Auch der nächste Feuerstoß ist stark verzogen und geht hoch in die Wolken. Jetzt haben die Angreifer auch noch unser MG entdeckt. Die Kugeln zirpen in Schwärmen um unsere Köpfe und klatschen hinter uns in die Deckung. Von Petsch kommt ein Aufschrei! Er hält sich das blutende Ohr und läßt sich in den Graben fallen. Seidel, der es gesehen hat, kümmert sich sofort um ihn.

Das ist meine Chance! Ich liege schon hinter dem MG und schieße in kurzen gezielten Feuerstößen, so wie ich es gelernt habe, in den angreifenden Pulk sowjetischer Infanteristen hinein. Grommel neben mir ist schon auf dem Sprung und führt mir den Patronengurt zu. Meine Schüsse liegen gut. Einige der braunen Gestalten stürzen. Die wogende Masse stoppt für einen Augenblick, bewegt sich aber unaufhörlich und schrittweise in geduckter Haltung weiter auf uns zu.

In mir ist jedes Denken ausgeschaltet. Ich sehe nur die heranströmenden Feinde vor mir und schieße mit dem MG wie in einem fieberhaften Rausch in die Masse hinein. Nur die Angst ist noch da. Die Angst vor dieser schmutzigbraunen Meute da vorn, die immer näherkommt, und die mich und alle hier überrennen und töten will. Ich spüre nicht einmal den brennenden Schmerz an der Innenfläche meiner rechten Hand, die ich mir am glühendheißen Lauf verbrannt habe, als ich ihn nach einem Hülsenreißer in Sekundenschnelle wechseln mußte.

Es ist Wahnsinn! Wir schießen jetzt mit vier MGs und mindestens achtzig Karabinern aus der sicheren Deckung heraus in das heranströmende Gewimmel. Unsere MG-Garben reißen Lücken in ihre Reihen. Ich sehe, wie sie ununterbrochen auf die Erde stürzen. Aber es kommen immer mehr aus dem Dunst, den wir nur schlecht einsehen können. Die ersten sind bereits so nah an unseren Stellungen, daß ich die plump aussehenden Gestalten mit den Gewehren und der russischen Kalaschnikow deutlich erkennen kann. Dann fallen auch noch zwei unserer MGs an der rechten Flanke aus.

Sofort weicht die Masse vor uns nach rechts aus, wo sie nur noch Gewehrfeuer erhalten. Mit Meinhard schieße ich weiter in den nach rechts strömenden dicht gedrängten Haufen hinein. Die rechte Flanke wird ihnen dann zum Verhängnis!... Das schlagartige Feuer der 2 cm-Vierlingsflak kommt auch für uns überraschend. Ihre Abschüsse hören sich an wie das dumpfe, tuckernde Klopfen auf einem Trommelfell. Wir sehen, wie die Leuchtspurgeschosse aus allen vier Rohren mitten in den Angreiferpulk fliegen und zwischen ihnen jählings große Löcher reißen. Auch unsere zwei MGs an der

Flanke haben das Feuer wieder eröffnet. Ich vermute, daß die Feuerpause geplant war.

Die Vierlingsflak schwenkt jetzt zu uns herüber und schießt einige Magazine leer. Als sie das Feuer einstellt, ist vor uns keine Bewegung mehr. Wir hören Schreie und Rufe in russischer Sprache. Ich atme tief und wie befreit auf. Der erste Kampf mit dem Feind ist mir schwer in die Knochen gefahren, aber jetzt arbeiten meine Gedanken wieder. Ich kann meinen Kopf wieder frei über die Deckung heben und ins Vorfeld schauen. Vor uns liegen unzählige erdbraune Klumpen auf dem Schnee. Die enorme Feuerkraft der Vierlinge erstaunt mich immer noch. So hatte ich mir die Wirkung nicht vorgestellt. Später hörte ich, daß sie für den Bodenbeschuß spezielle Sprenggranaten verschießen.

Im Vorfeld blieb es eine Zeitlang ruhig, und ich glaubte in meiner Unerfahrenheit, daß alle Angreifer vor uns tot oder verwundet wären. Als ich mich aber etwas weiter aus dem Graben beuge, beginnt vor uns ein russisches MG an zu rattern. Die Kugeln sirren mir um die Ohren. Dann setzt noch ein zweites MG ein und beschießt unsere gesamte Stellung. Kurz darauf ist ein Rauschen über uns, das ich schon aus Stalingrad kenne. Die Granaten schlagen krachend bei uns ein.

"Granatwerfer!" schreit jemand - und gleich darauf: "Döring und Markowitz sind verwundet. Wir brauchen den Sanitäter!" Jemand ruft, daß der Sani unterwegs sei.

Ich hörte später, daß der Gefreite Markowitz, ein ehemaliger Fahrer unserer Schwadron, einen Schulterdurchschuß hatte und abtransportiert werden mußte. Unteroffizier Döring hingegen wurde durch einen Granatsplitter nur leicht am Kinn verletzt. Auf eigenen Wunsch blieb er weiter in der Stellung. Petsch hat man das Ohrläppchen vom rechten Ohr weggeschossen. Wir waren alle froh, daß man ihn auch in das Dorf zurückbrachte.

Das Granatwerferfeuer ist so stark, daß wir nicht wagen, die Köpfe aus der Deckung zu heben. Dann hören wir aber auch hinter uns das typische "Plop" von Granatwerferabschüssen. Die Pioniere haben Stellung bezogen und beginnen jetzt ihrerseits den Gegner zu beschießen. Ihre Granaten rauschen über uns hinweg und krepieren irgendwo vor uns im Dunst, wo sie die feindlichen Werfer vermuten. Vorsichtig luge ich aus der Deckung... und traue meinen Augen nicht. Viele der erdbraunen Klumpen, die ich für Tote und Verwundete gehalten habe, stehen auf den Beinen und bewegen sich. Und ich erkenne, daß sie sich im Schutz ihres Granatwerfers und MG-Feuers wieder zurückziehen.

Auch Warias hat es entdeckt, denn er ruft aus dem Nachbarloch: "Männer, der Iwan haut ab!"

Jetzt liegen auch die Einschläge unserer Granatwerfer mitten unter den zurückgehenden Sowjets. Für die Vierling ist es entweder zu weit oder sie will ihre Munition für spätere Einsätze sparen. Es dauert nicht lange, bis die Sowjets im Dunst vor uns verschwunden sind.

Ich stopfe mir gerade eine langentbehrte Pfeife mit einem Rest Tabak, als der Befehl zum Gegenstoß kommt. Wir sollen das Vorfeld aufrollen und den Sowjets noch eine Zeit auf den Fersen bleiben. Bevor ich aus dem Loch springe und mir das MG schußbereit über die rechte Schulter hänge, stecke ich mir meine Pfeife an und nehme einige tiefe Züge. Die Pfeife hat mir noch nie so gut geschmeckt, und ich fühle wieder neue Kraft in mir. Wir treten in breiter Front an und erhalten nur wenig Gegenfeuer. Wir schießen zurück und gehen langsam vorwärts. Im kurzen Abstand fährt die Vierlingsflak auf ihrer fahrbaren Lafette zur Sicherung mit.

Als wir zu den erschossenen Russen kommen, stellen wir fest, daß sie ihre Verwundeten mitgenommen haben. Zum ersten Mal sehe ich unsere toten Feinde vor mir. Sie liegen verstreut auf dem Schnee und manchmal auch dicht nebeneinander, so wie sie gerade von den Kugeln oder den Sprenggranaten getroffen wurden. Ihre Körper in den dicken Mänteln sind ausgestreckt oder gekrümmt. Auf dem weißen Schnee sind rote Blutlachen, die vom Frost erstarrt sind.

Mein Inneres ist aufgewühlt, und ich traue mich nicht, in ihre bleichen Gesichter zu schauen. Erst jetzt, wo ich die zerstörten Körper vor mir sehe, kommt mir die Bedeutung des Todes zum Bewußtsein. Als junger Mensch schiebt man diese Gedanken immer weit von sich. Hier kann man ihnen nicht ausweichen. Es ist plötzlich etwas Unbegreifliches geschehen, das einen erschauern läßt. Es sind unsere Feinde, aber auch sie sind aus Fleisch und Blut, wie wir. Doch hier heißt es Fleisch um Fleisch und Blut um Blut. Und genauso wie sie jetzt hier liegen, könnten auch ich oder einige von uns hier tot und starr im eiskalten Schnee liegen. Ich kann nicht verhindern, daß mir beim Anblick dieser vielen Toten flau im Magen wird. Bin ich zu weich, daß ich keinen Triumph über unsere toten Feinde spüre, die uns rücksichtslos zusammengeschossen hätten, wenn wir ihnen kämpferisch nicht überlegen gewesen wären?

Ich schaue auf Grommel, der neben mir zwei Munitionskästen trägt. Der arme Kerl ist bleich wie ein Leintuch, und ich sehe, wie seine Augen nur nach vorne starren, um die Toten nicht anzusehen. Auch den anderen geht es ähnlich. Als wir mit Küpper und Wilke an einen Toten kommen, der nur noch eine blutige Kopfhälfte hat, weil ihm die andere Hälfte wahrscheinlich von einer Sprenggranate weggerissen wurde, sehe ich, wie sich Wilke mit mir abwendet, während der kräftige Küpper krampfhaft bemüht ist, sich nicht zu übergeben. Ich glaube, daß der Anblick der ersten Toten bei uns Neuen ein Gefühl der Verwirrung, Angst und Hilflosigkeit ausgelöst hat. Es sei denn, er wäre robust und hätte nur wenig menschliche Gefühle besessen. So, wie etwa der kleine schwarze Unteroffizier von der Infanterie, den man vom Aussehen her auch für einen Zigeuner halten könnte. Er heißt Unteroffizier Schwarz, und ich habe ihn bereits vor zwei Tagen in der Stellung an der Rollbahn kennengelernt. Hier bin ich auf ihn gestoßen, als ich mit Grommel vor dem schwachen, aber immer noch gefährlichen Feindfeuer hinter einer flachen Bodenwelle weit nach links ausgewichen bin. Dabei kamen wir an rondellförmigen Stellungen vorbei. Rund um ein kreisrundes, tief gelegenes Innenfeld befand sich ein mannstiefer Graben.

Meinhard erwähnte diese Stellungen bereits früher. Er sagte, daß es hier von unserem Vormarsch noch eine Menge Ari und Flakstellungen geben müßte, die jetzt der Iwan für sich nutzen wird. So war es dann auch! In und um diese Stellungen lagen eine Menge toter Sowjetsoldaten. Ich höre, wie dieser schwarze Unteroffizier gerade einem Landser den Befehl gibt, einen zusammengekrümmt liegenden Russen einen Kopfschuß zu geben. Er selbst hält einem anderen am Boden Liegenden den Lauf seiner MPi an den Kopf und drückt ab. Beide Schüsse hören sich dumpf und eklig an. So, als würde man in einen gefüllten Sack schießen. Ich bin geschockt, und es schaudert mich. Ist der Mann schon so voller Haß, daß er sich noch an Toten vergreifen muß?

Danach geht er an mir vorbei auf einen anderen Toten zu. Er tritt dem auf der Seite liegenden Sowjetsoldaten kräftig in den Bauch und knurrt böse: "Auch dieses Schwein lebt noch!" Er setzt ihm den Lauf seiner MPi genau auf die Schläfe und drückt ab. Ich sehe gerade noch, wie der von mir für tot gehaltene Russe zusammenzuckt. Er lebte also tatsächlich noch.
"Warum nehmen wir sie nicht gefangen?" frage ich ihn angewidert. Der schwarze Kapo schaut mich hämisch an und knurrt: "Dann versuch doch mal, sie hochzukriegen, wenn sie sich totstellen? Die Schweine denken, wir merken es nicht, und hinterher knallen sie uns von hinten ab. Ich habe das schon genug erlebt."
Was soll ich darauf antworten? Ich kenne die Hinterhältigkeiten des Krieges noch zu wenig. Aber ich würde gegenwärtig niemals auf Wehrlose schießen, auch auf die Gefahr hin, dadurch eigene Nachteile zu haben. Was mir unwürdig und grausam erscheint, stellt der Unteroffizier als reine Vorsichtsmaßnahme zu unserem eigenen Schutz dar.
"Er oder wir", sagt er einfach.
Dennoch - ich brächte es nicht fertig zu schießen, wenn ich nicht angegriffen werde. Und ich habe auch nicht vor, das jemals zu ändern.
Auch Grommel war davon angewidert, darum ist er bereits weitergegangen. Ich beeile mich, ihn zu erreichen, und höre hinter mir noch sehr häufig diese dumpfen Kopfschüsse, die mir durch Mark

und Bein gehen. Wenn dieser schwarze Kapo für seine Handlung auch ein einleuchtendes Argument hat, so kann ich mich des Eindrucks nicht erwehren, daß darin auch ein Anteil sadistischer Befriedigung liegt, die gerade in Kriegen von derart veranlagten Menschen legitim ausgelebt werden kann.

In einem späteren Gespräch mit Meinhard erfuhr ich, wie auch er erlebt hat, daß sich die Sowjets bei den Angriffen oft tot stellten oder einfach überrollen ließen, um dann von hinten auf sie zu schießen. Ob es heute bei unserem Gegenstoß auch so war, habe er nicht festgestellt. Es gäbe aber mit Bestimmtheit immer mal Verwundete, die sich tot stellten oder solche, die nicht rechtzeitig während des Angriffs zurückweichen konnten. Wie gefährlich sie hinterher für uns werden, weiß man nicht. Er selbst habe aber noch nie die Nerven gehabt, seine Feinde ohne Kampfhandlung zu töten. Dafür gäbe es immer bestimmte Leute, wie Schwarz zum Beispiel, die ihnen solche Dinge abgenommen hätten.

Meinhard erzählt auch, daß es Grausamkeiten von den Sowjets an unseren Soldaten gegeben hat und daß sie oftmals keinen Gefangenen machten. Es blieb dann nicht aus, daß auch von unserer Seite so verfahren wurde. Das sei der verfluchte Krieg mit seiner sich ständig steigernden Haßlawine, sagt er. Es beginnt mit Einmarsch und Kämpfen. Die Feinde wehren sich ihrer Haut, und es kommt zu Verbissenheit und zu beiderseitigen Übergriffen. Das führt dann zur Rache und Vergeltung nach dem Motto: Wie Du mir - so ich Dir! Und wehe, wer dann am Ende der Unterlegene ist. So habe ich Meinhard noch nicht gehört, aber er hat wohl recht. Ich habe den Krieg noch zu wenig erlebt, um mir eine Meinung zu bilden.

Unser Gegenstoß war beendet, als wir die Ausgangsstellung der Sowjets erreichten. Der Feind hatte sich inzwischen weit zurückgezogen. Wir beziehen seine Gräben und bleiben in Bereitschaft.

Als es dunkel wird, erhalten wir von nachfolgenden Fahrzeugen heißen Kaffee und Verpflegung. Die Fahrzeuge nehmen fünf Leichtverwundete mit ins Dorf zurück. Auf einem Wagen liegt bereits ein uns unbekannter Toter und ein Schwerverwundeter. Einige Landser berichten, daß sie in den Tragebeuteln der Sowjets deutsche Verpflegung und Juno-Zigaretten gefunden hätten. Am Handgelenk eines Kommissars entdeckte ein Landser sogar eine deutsche Thiele-Armbanduhr mit einer Namensgravur auf dem unteren Deckel. Die Fahrer vom Verpflegungswagen wollen sie dem Pionierhauptmann geben.

Wir bleiben die Nacht über in den Stellungen. Es ist verdammt kalt, und ein eisiger Ostwind bläst uns durch die Knochen. Wer nicht gerade auf Horchposten steht, sitzt eng aneinandergedrückt in den eiskalten Löchern und döst dem Morgen entgegen.

25. November. Noch bevor es im Osten hell wird, kommt der Befehl zum Absetzen. Wir gehen in Richtung Dorf zurück und besetzen die ausgebauten Stellungen und Laufgräben, die noch von früheren Kämpfen überall in der Donsteppe vorhanden sind. Es erspart uns harte Arbeit, denn die Erde ist im oberen Bereich so hart gefroren, daß man nur mit der Spitzhacke eindringen kann. Unsere Schwadron bleibt zusammen. Das hebt ein wenig unsere wankende Moral und gibt uns Halt in dieser verzweifelten Situation am Brückenkopf. Wichert, Swina, Grommel und ich besetzen die eine MG-Stellung, während Meinhard mit Küpper, Kurat und Wilke in der anderen MG-Stellung weiter rechts von uns liegen. Dazwischen befinden sich die Gewehrschützen, unter ihnen auch Warias und Seidel. Wir und eine Gruppe anderer Landser aus gemischten Schwadronen stehen unter dem Befehl von Unteroffizier Döring.

Alle Stellungen sind untereinander mit Laufgräben verbunden, die bis ins Dorf führen. Sie ziehen sich in Windungen am Hang entlang. Das Dorf liegt etwa einen Kilometer Luftlinie links hinter uns an der Bahnlinie, nahe am Ufer des zugefrorenen Don. Meinhard sichert mit mir die halblinke Flanke vor uns. Dort liegt die etwas hügelige Steppe und in ein paar Kilometer Entfernung der Bahnhof Tschir. Unmittelbar vor uns ist eine tiefe Rachel als natürliches Hindernis für angreifende Panzer. Am jenseitigen Rachelhang, den wir nur von uns aus einsehen können, liegt eine Gruppe Pioniere in Stellung.

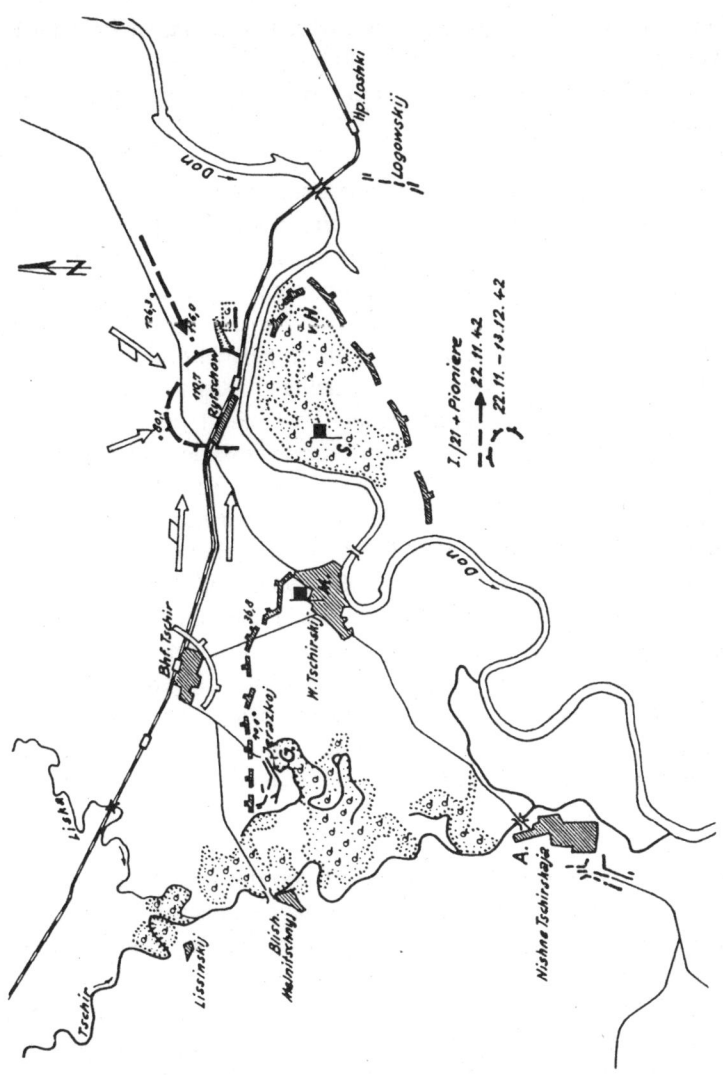

Nach der Flucht aus dem Kessel von Stalingrad in der Igelstellung bei
Rytschow bis zum 13.12.1942. ⇒ russische Angriffe

Weitere Pioniergruppen sichern den Abschnitt links von uns bis zur Bahnlinie, die nicht mehr durch die Rachel geschützt ist. Auch an der rechten Seite läuft die Rachel bereits in der Höhe von Meinhards Stellung in einer flachen Mulde aus. Hier soll bei einem Angriff unsere Feuerkraft stark konzentriert werden. Rechts von Meinhard liegt dann der Rest unserer Abteilung mit den versprengten Landsern und zwei weiteren leichten Maschinengewehren. Danach entzieht sich die Stellung in einem weiten Bogen unserem Gesichtsfeld und verschwindet hinter dem Hügel. Dort soll der restliche Teil der Pioniere liegen, die das Dorf von der östlichen Seite her an der Rollbahn sichern. Im Dorf steht eine Alarmeinheit unter Leitung eines Offiziers; sie setzt sich aus Fahrern, Troßangehörigen und Pionieren zusammen.

Heute morgen blieb es zuerst noch ruhig. Doch am späten Vormittag griffen die Sowjets vom Bahnhof Tschir aus mit Panzern und Infanterie das Dorf an. Am Anfang waren wir nur Beobachter des Kampfgeschehens an unserer linken Flanke, bis dann auch wir mit Granatwerfern und MGs beschossen wurden. Wie aus dem Boden gewachsen standen plötzlich auch die Feinde auf der Steppe und griffen uns an. Später erfuhren wir durch Gefangene, daß sie sich über Nacht nur einige hundert Meter vor uns hinter einer Bodenwelle eingegraben hatten. Der immer noch böige Ostwind kam ihnen zugute und hat sämtliche Geräusche übertönt.

Während wir mit gezieltem Feuer die Infanterie vor uns niederhalten, schert ein T 34 aus einer Fünfergruppe aus und kommt unter ständigem Feuern jenseits der Rachel auf uns zu. Er bleibt gegenüber am Rande der Rachel mit der Breitseite stehen. So nah habe ich noch keinen feindlichen Panzer vor mir gesehen. Er sieht bedrohlich aus. Er hat einen weißen Tarnanstrich, und sein stählerner Turm mit Kanonenrohr schwenkt unheilverkündend auf ein Ziel. Der donnernde Abschuß läßt ihn leicht erzittern, aus dem Rohr züngelt eine kleine Flamme mit einer dünnen Rauchfahne. Der Einschlag hinter uns erfolgt fast in der gleichen Sekunde. Danach wird der starke Dieselmotor wieder lauter, und der Koloß bewegt sich mit Kettengerassel am Rande der Rachel einen Schritt weiter.

Über meinen Körper jagen Schauer. Nur jetzt nicht sehen lassen. Er weiß zwar, daß wir hier irgendwo in Stellung liegen, aber vielleicht hat er unsere gut getarnte Bunkerstellung noch nicht bemerkt. Obwohl er annehmen kann, daß wir hier keine panzerbrechenden Waffen haben, bewegt er sich vorsichtig, bevor er durch die flache Mulde fährt, um in unsere Stellung einzubrechen. Ein einziger Schuß aus einer Pak oder der 8.8-Flak würde ihn außer Gefecht setzen. Er steht mit der Breitseite wie auf einem Präsentierteller, geht es mir durch den Kopf. Aber was nützt es, da doch diese Geschütze den Bahndamm und das Dorf sichern.

Ich beobachte, wie er plötzlich rückwärts fährt und versucht, sich zu drehen. Das gelingt ihm nicht so gut, denn er kommt mit einer Kette auf die Kante der Rachel, deren Erdreich etwas abbricht. Jetzt sehe ich die Pioniere am Hang. Sie hantieren mit etwas, das wie eine Latte aussieht. Dann werde ich durch Wichert, der neben mir ist, auf die Infanterie aufmerksam gemacht. Die russischen Soldaten sind im Schutze des Panzers weiter vorgerückt. Was soll ich tun? Soll ich schießen? Ja, ich muß es tun, sonst überrennen sie uns. Auch auf die Gefahr hin, daß der T 34 unsere Stellung entdeckt.

Ich klemme mich hinter das MG und drücke den Abzug. Wichert führt mir den Gurt zu. Fast gleichzeitig mit mir feuern auch Meinhard und die anderen auf die anrückende Infanterie. Die vorderen fallen getroffen auf die Erde, und die anderen werfen sich hin. Es gibt für sie keine große Deckung auf der verschneiten Steppe. Was macht der Panzer? Er hat uns erkannt und dreht drohend seinen Turm mit der Kanone in unsere Richtung. Dann senkt er das Rohr genau auf unsere Stellung. Er ist höchstens fünfzig Meter von uns entfernt. Es wäre Wahnsinn, jetzt noch oben zu bleiben und zu schießen. Ich ziehe das MG zurück und ducke mich neben den anderen in den Graben. Mit dem metallisch harten Abschuß vermischt sich eine Detonation. Die Panzergranate krepiert nur wenige Meter hinter uns.

"Diesmal noch Glück gehabt, aber beim nächsten Schuß sind wir geliefert", meint Wichert.

Ich spüre auf dem Rücken einen kalten Schauer.

Swina erlöst uns aus der schrecklichen Spannung. "Der Panzer ist erledigt!" ruft er befreit.

Wir kommen hoch und sehen, daß der Panzer mit gesprengter Kette halb in der Rachel hängt. Von unten her kommt dicker Qualm heraus, der sich aber rasch wieder verzieht.

Jemand ruft laut: "Die Pioniere haben ihn mit einer geballten Ladung erledigt!"

Wir atmen auf und bewundern die Jungs von der Pioniereinheit. Später erzählte mir der Unteroffizier der Pioniere, daß es für sie ein Kinderspiel war, weil der T 34 sie nicht bemerkte und genau über ihrer Hangstellung gestanden hat, als sie ihm ihre selbstgebastelte geballte Ladung aus mehreren Handgranaten unter die Kette schoben. Sie wären allerdings fast selbst von den herumfliegenden Kettenteilen erwischt worden.

Die Sowjets kommen mit ihrem Angriff nicht weiter. Sie beharken uns danach mit allen schweren Waffen, die sie zur Verfügung haben. Ihre ersten Serien liegen soweit vorn, daß sie mitten in ihren eigenen Reihen einschlagen. Wir hören Gebrüll, und danach steigen Leuchtkugeln hoch. Döring schaltet sofort und schießt gleichfalls Leuchtkugeln ab. Danach geht die uns zugedachte Sendung weit über uns hinweg in den Hügel hinter uns hinein. Die Russen bleiben vor uns noch bis zur Dämmerung liegen. Danach hören wir, wie sie sich zurückziehen. Auf dem Schnee vor uns liegen viele Tote und Verwundete. Wir hören die Verwundeten manchmal rufen. Am nächsten Morgen sind sie alle wie durch einen Spuk verschwunden. Auch diesmal hatte der kräftige Ostwind kein Geräusch zu uns herübergetragen. Daraus zogen wir die Konsequenz und verstärkten nachts unsere Horchposten und legten sie weiter nach vorn.

Der heutige Tag war für uns noch verhältnismäßig glimpflich verlaufen. Wir hatten nur drei Leichtverwundete. Die Pioniere mußten gegen Abend die Panzerbesatzung regelrecht ausräuchern. Sie hatte sich stundenlang im Innern still verhalten und gehofft, von ihren Leuten befreit zu werden.

Nachdem sie herausgekrochen kamen, habe ich sie mir angesehen. Dabei hatte ich ein eigenartiges Gefühl, ein Gemisch aus Neugier, Bedrohung und Respekt. Sehr sonderbar fand ich die Kopfbedeckung der Sowjets - wie dicht aneinandergelegte, aufgepumpte Fahrradschläuche. Welchen Zweck die erfüllen sollten, wußte ich nicht. Vielleicht eine Art Schall-und Kälteschutz.

Im Dorf waren die Verluste größer. Sie hatten zwei Tote und mehrere Verwundete. Durch den Aribeschuß wurden einige Fahrzeuge zerstört. Auch unsere Feldküche wurde stark beschädigt und Unteroffizier Winter schwer verwundet. Von den Pionieren wurden drei russische Panzer mit Minen und geballten Ladungen vernichtet. Der Vierte wurde von der 8.8-Flak abgeschossen. Bei einem Gegenangriff hatte dann die Alarmgruppe zwei russische Pak und drei Granatwerfer erbeutet.

Um Mitternacht erreichte uns durch einen Munitionsträger eine schlimme Nachricht. Zwei Fahrzeuge mit Verwundeten, auf Schleichwegen über den zugefrorenen Don zum Verbandplatz unterwegs, wurden von russischer Pak in Brand geschossen und waren explodiert. Keiner hatte überlebt. In einem der Fahrzeuge befanden sich auch der Küchenunteroffizier Winter und zwei weitere Landser aus unserer Schwadron, die aus dem Urlaub gekommen und nach einigen Tagen Irrfahrt erst gestern zu unserem Troß gestoßen waren. Meinhard kannte beide und wollte bei ruhiger Feindlage ins Dorf gehen, um sich mit ihnen zu treffen.

Er erzählt uns, daß es sich bei dem einen um seinen besten Kumpel Horst Burghard handelte, mit dem er seit der Rekrutenzeit immer zusammen war. Er hatte noch vor der allgemeinen Urlaubssperre in Stalingrad Sonderurlaub erhalten, weil seine Braut ein Kind erwartete. Gestern bei seiner Rückkehr hörte er, Meinhard wäre hier und ließ ihm ausrichten, er habe ein Päckchen für ihn aus der Heimat mitgebracht, das er sich abholen könnte. Eine schlimme Nachricht für alle, die es hören. Das Leid der jungvermählten Witwe werden wir nicht ermessen können. Wir sehen es Meinhard an, wie tief er um seinen Freund trauert, den er nicht einmal mehr sprechen konnte. Der Obergefreite Burghard soll mit den anderen Verwundeten in einen Lkw gebracht worden sein, weil er einen Stecksplitter im Oberschenkel erhalten hatte. Der Spieß und die Fahrer wünschten im noch Glück, und so mancher beneidete ihn um den sogenannten Heimatschuß, der hier der einzige Weg zu sein schien, aus dem unabänderlichen Schlamassel herauszukommen. Ihm und den anderen Verwundeten war es leider nicht vergönnt.

Noch in dieser Nacht griff der Feind von Osten her das Dorf an. Obwohl es in unserem Abschnitt ruhig blieb, lagen wir bis zum Hellwerden in Bereitschaft. Der Angriff wurde vom Dorf her mit einem Gegenstoß beantwortet. Dabei wurde ein Lkw zerstört. Die Sowjets flohen danach mit den restlichen vier Fahrzeugen auf der Rollbahn in Richtung Osten.

26. November. Der heutige Tag beginnt mit Bodennebel. Er löst sich aber in der Wintersonne zusehends auf und gibt eine weite Sicht frei. Am blauen wolkenlosen Himmel dröhnen ununterbrochen die Motoren deutscher Bomber, die von einigen Jagdmaschinen begleitet werden. Grommel identifiziert sie als He-111 und Do-17. Die begleitenden flinken Messerschmitt-Jäger Me-109 habe ich hier schon öfter im Luftkampf beobachtet. Zwischendurch erkennen wir auch mal die schwerfällige JU-52, die sogenannte Tante JU, die für Material und Truppentransporte eingesetzt wird. Alle fliegen sie schwer beladen nach Stalingrad und kommen erleichtert wieder zurück, wenn sie Glück haben.

An den vielen kleinen Wölkchen am klaren östlichen Himmel beobachten wir, daß sie von der russischen Flak stark beschossen werden. Wenn wir hier unten auf der Erde verschmutzt, verlaust und halb erfroren in den dreckigen Erdlöchern sitzen und über uns die im Sonnenlicht silbrig glänzenden Maschinen beobachten, dann beneiden wir die Flugzeugbesatzungen. Gewiß sind auch sie für einige Stunden der Todesgefahr ausgesetzt, aber sie fliegen danach immer wieder zu ihrem Feldflugplatz zurück. Dort sind sie zumindest für einige Stunden in Sicherheit, um sich wieder moralisch aufzurüsten. Wenn sie dann wieder in ihre Maschinen steigen, sind sie in jedem Falle gesättigt und ausgeruht. "Und man sagt, daß sie täglich hochwertige Spezialverpflegung mit kraftspendender Schoka-Kola in Blechschachteln erhalten", führt Wichert meine laut ausgesprochenen Bemerkungen über die stets in schicke Uniformen gekleideten Luftwaffenangehörigen fort.

Der arme Wichert muß bei dem Gedanken an Essen geradezu Qualen erleiden, wo er schon in normalen Zeiten immer hungrig war. Es wird aber auch immer schlechter mit unserer Verpflegung. Seit gestern erhalten wir nur noch ein Kommißbrot für drei Mann. Der Iwan blockiert den Nachschub, heißt es. Und ob sie unsere beschädigte Feldküche heute noch zusammenflicken werden, ist fraglich. Dann erhalten wir aber buchstäblich aus heiterem Himmel Verpflegung aus der Luft. Im stillen leiste ich den Fliegern wegen meiner neidischen Gedanken Abbitte.

Sie werfen drei Verpflegungsbomben an Fallschirmen ab. Zwei kommen in der Nähe des Dorfes herunter, aber die dritte treibt der Wind zweihundert Meter vor die Stellungen der Pioniere. Wegen starkem Beschuß können sie den Inhalt erst bei Dunkelheit bergen. Die Flieger kommen in den nächsten Tagen noch mehrmals. Wir erwischen davon pro Mann aber meist nicht mehr als zwei Hände voll Hartzwieback und manchmal einen Riegel Schokolade.

Auf der Steppe vor uns bleibt es heute ruhig. Es kann uns nur recht sein, etwas zu verschnaufen. Aber wir wissen, daß der Feind nur knapp einen Kilometer vor uns in den Stellungen liegt und jederzeit wieder zum Angriff antreten kann. Bei diesem Wetter können wir ihn jedoch frühzeitig erkennen.

Während des Morgennebels heute früh wurde wieder ein Landser von Scharfschützen durch Kopfschuß getötet. Ein anderer erhielt einen Schulterdurchschuß. Sie waren im Morgennebel trotz unserer Warnung aufrecht durch die Laufgräben marschiert. Wir vermuten die Stellungen der hinterhältigen Schützen längst der Bahnlinie. Sie haben sich so gut getarnt, daß wir sie noch nicht entdeckt haben. Die Pioniere beginnen dann den Bahndamm mit Granatwerfern abzuklopfen. Danach hatten wir tatsächlich zwei Tage Ruhe.

Warias und Swina waren schon ganz früh im Dorf, um aus den Packtaschen frische Unterwäsche und Läusepulver für uns zu holen. Die Biester haben sich auf meinem Körper rasend schnell vermehrt, und ich habe mir bereits den ganzen Oberkörper wundgescheuert. Warias berichtet, daß der Führer Stalingrad schon vor zwei Tagen zur Festung erklärt habe. Einige Landser, die in Stalingrad waren, machen sich Luft, als sie es hören. Sie schimpfen auf die Kriegführung, und daß man ihnen nicht mehr die Chance gibt, aus der Umklammerung auszubrechen. Sie sprechen offen von regelrechtem Verheizen in einem Kessel, der rundum von einer bisher nie dagewesenen Übermacht verriegelt ist. Andere glauben noch daran, daß der Kessel von den anrückenden Panzereinheiten des Generaloberst Hoth in Kürze gesprengt wird. Auch ich und die meisten der Ersatzleute glauben an das letzte.

Wenn es für uns diesen Glauben nicht mehr gäbe, wäre auch die Hoffnung auf eine Verbesserung unserer jetzigen Lage dahin, und unsere Kampfmoral bis auf den Nullpunkt herabgesunken. So glaubten wir, in unserer zur Hörigkeit erzogenen Gesinnung, noch an eine baldige Wende.

Doch auch dieser, mehr durch den Wunsch erzeugte Optimismus, fiel bald wie eine morsche Panjehütte zusammen, als auch der simpelste Landser erkannte, daß die Kampfkraft unserer Feinde von Tag zu Tag zunahm, und wir mit unseren unzulänglichen Waffen schwächer wurden. Hinzu kamen die Tage, in denen wir unsere knurrenden Mägen nur noch mit einer Handvoll Hartzwieback pro Tag beruhigen konnten. Es blieb bald niemandem mehr verborgen, daß wir hier auf völlig verlorenem Posten standen und für irgendeine strategische Kriegführung geopfert werden sollten. Es war Anfang Dezember nur noch eine Frage von Tagen, wann uns die sowjetische Übermacht zermalmen würde.

Am heutigen Nachmittag des 26. erhalten wir aber noch eine moralische Aufrüstung in Form einer 8.8-Flak für den Erdkampf sowie eine 2 cm Vierlingsflak auf fahrbarer Lafette. Bevor die 8.8 hinter uns am Hügel in Stellung geht, wird das Erdreich soweit ausgehoben, daß nur ein Teil des weißgestrichenen Schutzschildes sichtbar bleibt. Im Dorf sollen seit gestern drei Panzer zur Unterstützung eingetroffen sein. Wegen Munitionsmangel sollen sie nur im äußersten Fall eingesetzt werden.

Gegen Abend kommt wieder Nebel hoch. Wir nutzen die schlechte Feindeinsicht für Arbeiten an unseren provisorischen Unterständen, die wir von oben her mit dicken Brettern und einem Stück Wellblech verstärken. Die Unterstände sind generell einfache Gräben, an den Seiten so erweitert, daß einige Männer darin Platz finden. Unser kleiner Bunker ist gerade für vier Personen ausreichend. In der Nacht wechseln wir uns gegenseitig ab, um vom Dorf frisches Stroh zu holen. So sind wir wenigstens etwas vor der Kälte und dem eisigen Wind geschützt. Der Schirrmeister verspricht mir für Morgen einen Bunkerofen, den die Landser im Dorf aus leeren Ölfässern gefertigt haben.

27. November. Im Morgengrauen gelingt es einem feindlichen Spähtrupp, bis ins Dorf vorzustoßen. Wir hören die Knallerei. Die Alarmeinheit macht einige Gefangene. Danach trommeln die Sowjets stundenlang mit schweren Waffen in das Dorf. Im Laufe des Vormittags werden auch wir mit Granatwerfern und Stalinorgeln beharkt. Sie greifen aber nicht an. Seit gestern haben die Pioniere einen Teil des Dorfes vermint. Leider ist auch ein nervöser Fahrer von uns mit einem Mannschaftswagen aufgefahren und in die Luft gegangen.

Bei dem starken Beschuß sitzen wir wie die Maulwürfe in der Erde und beobachten abwechselnd, ob der Feind nicht doch zum Angriff antritt. Als ich dran bin und vorsichtig über die Deckung spähe, detoniert eine Granate genau auf der Kante unseres Unterstandes. Die heißen Splitter zischen an meinem Kopf vorbei, und in meinen Ohren klingelt es wie verrückt. Im Bunker ist ihnen der Dreck auf den Kopf und in den Nacken gerieselt, aber die Decke hat gehalten. Der Schnee um uns ist seit Stunden nicht mehr weiß, sondern von den vielen Einschlägen mit brauner Erde vermischt.

Es ist verdammt hart und zermürbend, in einem Loch unter der Erde zu sitzen und zu warten. Worauf? Keiner von uns weiß es genau. Nur daß es um unser Leben geht, das wissen wir bestimmt. Vielleicht erwischt uns ein Volltreffer, der unser bißchen Leben auslöscht. Dabei spürt man sicher nichts. Es wäre schlimm, wenn der Feind in Massen angreifen würde, aber dann kann man sich wenigstens noch wehren. Doch hier in diesem ekligen Loch kann man im Moment nichts tun als abwarten.

Ich versuche an andere Dinge zu denken, aber ich schaffe es nicht. Das Heulen und die krachenden Einschläge über und um uns schalten jegliches Denken aus bis auf den flehenden Wunsch, daß das nervenaufreibende, tosende Gekrache endlich aufhören möge. Der einzige, dem es nicht so viel auszumachen scheint, ist Swina. Ich kann in seinem Gesicht nicht, wie bei anderen, die Spannung und die Angst erkennen. Wie kann er auch? - Der arme Teufel hört ja nicht das Krachen und Heulen der Granaten. Er schaut uns nur immer unentwegt an und beobachtet, was wir tun. Wer mit ihm spricht, muß mit dem Mund schon ganz dicht an sein Ohr gehen, damit er ihn versteht.

Grommel kommt mit Swina am besten klar. Er und Swina sind dafür verantwortlich, daß wir genug MG-Munition in den Gurten haben. Als wir den Bunkerofen bekamen, sorgten beide immer für Brennbares. Den Ofen können wir aber nur bei Dunkelheit oder bei diesigem Wetter anzünden, weil uns der Qualm am Tage verraten und sich der Iwan auf uns einschießen würde. Seitdem haben wir es über Nacht immer richtig warm in unserem kleinen Bunker. Das Übel ist nur, daß sich in der Wärme auch unsere Plagegeister am Körper wohler fühlen und in der Nacht besonders aktiv werden. Wenn es die Feindlage irgendwie erlaubt, kochen wir darum unsere Unterwäsche abwechselnd in einem leeren Marmeladeneimer auf dem Bunkerofen aus. Swina ist darin ein Spezialist und kennt genau die Zeit, wann die Biester ihren Geist aufgeben.

Das Trommelfeuer dauert fast zwei Stunden, ein Beweis, daß die Sowjets nicht mit Munition sparen müssen. Sie haben aber nicht viel damit erreicht. Außer einem beschädigten MG und verschütteten Gräben hat es keine Ausfälle gegeben. Auch die Nacht zum 28. verlief ruhig.

28. November. Meinhard kommt schon am frühen Morgen mit einer schlechten Nachricht zu uns. Er berichtet, daß unser Spieß und ein anderer Wachtmeister aus der Abteilung gestern vormittag gefallen sind. Obwohl wir unserem Spieß persönlich nicht sehr nahe standen, weil er ständig Distanz zwischen sich und uns Neulingen bewahrte, waren wir doch geschockt und auch betroffen. Indessen war er für uns so etwas wie ein Halt und ein Vorgesetzter, der sich trotz Strenge immer um unser Wohlbefinden gekümmert hat, soweit er dazu hier im Brückenkopf imstande war. Nun ist er auch nicht mehr unter uns. Jetzt gibt es in unserer Schwadron nur noch zwei Dienstgrade: den Schirrmeister und Unteroffizier Döring. Meinhard sagt, daß der Spieß noch in Friedenszeit bei der Kavallerie gedient hat und ihm der Soldatenberuf auf den Leib geschrieben war.

Heute will es nicht richtig hell werden. Es bleibt diesig und trübe. Die Sicht nach vorn ist so schlecht, daß wir höllisch aufpassen müssen, den Feind nicht plötzlich vor uns zu haben. Döring schickt deshalb einige Männer als Horchposten ins Vorfeld. Meinhard ist der Meinung, daß die Sowjets das Wetter nutzen werden, um nah an uns heranzukommen. Er behält recht!

Kurz darauf kommen die Horchposten zurück und berichten, daß sie diesmal von Norden her Geräusche und russische Zurufe gehört hätten, die immer deutlicher würden. Zu sehen wäre noch nichts, aber es gäbe keinen Zweifel, daß der Feind vom Norden her im Anmarsch sei. Panzergeräusche hätten sie aber nicht gehört. Also vorerst nur die Infanterie. Wir sind vorbereitet und werden ihnen einen heißen Empfang bereiten.

Döring läßt durchsagen, daß erst auf seinen Befehl hin das Feuer eröffnet wird. Er beabsichtigt, sie auf sichere Schußweite herankommen zu lassen, um sie mit einem Feuerüberfall zu überraschen. Wir stehen hinter den Waffen und sind erregt. Niemand weiß, was auf uns zukommen wird. Es sind die schlimmsten Minuten vor einem Kampf, wenn der ganze Körper in höchster Spannung steht. Die Minuten werden zu Ewigkeiten. Dann sind sie heran. Die ersten Gestalten tauchen aus dem Dunst heraus und kommen geduckt auf unsere Stellungen zu. Alles wartet auf den Schießbefehl.

Da ruft jemand: "Das sind unsere, nicht schießen!"

Und dann kommt das Kommando von Döring: "Kopf runter, alles in Deckung bleiben!"

Wir gehorchen und beobachten. Die Landser·vor uns kommen näher. Ich sehe, wie die ersten mit den Händen winken. Wo die wohl herkommen? denke ich gerade, weil mir ihre Uniformen und die Stahlhelme so neu erscheinen, da rattert Meinhards MG los und jemand schreit: "Das sind Russen in unseren Uniformen!"

Die Gestalten in den deutschen Uniformen stürmen los, um uns zu überrennen. Hinter ihnen kommen jetzt auch die anderen in den lehmigbraunen Mänteln und in schmutzigweißen Tarnanzügen. Wir schießen bereits Sperrfeuer aus allen MGs und Karabinern. Wer nicht von uns getroffen wird, wirft sich auf den Boden. Der Angriff stockt. Vor uns hören wir Rufe. Danach rattern zwei russische MGs los. Ein Kugelregen kommt uns entgegen und um uns schlagen Granaten ein. Um ein Haar hätte es mein MG erwischt. Ich ziehe es zurück und ducke mich.

"Sie greifen wieder an!" sagt Wichert, während er einen neuen Patronengurt ankoppelt.

Swina schießt mit dem Karabiner. Auf dem Grabenrand hat er einige Eierhandgranaten liegen. Auch Grommel hält seinen Karabiner in Schußposition, aber er schießt nicht.

"Kleiner, schieß!" ruft ihm Wichert zu.

Ganz kurz blitzt es mir durch den Kopf, daß ich Grommel eigentlich noch nie habe schießen sehen. Bei unserem Gegenstoß am 24. war er mein Schütze II und hat eigentlich nur Munition geschleppt und mir den Gurt zugeführt. Ich sehe dann nur noch die anstürmenden Sowjets und schieße einen Gurt nach dem anderen leer.

Es ist ein eigenartiges Gefühl, auf einen Feind zu schießen, der unsere eigenen Uniformen trägt. Es ist, als würde man auf Verräter schießen. Sie versuchen, uns in einem zweiten und dritten Anlauf zu überrennen. Aber sie schaffen es nicht, nachdem auch die Pioniere von der Flanke feuern.

In einer Feuerpause sehe ich die Vierlingsflak hinter uns in Stellung gehen. Sie hat bisher nicht eingegriffen. Auch die 8.8-Flak, die uns vor Panzern sichert, hat geschwiegen. Als aber weitere Feinde aus dem Dunst auftauchen, ballert die Vierling los. Sie schießt über unsere Köpfe hinweg in die dichten Haufen der Angreifer hinein. Ihnen ist die Überrumpelung nicht geglückt.

Auf dem kalten Schnee vor uns liegen viele Tote, die langsam erstarren und von einer dünnen Schicht herumwirbelnder Schneeflocken notdürftig verdeckt werden. Wir hören die Verwundeten stöhnen und nach Hilfe rufen. Wir können ihnen nicht helfen.

Nach dem mißglückten Angriff schießen sie wie wild mit allen schweren Waffen auf unsere Stellungen. Jetzt heißt es wieder nur warten. Und damit kommt wieder die Angst, die man bei der Nervenanspannung während des Angriffs nicht registriert. Jetzt sitzen wir wieder zusammengekauert und können nichts anderes tun, als still beten, daß der Tod oder eine schwere Verwundung an uns vorübergehen möge.

Wir beobachten, wie die Sowjets im Schutze der Beschießung durch ihre schweren Waffen die Verwundeten auf kleine Karren laden und abtransportieren. Erst gegen Abend läßt der Beschuß nach, und wir trauen uns in das Vorfeld. Wir erbeuten mehrere russische Kalaschnikow Maschinenpistolen und ein schweres MG auf kleinen Rädern. Die deutschen Uniformen, in denen die Toten stecken, sind nagelneu und entstammen zweifellos einem unserer Nachschubdepots.

Einige haben sogar deutsche Filzstiefel an, die wir selbst so dringend benötigen. Soweit es möglich ist, zerren wir sie den steifgefrorenen Toten von den Beinen und ziehen sie selbst an. Ich finde keine passenden und behalte deshalb meine Stiefel an. Manche Landser begnügen sich mit den primitiven Filzröhren der Russen. Sie scheinen nur aus einem Stück Filz gepreßt zu sein. In der Kälte erfüllen sie aber ihren Zweck. Wenn ich meine Stiefel, die mir im Sommer zweifellos zu groß wären, nicht zusätzlich mit einem zweiten Paar dicken Socken und etwas Papier ausgefüllt hätte, wären mir einige Zehen längst erfroren, wie es bereits vielen anderen hier ergangen ist. Wir hatten vor zwei Tagen etwas unförmig aussehende Überschuhe aus Strohgeflecht erhalten, die Swina Strohpotschen nannte. Damit können wir zwar keine großen Sprünge machen, aber sie isolieren die Füße gut vor der Bodenkälte, wenn wir in den Gräben auf Posten stehen.

Wichert und andere untersuchen die Tragebeutel der Sowjets auch auf Eßbares, da wir seit gestern abend außer einem Kanten Kommißbrot und lauwarmem Tee nichts mehr im Magen haben. Wichert leidet von uns allen am meisten unter dem Hunger. Er findet Reste von schwarzem russischen Kommißbrot und einige Stücke geräucherten Speck, der auch aus deutschen Beständen stammt. Swina bringt einen großen Beutel Machorka für mich mit, weil er bemerkt hat, daß ich seit heute morgen meine Taschen umkrempele, um noch ein paar Tabakkrümel für meine Pfeife zu finden.

Der Machorka sei einer der edelsten Sorten, ist das Urteil von Meinhard und Warias, als sie ihn probieren. Auch ich muß gestehen, daß er nicht schlecht schmeckt. Er scheint mir allerdings weit stärker als unser Tabak. Mich stört nur, daß er nach dem Anbrennen immer wie ein Vulkan aus dem Pfeifenkopf hochquillt, und ich ihn immer wieder mit dem Finger eindrücken muß. Das liegt an den kleingehackten Stengeln, die sich mit im Tabak befinden und sich bei Hitze nach oben hin ausdehnen.

In dieser Nacht stellen wir die Horchposten wieder weit vor den Stellungen auf. Es sind immer zwei Mann, die einen bestimmten Abschnitt übernehmen. Auch Swina wird mit einem ihm unbekannten Landser von der Abteilung eingeteilt, obwohl bekannt ist, das er schwerhörig ist. Sie brauchen jeden Mann, heißt es einfach. Danach tauscht Kurat mit ihm, so daß Swina mit mir zusammen ist.

29. November. Als uns Grommel gegen drei Uhr am Morgen weckt, ist es schön mollig im Bunker, aber dafür um so kälter draußen. Nebel hat alles mit Rauhreif überzogen. Auch das fest in eine Zeltbahn eingewickelte MG sieht aus wie ein weißer, unförmiger Klumpen. Hinter uns am Hügel steigt eine Leuchtkugel hoch. Die Sicht ist dort besser. Ob da was los ist? Oder schießen sie die

Leuchtkugel nur als Warnung, um zu zeigen, daß sie wachsam sind? Es tut sich nichts und alles bleibt ruhig.

Vor uns in der Mulde ist der Nebel dichter. Manchmal kann man nicht einmal die Hand vor den Augen sehen. Ich stapfe mit Swina in den Dunst hinein. Der Schnee knirscht unter unseren Stiefeln. Wir orientieren uns nach den Spuren im Schnee.

Dann fragt eine Stimme unterdrückt nach der Parole. "Eisenbahn!" rufe ich leise.

"Kommt hierher", höre ich die Stimme, die mir bekannt vorkommt. Ich kann aber niemand sehen.

"Wir sind hier rechts von euch im Deckungsloch", sagt wieder die Stimme.

Dann steht plötzlich eine Gestalt vor uns, und eine andere klettert gerade aus dem Deckungsloch. Scheußlich, dieser dicke Nebel! Wenn sie uns nicht angerufen hätten, wären wir vielleicht auf sie getreten.

Den größeren von beiden erkenne ich wieder. Es ist Dieter Malzahn, der nach der Frontbewährung die Offizierslaufbahn einschlagen will. Er sagt, daß er bei der 4. schweren Schwadron gelandet wäre. Sie hätten aber bereits bei ihrer Flucht aus der Bunkerstellung südlich von Businowka eine Menge Fahrzeuge durch russische Panzer verloren. Bis hierher sind nur zwei 7.5-Pak mit Zugmaschinen und nur wenige Männer durchgekommen. Wir vereinbaren, daß ich ihn im Bunker besuche, soweit es die Feindlage zuläßt.

Vorne sei es ruhig, berichten sie. Sobald sie abgezogen waren und der Nebel sie verschluckt hat, springt Swina etwas unbeholfen in das Deckungsloch, während ich mich noch ein wenig umschauen will. Schon nach einigen Metern höre und sehe ich nichts mehr von Swina. Ich weiß nur ungefähr die Richtung, wo er sich befinden müßte. Verdammter Nebel!

Unvermittelt stolpere ich über einen Toten und bemerke, daß ich schon zu weit vorne bin. Ich fühle mich nicht sehr wohl in meiner Haut und ducke mich unwillkürlich zusammen, als ich vermeine, vor mir knirschende Schritte zu hören. Dann liegen da noch mehr Tote herum. Mir wird es unheimlich und ich bedauere, daß ich mich von Swina entfernt habe. Rufen kann ich ihn nicht, denn er kann mich nicht hören. Aber ich höre vor mir wieder knirschende Schritte und unterdrückte Stimmen. Sowjets! durchzuckt es mich. Nur jetzt keine Panik, denke ich. Meine Nerven sind äußerst gespannt. Die Russen bleiben öfters stehen und rufen sich etwas zu. Wahrscheinlich halten sie in dem dicken Nebel so die Verbindung untereinander.

Langsam rückwärts gehend setze ich mich von den Geräuschen ab und wäre um ein Haar Swina auf den Kopf getreten. Für ihn muß es ein furchtbares Gefühl sein, nichts zu hören und in den Nebelschwaden auch nichts zu sehen. Als ich ihm mit der Hand bedeute, daß vor uns was los sei, legt er in grotesker Weise seine Hand muschelförmig an sein Ohr und lauscht. Wir schleichen danach zurück und alarmieren die anderen.

Wir warten, bis wir deutlich die Stimmen hören. Dann schießt Döring eine Leuchtkugel hoch. Sie beleuchtet kalt und gespenstisch nur eine kleine Fläche. Einige Gestalten stehen wie angewurzelt und erstarren. Dann laufen sie plötzlich auseinander. Die ersten werfen sich auf den Boden. Wir feuern in das Dunkel hinein. Die Russen rufen sich laut etwas zu. Darauf hören wir Getrappel, das sich rasch entfernt. Eine zweite und dritte Leuchtkugel geht hoch. Fünf Gestalten liegen noch auf dem Schnee, während die anderen das Weite gesucht haben.

Wir vermuten einen Spähtrupp oder verirrte Sowjets. Es ist nur ein kleiner Trupp. Von unserer Seite knallen einige Gewehrschüsse. Im Schein einer weiteren Leuchtkugel sehe ich, wie zwei aufspringen und zurücklaufen. Einer wird getroffen und fällt zu Boden. Drei liegen noch im Schnee. Jemand ruft aus unserer Stellung auf russisch etwas herüber. Sicher einer von unseren russischen Hiwis, die früher beim Troß waren und jetzt mit uns in der Stellung liegen. Ein Russe antwortet ihm. Er steht danach auf und hebt die Hände. Die anderen zwei folgen ihm.

Unter den drei Gefangenen sind zwei Frauen, die wir als Flintenweiber bezeichnen. Sie sollen fanatischer sein als die sowjetischen Soldaten. Die beiden hatten nicht viel zu verbergen und gestanden, daß sie sich im Nebel mit einem Trupp von fünfzehn Soldaten verirrt hätten. Ihre Stellungen vorne sind uns hinreichend bekannt. Auch daß sich ihre Front von Tag zu Tag mehr verstärkt.

Im Laufe des Tages hatte sich der Nebel gelichtet. Es blieb aber immer noch dunstig, so daß wir nur einige hundert Meter Sicht hatten. Am Spätvormittag hörten wir hinter dem Hügel ein kurzes Scharmützel. Als die Essenträger im Dunkeln in die Stellungen kamen, berichteten sie, daß es ein berittener Spähtrupp war, den die Pioniere dicht an sich herankommen ließen, bevor sie das Feuer eröffneten. Dadurch hätten sie drei Reiter mit ihren Pferden erwischt. Danach wunderte es keinen mehr, als wir an diesem und den zwei folgenden Tagen in unseren Kochgeschirren statt der üblichen dünnen Fußlappensuppe (Weißkohlsuppe) eine fette Mahlzeit mit viel Fleisch vorfanden. Wichert verdrückte gleich zwei Portionen. Die anschließende Wirkung mit Bauchweh und Durchfall war dann bei ihm auch doppelt so groß. Unsere Mägen waren diese mächtige Mahlzeit nicht mehr gewöhnt. Und wir konnten nur froh sein, daß es nicht mitten in einem Angriff geschah, sonst hätten wir zweifellos alle die Hosen bis oben hin gestrichen voll. Dennoch wären wir später oftmals froh gewesen, wenn wir nur einen kleinen Brocken Pferdefleisch in den Kochgeschirren vorgefunden hätten...

30. November. Noch im Morgengrauen gelingt es den Sowjets, vom Osten her mit Panzerunterstützung in das Dorf einzudringen. Sie werden daraufhin mit vereinten Kräften im Gegenstoß zurückgeschlagen. Dabei haben sich unsere Panzer bestens bewährt. Danach schießen die Russen mit allen schweren Waffen in das Dorf. Gegen Abend erfolgt ein zweiter Angriff, der gleichfalls abgeschlagen wird. Unser Essen erhalten wir heute weit nach Mitternacht. Die Träger bringen uns wieder eine schlechte Nachricht. Sie berichten, daß bei dem Gegenstoß heute morgen mit zwei anderen zusammen auch der von uns sehr geschätzte Pionierhauptmann gefallen ist. Ein neuer Schock für uns. Irgendein rangähnlicher Offizier, der schon vor Tagen im Dorf eingetroffen ist, hat die Füh-

rung der Kampfgruppe übernommen. Wir haben aber weder von ihm gehört, noch hat er sich bisher bei uns in der Stellung sehen lassen. Ich glaube auch nicht, daß uns ein kleiner unbekannter Offizier in der gegenwärtigen Lage moralisch hätte aufrichten können. Wir wissen bereits, daß uns hier nur noch ein Wunder helfen kann. Von draußen ist absolut nichts mehr zu erwarten. Und über die allgemeine Kriegslage ist nichts Positives zu hören.

Die Essen-und Munitionsträger sind meist altgediente Fahrer und Troßleute, deren gute Freunde und Kumpel in Stalingrad zurückgeblieben sind. Seit laut Führerbefehl die Stadt zur Festung erklärt wurde, sind sie geschockt und deprimiert. Die Unterhaltungen mit ihnen machen uns unsicher und ängstlicher.

1. Dezember. Heute blieb es verhältnismäßig ruhig. Der Feind schoß nur von Zeit zu Zeit mit Granatwerfern und Stalinorgeln ins Dorf und in unsere Stellungen. In der Nacht kam jedoch ein Spähtrupp nahe heran. Wir nahmen vier Sowjets gefangen. Aber es wurden auch zwei Mann in Dörings Stellung durch Handgranaten verwundet.

2. Dezember. Nach einem starken Morgennebel klart es auf. Wir erkennen in Richtung Bahnhof Tschir lebhafte Feindbewegung. Ich gehe den Graben entlang zu Meinhard. Er hat sich vorher mit Döring unterhalten, der jetzt ständig mit dem Glas beobachtet. "Döring vermutet, daß sich die Sowjets zum Angriff bereitstellen", sagt Meinhard. "Er hat dort eine Menge Fahrzeuge und Panzer beobachtet. Wahrscheinlich karren sie mit den Fahrzeugen die Truppen heran." Meinhard ist wütend und ärgert sich über die Unverschämtheit der Russen, sich vor unseren Augen so seelenruhig zu formieren.

"Die Schweinstreiber wissen genau, daß wir keine Ari haben, sonst würden sie sich nie und nimmer diese Frechheit erlauben", knirscht er.

Wir beobachten noch eine Stunde, dann wissen wir, daß sich das Gros des Feindes nach Südosten auf Werchne-Tschirskije zu bewegt. Dort soll eine andere deutsche Einheit die Donbrücke sichern. Wenn die Sowjets diese Brücke einnehmen, sind sie in unserem Rücken und haben auch uns im Sack. Am Aufblitzen erkennen wir, daß sie mit starker Panzerunterstützung angreifen. Drei der Stahlkolosse kommen längs der Bahnlinie auch auf uns zu.

Plötzlich starkes Motorengeräusch über uns.

"Unsere Stukas sind da!" rufen einige Landser aufgeregt.

Die Spannung und Beklommenheit löst sich augenblicklich. Wir freuen uns wie die Kinder, die ein Geschenk erhalten haben. Also besteht doch noch eine Verbindung zu übergeordneten Befehlsstellen? Kann sein, daß es vom Südufer des Don geschieht?

Erst später erfuhr ich, das keine Verbindung zu den Stukas bestand, sondern daß sie die Lage aus der Luft erkannt und entsprechend gehandelt haben. Auch spätere Stukaunterstützungen erfolgten ohne Bodenverbindungen. Wir bejubelten sie aber jedesmal, und sie bewirkten, daß sich unsere arg angeschlagene Kampfmoral, wenn auch nur vorübergehend, wieder stabilisierte.

Zuerst ist es nur eine heranbrausende Staffel mit drei Stukas, danach folgen drei weitere. Ihr Angriff vor unseren Augen ist ein Schauspiel, das selbst uns als Unbeteiligten einen Schauer über den Rücken jagt. Bereits der Anblick des furchterregenden Haifischkopfes mit den scharfen Zähnen läßt die Wucht der hereinbrechenden Katastrophe für die Betroffenen erahnen. Die Maschinen kippen erst zur Seite ab, um sich dann mit einem ohrenbetäubenden, sich steigernden sirenenartigen Geheul auf ihre Ziele zu stürzen. Sobald sie ihre Bomben ausgeklinkt haben, ziehen die Maschinen wieder steil hoch und beginnen, sich auf ein neues Ziel zu stürzen.

Allein die moralische Wirkung auf den davon Betroffenen muß fürchterlich sein. Es ist wie das Inferno der Hölle, und wir hören es bis zu unseren Stellungen laut und deutlich, obwohl sich das Geschehen weit entfernt abspielt. In den nächsten Minuten steigen dicke, schwarze Rauchwolken in den klaren Himmel. Wir beobachten, wie einige Panzer hin- und herkurven, um den angreifenden Sturzkampfbombern zu entrinnen. Sie haben kaum eine Chance, denn die Stukas sind immer wieder über ihnen und bomben in sie hinein.

Als ihre Bomben abgeworfen sind, drehen sie ab und verschwinden am Horizont. Viele kleine und große Rauchwolken zeigen noch lange an, wieviele Ziele sie getroffen und zerstört haben. Es sind meist Fahrzeuge, Panzer und schwere Waffen. Die Stukas haben ganze Arbeit geleistet, und die sowjetische Infanterie wurde von der Kampfgruppe südlich des Don gestoppt. Ganz deutlich können wir erkennen, daß die Donbrücke nicht vom Feind erobert wurde. Aber wie lange wird es noch dauern, bis es soweit ist?

3. Dezember. Die feindliche Ari schießt zuerst nur vereinzelt ins Dorf und in unsere Stellungen hinein. Der Himmel ist auch heute wieder klar, und es ist kälter geworden. Wir trauen uns aber nicht, den Ofen im Unterstand anzumachen und warten deshalb bis zur Dunkelheit. Am Nachmittag kommen erneut Stukas. Diesmal bombardieren sie direkt den Bahnhof Tschir. Wir sehen dicke, schwarze Rauchwolken hochsteigen und vermuten, daß sie ein Treibstofflager getroffen haben. An zahlreichen weißen Rauchwölkchen, die plötzlich am Himmel erscheinen, erkennen wir, daß sie mit der russischen Flak beschossen werden.

Als Vergeltung für die Bombardierung schießt der Feind wieder zwei Stunden lang mit schweren Waffen in den Brückenkopf. Kurz vor Dunkelheit werfen unsere Flieger noch einige Verpflegungs- und Munitionsballen ab. Meinhard vermutet, daß die Maschinen vom Feldflugplatz Morosowskaja aus starten, der sich seiner Erinnerung nach nur etwa hundert Kilometer von hier in südwestlicher Richtung befinden müßte. Die Verpflegungsträger bringen uns dünnen, kalten Kaffee, den wir uns erst auf dem Ofen warm machen müssen. Als Verpflegung erhalten wir zu viert eine halbe Büchse Rindfleisch und ein Kochgeschirr voll Hartzwieback. Das muß bis morgen abend reichen. Der kleine Grommel zählt die kleinen Brocken Zwieback genau ab, damit jeder einen gleichen Anteil erhält. Es ist immerhin mehr als gestern, da hat es am ganzen Tag für drei Mann nur ein angeschimmeltes Brot gegeben.

Alle schwärmen noch von dem guten Pferdefleischgericht, das wir drei Tage lang in unseren Kochgeschirren hatten. Und Wichert, sich daran erinnernd, wünscht sich sogar wieder einen russischen Kavallerietrupp vor dem Dorf. Selbst den Dünnpfiff, den er davon drei Tage lang hatte, würde er in Kauf nehmen. Der Hunger nimmt in diesen Tagen unser ganzes Denken so stark in Anspruch, daß selbst das stete Bangen um unser Leben in den Hintergrund tritt und unser Gesprächsthema sich nur noch ums Essen dreht. Selbst nachts träume ich davon und höre gar einen saftigen Braten im Schmortopf brutzeln. Um so schlimmer ist jedesmal das Erwachen, wenn ich feststelle, daß das Geräusch nur das laute Knurren unserer leeren Mägen ist.

Wie würden unsere Lebensgeister wieder aufleben, wenn wir nur täglich genügend trockenes Kommißbrot zu essen bekämen. Man könnte es schön langsam im Munde zerkauen und den köstlichen Geschmack genießen. Dafür würde ich sogar auf den besten Kuchen verzichten. Nie hätte ich es für möglich gehalten, wie kostbar Brot sein kann. Aber an manchen Tagen war nicht einmal das vorhanden.

Dem Kessel entronnen: Brücke über den Don.

Rachel oder Balka. Diese tief ausgewaschenen Schluchten, häufig auf der Karte nicht verzeichnet, erzwangen zeitraubende Umwege, boten aber auch vorzügliche Deckung.

Blutroter Schnee fällt nicht vom Himmel

4. Dezember. Der Tag beginnt wie gestern mit wenig Wolken am Himmel und klarer Sicht. Später werden die Wolken dichter und grau. Am Spätnachmittag beginnt es zu schneien, und der kalte Wind häuft den Schnee an manchen Stellen zu kleinen Schneewehen auf. In kurzer Zeit ist die braunweiß gescheckte Erde um uns wieder weiß. Ich schippe den Schnee aus dem Laufgraben. Die Bewegung macht mich warm. Wichert sorgt dafür, daß das Schußfeld am MG frei bleibt.

Unseren Bunkerofen können wir heute früher anmachen, doch wir benötigen Brennmaterial. Grommel und Swina stapfen deshalb zum Fahrzeug, das für uns Brennholz gebracht hat. Es sind außer Brettern auch kurze Birkenstämme vom anderen Ufer des Don, die wir mit dem Bajonett klein machen müssen. Am Abend ist es im Bunker warm und mollig. Swina kocht unsere verlauste Wäsche mit Schneewasser.

Ich will Warias, Seidel und die anderen im Nachbarbunker besuchen und gehe durch den verschneiten Laufgraben zu ihnen. Auch sie haben den Ofen im Bunker befeuert, daß er glüht. Als ich Warias sehe, muß ich lachen. Er liegt ausgestreckt im Bunker und das untere Ende seiner Beine verschwindet in der Lehmwand, als wären sie abgeschnitten.

Ihr Bunker ist wie unserer ein erweitertes, abgedecktes Grabenstück. Weil es aber in der Breite für Warias lange Beine nicht mehr ausreichte, hat er einfach ein Loch in die Wand gegraben und den Rest seiner langen Gliedmaßen hineingesteckt. Zwei andere Landser liegen mit ihm auf der Strohschütte und schnarchen. Ich höre, wie ihre Mägen knurren, und Warias meint, wer liegt und schläft, spart Kraft und Energie. Nur Seidel steht am Bunkerofen und brutzelt etwas in seinem Kochgeschirrdeckel. Er sagt, wenn man aus einigen Brocken Hartzwieback und Schneewasser ein warmes Süppchen kocht, hält es länger im Magen vor, als würde man es trocken herunterwürgen. Kann sein, ich werde es auch einmal probieren.

Nach langer Zeit höre ich aus Meinhards Bunker wieder einmal die Mundharmonika. Kurat spielt darauf schwermütige Lieder und weckt Erinnerungen an die Heimat.

Mein Gott, wie weit ist die Heimat von hier entfernt? Ob wir sie überhaupt noch einmal wiedersehen? Einem kleinen, blonden Landser stehen die Tränen in den Augen. Er wischt sich heimlich mit dem Handrücken darüber. Er wirkt auf uns wie ein Schuljunge. Ich kenne ihn noch von Insterburg her, wo ihn seine Mutter und seine Schwester oft besucht haben, weil sie ganz in der Nähe wohnten. Danach hat er den vielen Kuchen, den sie mitbrachten, immer mit uns geteilt.

Insterburg! Wie lange ist das schon her? Mir kommt es vor, als wäre inzwischen schon eine Ewigkeit vergangen. Wie oft haben wir in der Kaserne den autoritären Barras und die verdammte Schleiferei verflucht. Gegen das hier empfindet man es jetzt eher als Sonntagsspaziergang. Was war schon die Schleiferei durch einige komplexbehaftete Idioten verglichen mit der täglichen Angst, sein gerade erst begonnenes Leben hier in der trostlosen russischen Erde zu verlieren? Oder noch schlimmer, schwerverwundet und hilflos irgendwo im kalten Schnee zu liegen, um langsam wie ein verwundetes Tier zu verrecken.

Sie haben uns in der Kaserne beigebracht, wie man die Waffen bedient und einsetzt, um Feinde zu töten. Und man hat uns gelehrt, stolz darauf zu sein, für Führer, Volk und Vaterland zu kämpfen, und wenn es sein muß, auch zu sterben. Aber niemand hat uns gesagt, was alles noch vor dem Tod kommen kann. Und daß Tod nicht gleich Tod ist, sondern daß es da große Unterschiede gibt. Bereits in den wenigen Tagen unserer Einsätze hier haben wir viele schreckliche Schreie unserer verwundeten Feinde gehört, und konnten erahnen, wie entsetzlich das Sterben sein muß, wenn man auf der kalten Erde liegt und niemand da ist, der einem beisteht.

Mit Schaudern haben wir daran gedacht, daß auch wir so daliegen könnten und niemand da ist, der einem hilft. Das hat man uns nicht gesagt, und man hat uns auch nicht gelehrt, wie man die Angst überwinden kann, wenn sie einen wie ein reißendes Tier überfällt und mächtiger wird, als der Drang nach Ruhm und Ehre. Damit muß ein Soldat selbst fertig werden, wird man ihm sagen. Vor allem aber muß er verstehen, seine Angst zu verbergen, so daß es die anderen nicht merken, sonst könnte man die Angst für Feigheit halten. Wie beispielsweise beim kleinen Grommel, der selbst bei einem bedrohlichen Angriff nicht auf den Feind schießen kann.

Außer mir hat auch Wichert bemerkt, daß Grommel nicht imstande ist, zu zielen und abzudrücken. Selbst wenn man ihn dazu drängt, schließt er beim Abdrücken die Augen, um nicht zu sehen, wohin er schießt. Dabei zählte er in der Kaserne immer zu den besten Schützen. Was ist nur mit ihm los? Versagen ihm beim Anblick des Feindes die Nerven wie beim Obergefreiten Petsch? Wichert hat beobachtet, daß er bei jedem Angriff wie gelähmt ist, seine Augen unruhig sind und wie im Fieber glänzen. Vielleicht werde ich mich einmal mit ihm darüber unterhalten, weil es dabei ja auch um die Haut von uns allen geht.

Leider kam es aber nie dazu, weil wir in den nächsten Tagen ständig vom Feind angegriffen wurden. Die wenigen Ruhepausen nutzte jeder, der nicht auf Beobachtungsposten zu stehen brauchte, zum Schlafen, da wir ständig übermüdet waren.

An diesem Abend gehe ich noch zu Meinhard in den Bunker. Unteroffizier Döring ist auch dort und sagt, daß er gelegentlich auch seine Ziehharmonika wieder aus seinem Gepäck im Dorf holen wolle. Auf dem Wege zum Bunker höre ich leise die Mundharmonika von Kurat. Ich weiß nicht, daß ich Kurat nur noch einmal lebend sehen werde. Er ist einen Tag später mit einem anderen Kameraden gefallen.

5. Dezember. In der Nacht hat es mit dünnen Flocken weitergeschneit. Als ich gegen morgen von Wichert und Swina geweckt werde, ist im Dorf eine wilde Schießerei im Gange. Es hat gerade

erst angefangen, berichtet Wichert. Er und Swina kamen vom Horchposten zurück und haben bei uns vor der Stellung nichts Besonderes bemerkt. Im Dorf dagegen ist der Teufel los. Die frostige Luft ist erfüllt von harten Abschüssen der Panzerkanonen und Pakgeschützen. Dazwischen knattern Gewehr- und MG-Salven.

Ein Landser kommt angerannt und ruft schon von weitem, daß sie die Vierlingsflak zur Verstärkung brauchen. Gleich darauf springt der Motor der Zugmaschine an, und die Vierling bewegt sich am Hügel entlang zum Dorf hin. Dort gehen laufend Leuchtkugeln hoch. Der dünn rieselnde Schnee macht die Dunkelheit diesig.

"Das richtige Angriffswetter für den Iwan", bemerkt ein alter Obergefreiter, der sich gerade durch den Laufgraben schleicht.

Wir dürfen uns von dem, was halblinks hinter uns geschieht, nicht ablenken lassen und müssen uns auf unseren Abschnitt konzentrieren. Die Pioniere links vor uns an der Rachel jagen einige Feuerstöße mit dem MG in die Steppe. Es hört sich aber nicht nach einem Angriff an, sondern mehr nach einer Warnung. Dann greift die Vierlingsflak in das Kampfgeschehen ein. Ihre dumpf tuckernden Abschüsse sind nicht zu überhören. An zwei Stellen im Dorf lodert Feuer auf. Kurz darauf verebbt der Kampflärm. Nur von der Bahnlinie in Richtung Tschir kommt noch MG-Feuer.

In die plötzliche Ruhe dringt lautes Motorengeräusch aus der Rachel zu uns herauf. Starker Dieselqualm steigt uns in die Nasen. Von der Seite kommen Küpper und Warias zu uns. Wir vermuten einen T 34 in der Rachel, der sich festgefahren haben muß, denn das Gedröhne des Dieselmotors schwächt sich ab und schwillt dann wieder kräftig an. Es bleibt aber immer an der gleichen Stelle. Wir schleichen uns von meiner Stellung bis an den Rand der Rachel, die steil nach unten abfällt. Nichts zu sehen - es ist zu diesig. Aber es gibt für uns keinen Zweifel, daß der Panzer festsitzt.

"Das wäre eine Chance, ihn zu knacken. Aber wie und womit?" sagt Warias.

Als hätte jemand seinen Wunsch vernommen, erfolgt vor unseren Augen eine Explosion, die den Panzer buchstäblich auseinandersprengt. Wir sind vom Feuer geblendet und pressen uns flach an den Boden. Durch die Hitze explodiert die restliche Munition, sie knallt kreuz und quer in die Wände der Rachel. Danach sehen wir im fahlen Licht des herandämmernden Morgens, wie dicker, schwarzer Qualm aus den Resten des Motors einen Teil der Rachel verpestet. Die Pioniere rufen zu uns herüber, daß sie ihn mit ein paar Minen hochgejagt haben.

Noch am frühen Nachmittag greift der Feind von Nordosten unseren rechten Flügel an. Da dort ein MG ausgefallen ist, sollen Meinhard und ich aushelfen. Wir müssen durch den Laufgraben, der durch den festgetretenen Schnee flacher geworden ist. Bevor wir die angewiesene Stellung erreichen, erhält Küpper einen Streifschuß am Oberarm und muß vom Sani verbunden werden. Döring schickt danach Wilke als MG-Schütze II zu Meinhard. Wir schaffen es gemeinsam mit der Vierlingsflak, den Feind zu stoppen. Vor unseren Stellungen liegen wieder viele Tote.

Bei dem anschließenden Gegenstoß erbeuten wir eine Menge Waffen. In den Tragebeuteln der Sowjets finden wir wenig Eßbares. Wichert ergattert nur einige Kanten schwarzes russisches Kommißbrot, das teigig schmeckt und vor lauter Sand zwischen den Zähnen knirscht wie grobes Sandpapier. Wir schlucken es dennoch hinunter, um unseren schlimmen Hunger etwas zu stillen. Von der rechten Seite höre ich von Zeit zu Zeit wieder diese eklig dumpf detonierenden Kopfschüsse des schwarzen Unteroffiziers, der seine brutale Tätigkeit bestimmt wieder als notwendige Sicherheitsmaßnahme begründen wird.

Bevor es dunkel wird, empfangen wir den üblichen Abendsegen unter Begleitung von Stalinorgel und Artilleriegepauke. Als es vorbei ist, gehe ich mit zwei anderen Landsern von der Abteilung durch den Laufgraben ins Dorf. Ich will für mich und meine Kumpel Wäsche und andere Dinge aus den Packtaschen holen. Gleichzeitig möchte ich mein grünes Tagebuch, das Grommel mir vor drei Tagen mitbrachte, wieder in der Packtasche verstauen.

Seit ich das letztemal vor zehn Tagen im Dorf war, hat sich dort vieles geändert. Die meisten Holzhütten sind zerstört. Dazwischen liegen einige Fahrzeugwracks. Überall befinden sich Laufgräben und kleine Unterstände. Teile der Bahngleise sind zertrümmert, und am Damm sehe ich zwei zerstörte T 34. Einige Landser zeigen mir den Weg zu unseren Fahrzeugen. Allein ist es zu gefährlich, weil die Dorfränder von den Pionieren vermint wurden.

Einige unserer Troßleute haben es sich in einem russischen Vorratskeller bequem gemacht. Diese Keller gehören zu den Panjehütten. Sie werden einfach tief in die Erde gegraben und mit Stufen versehen. Der Eingang wird mit einer Holztür verschlossen. Die Vorratskeller erkennt man von außen durch den erhöhten Erdwall. Die Landser fühlen sich hier sicherer als in den Holzhütten, die ständig von der Ari beschossen werden. Im Inneren brennt ein Ofen, und es ist gemütlich warm. Endlich habe ich wieder Gelegenheit, mich richtig zu waschen und frisch zu machen. Wasser ist genug da, es wird aus einem Eisloch vom Don geholt. Als ich in den Spiegel schaue, erschrecke ich über mein eingefallenes Gesicht mit dem rötlichen Stoppelbart. Nachdem ich mich rasiert und frische Wäsche angezogen habe, fühle ich mich etwas wohler.

Die Landser erzählen mir, daß auch hier niemand die Feindlage genau kennt, auch nicht, wie es um den Kessel von Stalingrad steht. Jenseits des Don liegt zwar eine Kampfgruppe, aber die hängt genauso wie wir in der Luft und hat keine Verbindung zu irgendeiner Kommandostelle. Die sollen alle weiter hinten sein und die Lage aus sicherer Entfernung beobachten.

Als ich danach meine Packtasche im Wagen verstaue, treffe ich unseren Fahrer Jansen, der bei dem Angriff heute morgen leicht am Kopf verwundet wurde. Es hat wieder einige Tote und Verwundete gegeben, erzählt er mir. Da die Versorgung der Verwundeten im Dorf nicht mehr sichergestellt ist, will er sie mit zwei anderen Fahrern heute nacht über das Eis des Don nach Nishne Tschirskaja bringen. Auf dem Rückweg sollen sie versuchen, Verpflegung mitzubringen. Ich wünsche Jansen Glück und daß er heil mit den Fahrzeugen zurückkommen möge.

Auf dem Weg in die Stellung treffe ich Malzahn, der wie ich im Dorf war. Ich kann ihn an einer gefährlichen Stelle des Laufgrabens

134

gerade noch vor den hinterhältigen Scharfschützen warnen. Der Schuß knallt schon, noch bevor er sich bückt. Danach steckt er erstaunt seinen Finger durch das Loch an der Schulter seines dick gefütterten Fahrermantels, den er sich vorher im Dorf organisierte. "Schwein gehabt", sagt er danach mit zittriger Stimme. Bevor ich ins Dorf ging, hatte mir Warias genau die Stellen beschrieben, die von den Scharfschützen auch in der Dunkelheit beschossen werden. Ich habe sie deshalb immer tief geduckt und schnell überbrückt. In der Stellung habe ich gerade noch Zeit, mich für drei Stunden ins Stroh zu legen, bevor ich wieder mit Swina Horchposten stehen muß.

Ich stapfe mit Swina durch den Schnee zu den weit vorgezogenen Horchposten. Wegen der Feuchtigkeit, die vom Schnee hochsteigt, wird es einige Stunden nach Mitternacht immer etwas diesig. Swina zeigt auf kleine Schneehäufchen an der Seite des ausgetretenen Pfades. Keine schlechte Idee, denke auch ich. Da hat jemand mit dem Feldspaten in Abständen kleine Häufchen gemacht, um sich bei Dunkelheit besser orientieren zu können. Sobald es windig wird, sind sie aber schnell wieder verweht.

Wir hören die Horchposten, noch bevor wir sie sehen, und rufen ihnen schon von weitem leise die Parole zu. Einer von ihnen schlägt ständig seine Stiefel aneinander, weil ihm die Füße frieren. Er denkt wohl nicht dran, daß es der Feind auch hören könnte. Die beiden Posten erkennen die große Gefahr für uns alle hier in der Stellung erst, als wir es ihnen sagen. Für mich ist Horchpostenstehen immer eine anstrengende Sache, zumal ich auf Swina wegen seiner Schwerhörigkeit nicht zählen kann. Ich bin deshalb froh, als unsere Zeit um ist und wir von Kurat und einem anderen Landser abgelöst werden. Es war bislang alles ruhig, nur der Dunst ist etwas stärker geworden, wie alle Tage gegen Morgen.

6. Dezember. Wir liegen zu dritt im warmen Bunker und dösen dem Morgen entgegen. Wichert ist draußen und hat Grabenwache. Wir hören seine Schritte im festgefrorenen Schnee näherkommen. Als er vor dem Bunker steht und die Decke vor dem Eingang etwas

öffnet, sind wir hellwach. Wir schlafen trotz ständiger Übermüdung meist wie die Hasen mit einem wachen Auge und aufmerksamen Ohren. Wichert sagt, daß Döring einige Kästen Munition bekommen hat und wir uns unseren Teil abholen sollen.

Als ich mit Grommel zu Döring hinübergehe, ist es immer noch dunkel. Auch Kurat ist noch nicht zurück. Ich höre, daß sein Horchposten erst in zwanzig Minuten zu Ende geht. Es scheint alles ruhig zu sein und wir hoffen, daß es heute so bleiben wird. Als ich den Bunker betreten will, ist es mir, als hätte ich die Mundharmonika von Kurat gehört. Das kann aber nicht sein, weil Kurat noch vorne ist. Habe ich mich getäuscht? Sind meine Nerven schon so überspannt, daß ich etwas höre, was gar nicht sein kann? Ich gehe zurück zu Warias. Auch er und Seidel haben es gehört. Kein Lied, sondern nur zweimal der laute Ton einer Mundharmonika. So, als würde jemand einfach hineinpusten. Sie hätten sich auch gewundert, weil Kurat doch noch vorne wäre, sagt Seidel. Als wir es Döring berichten, schaltet er sofort. "Da stimmt was nicht. Los, gebt sofort Alarm! - Alles zum Feuern bereithalten!"

Ich renne zum MG und decke es ab. Die ganze Stellung liegt in Bereitschaft und wartet. Auf was? Vorne ist alles ruhig. Ob Kurat versehentlich in seine Mundharmonika geblasen hat? Wenn er etwas bemerkt hätte, würde er uns mit Gewehrschüssen gewarnt haben, wie es immer bei Gefahr geschah. Etwa blinder Alarm? Die Ablösung für den Horchposten wäre jetzt fällig. Vielleicht warten sie vorn darauf? Döring stoppt alles ab. Dann zischt eine Leuchtkugel hoch!

Was ist das? Keine fünfzig Meter vor uns erstarren einige Gestalten in Schneehemden und werfen sich im Feuer unserer ratternden MGs und Karabinerschüsse in den Schnee. Als es heller wird, sehen wir auch die anderen Sowjets. Sie liegen hinter der ersten Gruppe, gleichfalls mit Schneehemden getarnt, zum Sprung bereit. Wir versalzen ihnen die Suppe gemeinsam mit den Pionieren, die von der Flanke in sie hineinschießen. Sie bleiben im Schnee liegen und warten. Jetzt schon fast eine halbe Stunde. Warum greifen sie nicht weiter an, wie sonst auch? - Worauf warten sie?

Kurz darauf wissen wir es - Panzer! Zuerst erkennen wir nur zwei. Dann kommen drei weitere aus dem Dunst des hereinbrechenden Morgens. Sie bewegen sich auf uns zu und schießen mit ihren Kanonen in unsere Stellungen. Was macht unsere 8.8-Flak? Sie ist gut getarnt und wartet sicher auf ihre Chance. Es beruhigt uns nur wenig. Was ist schon ein Geschütz gegen fünf T 34? Die Infanterie geht im Schutze der Panzer in einer auseinandergezogenen Kette vor. Wir versuchen, sie niederzuhalten.

Dann kommt wie ein Blitz aus heiterem Himmel der Abschuß der 8.8. Wir sehen, wie das glühende Stahlmantelgeschoß auf einen T 34 prallt und eine Stichflamme auslöst. Danach entwickelt sich dicker, schwarzer Qualm. Das Rohr der Flak schwenkt schon zum nächsten Ziel. Der Schuß geht direkt in das Laufwerk des Panzers. Er dreht sich nur mit einer Kette auf der Stelle um seine Achse. Die Besatzung hat gerade noch Zeit herauszuspringen, dann erhält er nach dem zweiten Schuß einen Volltreffer. Ein anderer Panzer versucht mit vollem Tempo nach rechts in den toten Winkel der 8.8 zu kommen. Zwei T 34 feuern auf das Flakgeschütz. Ihre Granateinschläge liegen sehr dicht an der gut getarnten Stellung. Ein Geschoß prallt wie ein Feuerball von einem kleinen Schneehaufen ab und knallt krachend in die rechts von uns liegende Bunkerstellung. Wir hören Schreie und laute Rufe nach dem Sanitäter.

Dann erhält auch der dritte Panzer einen Treffer. Danach kann er den Turm nicht mehr bewegen. Mit schrägstehendem, unbeweglichen Geschützrohr setzt er sich nach hinten ab. Minuten später folgt ihm der andere. Der in den toten Winkel ausgewichene Panzer kommt vom Regen in die Traufe. Als er in Schußposition gehen will, um das 8.8-Geschütz von hinten zu erledigen, steht er genau vor den Rohren unserer zwei Panzer, die hinter dem Hügel auf ihn gelauert haben. Bevor sie ihn vernichten, schafft er es noch, einen unserer Panzer stark zu beschädigen.

Obwohl es uns auch diesmal wieder gelungen ist, den feindlichen Angriff abzuwehren, mußten wir es teuer bezahlen. Bei dem Volltreffer in der Bunkerstellung wurden der so hoffnungsvolle Panzergrenadier Dieter Malzahn und ein Gefreiter getötet. Drei weitere wurden schwer verwundet, wobei einem der halbe Arm abgerissen wurde. Erst als am späten Nachmittag der schwere Beschuß auf unsere Stellungen wieder nachläßt, können wir ins Vorfeld.

Neben den Deckungslöchern für die Horchposten finden wir Kurat und seinen Kameraden in bereits gefrorenen Blutlachen. Die Sowjets haben sie regelrecht hingemetzelt und ihre Stiefel und Karabiner mitgenommen. Kurat muß nicht gleich tot gewesen sein, weil es ihm noch gelang, uns mit seiner Mundharmonika zu warnen. Als wir beide zurücktragen, um sie im Dorf menschlich zu begraben, hält Kurat seine geliebte Mundharmonika noch immer in seiner erstarrten Hand. Er hat uns das Leben gerettet, denn ohne seine Warnung hätte uns der Feind in der Stellung überrascht und ein Massaker veranstaltet.

Heute war wieder ein böser Tag für uns; wir, die Überlebenden, haben einen weiteren Aufschub von einem Höheren erhalten. Grommel erinnert uns, daß heute Nikolaustag und Sonntag ist. Was ist das schon? Für uns existieren keine Feiertage mehr, für uns zählt nur noch das Überleben; und jeder Tag, der das Leben erhält, ist für uns ein guter Tag. In dieser Nacht schlafe ich sehr unruhig.

7. Dezember. Das Wetter ist morgens wieder etwas diesig. Im Laufe des Vormittags klart es auf, so daß die Sicht verhältnismäßig gut ist. Die feindlichen Scharfschützen schießen wieder wie die Teufel. Wir haben bereits am Vormittag drei Ausfälle. Am Bahndamm greifen die Sowjets vereinzelt an und schießen mit Granatwerfern in das Dorf. Als am Himmel unsere Stukas erscheinen, ist Ruhe. Sie bombardieren die russischen Stellungen vor uns. Die Sowjets haben sich in der weißen Schneesteppe so gut getarnt, daß wir überrascht sind, wie weit sie schon an uns herangerückt sind. Die Stukas stürzen sich in mehreren Wellen auf sie. Wir haben uns an die heulenden Sirenen beim Sturzflug schon gewöhnt und begleiten ihren Einsatz mit deftigen Bemerkungen.

An den vielen schwarzen Rauchwolken erkennen wir, daß sie auch Fahrzeuge und schwere Waffen getroffen haben müssen. Dennoch konnten sie nicht verhindern, daß wir am Nachmittag wieder mit

Artillerie und Granatwerfern beharkt werden. Nur die Stalinorgel meldet sich diesmal nicht. Ob sie von den Stukas vernichtet wurde? Am Abend erhalten wir unerwartet eine Bohnensuppe mit Kartoffeln und etwas Brot. Wir hören, daß Jansen es tatsächlich geschafft hat, auf dem Rückweg Verpflegung über den Don zu bringen.

8. Dezember. Der Himmel ist nicht bedeckt, und die Sicht gut. Die Stukas beginnen schon früh, die russischen Stellungen zu bombardieren. Diesmal operieren sie weiter zurück. Der Russe muß auf der Höhe vom Bahnhof Tschir starke Kräfte zusammengezogen haben. Die Stukas greifen immer wieder in mehreren Wellen an und werfen ihre Bomben in ihre Ziele. Pechschwarzer Rauch steigt in den blauen Himmel.
In der Nacht kommt ein Spähtrupp bis vor die Rachel der Pioniere. Nach einem kurzen Feuerzauber machen sie fünf Gefangene. Von Meinhard erfahren wir, daß Swina heute Geburtstag hat. Wir bringen ihm aus drei unmusikalischen Männerkehlen ein Ständchen, obwohl wir wissen, daß uns Swina nicht richtig hören kann. Er nimmt es aber mit einem strahlenden Grinsen zur Kenntnis. Grommel bereitet ihm noch persönlich eine Freude und übernimmt heute Nacht seine Wache. Danach hören wir Swina bis zum Morgengrauen schnarchen. Das ist seine liebste Beschäftigung, und wir gönnen es ihm.

9. Dezember. Schon vor dem Morgengrauen schießt der Feind wieder mit allen schweren Waffen ins Dorf und in unsere Stellungen hinein. Bis Mittag können wir unsere Köpfe nur sehr vorsichtig über die Deckung heben. Das grausame Spiel des Wartens hat wieder begonnen. Es ist zweifellos die Revanche der Sowjets für die Stukas, die heute nicht kommen werden, weil es die Sicht nicht zuläßt. Nachmittag greifen sie das Dorf gleichzeitig vom Osten und vom Süden längs der Bahnlinie an. Wir werden aber nicht behelligt. Wenn sie es schaffen, das Dorf zu besetzen, können sie uns von zwei Seiten in die Zange nehmen. Wir warten und beten, daß sie es nicht schaffen werden.

Der Kampf um das Dorf dauert einige Stunden. Dann hat die Alarmeinheit es geschafft, die schon eingedrungenen Russen in einem Gegenstoß wieder aus dem Dorf zu treiben. Unsere Verluste sind hoch. Es sind sechs Tote und viele Verwundete zu beklagen. Durch den starken Beschuß der schweren Waffen hat es auch in unserer Stellung noch einen Toten und drei Verwundete gegeben. Wir wundern uns, daß wir dennoch, wenn auch erst gegen Morgen, Verpflegung erhalten. Es gibt Brot und erstaunlicherweise für zwei Mann eine Dose Fisch. Die Verpflegungsträger berichten, daß im Dorf eine Luftwaffen-Feldkompanie zur Verstärkung eingetroffen sei. Mit Erstaunen hören wir, daß sie mit geschniegelten und gebügelten Uniformen aufgekreuzt sind, versehen mit gelben Paradekoppeln. Mit Unterstützung einer Kampfgruppe, die am Südufer des Don liegt, sollen sie morgen den Bahnhof Tschir angreifen. Döring und Meinhard geben dieser unerfahrenen Einheit keine Chance und wundern sich, wie jemand den Befehl geben konnte, diese Männer einfach zu verheizen. Sie behalten recht.

10. Dezember. Wir beobachten, wie der schwungvoll begonnene Angriff der Männer dieser Einheit im rasenden Feuer des Feindes kläglich zusammenbricht und sie danach völlig aufgerieben werden. Ihr Kompanieführer war einer der ersten, der gefallen ist. Später erfahren wir, daß es ihr erster Einsatz war. Man hatte sie so hochgejubelt, daß sie alle Warnungen in den Wind schlugen und beim Angriff sogar auf Stahlhelme verzichteten und ihre Schirmmützen aufbehielten. Es war ein trauriges Ereignis, und sie kamen mir vor, wie die Freiwilligen von Langemark im I. Weltkrieg, die sich mit Todesverachtung einfach zusammenschießen ließen. Welch ein Wahnsinn!
Noch am Spätnachmittag erfolgt ein neuer Feindangriff von Nordosten auf das Dorf. Bei der Abwehr werden wieder einige Landser und ein älterer Reserveleutnant, der am Tage zuvor zu uns gestoßen ist, schwer verwundet. Zwei Fahrer vom Troß sind gefallen.
Noch vor Dunkelheit erhalten wir den gewohnten Abendsegen der Sowjets mit der schweren Artillerie, der Stalinorgel und Granat-

werfern. Swina, der bei Meinhard im Bunker war, ist auf dem Rückweg zu uns. Er kann nicht hören, aber er sieht die Einschläge rundherum. Einige Granatwerfergeschosse krepieren ganz in der Nähe unseres Bunkers. Ich ziehe deshalb mein MG in Deckung. Wir fürchten die Granatwerfer mehr als die Ari, weil die Granaten bogenförmig fliegen und von oben direkt in die Gräben fallen können. Im Gegensatz zu dem lauten Heulen der Artilleriegeschosse hört man von ihnen nur ein strudelndes Rauschen über sich und gleich darauf den Einschlag.

Dieses Rauschen ist plötzlich so nah, daß wir uns selbst im Bunker tiefer ducken und an der Lehmwand Deckung suchen. Statt einer Detonation kommt aber nur ein dumpfer Aufschlag direkt vor uns in den Laufgraben. "Blindgänger!" preßt Wichert heraus. Wir warten gespannt, ob er nicht doch noch hoch geht... Nichts geschieht! Wir schauen aus dem Bunker und sehen die Granate nur einige Meter vor uns im Graben liegen. Sie muß noch heiß sein. Was tun?

Da kommt Swina geduckt angeschlichen. Obwohl ich weiß, daß er mich gar nicht hören kann, rufe ich instinktiv: "Vorsicht Swina, geh in Deckung!" Aber schon steht Swina vor der Granate und starrt sie überrascht an.

"Hau ab!" brüllt auch Wichert neben mir, und Grommel fuchtelt wild mit den Armen.

Swina sieht und hört uns nicht. Uns scheint, als würde er die Granate von allen Seiten begutachten. Doch dann bückt er sich und hebt das noch heiße Ding mit beiden Händen auf. Uns bleibt der Atem stehen, und ich sehe Swina schon vor mir, wie er von der Granate zerrissen wird...

Aber nichts geschieht! Er hält das Ding wie einen Säugling auf den Armen, dann holt er aus und wirft es mit kräftigem Schwung über den Grabenrand in den gefrorenen Schnee. Danach duckt er sich sofort in den Graben. Aber auch jetzt geschieht nichts - keine Detonation zerreißt die Luft. Die Granate rollt noch ein Stück in eine Mulde und bleibt liegen.

Für uns ist sie jetzt nur noch ein ungefährliches Stück Eisen. Da sie uns aber so dicht vor der Nase nicht geheuer ist, jage ich sie aus der

141

Deckung mit ein paar Feuerstößen hoch. Swina ist richtig verlegen, als wir ihm auf die Schulter klopfen und ihn als unseren Helden des Tages feiern. Er will nichts davon wissen und erzählt uns, daß er das schon einmal in Stalingrad mit einem dicken Brummer von der Ari getan habe. Das nehmen wir Swina unbesehen ab.

11. Dezember. Der Himmel ist heute grau und verhangen. Dadurch ist auch die Sicht nur begrenzt. Schon vom Morgengrauen an kracht es um uns. Der Iwan will uns keine Verschnaufpause gönnen, denken wir. Durch das Krachen der Granaten um uns hören wir weder Motorenlärm noch die Gefahr, die auf uns zukommt. Wie Schemen stehen plötzlich fünf T 34 vor uns. Die feindlichen Panzer überraschen nicht nur uns, sondern auch die 8.8-Flak für den Bodenbeschuß, die hinter uns am Hügel in Stellung steht. Ehe die Mannschaft das lange Geschützrohr auf die Panzer richten kann, feuern alle T 34 gleichzeitig.

Der Feuerüberfall aus der geringen Entfernung wird der Flak zum Verhängnis. Obwohl sie zu unserem Erstaunen noch einen Panzer außer Gefecht setzt, erhält sie gleich zwei Volltreffer. Wir sehen, wie Teile des Schutzschildes mit den Körpern der Männer durch die Luft fliegen und weit fortgeschleudert werden. Sie sind sofort tot.

Die vier T 34 kommen triumphierend auf unsere Stellungen zu. Die russische Infanterie hängt wie Trauben an den Panzern. Aber die Vierlingsflak feuert noch. Die Leuchtspurgeschosse treffen die Panzer und jagen die Sowjets herunter. Danach suchen sie hinter den Panzern Deckung.

Zwei T 34 erreichen den Rand der Rachel vor uns und drehen ab. Sie fahren mit voller Breitseite die Rachel entlang bis vor Meinhards Stellung. Ein Fressen für jeden Panzerjäger. Doch sie wissen genau, daß wir ihnen hier nichts mehr entgegenzusetzen haben. Wir schießen aus allen Rohren auf die nachfolgende Infanterie. Doch die Panzer rollen weiter bis vor Meinhards Stellung. Einige Sowjets, die sich an unsere Stellungen vorwagen, fallen im Kugelhagel. Einige Handgranaten krepieren bei Warias und Meinhard. Dann schweigt plötzlich Meinhards MG. Alle anderen schießen weiter. Die Leuchtspurgeschosse der Vierling rauschen über uns hinweg. Sie schießt in die nachströmenden Angreifer hinein. Ohne sie wären wir längst überrannt. Auch die Pioniere feuern mit zwei MGs in die bereits stark dezimierten russischen Infanteristen von der Flanke hinein.

Der erste Panzer bleibt über Meinhards Bunker stehen. Der Motor dröhnt lauter. Er dreht sich auf der Stelle und wühlt mit den Ketten die gefrorene Erde auf. Die Garben der Vierling treffen ihn genau auf den Turm. Doch sie schießen mit Sprenggranaten. Sie zerplatzen wie Knallerbsen an dem harten Stahl.

Da passiert es! - Der Panzer, der rechts von uns bereits durchgebrochen ist, feuert von kurzer Entfernung auf die Vierlingsflak. Die zweite Granate trifft und reißt das Geschütz auseinander. Mit den Eisenteilen fliegen einzelne Körperteile der Besatzung durch die Luft und klatschen in weitem Umkreis in den weißen Schnee. Ein abgerissenes Bein, das noch in einem Filzstiefel steckt, liegt nur wenige Meter von uns entfernt. Das herausfließende Blut färbt den Schnee langsam rot. Wir sehen uns ratlos und mit fiebrigen Augen an. Mir rinnt der Schweiß trotz der Kälte von der Stirn in die Augen. Der Mund ist pappig, und die Zunge klebt mir am Gaumen.

Jetzt haben die Panzer freie Fahrt, die Stellungen aufzurollen und sie einzunehmen. Niemand wird sie danach hindern, ins Dorf zu rollen und auch dort zu wüten. Aber sie haben dort wenigstens noch Minen, und ein Panzer soll auch noch einsatzfähig sein. Mehr wissen wir allerdings nicht.

Einer der Panzer bleibt in unserer Nähe und wühlt weiter. Ein anderer pflügt die Erde bei Seidel und weiter am rechten Flügel um. Während der dritte versucht, vor dem Hügel ins Dorf zu gelangen, ist der vierte hinter dem Hügel verschwunden und feuert unaufhörlich mit der Kanone ins Dorf hinein. Trotz unseres starken Widerstandes gelingt es einigen Sowjets, in die Stellung einzubrechen. Von Döring und seinen Männern werden sie im Nahkampf abgewehrt. Dann feuern nur noch zwei MGs der Pioniere und meines.

Wichert, der mir den Patronengurt zuführt, schimpft über die schlechten Patronen und die vielen Hülsenreißer in den Läufen. Wir haben nur noch einen Ersatzlauf in Reserve.

Swina steht neben mir und schießt, was das Zeug hält. Er ist ständig dabei, mit nervösen Händen seinen Karabiner nachzuladen. Grommel sehe ich nicht, denn er steht einige Schritte neben Wichert. Der wirft ihm hastig zwei MG-Läufe mit den Hülsenreißern auf die Deckung. "Stoß die Hülsen raus, Kleiner. Du kannst es am besten!" ruft er ihm zu. Gleich darauf duckt er sich tiefer und sagt bestürzt: "Verdammt - jetzt hat der T 34 unser MG entdeckt!"
Der T 34 schwenkt den Turm mit der Kanone auf unsere Stellung und kommt mit dröhnendem Motor auf uns zugefahren. Ich ziehe das MG in den Graben und werfe mich hin. Grommel und Wichert hetzen in den Bunker. Swina liegt bereits hinter mir im Graben.
Ein harter metallener Abschuß! Die Panzergranate explodiert genau auf der Deckung, wo das MG gestanden hat. Gefrorener Dreck und heiße Splitter rasen mir über den Kopf. In meinen Ohren schellt eine laute Fahrradklingel. Ich habe das Gefühl, mein Trommelfell ist zerrissen. Der beißende Pulverdampf steigt mir in die Nase und verpestet die Lunge. Aber ich lebe noch und Swina auch. Ich höre sein krampfhaftes Husten hinter mir. Dann ist es wieder da, das Rasseln und Gedröhne. Stählerne Panzerketten reiben sich quietschend auf den Laufrollen. Ein todbringendes Quietschen! - Ich presse mich wie ein Kellerwurm an den Boden. Im Graben wird es dunkel. Das stählerne Ungeheuer steht genau über mir und verdeckt mir das Tageslicht.
Die scharfen Stahlketten reißen die Grabenkante auf. Gefrorene Erdbrocken fallen mir auf den Rücken und decken mich halb zu. Will das Ungeheuer mich lebendig eingraben? Mir geht durch den Kopf, was mir Landser erzählt haben, daß sich die Panzer über den Deckungslöchern solange gedreht haben, bis die darunter Befindlichen sich nicht mehr rühren konnten und elend erstickt sind. Scheußlich - so sterben zu müssen!

Mich erfaßt Panik! Vielleicht ist es bei den anderen im Bunker sicherer. Ich rutsche auf Knien zu den anderen in den Bunker. Swina folgt mir. Im Bunker ist es fast dunkel und ich kann die Gesichter der anderen kaum erkennen. Aber ich spüre die Angst und die Ratlosigkeit, mit der der Raum und die Luft erfüllt sind. Der Panzer steht jetzt über uns. Was wird er tun? - Wird er sich drehen und versuchen, uns zu verschütten? Der Boden ist zwar knochenhart gefroren. Aber wird die Decke des Bunkers standhalten? Grausame Minuten beginnen, in denen wir nichts anderes tun können als warten. Warten auf den Tod? Mit einer Hafthohlladung oder Mine könnte man versuchen, ihn zu erledigen. Aber das haben wir alles nicht zur Verfügung. So können wir nur hoffen und beten, daß der Tod an uns vorübergehen möge.

Als ich höre, daß Swina begonnen hat, laut sein Gebet zu sprechen, spüre auch ich das Bedürfnis, meine innere Spannung und Furcht vor dem Kommenden durch ein Gebet zu vermindern. Seit meiner Kindheit habe ich es nicht mehr getan, weil ich glaubte, stark genug zu sein, um auf die Hilfe eines imaginären höheren Wesens verzichten zu können. Jetzt, im Angesicht des Todes und in der kläglichen Angst um mein noch nicht gelebtes Leben, fallen mir die längst vergessenen Worte früherer Gebete wieder ein. Meine Worte sind nicht laut wie bei Swina oder den anderen, die ich beten höre. Ich bete stumm und ohne die Lippen zu bewegen. Aber es ist das Bekenntnis aus Angst und Bestürzung, das ich mit dem flehenden Wunsch verbinde, uns vor schwerer Verwundung oder einem grausamen Tod zu bewahren.

Obwohl sich an unserer Situation nichts geändert hat, spüre ich nach dem Gebet eine innere Ruhe und Zuversicht, die ich mit Worten nicht gut beschreiben kann. Auch Swina hat aufgehört. Er schaut auf Wichert, der in der Hocke auf dem Boden sitzt und an die Decke starrt. Der Atem von Grommel ist laut und erregt. Auch er schaut nach oben. Immer wenn der Panzer einen Schuß abfeuert, erzittert die Decke über uns und mit Schnee vermischter Dreck rieselt durch die Bohlen und Bretter auf unsere Stahlhelme herunter. Als der Motor stärker aufdröhnt und der Stahlkoloß wieder anfährt, fallen dicke Klumpen gefrorener Erde in den Bunker und geben uns die Sicht auf ein Stück der blankgescheuerten Panzerkette frei.

Nur nicht lebendig begraben! gellt es in mir. Wichert und die anderen geraten in Panik. "Raus hier!" schreit er bestürzt und ist als erster am Eingang. Davor liegen gefrorene Erdbrocken. Er drückt sie mit den Beinen weg und quetscht sich nach draußen. Auch der Graben ist mit Dreck und Schnee halb zugefüllt. Mein MG liegt darunter. Vorn im Laufgraben bewegen sich einige Russen. Warias und Seidel werfen Handgranaten hinein. Von der Rachel aus feuern noch die Pioniere. Über uns rauschen Granaten. Sie schlagen vor uns im Vorfeld ein. Die Pioniere versuchen mit ihren Werfern Sperrfeuer zu legen. Es stoppt die russische Infanterie, aber nicht den Panzer.

Er hat sich von unserem Bunker gelöst und bewegt sich zum Dorf hin. Wir erkennen, daß wir mächtig Schwein hatten, weil uns die Spuren zeigen, daß der Panzer unseren Bunker verfehlte und nur die linke Kante umwühlte. Jetzt feuert er auf die MG-Stellung der Pioniere. Wir beobachten mit Entsetzen, daß er die Stellung getroffen hat und die MGs außer Gefecht gesetzt sind..., dann dreht er ab und kommt zurück.

Der T 34 schießt wahllos in die Gräben hinein. Anschließend walzt er darüber und wühlt die gefrorene Erde zu kleinen Wällen auf. Voller Angst und Bestürzung springen zwei Landser aus dem Graben und versuchen zu entkommen. Sekunden später werden sie von den MG-Garben des Panzers erfaßt und stürzen auf die aufgewühlte Erde. Ein anderer wirft mutig eine Handgranate gegen den Turm. Sie zerstäubt daran wie ein Schneeball an der Wand. Danach kommt er nicht schnell genug weg und wird von den Ketten zermalmt. Als Antwort öffnet sich die Turmluke und einige Handgranaten fliegen in den Graben.

Während ich voller Hast versuche, das MG auszubuddeln, wirft auch Swina eine Handgranate auf zwei heranstürmende Russen. Sie fallen und wälzen sich in dem aufgewühlten Schnee. Wichert hat keine Zeit, sein Gewehr nachzuladen. Er reißt Grommel den Karabiner aus der Hand und drückt ab. Er ist gesichert. Wichert legt die Sicherung um und schießt auf den Sowjet, der gerade zum Sprung in unseren Graben ansetzte. Ich treffe mit meiner Pistole einen anderen. Aus seiner Halswunde tropft Blut. Schreiend läuft er zurück. Andere rennen mit ihm. Wir haben wieder Luft. In den Gräben befinden sich nur noch wenige Russen. Aber der T 34 wühlt weiter. Er zermalmt alles unter sich - und keiner ist da, der ihn vernichten könnte.

Wird das hier unser Ende sein? Sollte ein einziger T 34 es schaffen, uns alle zu vernichten?... Die Luft ist erfüllt von einem einzigen Schrei der Angst und Verzweiflung, aber auch der Wut und der Hilflosigkeit, gegen dieses stählerne Ungeheuer nichts ausrichten zu können. Und wieder hält es ein Landser nicht mehr in der Stellung aus. Als er schon halb aus dem Graben ist, dreht der Panzer und trennt ihm den Oberkörper ab. Ein scheußlicher Anblick! Grommel übergibt sich und kriecht in den Bunker zurück.

Der Panzer wühlt die Stellungen weiter um und nähert sich langsam wieder unserem Bunker. Sind wir jetzt dran? Weiß er, daß wir noch in der Stellung sind und noch leben? Was sollen wir tun? Fortlaufen nützt nichts. Aber der Bunker kann unser Grab werden? Im Unterbewußtsein höre ich aus dem Dorf einige Detonationen, und mir fallen die anderen Panzer ein. Meine Gedanken erfassen aber nur noch den Stahlkoloß, der mit dröhnendem Motor direkt auf uns zukommt. Er feuert mit seiner Kanone auf alles, was sich noch bewegt. Dazwischen rattert unerbittlich sein MG, mit dem er seinen toten Winkel abstreicht.

Gibt es denn wirklich keine Rettung mehr? Verzweifelt schicke ich ein Stoßgebet in den Himmel und sehe, wie die anderen in ihrer Hilflosigkeit wieder im Bunker Zuflucht suchen. Wird das Ungeheuer ihn auch diesmal wieder verfehlen? Soviel Glück können wir ein zweitesmal wohl nicht haben. Oder doch?

Ich werfe noch einen letzten Blick auf den T 34, der höchstens noch dreißig Meter von uns entfernt ist..., da fühle ich mich plötzlich von der Hölle in den Himmel versetzt. Meine Angst ist wie weggeblasen, dafür wallt mein Blut auf, wie beim spannenden Endspurt eines Wettkampfes. Alles um mich ist vergessen - und ich sehe nur noch die Zugmaschine mit der angekoppelten Pak hinter dem Hügel hervorpreschen. Noch bevor sie zum Stehen kommt, springen drei Mann ab. In Windeseile koppeln sie ab und bringen das Geschütz in Stellung. Der Richtschütze dreht schon an der Spindel, um das Rohr auf den Panzer zu richten, da bemerkt der T 34 die Pak. Sie stehen sich auf knappe hundert Meter gegenüber.

Langsam schwenkt der Turm des T 34 herum. Die Kanone sucht ihr Ziel. Wer wird zuerst feuern? Es müßte die Pak sein. Aber wird sie auch treffen? Der erste Schuß wird entscheidend sein. Ich rufe die anderen aus dem Bunker und vergehe fast vor Erregung.

Dann zerreißt ein Abschuß die spannungsgeladene Luft. Ein greller Blitz leuchtet auf, und mit ihm kommt auch der Einschlag. Direkt in den Turm des T 34! Nur Sekunden später der zweite Treffer. Mit der Detonation hebt sich der Turm und sprengt seitlich vom Panzer ab.

"Hurra!" Der Freudenschrei kommt aus vielen rauhen Landserkehlen. Es ist die hörbare Befreiung aus der schrecklichen und qualvollen Verzweiflung in den letzten Stunden. Gerettet! Wir sind buchstäblich in letzter Sekunde noch gerettet worden. Die Teufelskerle von der Pak haben im tödlichen Wettstreit um den ersten Schuß gesiegt. Sie haben dadurch auch den Tod besiegt, der seine Hände bereits nach uns ausstreckte. Ich könnte der Pakbesatzung wegen dieser heroischen Tat um den Hals fallen. Auch Swina, Grommel und Wichert sind wieder ganz die alten und freuen sich wie die Kinder.

Wie von der Tarantel gestochen springen aus Dörings Stellung noch zwei Russen heraus, die wir in unserem Jubel übersehen haben. Sie rennen um ihr Leben wieder dorthin zurück, wo sie hergekommen sind. Kein Schuß fällt. Danach ist von beiden Seiten Feuerpause. Uns hält es nicht länger im Graben. Wir klettern aus dem Graben, und mit uns kommen sie wie die Ratten aus den Löchern: dreckig, mit bleichen Gesichtern, aber irgendwie glücklich, daß sie es überstanden haben. Sie laufen und hasten zu den Pakschützen.

Ich wundere mich, daß noch so viele überlebt haben. Später erfahren wir, daß wir an diesem Tage neben vielen schweren und leichten Verwundeten acht Tote zu beklagen haben. Einige sollen in den Bunkern vom Panzer regelrecht lebendig begraben worden sein.

Zu unserer aller Schrecken und großer Trauer gehören auch Unteroffizier Döring und zwei seiner Männer zu den Toten. Neben uns im Graben blieben Warias und Seidel unverletzt. Küpper wurde am Kopf und an der Schulter verwundet. Er wurde mit den anderen Verwundeten ins Dorf gefahren. Meinhard hatte sein MG verloren, weil er es nicht mehr geschafft hatte, es vor den Panzerketten in Sicherheit zu bringen. Wilke kam mit dem Schrecken davon.

Als die meisten Landser von der Pak wieder in ihren Gräben zurück sind, gehen Wichert und ich auch hinüber, um uns die Männer anzusehen und ihnen unseren Dank zu sagen. Auf dem Weg zum Hügel ist die Erde aufgewühlt und mit Schnee vermischt. Ein neuer, eigenartiger Geruch sticht mir in die Nase. Ich bemerke, daß er von zerrissenem Fleisch und Blut, überall verteilt auf der Erde, kommt. Ich habe mich schon etwas an den Anblick von Toten gewöhnt. Aber was ich hier sehe, ist ein völlig neues und erschreckendes Erlebnis.

Die hier liegen sind keine normalen Toten mit einem Einschuß oder einem herausgerissenen Stück aus ihrem Körper. Das sind nur einzelne Stücke Fleisch von Armen, Beinen, vom Rumpf und von einem Kopf, an dem noch der verbeulte Stahlhelm hängt. Es sind die Reste der Männer von der 8.8-Flak und der Vierling, die beide von den T 34 Volltreffer erhielten, in die Luft gesprengt und zerrissen wurden. Ich fühle mich miserabel, als wir über die Leichenteile stolpern.

Die drei Mann von der bravourösen Pak werden immer noch von einigen Landsern bewundert. Der Geschützführer ist ein Unteroffizier. Seine Brust schmückt das Eiserne Kreuz erster Klasse und ein silbernes Verwundetenabzeichen. Es beweist, daß er schon einiges hinter sich hat. In unseren Augen ist er ein Held, und wenn er das EK I noch nicht gehabt hätte, müßte man es ihm jetzt anheften. Die Gesichter der drei sind unter dem Stahlhelm schmutzig, verschwitzt und mit Bartstoppeln bedeckt. Der Unteroffizier kommt mir bekannt vor. Wo habe ich ihn schon mal gesehen?

Ich gehe näher heran. Als er mir seinen Kopf zuwendet, erkenne ich ihn. "Heinz! Heinz Ruhmann!" schreie ich laut heraus, daß die Landser um uns aufmerksam werden und zu mir herüberschauen. Auch der Unteroffizier hat mich trotz meines verdreckten Gesichts erkannt. Überrascht, aber hocherfreut über das so unerwartete Wiedersehen hier in dem verfluchten Brückenkopf außerhalb des Stalingradkessels fallen wir uns in die Arme. Immer noch staunend über soviel Zufall will er wissen, seit wann auch ich bei seinem Haufen gelandet bin.

Ich erkläre es ihm und denke daran, wie klein doch die Welt ist und welch erstaunliche Zufälle uns das Leben oft beschert. In diesem weiten Rußland, in dem sich wahrscheinlich Millionen deutscher Soldaten befinden, treffe ich ausgerechnet Heinz Ruhmann, den jüngsten Sohn unseres Hausmeisters aus der Volks- und Mittelschule unseres Heimatstädtchens. Und dann ist er es noch, der mich und die anderen aus dieser lebensbedrohenden Lage buchstäblich in letzter Sekunde gerettet hat.

Heinz ist zwei Jahre älter als ich, aber wir haben gemeinsame Jahre als Pimpfe im Jungvolk verbracht. Als er später zur Motor-HJ ging und ich als Jungzugführer bei den Pimpfen verblieb, haben wir uns noch in der Schule bei seinen Eltern gesehen. Das letztemal trafen wir uns vor zwei Jahren, kurz bevor er seinen Wehrdienst antrat. Er erzählte mir, daß er wegen seiner alten Verletzung am Bein bei der Kavallerie gelandet sei, die dann später zur Panzerdivision, wie bekannt, umgeschult wurde. Er sei als Pakschütze immer in Rußland dabei gewesen. In Stalingrad sei er wegen einiger Panzerabschüsse zum Unteroffizier befördert worden. Als Anerkennung habe er außerdem den langersehnten Heimaturlaub erhalten, von dem er erst zurückgekehrt sei, nachdem der Kessel schon zu war.

Vor acht Tagen ist er dann von Nishne-Tschirskaja aus in den Donbrückenkopf am Südufer des Don gekommen. Gestern erhielt er den Befehl, uns mit seiner Pak gegen Panzerangriffe zu unterstützen. Von Heinz erfuhr ich zum erstenmal, daß sie am Südufer des Don auch zwei Brückenköpfe aus zusammengewürfelten Landsern gebildet haben, und wir hier als sogenannter Puffer in einer vorgeschobenen Igelstellung lägen. Für uns also eine Art Himmelfahrtskommando.

Wegen der anderen drei Panzer befragt, sagt er mir, daß einer am Dorfrand auf eine Mine gefahren wäre. Den zweiten habe er an der Bahnlinie erwischt, und der, der aus Nordosten ins Dorf kam, wurde von unserem letzten Panzer erledigt, obwohl der wegen Kettenschaden nicht mehr bewegungsfähig war. Wir hätten uns noch eine Menge von Zuhause zu erzählen gehabt, aber er bekam den Befehl, wieder seine Stellung im Dorf zu beziehen. Beim Losfahren rief er mir zu, daß er bei Gelegenheit zu mir in die Stellung kommen würde, um mal wieder richtig zu quatschen.

Dazu ist es leider nicht mehr gekommen, und ich habe Heinz Ruhmann danach auch nicht mehr wiedergesehen. Ich weiß bis heute nicht, ob er auch zu den vielen Toten zählte, die am 13. Dezember im Dorf und auf dem Don zurückgeblieben sind, oder ob er später bei den Abwehrkämpfen am Don und bei Tschir gefallen oder in Gefangenschaft geraten war. Auch seine Eltern, denen ich bei meinem nächsten Urlaub von unserem zufälligen Zusammentreffen erzählte, haben nie etwas Konkretes über sein Schicksal erfahren.

An diesem Tage schippten wir bis in die Nacht hinein, um unseren Bunker wieder halbwegs beziehbar zu machen. Unser Ofen, der Gott sei Dank heil geblieben war, wurde von Swina eingefeuert, bis er glühte. Meinhard hatte damit nicht soviel Glück. Ein Querbalken hatte ihn zu einem zerbeulten Marmeladeneimer zusammengedrückt. Er holte sich einen besseren aus einem Bunker, dessen Besatzung tot oder verwundet war. Meinhard meinte, daß wir in allem Unglück noch Glück gehabt hätten, weil der Boden so hart gefroren ist, sonst wären wir nicht so glimpflich davongekommen.

Meinhard übernimmt als einziger Obergefreiter und Dienstältester den Befehl über die restlichen vierzehn Mann in unserem Abschnitt. Bis zu meiner Wache schlafe ich wie ein Toter. Als Warias mich für die Ablösung weckt, springe ich noch halb schlafend, wie ein aufgescheuchtes Tier auf und stürme los. Es ist mit meinen Nerven auch nicht mehr zum Besten bestellt. Mein Gott, in der Bunkerstellung bei Businowka waren wir noch alle voll Tatendrang und Kampfeifer. Wie haben wir doch voller Ungeduld auf unseren Einsatz an der Front gewartet. Jetzt sind wir gerade drei Wochen im Einsatz, und kein Mensch spricht mehr über Enthusiasmus oder zu vollbringende Heldentaten.

Im Gegenteil, jeder von uns wünscht sich nur sehnlichst, aus dieser Todesfalle heil wieder herauszukommen. Das ist nicht der Krieg, den wir uns vorstellten und über den wir gesprochen haben. Als Soldat weiß man, daß Krieg auch Tod bedeuten kann. Aber nur darüber zu reden, ohne ihn selbst zu erleben, ist so, wie über ein brennendes Haus zu sprechen, ohne selbst darin zu stecken, wenn es abbrennt. Wir stecken schon tagelang im Feuer und haben darin schon viele unserer Kameraden verloren.

12. Dezember. Als mich Wilke heute früh von der Wache ablöst, ist am östlichen Himmel bereits ein heller rötlicher Streifen zu sehen. "Es wird ein sonniger Tag", sagt Wilke, und ich stimme ihm zu. Morgens wird es immer kälter, und ich bin mächtig durchgefroren und froh, daß der Bunker noch warm ist. Swina sitzt an die Wand gelehnt und kaut auf einem Stück Kommißbrot herum. Grommel ist auch wach und hat mir den Kaffee warmgehalten, den sie vor knapp einer Stunde gebracht haben. Nach langer Zeit hat es mit dem Kanten Brot wieder einen Klecks Marmelade gegeben.

Grommel ist ein feiner Kumpel. Aber ich bin mir immer noch nicht so recht im klaren über ihn. Kann er wirklich nicht auf den Feind schießen? Und warum nicht? Angst kann es nicht sein, denn bei unseren Gegenstößen ging er ohne Zögern mit uns vor. Aber das mit dem gesicherten Karabiner gestern, als Wichert damit schießen wollte, war schon schlimm. Und es wäre auch bald ins Auge gegangen, wenn der Angreifer näher herangekommen wäre. Das hat er allerdings wieder gut gemacht mit den Hülsenreißern. Dafür ist er der Experte. Wo wir oft minutenlang im MG-Lauf rumstochern, um die festgebrannten Hülsen von der Wand zu lösen, ist das für ihn nur ein Klacks. Das war gestern aber auch verdammt nötig, und Grommel war uns eine große Hilfe.

Als Swina aufsteht und mit mir in den Graben geht, ist es bereits hell. Die Sonne ist aufgegangen und gibt uns eine weite Sicht frei. Vor uns ist es ruhig, fast friedlich. Der Schnee glitzert auf der Steppe. Nur die mit Rauhreif überzogenen Wracks der in den letzten Wochen vernichteten drei T 34 deuten auf unsere Kämpfe hin. Aber hinter uns sind die Spuren des gestrigen Kampfes noch deutlich zu erkennen. Nur die zerfetzten Körperteile der beiden Flakbesatzungen liegen nicht mehr dort. Die Sanitätshelfer haben sie aufgesammelt und gemeinsam mit den anderen Toten auf dem Feldfriedhof im Dorf begraben.

Am Himmel sehen wir einen deutschen Aufklärer mit dem Doppelrumpf in Richtung Stalingrad fliegen. Er gerät in einen Pulk weißer Flakwolken. Kurz darauf stürzt er mit einer dunklen Rauchfahne ab. Eine andere Maschine fliegt dicht über unsere Köpfe hinweg und wirft beim Dorf einige Verpflegung und Munition ab. Es wird heute abend wohl wieder etwas Hartzwieback geben.

Gegen Mittag kommt ein Kübelwagen mit einem jung aussehenden Offizier in Meinhards Stellung. Er bleibt höchstens zehn Minuten und fährt dann wieder ins Dorf zurück. Niemand von uns hat ihn vorher gesehen, auch Meinhard nicht. Er hat sich als neuer verantwortlicher Offizier vorgestellt und Meinhard offiziell als Vorgesetzten für unseren Kampfabschnitt eingesetzt. Danach höre ich Meinhard laut fluchen, weil er von ihm verlangt, daß er in den halb zugeschütteten Bunker von Döring einziehen soll, um Sprechverbindung zur benachbarten Gruppe zu halten. Wir helfen ihm, das Loch wieder etwas wohnlich zu machen. Swina und zwei Kumpel von der 3. Schwadron bringen vom Dorf einen Ofen und frisches Stroh mit. Wenn der Ofen an ist, könnte Meinhard die Nacht gut überstehen.

Unerwartet werden wir am Spätnachmittag wieder mit schweren Waffen beschossen und wünschen uns, daß die Stukas hier wären. Sie kommen aber nicht, obwohl es das Wetter zulassen würde. Nachts müssen wir mit den Nachbargruppen den gesamten Abschnitt bis zu Unteroffizier Schwarz von der Infanterie absichern. Swina, der mit einem Mann aus Meinhards Bunker für die Wache eingeteilt wird, will nach der Wache gleich bei Meinhard im Bunker bleiben.

Bis auf die eine Stunde Aribeschuß war der heutige Tag ruhig. Grommel, der alle Wochentage im Kopf hat, sagt, daß Samstag sei. Aber was bedeuten für uns schon Wochentage. Heute war es schon fast ein Feiertag. Wie bescheiden wir doch geworden sind. Nur weil uns die Ari weniger als sonst beharkt hat, empfinden wir es schon als ruhig und beschaulich. Doch wird es morgen auch so sein? Wir wünschen es uns. Aber Wünsche sind wie Träume. Sie zerfließen in der Realität wie Schnee in der Frühlingssonne. Darum wird es wohl wieder ein Tag sein, wie die Tage zuvor: mit wenig Hoffnung und der unausgesprochenen Frage, wer diesmal auf der grausamen russischen Erde kalt und erstarrt liegen und höchstens noch von seinen engsten Freunden betrauert wird.

Es ist gut so, daß es niemand vorher weiß, wann er dran ist. Für sie, die es trifft, kommt der Tod immer überraschend und zu früh. Und wenn es denn schon sein muß, soll es ganz schnell vorbei sein. Bisher waren es immer nur unsere Feinde, die schwerverwundet im Vorfeld lagen, und die ich schreien hörte. Manchmal wache ich sogar nachts auf, weil ich glaube, sie in der Dunkelheit stöhnen zu hören, ohne daß ihnen jemand helfen kann. Gott bewahre uns vor diesem grausamen Schicksal!

13. Dezember. Auch in dieser Nacht habe ich unruhig geschlafen. Als mich Grommel wecken will, bin ich bereits wach. Ich spüre eine innere Unruhe, die ich mir nicht erklären kann. in meinem Bauch kribbelt es wie in einem Ameisenhaufen. Die Kälte draußen tut mir gut. Ich treffe den langen Warias, der in unserem Abschnitt patrouilliert. Er sagt, daß die Parole umgeht, Generaloberst Hodt sei mit seinen Panzern tatsächlich im Anmarsch, um den Kessel zu sprengen. Ist das wahr oder wieder nur eine der üblichen Scheißhausparolen? Vielleicht ist es wirklich das große Wunder, auf das sie im Kessel so sehnsüchtig warten. - Aber wird es auch uns in der

abgeschnittenen Igelstellung etwas nützen? - Fragen, auf die niemand eine Antwort weiß.

Der Wind trägt uns plötzlich Geräusche zu, die wir noch nie hörten. Es klingt wie Trompetensignale. Sie wiederholen sich in Abständen. Später dringen auch starke Motorengeräusche durch die Nacht. Sie kommen aus Richtung Tschir. Die Trompetensignale sind neu für uns, und wir können uns keinen Reim darauf machen. Als ich Meinhard treffe, sagt er, daß er auch beobachtet habe, wie drüben von Zeit zu Zeit Scheinwerfer aufleuchten. "Sieht aus, als würde er dort mehr Truppen zusammenziehen", sagt er mehr für sich und fügt hinzu: "Bestimmt hat der Iwan wieder eine Teufelei im Sinn! Wenn man nur wüßte welche?"

Die Luft um uns beginnt sich wie mit Elektrizität aufzuladen. Die ganze Stellung ist wach. Die Landser kommen aus den Gräben und gehen nervös auf und ab. Alle beobachten nach vorn, aber noch ist es zu dunkel, um irgend etwas zu erkennen. Als ich Wichert um fünf Uhr früh wecken will, steht er bereits vor dem Bunker und starrt unentwegt in Richtung Tschir. Auch das Kribbeln in meinem Bauch wird stärker. Mir fällt ein, daß mich auch manchmal zuhause diese Unruhe erfaßte. Es war immer dann, wenn ich vor einem wichtigen Sportwettkampf stand. Jetzt war es aber weit stärker. Es ist eine geballte Erregung, erzeugt von der Gewißheit, daß etwas Bedrohliches auf uns zukommt, von dem man aber nicht weiß, was es ist.

Eine beklemmende Situation! Aber wir müssen warten... warten bis zum Morgengrauen! Im Bunker ist nur noch der kleine Grommel. Ich gehe hinein, um mir mit der letzten Glut im Ofen mein Heißgetränk warmzumachen, das noch aus einer der abgeworfenen Verpflegungsbomben stammt. Grommel schläft, doch seine Atemzüge sind unruhig. Er liegt mit dem Gesicht zur Wand, und sein Körper zuckt ständig im Schlaf.

Als ich gerade dabei bin, mein Heißgetränk vom Kochgeschirr in den Trinkbecher zu schütten, springt Grommel mit einem Schrei auf die Beine und rennt noch schlaftrunken zum Bunkerausgang.

Ich lasse vor Schreck meinen Becher fallen und halte ihn am Ärmel fest. Er schlägt wild um sich und schreit: "Swina! - Swina, ich komme! - Helft ihm, helft ihm doch!"

Ich fasse ihn um die Taille und presse seine Arme an den Leib. Dann sehe ich, daß er wieder voll da ist. Wichert steht neben uns und fragt beruhigend: "Was war los Kleiner, hast du schlecht geträumt? - Du weißt doch, daß Swina bei Meinhard im Bunker ist."

Danach gehen wir nach draußen in die frostige Morgenluft. Im Osten zeigt schon ein schmaler Lichtstreif den neuen Tag an. Grommel ist noch etwas verstört und sucht nach Worten für eine Erklärung. Was er dann sagt, geht aber bereits in einem ungeheuren, infernalischen Getöse unter.

Es kommt mit solcher Wucht auf uns zu, daß wir meinen, es befänden sich tausend Teufel in der Luft und die Erde um uns würde von einer brodelnden Hölle verschlungen. Bevor wir voll Angst und Schrecken in den Bunker hetzen, kommt noch Wilke, der draußen auf Posten stand, herangestürmt und fällt vor uns auf den Boden. Wir schauen uns in die verstörten und wachsbleichen Gesichter. Keiner spricht ein Wort. Aber die Angst sitzt uns bis tief in den Falten unserer verdreckten Haut. Die Augen glänzen wie im Fieber. Die Hölle tobt. Feuer und glühender Stahl fallen vom Himmel und sind rings um uns. Wenn wir nicht wüßten, daß der wahnsinnige Beschuß von den Sowjets kommt, dächten wir, daß am 13. Dezember der Weltuntergang begonnen habe.

Ich halte es nicht mehr im Bunker aus. Ich will die Hölle sehen, in der wir untergehen werden. Als ich den Kopf etwas über die Deckung hebe, erstarre ich. In dem fürchterlichen Getöse tanzt die Erdoberfläche bis zum Hügel hinauf in einem höllischen Reigen. Kein Fußbreit Boden scheint still zu stehen. Fontänen von Dreck, mit kaltem Schnee und glühendheißen Eisensplittern vermischt, brodeln über dem von Granattrichtern übersäten Erdreich. Niemand, aber auch niemand aus Fleisch und Blut könnte nur ein paar Schritte tun, ohne von dieser kochenden Hölle erfaßt zu werden. Das Bersten, Krachen und Geheule in der Luft ist so laut, daß wir uns nicht mehr mit Worten verständigen können. Auch unser Bunker ist bereits mit zahllosen flachen Einschlagtrichtern von Granatwerfern, Stalinorgeln und leichteren Infanteriegeschützen übersät. Aber die Decke, die wir vor zwei Tagen zusätzlich verstärkt haben, hat bisher noch gehalten.

Das Inferno flaut erst nach einer halben Stunde etwas ab. Es kommt uns wie eine Ewigkeit vor. Die Laufgräben und unsere Stellungen sind fast zugeschüttet. Es ist ein Wunder, daß wir noch am Leben sind. Was hat der Feind jetzt vor? Wir wissen, daß dieser wahnsinnige Beschuß nur das Vorbereitungsfeuer zu einem Angriff sein kann. Aber der diffuse Morgendunst hält den Feind immer noch im Verborgenen.

Jemand ruft laut meinen Namen! Dann sehen wir Warias. Er kommt in langen Sätzen zwischen den Granateinschlägen angehetzt und bricht vor uns fast in die Knie. Er ist so atemlos, daß er kaum sprechen kann. Sein verdrecktes Gesicht ist schweißig und verklebt, aber die noch sichtbaren freien Hautstellen sind totenbleich.

Dann schreit er es laut heraus: "Der Bunker von Döring hat wieder einen Volltreffer! Meinhard, Swina und die anderen hat es erwischt. Alle drei waren gleich tot. Nur der draußen war, ist leicht verwundet. Ich habe ihn schon verbunden. Auch Seidel und zwei andere hat es erwischt. Ich muß sie noch verbinden und brauche mehr Verbandstoff!" Wichert drückt ihm zwei Päckchen in die Hand, und Warias hetzt im Zickzack zwischen den Einschlägen wieder zurück.

Der Tod von Meinhard und Swina hat uns hart getroffen, und meine Augen tränen mir nicht nur vom Pulverdampf. Die Angst in mir verstärkt sich, und meine Kehle ist trocken und wie zugeschnürt. Ich verfolge noch mit meinen Augen Warias und sehe, daß er unverletzt in den Graben springt. Da schreit Wilke hysterisch: "Da kommen Panzer! - Ganze Massen... es wimmelt nur so!" Seine letzten Worte gehen im Krachen der ersten Panzergranaten unter.

Dann sehe ich sie auch! Erst ist es wie eine Feuerwand, die auf uns zukommt. Dann sieht es aus, als kämen auf der weißen Steppe eine Unmenge brauner Käfer langsam angekrochen. Eine wahre Invasion von Panzern! Wichert zählt in der Hast bis fünfzig, aber es müssen noch mehr sein. Das ist es also, was die Sowjets vorbereitet haben: einen gewaltigen Panzerangriff auf unseren armseligen und desolaten Haufen, der ihnen schon zu lange standgehalten und zuviele Verluste zugefügt hat.

Die T 34 rollen auf der verschneiten Steppe parallel zur Bahnlinie auf das Dorf zu. In der nächsten Viertelstunde werden sie es erreicht haben und unsere abgeschnittenen Stellungen von hinten aufrollen. Wir begreifen, daß unsere Frist abgelaufen ist und aus der Zeit des Schreckens ohne Ende das Ende mit dem großen Schrecken geworden ist. Gibt es für uns noch eine Chance, diesem Ende zu entgehen?

Wir stehen im Schutz des Bunkers und starren mit heißen Gesichtern abwechselnd auf die heranrückenden Panzer und auf die feurigen Granateinschläge auf dem bereits umgepflügten Feld bis zum rettenden Hügel. Einige Landser in der Nähe des Hügels springen aus den Gräben und suchen mit langen Sprüngen dahinter Schutz. Sie wollen das Dorf noch vor den Panzern erreichen, um dann über den zugefrorenen Don zu entkommen. Auch die Pioniere vor uns verlassen ihre Stellungen und rennen in die schützende Rachel. Immer mehr Landser springen aus den Gräben! Sie rennen durch den glühenden Schmelzofen der Granatsplitter zum Hügel. Je weiter sie zu laufen haben, desto geringer ist ihre Chance, lebend durchzukommen. Der Weg zum rettenden Hügel ist besät mit Waffen, Mänteln, Koppelzeug und anderen Dingen, die fortgeworfen wurden, um schneller laufen zu können. Viele von ihnen stürzen und bleiben liegen. Andere raffen sich wieder auf und rennen, mehrfach aus Wunden blutend, wieder weiter. Was sollen wir tun? Grommel und Wilke laufen wie eingesperrte Tiere im Käfig in den Bunker hinein und wieder hinaus. Wichert duckt sich neben mir zum Sprung. Aber er ist noch unentschlossen. Er zeigt mit der Hand auf zwei Gestalten, die aus dem verschütteten Graben springen und in langen Sätzen durch das mörderische Feuer zum Hügel rennen. Ich erkenne den langen Warias und Seidel, der den Kopf verbunden hat. Seidel stürzt, springt aber wieder auf und rennt weiter. Wilke gestikuliert aufgeregt, daß die ersten Panzer bereits das Dorf erreicht haben.

Was sollen wir tun? Den beiden hinterherhetzen?

Wir sind am weitesten vom Hügel entfernt. Und wenn wir das Glück hätten, ihn zu erreichen, was wird uns dahinter erwarten?

Aber hier im Bunker können wir auch nicht bleiben, das hieße Tod oder Gefangenschaft. Dann lieber tot. Eine Gefangenschaft bei den Sowjets würde ich nicht überleben.

"Sie sind schon alle weg!" ruft Wilke entsetzt und verstört.

"Nein, alle noch nicht, da sind noch welche in den Stellungen!" ruft Wichert zurück.

Aber Wilke hat schon sein Koppelzeug abgeschnallt und rennt in die glühende Hölle hinein. Ich sehe noch, wie er seinen schweren Mantel im Laufen wegwirft, dann schubse ich Wichert und Grommel über den Grabenrand. Sie haben sich schon vorher von allem Ballast befreit und rennen jetzt um ihr Leben.

Jetzt bin ich dran! Bin ich der letzte? Nein, ich sehe immer noch ein paar Landser, die warten. Worauf? Es gibt nur zwei Möglichkeiten: laufen oder hierbleiben. Es gehört genausoviel Mut dazu, im Bunker zu bleiben und auf die Sowjets zu warten, wie aufzuspringen und durch die feurige Glut zu hetzen.

Was bin ich doch für ein korrekter Soldat! Statt mich wie die anderen von allem zu befreien, will ich mein schweres Koppelzeug mitnehmen. Als ich losrenne, merke ich schon nach wenigen Sätzen, daß ich nicht schnell genug wegkomme. Ich reiße mir im Laufen den Mantel vom Körper und löse das Koppelschloß. Der ganze Krempel fällt auf den Boden, nur die 08-Pistole behalte ich ohne Futteral in der Hand.

Ich hetze über Granattrichter und stolpere über die Sachen, die von den flüchtenden Landsern fortgeworfen wurden. Um mich bersten und krachen die Granaten. Es ist ein Lauf um Leben und Tod. Viele haben es nicht bis zum Hügel geschafft. Sie liegen stumm oder stöhnend da. Andere schreien um Hilfe.

Wie kann ich ihnen helfen? Jeden Moment kann auch ich neben ihnen liegen. Die Angst vor dem Tod oder einer schweren Verwundung raubt mir jeglichen Gedanken, und ich sehe nur den rettenden Hügel vor mir. Als ich ihn keuchend und schweißgebadet erreiche und hinter ihm verschwinde, habe ich meine Kumpel längst aus den Augen verloren. Ich stolpere über einen toten Körper und falle in den Schnee, der hier noch weiß und fast unberührt ist.

Der, der aus mehreren Wunden blutend in einer roten Lache liegt, ist Unteroffizier Schwarz. Er muß gerade erst gefallen sein, sein Gesicht ist noch gerötet. Dann sehe ich die neue Gefahr vor mir! Einige T 34 kurven vor dem Dorf herum und versperren den Flüchtenden den Weg. Ich sehe, wie sie einige Landser regelrecht vor sich hertreiben. Sie rennen um ihr Leben und versuchen, wie die Hasen im Zickzacklauf auszuweichen. Aber die Panzer schießen mit ihren MGs dazwischen. Einige fallen und werden erbarmungslos von den Ketten zermalmt.

Ich muß da durch! hämmert es in meinem Kopf, und ich versuche, im toten Winkel der MGs zu bleiben. Dennoch schwirren mir die Kugeln um die Ohren - und dann spüre ich einen Schlag gegen meine linke Brustseite. Bin ich verwundet? Ich fühle nichts, was meinen Körper beeinträchtigt oder schwächt. Darum hetze ich keuchend weiter.

Dann ist plötzlich Wilke neben mir. Er knickt in den Knien ein und keucht: "Verdammt, ich kann nicht mehr - es ist mörderisch!" Ich fasse ihn am Arm und reiße ihn hoch. Aber schon nach einigen Sätzen sacken ihm die Beine weg. Ist er getroffen?...

Voll Entsetzen sehe ich einen T 34 direkt auf uns zukommen. Mit letzter Kraft springe ich zur Seite, aber Wilke kommt nicht mehr hoch. Die Ketten sind schon über seinem Körper, und sein schrecklicher Schrei geht im Abschuß des Panzers unter. Der hat den Menschen unter sich in dem Gemetzel gar nicht bemerkt. Er schießt mit der Kanone auf einzelne Männer. Mich hält nichts mehr auf. Ich laufe und laufe, bis meine Lungen pfeifen wie ein Blasebalg.

Endlich erreiche ich die Bahnschienen und springe darüber. Auf der anderen Seite falle ich auf harte Steine. Kurze Zeit bleibe ich liegen. Der Schweiß rinnt mit über die Stirn in die Augen. Als ich ihn mit dem Handrücken abwische, ist er voll Blut. Nur eine kleine Schramme vom Sturz auf die Steine. Dann sehe ich die Trümmer einer ehemaligen Panjehütte.

Dort ist Deckung! Da muß ich hin! Mit ein paar Sätzen bin ich dort. Die zersplitterte Haustür liegt am Boden. Zu spät erkenne ich, daß hinter den Mauerresten ein T 34 mit offener Luke steht. Ein donnernder Abschuß zerreißt mir fast das Trommelfell. Ein sowjetischer Panzersoldat springt plötzlich über die Mauerreste ins Haus und bleibt vor mir wie angewurzelt stehen. Wir sind beide überrascht und starren uns an. Er hat keine Waffe, und ich bemerke erst jetzt, daß ich in meiner Hand krampfhaft die 08 halte und auf ihn gerichtet habe. Der Russe ist jung wie ich, und er starrt ängstlich auf meine Pistole. Wenn er mich angreift, werde ich schießen. Aber er rührt sich nicht, er steht nur da und läßt seine Hände herunterhängen.

Langsam gehe ich rückwärts, bis ich mit dem Rücken an einen Balken stoße. Dann drehe ich mich um und jage mit weiten Sprüngen zu den schützenden Büschen, die nahe am Donufer stehen. Dort treffe ich auf einen Trupp Landser, die völlig erschöpft sind und sich nach kurzer Verschnaufpause auf das schneebedeckte Eis des Don stürzen. Unter dem rasenden Beschuß der aufgefahrenen Panzer versuchen sie, das rettende jenseitige Ufer zu erreichen.

Auch ich ergreife diesen Strohalm und hetze los!... Für die Panzer ist das Eis noch zu dünn. Darum stehen sie an erhöhten Uferstellen und schießen auf uns wie auf dem Schießstand. Die Einschläge detonieren ununterbrochen. Links und rechts stürzen Männer auf den Schnee. Er färbt sich blutrot. Die Toten häufen sich, und die Verwundeten stöhnen und schreien um Hilfe. An manchen Stellen ist das Eis von den Granaten aufgesprengt. Wasserfontänen spritzen hoch. Die auf dem Schnee Liegenden verschwinden im gurgelnden Wasser. Ich renne, stolpere über Tote und Verwundete, höre nur Detonationen und sehe, wie sich der Schnee mehr und mehr mit Blut tränkt..., dann erreiche ich endlich das rettende Ufer! Es sind nicht mehr viele, die sich ans andere Ufer retten und zwischen den Birkenbäumen des Uferwäldchens Schutz suchen können. Aber auch hier sind wir nicht sicher. Die Panzergranaten schlagen krachend in die Bäume. Baumkronen und Äste stürzen herab und verwunden noch manchen, der sich schon in Sicherheit wähnt. Im Wäldchen befinden sich einige Bunker. Im Vorbeilaufen winkt uns ein Unteroffizier in einen hinein. Ich stolpere durch den Eingang und brauche Minuten, um wieder normal atmen und reden zu können. Hier fühle ich mich etwas sicherer und schicke ein Dankgebet zum Himmel, daß ich den Todeslauf über den Don heil überstanden habe.

Alle Bunker sind in erstaunlich gutem Zustand und mit Birkenstämmen fachmännisch ausgebaut. Sie müssen für einen längeren Aufenthalt angelegt worden sein. Aber wer weiß, wie lange sie schon leer sind. Ein Landser meint, daß es eine ehemalige Artilleriestellung gewesen sein muß. Er habe am Donufer die ausgebauten Geschützstellungen gesehen. Hier könnte man es schon aushalten, denke ich.

Der Unteroffizier bietet mir eine Zigarette an. Als ich in die linke Brusttasche greife, um mein Feuerzeug herauszunehmen, halten meine Finger ein Stück Eisenblech fest, das von einem Granatsplitter oder einer Kugel deformiert wurde. Der Stoff ist zerfetzt, so daß ich gut meinen Daumen hindurch stecken kann. Jetzt rieche ich auch das ausgelaufene Benzin im Stoff.

Mir fällt der Schlag ein, den ich auf der Brust verspürte, als ich den Hügel erreichte. Das stabile, aus starkem Blech gefertigte Feuerzeug, das mir der Stabsgefreite Gralla in Stalingrad schenkte, hat mir wahrscheinlich das Leben gerettet. Was wohl aus ihm und den anderen geworden ist?... Es ist nicht die Zeit, darüber nachzudenken - wir müssen weiter! Ein Landser, der zu den letzten gehörte, die dem fürchterlichen Gemetzel auf dem Don entgangen waren, berichtet keuchend, daß die feindliche Infanterie mit Granatwerfertrupps über das Eis kommen und bald hier sein werden.

Wir können sie nicht aufhalten, denn wir haben keine Waffen. Nicht einmal der Unteroffizier trägt eine MPi. Ich bin der einzige, der noch eine Pistole besitzt. Dem vorweglaufenden Unteroffizier folgen wir durch das Gestrüpp. Die Angst sitzt jedem noch tief in den Knochen. Über uns hören wir bald das Rauschen der russischen Werfergranaten. Krachend schlagen sie in die Bäume ein und jagen ihre Splitter nach unten. Jetzt wären die Stahlhelme gut -, aber wir haben sie fortgeworfen, weil sie uns bei der tödlichen Hetzjagd behinderten.

Nach dem Wäldchen kommen wir auf die verschneite Steppe. Ein eisiger Wind treibt den pulverigen Schnee vor sich her und häuft ihn an Hindernissen zu kleinen Schneewehen an. Mein Körper kommt langsam zur Ruhe. Die Schweißnässe auf der Haut verdunstet und macht sie wieder trocken. Danach beginne ich zu frieren. Auch die anderen unserer kleinen Gruppe stellen den Kragen hoch und ziehen die Klappen der Mützen oder Käppis, soweit sie noch welche besitzen, über die Ohren.

In einer Rachel suchen wir Schutz vor dem eisigen Wind. Auch ein anderer Haufen Versprengter aus unserer ehemaligen Kampfgruppe befindet sich in dieser Rachel. Sie haben sich zum Schutz vor Kälte und Wind Schneelöcher gegraben. In einem Schneeloch treffe ich zu meiner großen Freude auch Warias und Grommel. Sie sind heil über den Don gekommen, aber jetzt frieren sie zum Erbarmen. Warias hat nicht mal mehr eine Mütze auf dem Kopf, und Grommel hockt vor Kälte zitternd zusammengekauert im kalten Schneeloch.

Auch Kälte kann tödlich sein, vor allem, wenn die Körper vom Hunger so ausgemergelt sind wie unsere. Und weit und breit ist weder ein Haus noch ein Strohschober zu sehen, wo wir unterkriechen könnten. Darum müssen wir weiter, bis wir auf andere Truppen stoßen. Aber wo sind sie? Sind sie etwa schon so weit nach Süden geflohen, daß wir sie nicht mehr erreichen können? Das Laufen und Anstemmen gegen den eisigen Wind ist zwar anstrengend, aber es hält auch die Knochen beweglich.

Einige verwundete Landser können nicht mehr weiter. Wir rasten in der nächsten Rachel und graben uns Löcher im Schnee. Wer zu lange darin liegen bleibt, bekommt Erfrierungen. Darum stehe ich von Zeit zu Zeit auf und renne hin und her, damit in die erstarrten Körperteile wieder Leben kommt.

14. Dezember . Im Morgengrauen werden wir von starkem Granatwerferfeuer aus der Rachel getrieben. Die Sowjets haben uns bemerkt und ihre Werfer auf die Rachel eingeschossen. Wir laufen wie aufgescheuchte Hühner hinaus. Der schneidende Wind peitscht uns kalte Schneeflocken ins erhitzte Gesicht. Sie zerfließen zu kleinen Bächen und gefrieren sogleich zu kleinen Klümpchen an den langen Bartstoppeln.

Als wir uns nach einiger Zeit sammeln, hören wir rechts von uns Kampflärm. Dann tauchen aus dem Schneegestöber deutsche Landser auf, die uns im Laufen zurufen, daß ihnen der Iwan auf den Fersen sei. Wir schließen uns ihnen an und rennen mit. Hinter uns rattert ein russisches MG ..., Gewehrschüsse knattern. Ein Landser dreht sich um und schreit wie ein Wahnsinniger. Er hält das Gewehr vor sich und stürmt gegen den Feind. Schon nach einigen Schritten fällt er getroffen auf den Schnee. Wieder einer, der durchdrehte.

Wir hetzen weiter. Die Knallerei hinter uns wird stärker. Zwischendurch hören wir die Sowjets beim Vorwärtsstürmen brüllen. Ihr Urääh! - Urääh! sitzt uns hart im Nacken und treibt uns zu schnellerem Laufen an. Wie aus dem Boden gewachsen stehen plötzlich drei Panzer vor uns. Ein Glück! Es sind deutsche Sturmgeschütze. Sie warten, bis wir an ihnen vorbei sind, dann eröffnen sie das Feuer.- Das Geschrei und die Schüsse hinter uns verstummen. Die Sturmgeschütze fahren langsam vor und feuern, was das Zeug hält. Dann sind wir plötzlich mitten in einer Kampfgruppe, die einen Gegenstoß macht und den Feind gemeinsam mit den Sturmgeschützen wieder zurückdrängt. Für wie lange?

Später berichten sie uns, daß die Sowjets die Donbrücke bei Werchne Tschirskije genommen hätten und nach Süden vorstoßen. Sie selbst gehörten einer Kampfgruppe an, die aus zusammengewürfelten Einheiten bestand und bereits aufgerieben wurde. Nach dem Gegenstoß schließen wir uns der Kampfgruppe an und gehen mit ihr in deren Ausgangsstellung zurück. Der Leutnant, der sie führt, gliedert unseren Haufen von etwa dreißig Mann in seine Einheit ein. Sie liegt im Schutze einer Kolchose und einiger Panjehütten. Obwohl wir nach zwei Tagen wieder etwas zu Essen bekommen, fühle ich mich hundsmiserabel. Oder soll ich es Feigheit nennen? Was erwartet man noch alles von einem Soldaten, der gerade durch die Glut der Hölle gegangen ist und mit ansehen mußte, wie fast alle seine guten Freunde und Kameraden elend darin umgekommen sind? Daß er etwa deren Tod einfach als schicksalhaftes Soldatenlos hinnimmt und ohne zu zögern so weiterkämpft, wie zuvor?

Verdammt! - ich würde es sogar tun, wenn es beim Angriff wäre und wir die Chance hätten, den Feind zu besiegen. Aber hier rennen wir nur wie die Hasen davon. Ist es feige wegzurennen, wenn man nichts mehr in Händen hat, womit man sich wehren kann?

Dieser Haufen, bei dem wir drei jetzt gelandet sind, trägt weiß Gott nicht dazu bei, unseren Einsatzwillen zu festigen. Es sind Versprengte, deren Kampfmoral stark demoralisiert ist, und wir hören Landser sich darüber unterhalten, wie sie am besten von hier abhauen könnten. Man erzählt sich, daß Vorgesetzte bereits mit Waffengewalt drohen mußten, um Landser in den Stellungen zu halten, weil viele schon getürmt wären, bevor der Feind zu sehen war. Einige sollen sich durch Gewehrschüsse in Arme oder Beine selbst verstümmelt haben. Sie sollen es mit dem Trick versucht haben, vor die Gewehrmündung ein Stück Kommißbrot zu halten, um keine Spuren von Versengung oder Pulverschmauch zu hinterlassen. Die erwischt werden, kommen vor das Kriegsgericht. Sie müssen mit der Todesstrafe durch Erschießen rechnen.

Ein Obergefreiter soll vors Kriegsgericht kommen, weil er sich angeblich beide Füße vorsätzlich erfrieren ließ. Bevor sie ihn in die Sanka luden, erzählte er uns, wie er sich bei einem sowjetischen Angriff dadurch gerettet habe, indem er sich totstellte. Um nicht vom Feind, der über Nacht in der Stellung blieb, entdeckt zu werden, habe er die ganze Nacht in einer Schneewehe gelegen. Als ihn am nächsten Tag eine andere Kampfgruppe bei einem Gegenstoß befreite, waren seine Füße bereits Eisklumpen. Sein Pech war, daß ihn niemand von der Kampfgruppe kannte.

Möglicherweise hätten sie auch uns, ohne Waffen und nur mit dem Notdürftigsten bekleidet, als Fahnenflüchtige oder Ähnliches eingestuft, wenn unter den Überlebenden von Rytschow nicht auch einige Dienstgrade gewesen wären. Ich selbst habe sie vorher nie in der Stellung gesehen, aber sie berichteten, daß sie den Feind im Dorf solange aufgehalten hätten, bis alle aus den vordersten Stellungen in Sicherheit waren. Kann sein, daß sie während des tobenden Panzerangriffs noch unsere Stellungen beobachten konnten - ich kann es nicht sagen. Ich weiß nur mit Bestimmtheit, daß wir in unserer Stellung recht lange gezögert haben, zum Hügel zu laufen und daß wir dennoch nicht die Letzten waren.

Von unserer neuen Kampfgruppe erhalten wir wieder einen Karabiner und Munition. Zusätzlich ergattere ich einen getragenen ehemals weißen Tarnanzug mit wattierter Jacke und Hose. Stahlhelme gibt es nicht mehr. Die wenigen Hütten sind bereits belegt. Unsere Gruppe wird in einen Schuppen eingewiesen, durch dessen lockere Bretter Schnee hineinbläst. Wir dichten sie notdürftig mit Zeltbahnen ab. Als Unterlage finden wir nur feuchtes Stroh. Aber das ist besser als draußen in der eisigen Schneewüste zu kampieren. Am nächsten Morgen empfangen wir ein heißes Gesöff, das sie als Kaffee bezeichnen. Aber es wärmt uns wenigstens die Eingeweide.

15. Dezember. Das Wetter ist kalt und frostig. Der Wind hat etwas nachgelassen, aber dafür fängt es an zu schneien. Meine seelische Verfassung ist auf dem Nullpunkt angelangt. Wir hören, daß tatsächlich einige Landser mit einem Lkw abgehauen sind. Jetzt haben wir noch zwei Lkws und drei Sturmgeschütze. Man munkelt, daß die abgehauenen Landser vorher einer Strafkompanie angehört haben. Was wird da nicht alles erzählt! Ein Landser berichtet, daß sie damit rechnen, daß der Feind uns in Kürze angreifen wird. Sie haben bereits einen Spähtrupp vorgeschickt, um die Lage zu erkunden.

Im Laufe des Vormittags kommt ein Offizier mit einem hellen Pelzmantel und Ohrenklappen über der Schirmmütze vorgefahren und gibt einige Befehle. Ein Feldwebel kommt zu uns und erklärt, daß wir mit einem feindlichen Angriff rechnen und etwa einen Kilometer vor der Kolchose die Stellungen beziehen müssen. "Wir müssen den Feind unter allen Umständen stoppen und die Stellung halten!" sagt er forsch. Womit? Etwa mit den paar alten Knarren in unseren Händen? Ich sehe nur ein einziges MG, das ein Unteroffizier geschultert hat. Also ein MG in einer Gruppe von fünfzig oder sechzig Mann.

Wir marschieren los, immer nach vorn und irgendwo hin. Der Schneefall wird stärker, und bald sehen wir nur noch eine weiße Fläche, die ab und zu von ein paar Sträuchern unterbrochen wird. Wo sollen hier Stellungen sein? Wenn es stimmt, dann sind sie bereits vom Schnee zugeweht. Der Feldwebel scheint sich in dieser Schneewüste nicht zurecht zu finden. Vor einer breiten Rachel läßt er halten. Plötzlich sind von irgendwo Gewehrschüsse zu hören. Aus dem Schneegestöber tauchen einige Gestalten auf und rennen mit uns in die Rachel. Es sind deutsche Soldaten, wieder auf der Flucht vor dem Feind. Sie erzählen, daß sie schon seit gestern in der grausigen Schneewüste herumirren und mit viel Glück den Sowjets entkommen sind, die überall zu sein scheinen.

Sie gehörten zu einer Kampfgruppe, die am zugefrorenen Tschir in Stellung lag und gestern von einem Rudel T 34 mit aufgesessener Infanterie überrannt wurde. Wer noch überlebt hat, sei kopflos davongestürmt und irre irgendwo in der Schneewüste umher. Bei der Schießerei sei einer von ihren Kameraden gefallen, der nicht mehr laufen konnte, weil er in der Nacht eingeschlafen war und sich beide Beine erfroren hatte. Die Sowjets vor uns seien gerade dabei gewesen, ihre vier Granatwerfer in Stellung zu bringen.

Der Feldwebel ist unschlüssig. Dennoch schickt er einen Melder zurück, um die drei Sturmgeschütze anzufordern. Sobald sie da sind, wollen wir die Granatwerferstellung angreifen. Wir warten... und haben uns wegen der Kälte tiefer in den Schnee eingegraben. Anfänglich sind wir von der Bewegung noch warm, aber als der Wind zunimmt, fährt er uns durch die Knochen und läßt sie langsam schlottern. Warias klopft seine Hände abwechselnd auf die

Oberschenkel, Arme und Schultern. Er hat einen viel zu kurzen Wintermantel erwischt, und seine Beine stecken in ein paar zerschlissenen Filzstiefeln, die von einem Gefallenen stammen. Auch Grommel trägt gebrauchte Filzstiefel, und sein Mantel ist nur noch ein dünner Lappen. Er sagt aber, daß er darunter eine abgewetzte und wahrscheinlich auch verlauste Lammfellweste trägt, die einem anderen Landser bei der Anprobe in der Kolchose zu eng war. Auf dem Kopf trägt er eine russische Pelzmütze, die ihm einer von der Sturmgeschützbesatzung vermachte. Er sieht damit wie ein Russe aus, und einige Landser haben ihn schon als Iwan angesprochen. Mit meinem Tarnanzug bin ich da noch am besten dran.

Trotzdem friere auch ich erbärmlich hier in diesem verfluchten Rußland, in dem schon Napoleon mit seinem Heer zugrundegegangen ist. Alles, was ich darüber in den Geschichtsbüchern gelesen habe, erlebe ich jetzt am eigenen Leibe. Ich schaudere, wenn ich daran denke, hier in der Schneewüste verwundet zu werden und hilflos zu liegen, bis mein Körper langsam zu einem Eisklumpen wird.

Warum kommen die Sturmgeschütze nicht? Wir warten und warten..., und dann ist es auf einmal zu spät! Wir hören über uns die Granatwerfergeschosse rauschen. Obwohl die Einschläge noch weiter weg liegen, surren einige Splitter dicht an unseren Köpfen vorbei. Es stört uns nicht sonderlich, denn wir sind Schlimmeres gewöhnt. Ich stehe sogar auf, um meine Füße wieder in Bewegung zu halten.

Dann schlägt eine Granate uns gegenüber in den Abhang ein. Wir sehen die Splitter in den Schnee klatschen. Ein Landser schreit auf, und auch ich spüre einen leichten Schlag unterhalb meiner linken Kniescheibe. Sie rufen nach dem Sani, der sich in unserer Gruppe befindet. Er kümmert sich um den Verwundeten, dessen Oberschenkel durch einen Splitter aufgerissen ist und stark blutet. Der Verwundete ist ein Obergefreiter in der blauen Uniform einer Luftwaffen-Felddivision. Er ist mit drei anderen hier in der Gruppe gelandet, als auch seine Einheit irgendwo versprengt wurde.

Nachdem der Sani ihn verarztet hat, zeige ich ihm die Stelle, wo ich den Schlag verspürte. Direkt unter der linken Kniescheibe ist ein kleines Einschußloch, so groß wie eine Erbse. Es schmerzt nicht, und ich kann das Bein gut bewegen. Nur ein feiner Blutfaden rinnt das Schienbein entlang. Das Blut sieht fast schwarz aus.

Der Sani klebt ein Pflaster drauf. "Pech für dich", sagt er fast bedauernd und zieht dabei die Schultern hoch. Ich weiß, was er damit meint. Er will mir sagen, daß es leider für einen Heimatschuß nicht ausreicht.

Ich spüre die Enttäuschung in mir. Eine stille Hoffnung ist zerronnen. Wie schnell sich doch das menschliche Gefühl und die Einstellung zu einer Sache verändern kann. Es sind erst wenige Wochen her, daß ich von Ruhm und Heldentaten träumte und vor lauter Kampfgeist fast geborsten wäre. Und jetzt sehne ich mich bereits nach einem Heimatschuß. Weil er mir die einzige Möglichkeit zu sein scheint, mich von diesem wirren, demoralisierten Haufen halbwegs ehrenvoll zu verabschieden und damit auch aus diesem schrecklichen Land mit seinem grausamen Winter wenigstens für einige Wochen herauszukommen.

Ist es Feigheit, so zu denken, wenn man doch feststellt, daß unser Krieg hier dem Versuch gleichkommt, eine ins Rollen geratene Lawine nur mit Menschenleibern aufzuhalten? Noch dazu mit Menschen, die vor Verzweiflung und Kälte zitternd in eiskalten Schneelöchern kampieren und jeden Morgen froh sind, daß ihre Knochen nicht erfroren sind, die sie noch benötigen, um sich vor dem heranstürmenden Feind in Sicherheit zu bringen? Außerdem glaube ich nicht daran, daß wir mit diesen zusammengewürfelten Haufen, ohne die erforderlichen schweren Waffen, den Russen noch aufhalten werden. Sollte hier ein Soldat durch Verwundung herauskommen, kann er wirklich von Glück sprechen.

Aber wann geht schon ein Traum in Erfüllung? Splitter oder eine Kugel richten sich nicht nach den Wünschen eines kleinen Landsers. Sie sind hart, heiß und grausam. Sie suchen lieber das pulsierende Leben, das in den verdreckten Klamotten steckt, und versuchen es mit einem Schlag auszulöschen.

Der Wind wird stärker. Er heult durch die Rachel und winselt um unser Schneeloch. Er treibt den trockenen Schnee zu uns hinein und zerschmilzt auf dem warmen Gesicht. Wenn ich das linke Bein bewege, spüre ich ein schmerzhaftes Ziehen und eine leichte Schwellung. Erst am späten Nachmittag kommen die drei Sturmgeschütze. Wegen des starken Schneetreibens wollen sie mit dem Angriff noch abwarten. Doch der Feind kommt uns zuvor. Für die Sowjets ist es ihr Angriffswetter. Wir erkennen sie im Schneetreiben erst, als sie kurz vor der Rachel sind.

Die Sturmgeschütze feuern mit Sprenggranaten. Wir schießen blind in den Schneevorhang hinein. Der Schnee klatscht uns ins Gesicht und verkleistert Gesicht und Augen. Dann ist der Spuk vorbei! Wir haben kaum Gegenwehr erhalten. "Es war nur ein Spähtrupp", sagt ein Gefreiter, der zum Kreis des Feldwebels gehört. Er erzählt uns, daß der Feind hier schon gestern früh angegriffen hätte und schon eine Menge Toter unter dem Schnee lägen.

Dann hören wir seitlich von uns Kampflärm. Die Sturmgeschütze werden zurückbeordert und fahren zur Kolchose zurück. Wie geht es weiter? Wir sitzen wieder in den Schneelöchern und warten. Als ich mir wieder meine Beine vertreten will, gelingt es mir nicht aufzustehen. Es ist, als hätte ich ein Holzbein. Das linke Knie ist völlig versteift. Wenn jetzt der Feind angreift, bin ich erledigt.

Ich bin nicht imstande zu gehen, geschweige zu laufen. Nur das nicht! In plötzlicher Angst rufe ich nach dem Sani. Er betastet mein entblößtes Knie. Es ist dick wie ein Ballon. Die Haut darüber spannt sich, als wäre sie mit Spannlack bestrichen, und ist dunkelblau angelaufen.

"Bluterguß!" sagt der Sani. Der starke Bluterguß ist entstanden, weil das Einschußloch von den Stoffetzen verstopft wurde und das Blut nach innen gelaufen ist.

"Ich kann da nichts machen. Das Bein muß geschient und stillgelegt werden. Doch bevor dir die Sanis in Nishne Tschirskaja die Schiene anlegen, solltest du den Einschuß auch einem Arzt zeigen, weil sich durch die Stoffreste leicht eine Blutvergiftung bilden kann."

Nishne Tschirskaja? - "Wie komme ich dorthin?" frage ich überrascht, aber zugleich auch erfreut darüber, doch noch aus dem Schlamassel herauszukommen.

Der Sani zuckt die Schultern: "Weiß ich auch nicht!"

"Aber ich kann nicht laufen?" Dabei spüre ich in den Därmen einen ziehenden Schmerz, den ich immer bekomme, wenn mich plötzlich die Angst anspringt.

"Ich weiß", nickt der Sani. "Und ich habe auch noch den verwundeten Obergefreiten. Ich wollte ihn den Sturmgeschützen mitgeben, aber die hatten keinen Platz für einen Verwundeten."

Verdammt! Jetzt habe ich die Gelegenheit, von hier fortzukommen, und kann es doch nicht. Was für ein Pech! Doch dann schöpfe ich wieder Mut, als der Sani zurückkommt und mir eröffnet, daß wir über Nacht hier in der Rachel bleiben und verpflegt werden. Wir können dann mit dem Verpflegungsfahrzeug vorerst bis zur Kolchose zurückgebracht werden. Wann das Fahrzeug kommt, weiß er nicht. Wir müssen solange warten!

Was bedeutet es schon zu warten? Jetzt macht es mir nichts mehr aus, da ich weiß, daß ich bald in Sicherheit sein werde. Aber noch bin ich es ja nicht! - Die nächsten Stunden verbringe ich in einer zwiespältigen Gemütsverfassung. Ich kann es noch nicht fassen, daß ich hier herauskommen soll. Heraus aus dieser erbarmungslosen russischen Schneesteppe. Aber der nächste feindliche Angriff, dem wir nicht standhalten können, kann alles zunichte machen. Ich kann nicht laufen und müßte hier in dem verdammten Schneeloch auf mein Ende warten. Ich kann nur beten, daß es nicht geschieht.

Mein Gebet muß erhört worden sein, denn der Verpflegungs-Lkw kommt sogar früher als erwartet. Und er bringt den Befehl mit, daß sich die Kampfgruppe unverzüglich absetzen soll, da der Feind bereits seitlich von der Kolchose durchgestoßen sei. Der Lkw-Fahrer hat es eilig zurückzukommen. Warias und Grommel verfrachten mich in den Wagen. Die drei Kumpel des verwundeten Obergefreiten tun das gleiche mit ihm. Wir liegen auf der blanken

Pritsche und lehnen den Rücken an die Seitenbretter. Der Obergefreite hat starke Schmerzen. Er stöhnt leise, als er sich von den dreien verabschiedet.

Der Gedanke, daß Warias und Grommel hier zurückbleiben, dämpft meine Freude, endlich von hier wegzukommen. Etwas steigt mir in den Hals, es steigt weiter hoch bis zu den Augen hinauf und läßt sie feucht werden. Es ist mir, als würde ich die beiden im Stich lassen. Wir drei waren unter den vielen unbekannten und fremden Landsern wie Brüder. Wir hielten zusammen wie Pech und Schwefel und halfen uns gegenseitig, wann immer es notwendig war. Als sie mir zum Abschied die Hand geben, wischt sich Grommel mit dem Ärmel über die Augen, und Warias versucht seine Gemütsbewegung damit zu überspielen, daß er mir überlaut zuruft: "Vergiß ja nicht, die blonde Kellnerin vom Tivoli zu grüßen. Und sag ihr, daß ich bald wieder eine Lage bei ihr bestellen werde." Ich quäle mir ein Lachen ab und sage ihm, daß ich es bestellen werde. Dann fährt der Lkw in die hereinbrechende Dunkelheit.

Trotz der Plane bläst der Wind von allen Seiten durch unsere Knochen. Der Lkw hält die Fahrspur, die die Sturmgeschütze flach gewalzt haben. Jedesmal, wenn das Fahrzeug über eine Unebenheit fährt, spüren wir die Erschütterung auf der Pritsche. Der Obergefreite stöhnt leise, er scheint starke Schmerzen zu haben. Außer einem Verband konnte der Sani nichts für ihn tun. Er kramt in seiner Tasche und reicht mir eine Aktive. So nennen wir die Zigaretten aus den Päckchen, im Gegensatz zu der Selbstgedrehten.
Ich bin ihm dankbar, denn ich habe in meinem Tabaksbeutel nur noch ein paar Krümel groben Krüllschnitt für meine Pfeife. Schweigend ziehen wir den Rauch ein. Die Glimmstengel zittern wie tanzende Glühwürmchen in der Dunkelheit. Der Lkw holpert stärker und schlägt hart auf. Ich spüre mein Knie! Der Verwundete unterdrückt einen Aufschrei und stöhnt: "Verdammte Scheiße!... Erst wartet man Tag für Tag auf einen Heimatschuß, und dann ist alles doch ganz anders. Und man kann nicht einmal richtig froh

darüber sein, daß man sich von seinen Kumpeln so sang- und klanglos verdrückt hat. Wer weiß, wer von den armen Teufeln jemals die Heimat wiedersehen wird."

Es ist gut, daß er mein Gesicht im Dunkeln nicht sehen kann und auch nicht den bitteren Geschmack spürt, den ich seit unserer Abfahrt im Hals habe. Nicht einmal der würzige Rauch der Zigarette kann ihn vertreiben.

Als wir zu der Ansiedlung bei der Kolchose kommen, ist dort große Aufbruchstimmung. Sie haben bereits auf das Fahrzeug gewartet. Im Westen hört man von Zeit zu Zeit Abschüsse von Panzerkanonen. Ein Offizier läßt einige Klamotten auf den Lkw packen. Ein Unteroffizier und ein paar Landser setzen sich dazwischen. Einer von ihnen hat einen Kopfverband. In der Dunkelheit kann ich nicht sein Gesicht sehen, aber ich erkenne ihn an der Stimme. "Kurt Seidel!" rufe ich überrascht und erfreut. Er ist es! Wir haben uns einiges zu erzählen: vom Todeslauf über den zugefrorenen Don und das Danach. Er sagt, daß er mit anderen zu lange am Ufer gewartet hätte. Als er loslief, waren schon die ersten Russen hinter ihm her. Die Panzer hätten dann nicht mehr soviel geschossen. Mit drei anderen Landsern sei er den Russen entkommen und später auf eine andere Gruppe Versprengter gestoßen, die ständig vom Iwan gejagt wurden. Erst heute morgen sind sie auf diesen Teil einer größeren Kampfgruppe gestoßen.

Ich zeige auf seinen Verband. Doch Seidel sagt, daß der kleine Riß fast verheilt ist. Weil er aber keine Mütze hat, will er wegen der Kälte den Kopfverband noch dranlassen. Er gehört also nicht zu den Glücklichen mit einem Heimatschuß, sondern muß hierbleiben und sich weiter seiner Haut wehren. Seitdem haben wir uns nicht mehr wiedergesehen. Als ich mit mehreren Verwundeten kurz vor Nishne Tschirskaja in eine Sanka geladen wurde, war Seidel schon mit den anderen abgesprungen. Erst später in der Genesungskompanie in Insterburg habe ich erfahren, daß auch er gefallen war.

Die Sanka hält vor einem größeren Gebäude. Die Leichtverwundeten springen heraus, während ich mit noch zwei Liegenden hineingetragen werde. Im Raum riecht es nach Äther und Karbol. Überall liegen Verwundete herum - einige stöhnen. Von draußen kommen Befehle. Zugmaschinen und Panzer rasseln vorbei. Aus der Ferne höre ich Kanonendonner.

Mich geht das alles nichts mehr an, ich bin hier in Sicherheit. Bin ich das wirklich? Ein Landser erzählt, daß er vor zwei Stunden nicht weit von hier im Nordwesten verwundet wurde. Die Sowjets greifen dort ständig an, und man wird sie seiner Meinung nicht mehr lange aufhalten können. Ich schlafe trotzdem ruhig auf der Strohpritsche ein, weil ich hundemüde bin. Die ungewohnte Wärme im Raum und das Gefühl, nicht mehr rauszumüssen, haben meinen Körper entspannt.

16. Dezember. Als mich zwei Sanis auf die Tragbahre heben, fahre ich schlaftrunken hoch und falle gleich aufstöhnend zurück. Ich spüre zum erstenmal einen stechenden Schmerz im Knie. Sie bringen mich in einen hellen Raum. Jemand ist gerade dabei, einige amputierte Glieder in eine blutige Zeltbahn zu sammeln. Später kommt jemand mit einer blutverschmierten Gummischürze zu mir. Der ihn begleitende Sanitätsunteroffizier spricht ihn mit "Herr Oberstabsarzt" an. Er schneidet mir mit der Schere das linke Hosenbein samt den darunter befindlichen zwei langen Unterhosen der Länge nach auf und schaut sich das Knie an.

Das Bein ist vom Oberschenkel bis zur Wade dunkelblau und so dick wie ein aufgepumpter Autoschlauch. Er gibt mir eine Spritze und weist einen Helfer an, mir eine feste Schiene und einen Gipsverband anzulegen.

"Mehr ist nicht zu machen", sagt er, bevor er sich den nächsten vornimmt.

Der Sani schneidet danach den Rest meiner Hose mitsamt der Unterhosen bis zum Oberschenkel ab, legt das Bein in eine Schiene und umwickelt es kunstgerecht mit der angefeuchteten Gipsbinde. Schon nach kurzer Zeit ist der Gips hart, und ich habe ein Gipsbein. Nachdem ich noch einen Verwundetenzettel mit den eingetragenen Daten an die Brust geheftet bekomme, werde ich zu den bereits Verarzteten in einen gesonderten Raum gelegt. Von den Verwun-

174

deten höre ich, daß die Transportfähigen weiter nach Morosowskaja gebracht werden, wo sich ein großer Verbandplatz befinden
soll. Dennoch dauert es noch Stunden, bis ich wieder in eine Sanka
verladen werde.

Ein Trostpflaster für die Überlebenden

17. Dezember. Auf dem Wege nach Morosowskaja wird die Sanka des öfteren umdirigiert. Im Norden sollen die Sowjets wieder einen von Italienern gehaltenen Frontabschnitt durchbrochen haben und sind auf dem Wege nach Süden. Der Kanonendonner kommt aber noch aus der Ferne. Mich beschäftigt es nicht sonderlich, denn ich bin aus dem Kampfgeschehen ausgeschieden und betrachte meine Umgebung nur noch aus der Perspektive eines Liegenden. Wenn man mich nicht zwischendurch stört, bin ich am schlafen - sowohl in der Sanka als auch später in Morosowskaja. Ich hole den in den letzten Wochen so lange entbehrten Schlaf nach. Da ich mit meinem Gipsbein auch keine besondere ärztlich Betreuung brauche, weckt man mich auch nur zum Essen oder wenn ich eine Tablette schlucken soll.

18. Dezember. Ab dieser Zeit zählte ich nicht mehr die Tage. Darum weiß ich auch nicht, wie lange ich in Morosowskaja in diesem paradiesischen Schlaf gelegen habe, bis ich plötzlich von hohem Fieber geschüttelt wurde. Ich erhielt mehrere Spritzen und nahm verschwommen und unwirklich wahr, daß ich irgendwann an einem Bahngleis mit vielen anderen Verwundeten in einen Lazarettzug geladen wurde. Das Fieber stieg höher und vor meinen Augen entstanden grauenhafte Bilder, die mich schreien, wimmern und erschauern ließen. Ich habe nur eine schwache Erinnerung daran.
Als ich zwischendurch aufwache, höre ich himmlischen Gesang an meine Ohren dringen. Stille Nacht, heilige Nacht... es klingt wie aus weiter Ferne und wie Engelsgesang. Meine Augen sind noch geschlossen, und ich fühle mich zurückversetzt in meine Kindheit, als ich am Heiligabend noch an das Wunder der Christnacht glaubte. Der Gesang wird deutlicher und erfüllt die Luft und den

Raum um mich. Vorsichtig schlage ich die Augen auf und schaue verwundert umher. Wo bin ich?

Langsam wird meine Umgebung klarer und ich erkenne, daß ich oben in einem doppelstöckigen weißen Bett eines Lazarettzuges liege. Eine junge blonde Krankenschwester, mit einem roten Kreuz auf der Haube, steht neben meinem Bett und singt mit heller Stimme das Weihnachtslied. Einige Verwundete begleiten sie mit rauhen Kehlen.

An der Decke des Abteils schwankt ein kleiner künstlicher Weihnachtsbaum. Die dünnen, weißen Kerzen daran sind angezündet und spiegeln sich in dem aufgesteckten Silberstern und dem glitzernden Lametta. Der flackernde Kerzenschein zaubert einen feierlichen Glanz in den Raum. An meiner rechten Seite ist die Glasscheibe des Abteilfensters mit bizarren Eisblumen besetzt, dessen feine Filigrankristalle wie kostbares Geschmeide funkeln. Zwischendurch klirren leise die Scheiben, und es hört sich an wie das Läuten kleiner Glöckchen. Sogar das monotone Rattern der Räder scheint sich der Feierlichkeit des Augenblicks anzupassen.

Weihnachten! Das Fest zum Gedenken an Christi Geburt!... und Friede auf Erden und den Menschen ein Wohlgefallen, heißt es in der Weihnachtsgeschichte.

Friede? Wo ist denn Friede? Ich kenne nur Krieg - grausamen Krieg!

Mir ist es, als würde sich plötzlich der harmonische Rhythmus der Räder verändern und in ein hartes, drohendes Hämmern übergehen. Es dringt mir schmerzhaft in den Kopf. Ich schließe meine Augen und presse die heiße Stirn an die frostige Scheibe. Es kühlt nicht, sondern läßt nur die frostigen Gebilde am Fenster zerschmelzen.

Warum hört dieses Dröhnen der Räder und das Hämmern in meinen Schläfen nicht auf? Ich habe wieder Fieber! Es ist die schlimme Entzündung in meinem Knie. Ich fühle sie im ganzen Körper!

Ich presse meine Hände auf die Ohren, um das Hämmern nicht zu hören -, aber es nützt nichts! Dann höre ich wieder ein Lied. Es klingt wie durch einen Trichter: Oh, du fröhliche, oh du selige, gnadenbringende Weihnachtszeit... Klingt es nicht wie Hohn? Ja, wie die Verhöhnung all jener, die in dieser angeblich so fröhlichen und gnadenbringenden Zeit in den eisigen Schneelöchern dieser verfluchten russischen Erde liegen und von den grausigen Schneestürmen bereits zugedeckt sind?... Oder die gerade jetzt in den verschneiten Trümmern von Stalingrad sitzen und dem schaurigen Wind zuhören, der jaulend durch die Ruinen heult und ihnen das Lied vom Tod singt? Mich schaudert! Und während das Fieber ansteigt, habe ich schreckliche Visionen:

Ich sehe Gestalten, die zu Skeletten abgemagert sind und statt Uniformen nur noch zerfetzte Lumpen auf dem Leib tragen. Manche sind barfuß und haben nur Lappen um die Füße gewickelt. Einer davon ist Swina! Er läuft mit den anderen mit, aber keiner von ihnen schafft es, weiterzukommen. Sie fallen alle nach und nach in den Schnee, der sich unter ihnen blutrot färbt. Nur Swina steht noch!

Dann fällt er auf die Knie und betet. "Hilf mir - hilf mir doch!" fleht er mit erhobenen Händen. Plötzlich ist ein heller Schein am Himmel, und eine Stimme spricht zu ihm.

Ist Swina ein Heiliger? Als er die Stimme hört, duckt er sich tief auf den Boden. "Warum soll ich dir helfen, wenn du deine eigenen Brüder tötest?" sagt die Stimme mit einem grollenden Unterton.

Swina schreit es fast heraus: "Aber es sind nicht meine Brüder, es sind unsere Feinde!"

"Alle Menschen sind Brüder! Nur die Tiere darfst du töten, wenn es sein muß."

Swina ist erstaunt: "Das konnte ich nicht wissen, weil es mir niemand gesagt hat. Selbst deine Diener haben unsere Waffen gesegnet, bevor wir die anderen zu töten begannen?"

"Auch sie sind verblendet worden vom Schein dieser Welt, und von meinen Getreuen gibt es nicht mehr viele."

"Dann weißt du von dieser Verblendung? Und ich bin nur ein ganz einfacher Mensch. Wie konnte ich es erkennen? - Darum habe ich immer das getan, was man mir befohlen hat. Was konnte ich schon dagegen tun?"

"Jeder Mensch hat einen freien Willen. Den hast auch du, Josef Swinowski!" klagt ihn die Stimme an.

"Ich weiß, aber ich kenne niemand hier, der seinen eigenen Willen hätte durchsetzen können. Wir haben alle Angst vor der harten Bestrafung. Eigentlich habe ich immer im Leben Angst gehabt: Angst, etwas falsch zu machen, Angst, daß mich andere verhöhnen, Angst, Prügel zu bekommen und Angst, daß mich meine Kumpel für feige halten. Und jetzt habe ich Angst um mein Leben! Es ist alles so furchtbar! Alles um mich ist so rot und blutig. Sie wollen mich töten, denn auch unsere Feinde wissen nicht, daß wir ihre Brüder sind - sie metzeln uns einfach nieder. Rette mich! Hilf mir, diesem Grauen zu entrinnen."

"Ich kann dir nicht helfen, denn du hast es so gewollt. Du bist an Deinem Elend selbst schuld!"

Swina senkt den Kopf und stöhnt: "Also hast auch du mich verlassen?"

"Nein! Ich verlasse dich und auch die anderen nie." Und die Stimme wird grollend: "Aber ihr habt euch nach eurem freien Willen eure Götter gewählt. Seht nun zu, daß sie euch helfen!"

Swina fleht: "Aber sie helfen uns nicht! Sie haben uns schmählich im Stich gelassen, als wir sie brauchten. Es sind Götter, die sich nur selbst verherrlichen, und für die wir nur Mittel zum Zweck sind. Hilf du uns! Sie lassen uns sonst verrecken wie die räudigen Hunde!"

"Es ist zu spät, viel zu spät! Ihr hättet früher daran denken müssen. Jetzt sind der Opfer schon zu viele. Aber vielleicht wird der Tod deiner Kameraden nicht umsonst gewesen sein. Andere werden erkennen, daß das Blut immer auch über sie selbst kommen werde, so sie es an anderen vergossen haben. Und vielleicht wird es sie von neuem Blutvergießen abhalten."

Swina schlägt die Augen nieder und sagt gequält: "Also müssen ich und die anderen hier sterben?" Die Stimme schweigt. Und Swina ringt die Hände. Er jammert und betet. Er rauft sich die Haare, er ruft und fleht - aber die Stimme schweigt.

Dann kommen sie aus den Trümmern und Gräben heraus! Erdbraune und wohlgenährte Gestalten mit Pelzmützen auf den Köpfen und Kalaschnikows in den Händen. Sie lachen wie irre und kreisen Swina langsam ein. Er kann nicht mehr fort und schreit. Da stürzt plötzlich der kleine Grommel auf die Gestalten zu. Er hält eine Pistole in der Hand und richtet sie auf den Kopf des Nächststehenden - und drückt ab! Der Getroffene erstarrt und schaut Grommel aus erstaunten Augen an. Das Blut läuft ihm über das Gesicht und in den Hals. Mit einer müden Bewegung wischt er es mit dem Ärmel ab..., da erkenne ich ihn: "Meinhard!" schreie ich laut.
Eine kühle Hand legt sich auf meine schweißnasse, heiße Stirn, und eine sanfte Stimme sagt ein paar beruhigende Worte. Ich erkenne wie durch einen Schleier die junge Krankenschwester. Sie gibt mir zwei Tabletten und hilft mir, sie herunterzuschlucken. Danach schlafe ich erschöpft und traumlos ein.

26. Dezember. Erst am Nachmittag des zweiten Weihnachtstages bin ich wieder soweit, daß ich klar denken kann. Auf meinem Bett liegen die Weihnachtsgeschenke noch unberührt. Ich staune über die Reichhaltigkeit der Gaben. Alles Dinge, die wir schon monatelang entbehren müssen. Auch Zigaretten sind reichlich dabei. Ich stecke mir eine an und stelle fest, daß sie mir schmeckt. Ein Zeichen, daß ich wieder voll da bin. Aber es dauert noch eine Weile, bis ich so richtig begreife, wo ich mich befinde, und daß ich auch die vom Sani an der Kolchose vorausgesagte Blutvergiftung heil überstanden habe.
Der letzte schreckliche Traum fällt mir ein und ich wundere mich, daß ich ihn noch so deutlich vor Augen habe. Grommel und Swina haben sich, seit Swina bei uns im Bunker bei Businowka auftauchte, immer sehr nahegestanden. Das war wohl auch der Grund, daß Grommel Swinas Tod schon im Unterbewußtsein wahrnahm, noch bevor wir es von Warias erfahren haben. Damals am 13. Dezember, als Grommel im Bunker aus dem Schlaf aufsprang und den Namen von Swina laut herausschrie, weil er ihn in Gefahr sah. So etwas soll es geben, und ich hörte auch schon davon.

Mein Bettnachbar auf der anderen Seite des Ganges, der wie ich in dem oberen Bett liegt, ist gerade wach geworden und begrüßt mich mit einem freundlichen: "Na, von den Toten auferstanden? Freue mich, daß du endlich wach bist, Kumpel!" Ich grinse ihn an und sehe, daß er den rechten Arm wie einen Flügel hält. Später erfahre ich, daß die Landser es Stuka nennen, weil der Arm in einer starren Gipsschiene liegt und im hochgezogenen angewinkelten Zustand dem Flügel eines Stukas ähneln soll. Diese Schiene wird meist bei einem Schußbruch angewendet, sagte man. Auch mein Bettnachbar muß eine ähnliche Verwundung haben, vermute ich.

Von ihm erfahre ich, daß wir gestern in Stalino gehalten haben und einige Leichtverwundete ausgeladen wurden. Nur die schweren Fälle und die Fieberkranken hat man in den Betten gelassen. Die freien Betten sind aber wieder neu belegt worden.

"Jetzt geht es in Richtung Heimat", erzählt er mir frohgelaunt. "Über Krakau nach Schlesien, und von dort habe ich es nicht mehr weit nach Hause."

"Wo bist du zu Hause?" frage ich ihn.

"In Marienbad im Sudetenland", sagt er mit einem auffallenden Stolz. Dann beschreibt er mir sein Heimatstädtchen so, als wäre es das schönste Fleckchen Erde auf der Welt, und ich verspüre den Wunsch, dieses Örtchen einmal kennenzulernen. In diesem Moment ahne ich noch nicht, daß mich der Sog des Krieges in seiner Endphase tatsächlich in das idyllisch gelegene Kurstädtchen hineinziehen sollte. Zweifellos hat dieses Gespräch mit meinem Bettnachbarn dazu beigetragen, daß ich nach meiner sechsten und letzten Verwundung dort in einem Lazarett gelandet bin.

In der nächsten Stunde erzählt er mir seine ganze Lebensgeschichte und sogar, daß er demnächst die väterliche Schreinerei vergrößern wird, um nur noch mit den großen Baufirmen in Eger und Karlsbad zusammenzuarbeiten. Entweder ist er ein Phantast oder ein Spinner, der mich auf den Arm nehmen will. Wie sonst kann ein Soldat wie er in dieser Zeit daherreden, als wäre der Krieg schon gewonnen und vorbei? Auch seine Verwundung wird bald ausheilen, und sie bietet ihm im Grunde nichts weiter als eine Verschnaufpause zwischen den Fronteinsätzen.

"Wo bist du verwundet worden?" frage ich.

"In Stalingrad, am 10. Dezember", sagt er, und ich sehe, wie es in seinem Gesicht zuckt. Das Wort "Stalingrad" steht plötzlich wie eine drückende Last im Raum. Die Mehrzahl der Verwundeten kommt aus Stalingrad oder wie ich vom Rande des Kessels vom Don oder Tschir.

"Habe gerade noch Schwein gehabt, da herauszukommen. Jetzt soll es schon verdammt schwierig sein."

"Wieso?" frage ich, weil ich ja seit Tagen nichts mehr über die Kampflage gehört habe.

"Weil es jetzt für die im Kessel zappenduster geworden ist", mischt sich ein anderer Verwundeter ein, der irgendwo unter uns in einem Bett liegt. "Die letzte Hoffnung, daß Hodt mit seinen Panzern den Kessel von außen sprengt, ist nun auch in die Binsen gegangen. Ihn brauchen sie jetzt an anderen Stellen."

Andere Verwundete mischen sich ein. Sie schimpfen offen über die oberste Kriegführung. Einer sagt wutentbrannt, daß der Teufel die Bande holen soll. Keiner spricht dagegen, denn jeder hat das Gefühl, daß er es nicht ohne Grund sagt. Er und einige andere waren selbst im Kessel und haben erlebt, wie man ihnen Hoffnungen und Versprechungen machte, sie doch noch herauszuholen. Bis es dann zu spät war und sie erkannten, daß die 6. Armee in Stalingrad geopfert werden sollte.

Nur ein kleiner Bruchteil von ihnen hatte das Glück, mit einer Verwundung noch rechtzeitig herausgeflogen zu werden. Jetzt soll auch das nur noch unter allerschwersten Bedingungen möglich sein, sagen sie. Einer, der einen Kopfverband trägt und nur auf einem Auge sehen kann, schimpft auf den letzten Wehrmachtsbericht, der das Desaster in Stalingrad herunterspielt und den Untergang der 6. Armee als die heroische Tat opferbereiter deutscher Soldaten hochstilisiert.

"Ich glaube, ich würde mir eine Kugel durch den Schädel jagen, bevor ich mich dem Iwan ergebe", höre ich jemand sagen.

Ein anderer meint, daß er es niemals tun würde, solange er noch ein Fünkchen Hoffnung hätte.

"Hoffnung! Was für ein Wort?" sagt der erste bitter. "Ich habe es jetzt lange genug gehört. Aber ich glaube, daß sich nicht jeder eine Kugel in den Kopf jagen könnte, da gehört schon Mut dazu."

"Mut?" höre ich wieder den mit dem Kopfverband. "Daß ich nicht lache. Ich glaube, daß verdammt mehr Mut dazu gehört, in russische Gefangenschaft zu gehen. Sie wird weit schlimmer sein als der Tod!"

Danach schweigen sie alle..., bis mein Bettnachbar plötzlich einen Schrei unterdrückt und mich veranlaßt, in sein schmerzverzerrtes Gesicht zu sehen. Er beißt die Zähne aufeinander und stöhnt: "Jetzt packt mich wieder der verdammte Krampf!" Er richtet sich dabei halb auf und greift mit der freien Hand unter die Bettdecke. An seinen Bewegungen erkenne ich, daß er anscheinend sein Bein massiert.. Als er mich ansieht, liegt ein klägliches Lächeln um seinen Mund, und seine Worte klingen fast wie eine Entschuldigung: "Mein Stumpf schmerzt nur noch von Zeit zu Zeit, aber dann habe ich immer das Gefühl, als wäre das ganze Bein bis zu den Zehen noch dran. Der Arzt sagt, daß es sich um Phantomschmerzen handelt."

Erst jetzt begreife ich unsere vorangegangene Unterhaltung über seine Pläne mit der väterlichen Schreinerei, die ich für reine Phantasterei hielt. Im Stillen bitte ich ihm den "Spinner" ab, für den ich ihn irrtümlicherweise hielt. Der Krieg ist für ihn tatsächlich zu Ende. Aber dafür hat er neben der leichteren Armverwundung einen kostbaren Teil seines Körpers geopfert. Ich bewundere ihn um seinen Optimismus, in diesem Zustand schon an Zukunftspläne zu denken. Wer weiß, ob ich es so gefaßt ertragen könnte, wenn ich wüßte, ab sofort nur noch mit einem Bein durch die Welt laufen zu müssen.

Nicht jeder ist so stark im Nehmen, und manche können auch normale Schmerzen nicht gut verstecken. Auch der Verwundete unter mir muß zu dieser Kategorie gehören, denn schon seit ich wach bin, höre ich ihn ohne Unterlaß wimmern. Ich luge neugierig über den

Bettrand und sehe, daß auch sein linker Arm und seine Schulter in eine Art "Stuka" eingebunden sind. Sein Gesicht kann ich nicht erkennen. Sein Wimmern ist nicht zu überhören, und es kann einem ganz schön auf die Nerven gehen. Vor allem stört es die schwerer Verwundeten in ihrem Genesungsschlaf.

Dem Landser mit dem Kopfverband und dem einen Auge wird es dann auch zuviel. Zum Wimmernden gewandt schimpft er laut: "Nun halt doch endlich mal deine Schnauze! Mit deinem ewigen Gewinsel machst du uns noch alle meschugge!"

Der so Angesprochene reagiert nicht, sondern stöhnt eher noch lauter.

"Was hat er denn?" frage ich einen Verwundeten, der in einem anderen Bett auf dem Bettrand sitzt und seine Füße herunterbaumeln läßt.

"Glaube, eine Schußverletzung am Arm und an der Brust. Sollen aber nur Fleischwunden sein. Könnte sich ruhig etwas zusammenreißen, der Weichling, und Rücksicht auf uns andere nehmen. Sind viele da, die weit schlimmer dran sind und nicht so stöhnen wie er."

Der es sagte, hat einen Gipspanzer um die Brust, und weil er wie ich auf der rechten Bettenseite liegt, trägt er seinen "Stuka" links. Er greift unter sein Kopfkissen und holt ein dünnes Stöckchen hervor. Damit stochert er zwischen Gipspanzer und Körper genüßlich herum. Dabei stößt er ab und zu ein zufriedenes Grunzen aus: "Ach, ist das eine Wohltat!"

Wohltat ist die richtige Bezeichnung dafür. Darum bitte ich ihn, mir nachher sein Stöckchen auszuborgen, um auch mir den starken Juckreiz unter dem Gips ein wenig zu lindern, den mir die herummarschierenden Läuse verursachen.

Dann ist plötzlich die freundliche blonde Schwester bei uns. Sie geht zuerst zu dem Wimmernden und beruhigt ihn. Sein Gejammer wird stärker, und er sagt mit kläglicher Stimme, daß er die Schmerzen nicht mehr aushalten kann. "Bitte Schwester, geben Sie mir eine Schmerztablette!"

Die Schwester droht ihm freundlich mit dem Finger. "Aber Krüger, Sie müssen sich schon etwas mehr zusammennehmen. Sie wissen doch, daß der Oberstabsarzt es nicht gern sieht, wenn wir außer der Reihe Schmerztabletten ausgeben."

"Ja, Schwester, aber ich kann sonst die ganze Nacht nicht schlafen", stöhnt er.

Die Schwester läßt sich erweichen und schüttet aus einem Schraubglas, das sie unter ihrer Schürze hervorholt, zwei Tabletten heraus. Sie gibt sie ihm mit der Ermahnung: "Aber zur Nacht nur eine, Krüger. Die anderen heben Sie für morgen früh auf, damit Sie ihre verwundeten Kameraden nicht so früh stören." Als sie aus dem Abteil geht, zwinkert sie uns schelmisch zu. Nach einer Weile hört tatsächlich das Winseln auf, und der verwundete Krüger schläft ein. Der mit dem Kopfverband kommt zu mir ans Bett und zischt mir zu: "Schon seit Tagen immer das gleiche Theater mit dem Kerl. Jetzt bildet er sich tatsächlich ein, daß seine Schmerzen weg sind. Dabei hat er nur wieder eine ganz gewöhnliche Halstablette gefressen."

"Was?" Ich kann mir ein Grinsen nicht verkneifen und will eine witzige Bemerkung machen.

Er zischt wieder: "Mensch, halt nur die Klappe. Kein Wort darüber. Wenn er es spitz kriegt, wird sein Gezeter nur noch verrückter. Sei froh, daß er wenigstens nachts Ruhe gibt."

27. Dezember. Er blieb über Nacht tatsächlich ruhig. Nur das unterdrückte Stöhnen eines Schwerverwundeten oder der Aufschrei eines Fiebernden unterbrachen von Zeit zu Zeit das monotone Rattern der Räder. Erst nach dem Wecken geht das Jammern wieder los. Ich habe den Eindruck, daß dieser Krüger die Wirkungsdauer einer Tablette auf seiner Uhr genau abstoppt.

28. Dezember. In Krakau werden wir jedoch von ihm erlöst. Dort wird er mit anderen ausgeladen. Nachdem die Betten wieder frisch bezogen sind, kommen andere hinein. Einen Tag später ist auch für mich Endstation. In Bad Salzbrunn bei Hirschberg, am Fuße des Riesengebirges, werde ich mit einigen anderen ausgeladen. Ich

verabschiede mich von meinem Bettnachbarn, der noch weitertransportiert wird.

29. Dezember 42 bis 20. Januar 43. Nachdem wir durch die Entlausungskammer geschleust wurden, legte man uns in die sauberen Betten eines neueingerichteten Lazaretts. Der weitere Aufenthalt verlief für mich sehr ruhig, aber auch so eintönig, daß ich kaum mehr eine Erinnerung daran habe. Sie zerschmolz in meinem Kopf fast so schnell, wie der überreife Harzer Käse, den sie uns jeden zweiten Tag als Verpflegung auf den Teller des Nachtkästchens legten.

Nur über den spitzköpfigen Oberstabsarzt mit den vorstehenden Froschaugen habe ich einige Notizen gemacht. Er hatte mich nach dem Aufschneiden meines Gipsbeines doch tatsächlich in Verdacht, ein durchtriebener Drückeberger und Simulant zu sein. Der Froschäugige fragte mich sogar mit hämischen Blicken, wie ich es wohl fertig gebracht habe, daß man mir das Bein eingegipst hätte. Er fummelte lange an dem von Dreck und Läusebissen verschorften Bein herum und befahl mir barsch, gefälligst aufzustehen und mich nicht so anzustellen. Danach drohte er mir sogar mit einem Bericht an das Kriegsgericht und knurrte was von Drückeberger, Feigheit vor dem Feinde und ähnlichem.

Es war aber auch kurios! Auch ich konnte von meiner Verwundung kaum etwas entdecken, wüßte ich nicht genau die Stelle der Splitterverletzung. Die etwa erbsengroße, leicht gerötete Narbe konnte man genauso gut für eine der vielen Abschürfungen halten, die durch die Läuse hervorgerufen wurden und fast das ganze Bein bedeckten.

Erst die Röntgenaufnahme rehabilitierte mich von dem schändlichen Verdacht. Ich beobachtete, wie der froschäugige Militärarzt ungläubig auf den deutlich sichtbar gezackten Splitter glotzte. Bei mir, einem gewöhnlichen Landser, hatte es ein Militärarzt anscheinend nicht nötig, sich zu entschuldigen. Er fand es deshalb auch als ausreichend, mir etwas vorzunuscheln. Es gab unter den Verwundeten immer auch welche, die sich selbst verstümmelten oder alle

187

möglichen Tricks anwendeten, um sich vor der Front zu drükken. Bei den anschließenden Bewegungsübungen stellte ich fest, daß mir der Splitter keinerlei Beschwerden machte. So konnte ich ihn als einen glücklichen Heimatschuß betrachten, der mich mit Gottes Hilfe vor einem bitteren Schicksal bewahrt hatte.

Inzwischen erfuhren wir, daß die Versorgung nach Stalingrad sowie die Verwundetentransporte durch die Luft nicht mehr durchgeführt werden konnten. Damit war der Untergang der 6. Armee besiegelt. Wir können es alle nicht fassen, daß wirklich keine Möglichkeit mehr besteht, die Männer aus Stalingrad herauszuholen. Ob wir jemals erfahren werden, wie und warum es zu dieser Katastrophe gekommen ist?

Was sollten da noch die großen Worte von Vergeltung, und daß die Opfer der Gefallenen und Verwundeten nicht umsonst gebracht wurden. Wer dabei war, kennt die banale Abgedroschenheit dieser Phrasen.

21. Januar 1943. Heute wurde ich aus dem Lazarett entlassen und erhielt bis zum 12. Februar Genesungsurlaub. Endlich wieder daheim! Aber ich bin in meinem Innern nicht mehr so frei und unbelastet wie früher. Ich kann das Erlebte nicht so einfach mit einer Handbewegung wegwischen. Mein Fell ist nicht dick genug.

Unser kleines Städtchen spürt noch nichts vom eigentlichen Krieg. Hier sterben noch die alten Leute an ihren Gebrechen friedlich im Bett. Danach werden sie in einem schönen Sarg feierlich zu Grabe getragen und erhalten einen schönen Marmorstein mit Inschrift. Die Toten, die ich sah, hat man entweder einfach in eine Zeltbahn gesteckt und verscharrt... oder sie sind liegengeblieben, bis der Schnee ihre steifgefrorenen Körper irgendwann zugedeckt hat.

Als ich durch die Straßen unseres Städtchens gehe, beachtet man mich kaum. Warum auch? Soldaten laufen überall herum und viele Menschen sind darunter, die ich nicht kenne. Ein einfacher Landser mit einem bronzenen Verwundetenabzeichen ist zu unscheinbar, als daß man ihn beachten würde. Man erhält es ja schon, wenn man mal einen kleinen Splitter unter der Kniescheibe erwischt hat. Nur einige Bekannte fragen nach dem Fronteinsatz. Wenn ich es ihnen erzähle, werden sie neugierig. Aber nicht einer kann sich rühmen, daß er von mir die Wahrheit erfahren hat.

Was soll ich ihnen auch sagen? Daß wir voller Angst bei Nacht und Nebel vor dem anrückenden Feind geflohen sind, um dem Kessel von Stalingrad zu entrinnen? Oder daß wir wie Hasen über den zugefrorenen Don gehetzt sind, um unser armseliges Leben in Sicherheit zu bringen? Nein -, sie würden es nicht verstehen. Sie würden es höchstens als Feigheit ansehen, wenn ich sagte, daß viele unserer Kameraden mit einer Kugel im Rücken gefallen sind. Für viele würde der Himmel einfallen, weil für sie deutsche Soldaten das sind, was sie täglich in den Wehrmachtsberichten hören: Helden, die nur vorwärtsstürmen! Und wenn sie fallen, dann nur während eines Angriffs oder in der Verteidigung. Sie geben nicht eine Handbreit Boden auf, es sei denn, daß sie aus taktischen Gründen einen Befehl dazu erhalten. Seht doch nach Stalingrad - dort habt ihr den besten Beweis!

Obwohl mich in der ersten Zeit meines Urlaubs nachts noch böse Träume quälen, versuche ich, die Tage so gut wie es geht zu genießen. Bei uns in Masuren liegt noch überall der Schnee, und unser See ist noch zugefroren. Aber hier bin ich zuhause und kann ohne Angst im warmen Federbett schlafen. Meine Mutter, mit der ich immer tief verbunden bin, ist um mich besorgt und liest mir jeden Wunsch von den Augen ab. Mein Vater, der auf dem Bürgermeisteramt eine maßgebende Rolle spielt, hat mich und meine zwei Schwestern übertrieben streng erzogen. Er ist ein Egoist, und ich habe kein besonderes Verhältnis zu ihm.

Daß er mir aber durch seine Verbindungen jede Menge Zigaretten besorgt, die es schon lange auf Bezugsscheine gibt, versöhnt mich ein wenig mit ihm. Ich habe deshalb immer so reichlich Zigaretten, daß ich einen Teil davon auch an meine Freunde abgeben kann, mit denen ich mich fast jeden Abend treffe. Es sind nur wenige, die wie ich gerade Urlaub haben. Und ich bin der einzige, der in den

Kämpfen um Stalingrad verwundet wurde. Aber unser Thema ist nicht der Krieg, sondern ein weit schöneres: Mädchen! Leider sind viele junge Mädchen aus unserem Städtchen dienstverpflichtet und in ganz Deutschland verstreut, wie auch meine beiden Schwestern. Da wir jungen Burschen noch keine feste Freundin haben, suchen wir immer nach netten Mädchen, die uns Gesellschaft leisten.

13. Februar 43. Ich muß wieder zurück in die Kaserne nach Insterburg. Allerdings erst zur Genesungskompanie. Die Genesungskompanie beim Ersatzbataillon in Insterburg ist das Sammelbecken aller Verwundeten unserer militärischen Einheit. Sie bleiben eine gewisse Zeit dort, bis sie irgendwann wieder den Regimentern und Schwadronen zugeführt werden. Im Genesungsblock geht es lockerer zu als in den Ausbildungskompanien. Man gönnt den Landsern nach ihrem Lazarettaufenthalt oder dem Genesungsurlaub noch eine weitere Erholungspause. Es wird viel gefeiert. Fast täglich treffen Genesende ein, die man für tot oder vermißt hielt, weil niemand wußte, ob sie als Verwundete noch aus dem Kessel von Stalingrad herausgeflogen werden konnten oder drin bleiben mußten.

14. Februar. Auf dem Wege zur Schreibstube begegnen mir einige leicht angetrunkene Landser. Sie empfangen mich mit "Hallo", obwohl wir uns nicht kennen. Ein Oberschnäpser, so nennen sie hier die Obergefreiten, klopft mir auf die Schulter und bietet mir einen Schluck Wacholderschnaps aus der Flasche an, den ich mit angehaltenem Atem herunterschlucke.
Als ich nach meiner Anmeldung aus der Schreibstube komme, knalle ich gegen eine große gefüllte Kaffeekanne aus Aluminium, die ein Landser in der Hand trägt. Der brühendheiße Kaffee spritzt auf meine gepflegte Urlaubsuniform. Ich starre noch ärgerlich auf den dampfenden, dunklen Fleck auf meiner Hose, als mich der Kaffeeholer auch schon anbrüllt: "Mensch, Günter, du alter Krummstiebel, hast du Tomaten auf den Augen?"
Mir bleibt die Spucke weg! Steht da doch in voller Lebensgröße der immer hungrige Hans Wichert vor mir, den ich seit Rytschow für

190

vermißt oder tot halte. Ehe ich etwas sagen kann, knallt er mir schon die Hand auf die Schulter und sagt: "Willkommen im Kreis der Auferstandenen!" Ich habe ihn noch als verhungertes Skelett in Erinnerung, als er am 13. Dezember vor mir aus der Stellung sprang und unter dem wahnsinnigen Panzerbeschuß zum Hügel hinüberlief.

"Du hast dich aber mächtig verändert", sage ich und meine sein rundes Gesicht und die kräftige Figur.

"Na, du siehst aber auch nicht gerade aus wie ein klappriger Panjegaul", kontert er. Dabei grinst er breit und betrachtet mich von oben bis unten.

Während wir uns noch in der Wiedersehensfreude auf die Schulter klopfen, fällt ihm der Kaffee wieder ein. "Au, verdammt, der Kaffee! Die Kumpel warten schon darauf, sonst müssen sie ihr Kommißbrot trocken herunterwürgen." Er packt mich am Arm: "Los, komm mit! Kannst gleich bei uns auf der Bude bleiben, haben noch zwei Betten frei."

Vor einer Tür stellt Wichert die Kaffeekanne ab und grinst wieder. "Hab' noch 'ne Überraschung für dich! Aber setz' dich nicht gleich auf den Arsch, wenn du da jemand siehst, den du sicher nicht erwartest." Ich bin neugierig und will die Klinke niederdrücken...

"Stop! Nicht so hastig. Immer schön langsam und dann mit 'nem Ruck!" Wichert hält mich zurück und öffnet vorsichtig die Tür. Er zieht aber den Kopf sofort wieder zurück, und ich höre, wie etwas Schwabbliges gegen die Tür klatscht.

"Vorsicht!" Die Mistkäfer werfen mit Stinkerkäse. Hab' dir ja gesagt, daß sie auf mich sauer sind, weil sie so lange auf den Kaffee warten mußten." Aus der Bude kommt Gelächter.

"Los!" fordert er mich auf. "Wir nehmen die Bude im Sturm!" Er stößt mit dem Fuß die Tür auf und stürmt, die große Aluminiumkanne als Schutzschild vor sich haltend, in den Raum. Die Wurfgeschosse aus Stinkerkäse klatschen uns um die Ohren. Die Landser grölen! - Dann sehe ich ein sommersprossiges Gesicht mit einem rötlichen Haarschopf vor mir.

"Warias!" rufe ich erstaunt und freudig. Ja, es ist tatsächlich der lange Warias, der aufspringt und auf mich zukommt. Herzliche Begrüßung und Wiedersehensfreude.

Ich höre, daß Warias und Wichert ihren Genesungsurlaub noch vor sich haben, weil sie erst aus dem Lazarett gekommen sind. Sie sollen ihn demnächst antreten. Wir haben uns viel zu erzählen. Weil es aber in der Stube zu unruhig wird, suchen wir uns einen ruhigen Tisch in der Kantine.

In der Kantine zaubert Warias eine Flasche ostpreußischen Bärenfang auf den Tisch. Es ist ein süffiges Getränk aus Honig und Alkohol, mehr ein Likör; ich habe ihn lieber als den widerlichen Wacholderschnaps.

"Was glaubst du, woher ich den habe?" fragt er lauernd mit einem versteckten Schmunzeln in seinem sommersprossigen Gesicht.

"Das wirst du mir gleich sagen."

"Den hat mir die blonde Kellnerin aus dem Tivoli besorgt", strahlt er voll Stolz.

Ich staune: "Dann brauche ich wohl nicht mehr die Grüße zu bestellen, die du mir bei meiner Verwundung aufgetragen hast? Aber da bleibt dann noch die Runde fällig, die du bestellen wolltest?"

"Klar, was hast du denn gedacht? Was Helmut Warias verspricht, hält er auch." Der Lange klopft sich bekräftigend auf die Brust. "Aber zuerst gehe ich noch in Urlaub, das müßt ihr mir noch gestatten."

Dann ändern wir das Thema und sprechen von dem, was wir inzwischen erlebt haben. Ich bin zuerst dran und erzähle von meiner Verwundung und von der Sache mit dem froschäugigen Militärarzt im Lazarett. Danach schildert Wichert, wie er nach dem fürchterlichen Lauf über den Don mit noch zwei anderen im Schnee herumirrte und erst am nächsten Tag auf eine zurückflutende Truppe stieß, die aus Troßleuten einer Luftwaffen-Feldeinheit bestand. Nachdem sich ihnen noch andere Versprengte anschlossen, wurde der Rückzug unterbrochen und man schickte sie wieder in die Gräben. Irgendwo südlich vom Tschir hat es ihn Anfang Januar erwischt. "Oberschenkeldurchschuß mit Knochenverletzung", sagt

Wichert. Die Heilung hat aber lange gedauert, weil die Wunde immer wieder eiterte.

Warias erzählt uns, daß er noch bis Mitte Januar bei einer Kampfgruppe war, die sich immer wieder kämpfend langsam nach Süden abgesetzt hätte. Am 17. Januar 43 sei er dann bei Konstantinowka am Don durch einen Granatsplitter am Hals verwundet worden. Wir sehen seine tiefe Narbe unter dem linken Ohr.

"Und was ist mit Grommel und Seidel?" frage ich.

Ja, mit Seidel wäre er auch eine Zeitlang zusammen gewesen, berichtet er. Aber Ende Dezember hätte ihm eine Granate beide Beine weggerissen. "Er ist vor unseren Augen langsam verblutet", sagt Warias leise. Danach schweigt er. Wir lassen ihm Zeit, diese Erinnerung zu verarbeiten. Erst nachdem er zwei Gläschen Bärenfang getrunken hat, frage ich ihn erneut nach Grommel. Ich ahne, daß auch er gefallen ist.

Warias nickt und hat die Augen geschlossen. "Wie und wann ist es geschehen?"

"Schon ein paar Tage nach deiner Verwundung, in der Nähe von Nishne Tschirskaja."

In meinen Gedanken sehe ich den kleinen Grommel mit dem bleichen Gesicht und den immer traurigen Augen vor mir. Er konnte nicht auf den Feind schießen, und als ich ihn beobachtete, schloß er einfach die Augen, wenn er seinen Karabiner abdrückte. Warum er es tat, werde ich wohl nie erfahren.

Warias muß meine Gedanken erraten haben. Er legt seine Hand auf meinen Arm: "Ja, auch ich habe es gewußt. Doch einige Stunden, bevor er gefallen ist, hat er mir anvertraut, daß ihm seine Religion verbiete, auf Menschen zu schießen. Vor Gott wären wir alle Brüder, sagte er zu mir." Mich durchläuft ein richtiger Schauer. Ich muß unwillkürlich an meinen Fiebertraum über Swina denken und an die Stimme, die zu ihm aus dem Licht sprach.

"Aber der Kleine war kein Feigling! Bevor er starb, hat er mir und einigen anderen das Leben gerettet", erzählt Warias weiter. "Ich werde es nie vergessen! - Es war während der Kämpfe westlich von Nishne-Tschirskaja, wo wir am Tage zuvor einen feindlichen Angriff abwehrten. Über Nacht schlug das Wetter um, und wir bekamen einen schlimmen Schneesturm. Dadurch bemerkten wir den russischen Angriff erst, als sie schon auf unsere Stellungen zustürmten. Wir hatten Gott sei Dank einige Panzer zur Unterstützung, die sofort in die Angreifer hineinfeuerten. Aber einige Russen erreichten dennoch unseren Graben, und ein bulliger Russe wütete mit seiner Maschinenpistole wie ein Wahnsinniger. Plötzlich kniete das Ungeheuer seitlich auf unserer Deckung und hielt seine Maschinenpistole direkt auf mich und die anderen. Ich spürte schon die heißen Garben in meinem Körper, als ein Landser neben ihm hochsprang und ihm seinen Gewehrkolben gegen die Brust rammte. Der Russe kippte zur Seite, und die Kalaschnikow fing an zu rattern. Die ganze Garbe ging in den Körper des Landsers, der sofort wieder in den Graben zurückfiel.

Den bulligen Russen haben wir sofort erschossen, aber weil der Kampf noch weiterging, konnte sich niemand um den Gefallenen kümmern. In dem Schneetreiben haben wir auch nicht erkennen können, wer es war. Erst nachdem wir die Russen abgewehrt hatten, sah ich, daß es unser kleiner Grommel war, der uns das Leben gerettet hatte. Sein Körper war buchstäblich von Kugeln durchsiebt, und er war auf der Stelle tot. Beim Zurückgehen haben wir unsere Toten mitgenommen. Der Kleine wurde dann mit vielen anderen in Nishne-Tschirskaja begraben."

Danach schweigen wir, und jeder hängt seinen Erinnerungen nach. Vor meinen Augen entstehen die Bilder der vielen Toten in der Igelstellung am Don und vor allem auch der toten Kameraden, die ich näher kannte und die mir lieb und teuer waren.

Die Stille an unserem Tisch unterbricht ein Unteroffizier. Er klopft zur Begrüßung dreimal auf die Tischplatte und sagt lachend: "Na, was macht euch denn beim guten Bärenfang so nachdenklich?"

Wir erkennen ihn nicht sogleich, doch als er seine Pfeife herausholt, sie gemütlich stopft und anzündet, geht mir ein Licht auf: "Obergefreiter Marzog, unser Wagenältester im Zug nach Stalingrad!" platze ich heraus. Dann erinnere ich mich an das Gespräch mit ihm über die Anrede 'Herr', die erst beim Unteroffizier anfängt.

Darum reagiere ich sofort und sage: "Entschuldigen Sie, *Herr* Unteroffizier."

Sein Lachen löst unsere Unsicherheit. "Mensch, Kumpel, immer noch die gleiche Masche oder willst du mich verscheißern? Klar, bin jetzt Unteroffizier und bilde Rekruten aus, aber für euch immer noch der Kumpel, der einen Bärenfang auch nicht verachtet." Er streckt uns lachend die Hand hin und sagt: "Mein Vorname ist Gerhard, und jetzt könnt ihr mir ruhig einen einschenken." Warias ist schon dabei.

Wir erfahren von ihm, daß er damals bei unserer Ankunft nach dem Gewaltmarsch sofort wieder zum Troß seiner alten Schwadron gekommen war und von dort wieder in Stalingrad eingesetzt wurde. Es hat ihn aber bereits am 16. November zum drittenmal erwischt, und noch bevor der Kessel zu war, hat er schon im Lazarett gelegen. Von Gerhard Marzog erfahre ich auch, daß Obergefreiter Gralla, der mir am 13. November in Stalingrad jenes Feuerzeug schenkte, das mir das Leben rettete, am Tag seiner eigenen Verwundung bei einem Gegenstoß gefallen war. Wir hatten nichts davon mitbekommen, weil Gralla einer anderen Schwadron angehörte. Marzog schafft es mit seiner lockeren Art dennoch, daß dieser Abend nicht in eine Trauerfeier ausartet.

15. März 43. Ich bin bereits vier Wochen in der Genesungskompanie. Die Zeit ist mir wie im Fluge vergangen. Als Warias und Wichert heute ihren Genesungsurlaub antreten, begleite ich sie bis zum Bahnhof. Danach sollten Monate vergehen, bis wir uns wiedersehen.

20. April. In der Genesungskompanie schwirrt die Parole herum, daß es für die Überlebenden der 6. Armee ein Stalingrad-Ehrenschild geben soll. Einige klarsichtige Landser glauben nicht daran. Und wenn, hätten sie sich ein sichtbares Zeichen dieser Niederlage niemals an die Uniform geheftet. Nach einiger Zeit hören wir auch nichts mehr davon. Aber als Trostpflaster erhalten alle Stalingradkämpfer einen Zusatzurlaub in Form eines mehrwöchigen Aufent-

halts in einem Wehrmachtserholungsheim. Zuerst bringt mich das in Konflikt, weil ich zwar Schweres hinter mir habe und auch kurz in Stalingrad war, mein Los aber nicht mit dem im Kessel untergegangenen Kameraden gleichsetzen möchte. Es wird jedoch nicht unterschieden, wie lange man in Stalingrad oder außerhalb des Kessels als Angehöriger der 6. Armee gekämpft hat.

2. Mai. Es hat zwei Wochen gedauert, bis ich den Bescheid für meinen Erholungsurlaub erhalten habe. Bevor ich meine Reise antrete, darf ich mir noch einen Gefreitenwinkel an den Ärmel heften, der mit einer kleinen monatlichen Gehaltserhöhung verbunden ist, für die wir uns in dieser Zeit allerdings nicht viel kaufen können. Den Sommerurlaub verlebe ich in einem Wehrmachtserholungsheim in Radom in Polen. Die Zeit verläuft erholsam und ruhig. Inzwischen ist es bereits Anfang Juni. Das Wetter ist schön, und am Ende komme ich mit einer frischen gesunden Bräune zurück.

3. Juni. Die Mannschaft in der Genesungskompanie hat sich stark verringert. Die am längsten hier gewesen sind, werden nach und nach zu ihren Einheiten geschickt, die sich zu dieser Zeit in Nordfrankreich befinden. Dort warten auch bereits die von Rußland übriggebliebenen Reste der Division darauf, mit neuen Rekruten und den Genesenden zur normalen Kampfstärke aufgefüllt zu werden.

Allerdings habe ich den Eindruck, daß man die Genesungskompanie nicht vollends entblößen will und darum einen Teil der Landser noch dabehält. Ich gehöre mit dazu und verlebe einige weitere ruhige Wochen, in denen ich einige neue Freundschaften schließe, z. B. mit Otto Kruppka, einem lustigen und unbeschwerten Typ. Er ist zwei Jahre älter als ich, schon Obergefreiter und mit dem EK II dekoriert. Von Beruf ist Otto Oberkellner. Eines Tages, es ist bereits Ende Juni, sucht der Spieß Leute, die etwas von Landwirtschaft verstehen. Sie sollen in der Umgebung von Insterburg den Bauern beim Einbringen der Heu-und Getreideernte helfen und dort auch übernachten und verpflegt werden. Eine tolle Abwechslung, meinen wir. Ich melde mich mit Otto auf der Schreibstube.

Während ich dem Schreibstubenbullen eine Schachtel Zigaretten zustecke, damit er mich als landwirtschaftstauglich einträgt, schafft es Otto mit seiner Überredungskunst. Eigentlich brauche ich nicht flunkern, denn schon während meiner Schulzeit habe ich häufig bei den Bauern während der Kartoffel-, Getreide- und Rübenernte geholfen.

28. Juni. Wir werden mit Fahrzeugen zu den Bauern gebracht und dort aufgeteilt. Ich kann mit Otto zusammenbleiben. Die Bauernarbeit macht mir Spaß, weil ich wieder etwas für meine Muskeln tun kann. Otto stöhnt unter der Last der Arbeit, die er nicht gewohnt ist. Sie ist hart, und am Abend sind wir müde. Doch am Sonntag fahren wir mit den Fahrrädern in den nahegelegenen Marktflecken Kreuzingen, der sich großspurig Stadt nennt. Nach knapp zwei Wochen erhalten wir bereits die Order, zur Kaserne zurückzukehren.

Frankreich und die italienische Partisanenjagd

11. Juli. In der Genesungskompanie erwartet Otto und mich ein Marschbefehl nach Frankreich zur 1. Schwadron - I. Abteilung der neu aufgestellten Division. Unsere Schwadron befindet sich zur Zeit in Flers in der Normandie. Wir gehören zu einer Gruppe von vierzehn Landsern, die mit einem Fahrzeug zum Bahnhof gefahren werden.

Frankreich! Ich kenne es nur von den Schilderungen einiger älterer Landser. Einige aus unserer Gruppe waren bereits einige Monate im Frühjahr 1942 dort, während die Division nach der Umrüstung zur Panzerdivision weiter ausgebildet wurde. Ein älterer Oberschnäpser leckt sich jedesmal mit der Zunge über die Lippen, wenn er von Frankreich spricht. Dabei schnippt er sich geziert einige nicht sichtbare Staubkörnchen von der Uniformjacke. Manchmal küßt er auch mit verdrehten Augen die Spitzen von Daumen, Mittel- und Zeigefinger und sagt verzückt: "Oh, la, la, très bien, ein Paradies!"

12. Juli. Die Fahrt im Personenzug verläuft am Anfang etwas eintönig. Aber in meinem Abteil sitzen auch zwei Obergefreite mit dem EK II, die sich nach einem kurzen Nickerchen über Frankreich unterhalten. Ihr Gespräch ist so amüsant, daß ich mir davon einige Notizen mache. Ich kenne die beiden bereits von der Genesungskompanie, weil sie mich durch ihre groteske und schnurrige Art schon oft zum Lachen gebracht haben. Beide sind dem Alkohol zugetan und meist in einem leichten Dusel.

Der eine heißt Waldemar Krekel, aber seine Kumpel sagen "Waldi" zu ihm. Er hat die kräftige und grobschlächtige Figur eines Hufschmieds. Seine etwas gekrausten, drahtigen Haare sind pechschwarz, und fast ebenso schwarz sehen auch seine Augen aus, deren Lider an den Rändern meist vom Suff gerötet sind. Seine breitausladenden Backenknochen mit dem breiten Mund geben dem Gesicht den Ausdruck eines lustigen Nußknackers. Als ich das erstemal den Namen "Waldi" hörte, glaubte ich, es sei wegen seines watschelnden Gangs und den hängenden großen Ohren. Wenn er auf dem Kasernenhof mit seinen kurzen, strammen Beinen losdackelte, begegneten ihm von vorn immer freundliche Gesichter, die sich dann hinter seinem Rücken immer in grinsende verwandelten. Später erfuhr ich, daß "Waldi" aber lediglich die Kurzform seines nicht allzu geläufigen Vornamens war.

Der andere ist Fritz Koschinski, ein schlanker, aber recht kräftiger Typ, und von Beruf Landwirt. Man sieht es seinen Händen an, daß er zupacken kann. Sein Gesicht ist schmal, und in seinen hellen blauen Augen liegt immer ein lustiger Schalk. Recht auffallend ist sein etwas kleiner und spitzer Mund, dessen Oberlippe etwas übersteht. Mit der breiten Lücke zwischen den beiden Schneidezähnen sieht es aus wie das Gebiß eines Kaninchens.

Waldemar Krekel ist in seiner Art ein gemütliches Haus. Ein bißchen schwerfällig im Kapieren, aber sonst umgänglich und manchmal sogar ganz schön temperamentvoll wie..., na, wie eben ein Hufschmied sein kann, wenn er sein glühendes Eisen auf dem Amboß bearbeitet. Am liebsten hört er sich selbst reden, wobei er es mit der Wahrheit nicht allzu genau nimmt. Wer immer es hören will, dem erzählt er auch, daß ihm die Umschulung bei seiner ehemaligen Kavallerieeinheit die Karriere als Beschlagmeister versaut hat.

In der Unterhaltung mit Fritz Koschinski schwärmt Waldi von seiner Jeanette, die ihm das Lieben erst so richtig beigebracht haben soll. Er schwimmt auf den Wellen seiner Erinnerungen und verdreht theatralisch die Augen: "Ja, meine Jeanette, die war so schön wie he, he..., na, wie heißt doch das tolle Weib, weswegen sich die alten Griechen in die Wolle gekriegt haben?"

"Helena!" sagt ein Landser.

Er strahlt. "Klar - die meine ich! Aber gegen meine Jeanette war sie wie ein verrostetes Hufeisen. Jeanette hatte immer einen solchen Zungenschlag, daß mir ganz damisch dabei im Kopf wurde. Ich mußte immer höllisch aufpassen, daß ich nicht meine Zahnprothese verschluckte, die ich jetzt tragen muß, weil mir der Gaul vom Rittmeister meine echten rausgefeuert hat."

Fritz Koschinski grinst hämisch: "Na, gib man nicht so an, Waldi. Deine Jeanette hatte ja selbst falsche Kauwerkzeuge. Und das mit dem Zungenschlag war nur, weil sie versuchen mußte, sie mit der Zunge festzuhalten, sonst wären sie dir in den Hals gerutscht."

Waldi ist sauer: "Mensch, Fritz, ausgerechnet du mußt davon blubbern, wo du doch selbst so'n Karnickelgebiß hast."

Fritz nimmt es ihm nicht übel und grinst weiter. "Weiß ich selber, Waldi. Aber wenn du schon von Jeanette erzählst, dann solltest du schon bei der Wahrheit bleiben und auch sagen, daß sie geschielt hat wie eine Flunder und immer genauso besoffen war wie du..."

"Mensch hör auf, sonst schreie ich Scheiße", heult Waldi übertrieben auf. Dann prustet er los: "Du alter Mistkäfer zerstörst mir aber auch die schönsten Erinnerungen. Aber weiß Gott, ich habe sie wirklich noch nie nüchtern gesehen, die liebe Jeanette. Doch eines weiß ich noch genau: Sie konnte die besten Bratkartoffeln mit Roastbeef machen!" Waldi leckt sich in Erinnerung daran genüßlich mit der Zunge über die Lippen.

Nach dieser Einlage unterhalten sich auch andere Landser über ihre Erlebnisse in Frankreich. Waldemar Krekel und Fritz Koschinski erzählen sich mehr von ihren amourösen Abenteuern in der Bretagne, und ich habe den Eindruck, daß sie alles unter dem Schleier ihres Alkoholnebels erlebten. Für uns geht die Zeit schnell vorbei, und ich bin erstaunt, als ich an den Stationen bereits französische Namen lese. Das Fahrzeug, das uns vom Bahnhof Flers abholt, bringt uns einige Kilometer weiter zu einer Schule, die jetzt zur Truppenunterkunft umfunktioniert ist.

In der Schule werden wir von alten Bekannten aus der Genesungskompanie begrüßt. Unter ihnen sind auch Warias und Wichert. Unser Wiedersehen haben wir am nächsten Tag etwas begossen.

13. Juli. Es ist schon spät, als wir mit anderen Landsern auf dem Weg in unser Quartier sind. Die meisten sind schon etwas ange-

heitert und fröhlicher Dinge. Als wir zum Torbogen des Schulhofs kommen, werde ich von einem Besoffenen angerempelt, der nicht mehr richtig auf den Beinen stehen kann. Als er sich fast langlegt, erwische ich ihn gerade noch am Ärmel und halte ihn aufrecht. Im Schein einer Laterne erkenne ich den Sturzbesoffenen: "Unteroffizier Heistermann!"

Ich starre überrascht und angeekelt in die vom Suff entstellte Fratze mit der unverkennbaren Geiernase, die ich ihm als Rekrut gerne einmal beim Boxen eingeschlagen hätte. Leider gab man uns nie die Gelegenheit, einen sportlichen Boxkampf gegen Vorgesetzte zu bestreiten. Die Fratze vor mir fängt an zu sabbern: "Sie alte Mistbiene, können Sie nicht aus dem Wege gehen?"

Seine stinkende Alkoholfahne trifft mich wie eine Faust ins Gesicht und läßt mich einen Schritt zurückweichen. In meinem Gehirn ist plötzlich ein Bohren, und dann knackt es! Jetzt hätte ich Gelegenheit, meine aufgestaute Wut an ihm auszulassen. Aber das Schwein ist bis an den Stehkragen besoffen.

"Reißen Sie die Arschbacken zusammen, Sie Scheißkerl", sabbert er weiter. Dabei schwankt er wie ein Luftballon, dem gerade die Luft entweicht. Seine rotumränderten Augen können mich in dem Halbdunkel wohl kaum erkennen, es sei denn, er sieht mich doppelt oder dreifach. Er kneift deshalb ein Auge zu und versucht, seinen Kopf ruhigzuhalten.

"Sie Heini, kenne ich doch?" Die Worte fallen ihm wie zerfledderte Putzlappen aus dem schmuddeligen Mund. "Wie heißen Sie, Sie Hammel?"

Da schieben sich plötzlich Otto und Warias zwischen uns. Otto hat ihn gerade am Schlips gepackt, da steht ein anderer Unteroffizier neben Heistermann und zieht ihn fort.

"Mach kein Aufsehen, Heinrich. Wenn dich der O.v.D., der Offizier vom Dienst, in diesem Zustand erwischt, ist der Teufel los!" Damit zieht er Heistermann mit sich fort.

"Verdammt, das hat uns noch gefehlt", schimpft Warias. "Wenn Heistermann hier ist, geht die Schikane wieder los, wie seinerzeit in Insterburg."

Ein Landser, der alles mitbekommen hat, mischt sich ein: "Keine Bange, der ist bei der 3. Schwadron und bildet die jungen Spritzer aus."

Uns fällt ein Stein vom Herzen, obwohl Otto andeutet, daß er und einige Kumpel das Etappenschwein schon in den Griff bekommen würden.

30. Juli. In den letzten Wochen lernten wir wieder Disziplin. Der Schwerpunkt der Ausbildung liegt auf Waffen- und Geländeübungen. Statt des veralteten MG 34 erhalten wir nagelneue MG 42 mit erhöhter Schußfolge von 1500 Schuß pro Minute und weniger Anfälligkeit bei Kälte, Nässe und Verschmutzung. Wegen unserer Vorbildung werden meine Kumpel und ich dem schweren Zug der Schwadron zugeteilt, dessen Gruppen wieder voll aufgefüllt sind. Während Otto, Wichert und ich am schweren MG (sMG) weiter ausgebildet werden, ist Warias bei den Granatwerfern gelandet.

Unsere Ausbilder, angefangen vom Oberwachtmeister als Zugführer bis zu den Unteroffizieren, sind fast alle schon fronterfahren und teilweise schon mit Auszeichnungen dekoriert. Die Ausbildung ist hart, aber nicht schikanös. Dennoch stelle ich fest, daß alle Landser in gewisse Kategorien eingestuft sind, die im Zusammenhang mit ihrem Dienstalter und Fronteinsatz stehen.

Zur ersten Kategorie gehören alle, die zwei Winkel als Obergefreiter oder noch einen zusätzlichen Stern als Stabsgefreiter auf dem Ärmel tragen. Sie können etwas müder durch die Gegend schlurfen und werden von den anfallenden Drecksarbeiten auf dem Hof, der Latrine und in der Schule verschont. Während der Ausbildung können sie auch schon mal grinsen und sich das Knie reiben, wenn sie beim Hinlegen auf einen Stein gefallen sind. Ja, sie dürfen manchmal sogar aus dem Glied treten, wenn ein Ausbilder es für nötig findet, aus besonderen Gründen einen Extra-Spurt einzulegen. Zu dieser Gruppe gehören mit stillschweigender Duldung auch noch Gefreite, die außer dem Verwundetenabzeichen schon das EK II auf der Brust tragen, wie Otto zum Beispiel.

In die nächste Kategorie gehören die Gefreiten wie Warias, Wichert und ich. Man erkennt uns am Verwundetenabzeichen, daß auch wir schon unseren ersten Fronteinsatz hinter uns haben. Dennoch sind wir noch viel zu jung, um die Privilegien der ersten Gruppe zu genießen. Darum werden wir nach militärischem Brauch hart angepackt und ganz gehörig geschliffen, wenn wir die Hand zum Gruß nicht vorschriftsmäßig an die Mütze legen. Dennoch kneifen unsere Ausbilder mal ein Auge zu, wenn wir beim "Sprung auf, marsch, marsch" etwas länger am Boden liegenbleiben.

Zu der letzten Kategorie gehören jene, deren linker Ärmel noch keinen Winkel aufweist und zu denen man noch "junge Spritzer" sagt, wie einst zu uns. Und denen man, wie sich Heistermann und Konsorten ausdrücken, noch die Hammelbeine langzieht und unter dem Arsch soviel Dampf macht, daß ihnen das Kaffeewasser im Arsch zu kochen beginnt. Wir sind echt froh, nicht mehr zu dieser Gruppe zu gehören. Dennoch können wir nicht sagen, daß wir von dem so gerühmten Herrgottsleben in Frankreich viel verspürt haben.

Da ich die harte, aber nützliche Ausbildung am sMG, die neben den Schießübungen auch den Stellungsbau und das Schleppen der schweren Lafette und der Munitionskästen einschließt, immer sehr intensiv durchführe, verspüre ich am Abend keine rechte Lust, noch auszugehen. Ich weiß aus Erfahrung, wie eminent wichtig es ist, im Ernstfall einen trainierten Körper zu haben und seine Waffe perfekt zu beherrschen. Ich bin überzeugt, daß diese zwei Dinge, neben meinem Glück und Gottes Hilfe, mit dazu beigetragen haben, daß ich letztlich den Krieg heil überstehen konnte.

Am Samstag und Sonntag, wenn ich nicht gerade der netten Tochter des Hausmeisters der Schule beim Tennisspielen zusehe, gehe ich mit meinen Kumpeln in die Stadt. In den Restaurants muß ich mich erst an die so hochgelobten blutigen Steaks gewöhnen. Wenn ich sie zurückschicke, um sie durchbraten zu lassen, gibt es immer ein belehrendes Palaver, von dem ich nicht ein Wort verstehe. Erst nachdem wir einen Kumpel aus unserer Gruppe mitnehmen, ist das

Problem mit der französischen Sprache gelöst. Der Landser heißt Kurt Plischka, aber alle sagen "Professor" zu ihm.

Plischka ist ein junger Panzergrenadier, der gerade seine Rekrutenzeit hinter sich gebracht hat und seit zwei Monaten hier bei der Feldtruppe ist. Er ist ein blondhaariges Bürschchen mit einer schlanken, fast dürren Gestalt und einer spitzen Hühnerbrust. Bei den Geländeübungen wundert es mich immer, woher er die Energie nimmt, mit uns anderen mitzuhalten. Wegen eines Sehfehlers trägt er eine Brille mit einem Nickelgestell, das ihm meist unten auf der Nase hängt und ihm ein skurriles Aussehen gibt. Aber nicht nur deshalb nennen sie ihn Professor. Er hat echt was auf dem Kasten, wie man so sagt.

Zwar hatte auch er nach dem Abitur noch keine Möglichkeit zu studieren, aber er will es sofort nach dem Endsieg nachholen, erzählt er uns. Ich sehe ihn öfter in einer Unterhaltung mit dem Hausmeister unserer Schule, um seine französischen Sprachkenntnisse zu verbessern.

15. August. Heute ist es soweit, daß wir Frankreich "Au revoir" sagen. Es bleibt nicht aus, daß sich so manche Mademoiselle eine heiße Träne durch die getuschten Augenlider quetscht, aber gleich darauf schon wieder auf einen der vielen Etappenhengste schielt, die ihnen das ersehnte Herrgottsleben in Frankreich möglicherweise bieten können. Der verabschiedete Landser dagegen drückt erhaben seine Brust heraus, so daß die Orden tüchtig rasseln, soweit sie seine Brust schmücken, und denkt im stillen, daß eine heißblütige Südländerin auch nicht zu verachten sei. Wohin es geht, ist zwar streng geheim, aber die Scheißhausparolen weisen alle in Richtung Italien. Dort hat sich Marschall Badoglio an die Spitze der Regierung gesetzt und Mussolini verhaftet. Man befürchtet, daß er aus dem deutsch-italienischen Bündnis ausschert.

So ist es dann auch. Zuerst geht es per Bahntransport bis Landeck in Tirol und von dort weiter mit dem Lkw nach Meran. Der Empfang, der uns von der Bevölkerung bereitet wird, ist unbeschreiblich. Uns empfängt ein Jubel wie bei einem Volksfest. Das Verdeck unseres Gruppen-Lkw haben wir wegen der Wärme längst aufgerollt. Wir winken von den Fahrzeugen und werden fast zugedeckt mit Süßigkeiten, Schokolade, Obst, Wein und einer Unmenge Blumen. Wir kommen nur im Schrittempo vorwärts, und Hunderte von Menschen laufen neben uns her und strecken uns die Hände entgegen. Otto hebt sogar eine Schöne zu uns in den Wagen, die uns alle der Reihe nach herzlich abküßt. Von ihr hören wir, daß wir nach etwa fünfundzwanzig Jahren wieder die ersten deutschen Truppen sind, die sie in Südtirol zu sehen bekommen. Sie fürchten die italienische Bedrohung, und wir hören, daß sie froh wären, dem Reich angeschlossen zu werden. Wir übernachten in Meran in Privatquartieren und feiern mit der Bevölkerung noch bis in die Nacht hinein.

16. August. Unsere motorisierte Kolonne fährt über die Alpenpässe nach Bozen, Trient, Verona, bis zu einem kleinen italienischen Ort zwischen Modena und Bologna. Es ist schon stockdunkel, als wir ankommen. Wir tarnen die Fahrzeuge unter Bäumen und stellen unsere Zelte im Scheinwerferlicht der Lkws auf. Am frühen Morgen weckt mich ein schmatzendes Geräusch auf. Neben mir sitzt Fritz Hamann, einer meiner Kumpel aus der sMG-Gruppe. Fritz Hamann hat neben mir geschlafen. Jetzt schlürft er an einem saftigen Pfirsich, daß ihm der Saft die Backen herunterläuft. Neben seinem Lager liegen außer weiteren Pfirsichen auch gelblich schimmernde Weintrauben. Er deutet nur mit vollem Mund nach draußen und grinst.
Ich öffne das Zelt und stecke vorsichtig meinen Kopf heraus. Draußen ist es schon hell, aber noch kühl. Auf dem hohen Gras, das zwischen den Bäumen wächst, liegt noch der Morgentau. Staunend schaue ich mich um, und auch die anderen Landser, die nach und nach aus den Zelten kommen, stehen und staunen wie ich. Wir befinden uns direkt in einem Paradies voll wunderbarer Früchte, wie ich sie noch nie gesehen habe. Wir sind gestern Nacht, mit oder ohne Absicht der Einweiser, mitten in einen Obstgarten geraten, dessen Früchte uns buchstäblich in den Mund wachsen. Überall,

wo wir hinschauen, sehen wir duftende Pfirsiche, reife, saftige Feigen und lange Reihen zuckersüßer Weintrauben, die fast so groß sind wie Taubeneier.

Wir betrachten alles als Himmelsgeschenk und stopfen uns damit die Bäuche voll. So lange, bis aus dem hinteren Teil des Gartens ein kleines Männchen mit schwarzen Haaren auftaucht, der mit seinen Händen wie mit Windflügeln um sich wedelt. Niemand versteht ihn, auch unser Professor kann nicht italienisch. Allerdings ahnen wir, worum es ihm geht. Außerdem ist sein Gejammer und sein Ruf nach dem "Commandante" nicht zu überhören. Ein Unteroffizier von den Granatwerfern versucht, ihn zu beschwichtigen und verspricht ihm mit Händen und Füßen, dem Commandante Bescheid zu sagen.

Als unser Rittmeister schon kurz darauf mit einem Dolmetscher auftaucht, palavern beide auf italienisch weiter. Nach fünf Minuten erhellt sich aber sein Gesicht und er verschwindet im Hintergrund des Gartens. Unser Rittmeister sagte ihm, daß er den Schaden von der Truppe ersetzt bekommt. Er solle nur seine Rechnung einreichen. Uns ermahnt er, den Schaden nicht noch mehr auszuweiten. Unser Rittmeister hat dafür Verständnis, daß man einer Katze, der eine Menge Mäuse vor der Nase herumtanzen, nicht verbieten kann, sich einige davon einzuverleiben. Seine Ermahnung reguliert sich aber bald darauf von selbst. Einige Landser, die von vornherein maßgehalten haben, feixen schadenfroh über jene, die mehrmals am Tage zur Latrine rennen, die wir neben einer Steinmauer errichtet haben.

Unser Rittmeister, der seit Frankreich der Chef unserer Schwadron ist, gehört mit zu den zwei Offizieren, die für mich erwähnenswert sind. Er trägt einen Doppelnamen und gehört noch der alten Kavalleriegarde an. Leider hat er unsere Schwadron bald in Rußland verlassen, um höhere Aufgaben zu übernehmen. Ein anderer Führer unserer Schwadron an der Front ist sogar ein Prinz, ein Sprößling eines schwäbischen Fürstengeschlechts. Wir Landser schätzen ihn hoch. Nicht wegen seiner fürstlichen Abstammung, sondern wegen seiner burschikosen Art, mit uns Landsern umzugehen. Darüber werde ich in einem späteren Abschnitt noch berichten. Leider vertraute er zu sehr auf sein Glück und war manchmal geradezu sträflich leichtsinnig. Später, bei einem Angriff in Rumänien, wird er so schwer verwundet, daß er einige Tage später im Lazarett verstarb. Über andere Offiziere unserer Schwadron habe ich keine größeren Aufzeichnungen gemacht. Nicht, weil ich sie abwerten will, aber sie sind mir weder positiv noch negativ aufgefallen, weil sie während meiner längeren Frontzeit nur immer kurz bei uns waren.

31. August. Wir sind bereits zwei Wochen in Italien. Die Lage hier spitzt sich von Tag zu Tag mehr zu. Wir sind ständig in Alarmbereitschaft, und machen laufend unsere Gefechtsübungen. Dabei schwitzen wir in unseren feldgrauen Uniformen wie die Affen. Die italienische Bevölkerung schimpft offen auf Mussolini, der alles falsch gemacht haben soll. Man munkelt, daß zwischen Marschall Badoglio und den Alliierten ein Friedensvertrag abgeschlossen worden sei.

3. September. Heute empfangen wir endlich Tropenuniformen. Wir kommen uns wie Urlauber in Italien vor. Die leichten Uniformen sehen schick aus: khakifarbene Hemden und kurze Hosen. So kann man es hier in der ungewohnten Hitze aushalten. In Süditalien sollen britische Truppen von Sizilien aus gelandet sein und nach Norden vorstoßen. Es gehen Gerüchte um, daß wir nach Neapel verlegt werden.

8. September. Der italienischen Bevölkerung wird mitgeteilt, daß zwischen den Alliierten und Badoglio-Italien ein Friedensvertrag geschlossen wurde. Der Krieg sei für sie zu Ende. Der Großteil der Bevölkerung jubelt, und wir befinden uns ab sofort mit den bis dato befreundeten Italienern im Kriegszustand. Unser Befehl lautet, die italienischen Truppen in einer schnellen Aktion zu entwaffnen.

9. - 13. September. Unser erstes Marschziel ist die Kaserne in Modena. Im Morgengrauen des 9. September gelingt es unserem Ritt-

meister mit Unterstützung eines Panzers, den Kommandeur so ein-
zuschüchtern, daß wir die Kaserne im Handstreich ohne Gegenwehr übernehmen können. Wir überraschen sogar die Masse der
Soldaten noch in ihren Betten. Wir wundern uns, daß die italienischen Soldaten in riesigen Sälen schlafen. Ein Vorteil für uns, denn
so haben wir sie gleich alle im Griff. Nach der Entwaffnung werden sie einem Begleittrupp zur Weiterbeförderung übergeben.
Danach geht es weiter nach Bologna und am nächsten Tag zur Kaserne in Pistoia. Hier wiederholt sich ähnliches. Offensichtlich
haben sie schon auf uns gewartet und ergeben sich freiwillig. Sie
benehmen sich nicht wie unsere Gefangenen und glauben auch
nicht daran, daß wir, bisher noch ihre Freunde, auf sie schießen
werden. Schwierig wird es für uns, wenn sie ihre eigene Kaserne
plündern. Scharen von entwaffneten italienischen Soldaten schleppen nagelneue Schuhe und Uniformstücke über die Kasernenmauer
fort, so als gehöre alles ihnen. Sie verblüffen uns durch ihre Dick-
felligkeit und ihren guten Glauben, daß wir nicht auf sie schießen
werden. Trotz Schießbefehl bringen wir es auch nicht fertig, sondern ballern in die Luft, was manche nicht hindert, auch ein zwei-
tes- oder drittesmal über die Mauer zu kommen.
Ich sehe, wie Warias und ein paar andere Landser sich ein paar
Italiener schnappen und ihnen kräftig in den Hintern treten. Als sie
ihnen aber aufgeregt was vorjammern von "molti bambini" und
sogar einige Krokodilstränen weinen, können sie wieder über die
Mauer abziehen. Es ist eine Katastrophe mit ihnen, die alles nicht
ernst nehmen. Für die meisten von ihnen ist ja der Krieg zu Ende.
Aber es gibt auch noch genügend, die sich anschließend den Partisanen unter Badoglio anschließen, um den deutschen Truppen in
Italien Schaden zuzufügen. Sie schaffen es, daß auch unsere Truppe
in den nächsten Wochen einige Tote und viele Verwundete zu beklagen hat. Trotzdem ist die Partisanenjagd hier nur ein etwas ge-
fährlicherer Spaziergang und mit der Rußlandfront überhaupt nicht
zu vergleichen.
Unter den entwaffneten italienischen Soldaten finden sich auch
einige mussolinitreue Anhänger, die sich uns als Freiwillige anbie-

ten. Einen Offizier soll die 3. Schwadron übernommen haben, während wir einige einfache Soldaten zugeteilt bekommen. Unsere sMG-Gruppen erhalten zwei Mann, die wir bei den Bandenkämpfen als Dolmetscher einsetzen. Mario, so heißt unser Italiener, ist ein grobknochiger großer Kerl, den wir zum Lafette- und Munitionstragen in unserer Gruppe einsetzen.

Eine Scheißhausparole kursiert, daß eine alliierte Invasion im Raum Livorno-Viareggio zu erwarten sei. Eine offizielle Information erhalten wir nicht.

14. September. Wir setzen uns in Richtung Mittelmeer in Marsch und beziehen Quartier in einem Waldstück zwischen Pisa und Livorno. Wir hören, daß Mussolini von deutschen Fallschirmjägern befreit und nach Deutschland ins Führerhauptquartier gebracht wurde. Die erwartete Invasion bleibt aber aus. Dafür werden wir aber laufend von feindlichen Fliegern beschossen, die aber keinen Schaden anrichten.

Die nächsten Tage sind für uns erholsam. Rein verpflegungsmäßig leben wir wie im Schlaraffenland. Die bei der Entwaffnung der italienischen Truppen miterbeuteten Verpflegungslager sind randvoll mit Lebensmitteln gefüllt. Wir erhalten täglich reichliche Mengen herrlich schmeckender Traubenmarmelade, frischer Butter und echter Mortadella. Dazu essen wir knuspriges italienisches Weißbrot und trinken den wunderbaren Wein. Während der folgenden Ruhetage besuchen wir die Piazza della Signoria im nahen Florenz und den schiefen Turm von Pisa oder wir fahren mit unserem Schwadronschef am Strand bei Livorno zum Baden.

20. September. Wieder Abmarsch in eine andere Region. Wir fahren zuerst in nördliche Richtung über den Appenin, dann nordostwärts über Ferrara, Padua, und danach die Adria entlang bis in die Nähe von Triest. Unterwegs gibt es einige Zwischenfälle mit Partisanen, für uns zwar mit geringen Verlusten,dafür aber mit ständigen Kampfeinsätzen.

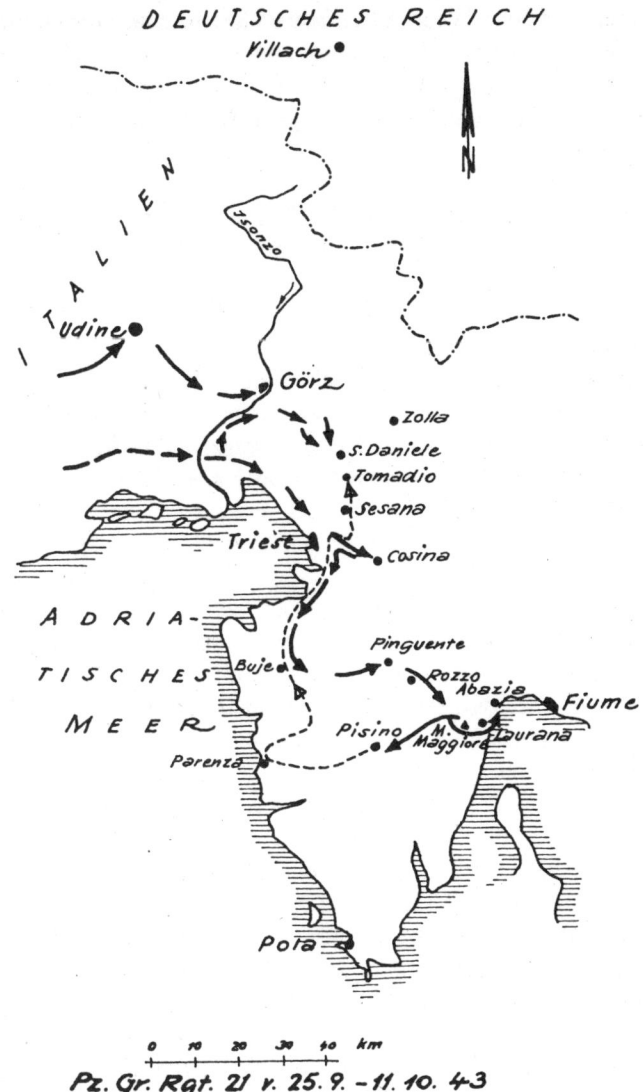

DEUTSCHES REICH
Villach●

ITALIEN

Isonzo

Udine●

Görz●

Zolla●

S.Daniele●

Tomadio●

Sesana●

Triest

Cosina●

ADRIA-

TISCHES

Pinguente●

Buje●

Rozzo●

Abazia

Fiume

MEER

Pisino●

M.
Maggiore

Laurana

Parenza●

Pola●

0 10 20 30 40 km

Pz. Gr. Rgt. 21 v. 25. 9. – 11. 10. 43

Partisanenjagd auf Istrien

211

23. September. Wir haben unser Marschziel erreicht und verbringen auch den nächsten Tag in Ruhestellung.

25. September. Unsere Abteilung wird mit anderen Einheiten zur Partisanenjagd auf der Halbinsel Istrien eingesetzt. Die Anhänger Badoglios halten sich in dem unwegsamen Gelände und in den vielen Höhlen versteckt. Es beginnt für uns eine ungewohnte Strapaze in dem karstigen Bergland. Den größten Teil legen wir zu Fuß zurück, weil viele Brücken gesprengt sind und unsere Fahrzeuge im unwegsamen Gelände nur langsam vorankommen.

26. September. Als wir heute morgen einen Munitionstransport der Partisanen überraschten und auseinandersprengten, erbeuteten wir einige Mulis, die sich sofort unsere Granatwerfer-Abteilung als Lasttiere unter den Nagel reißen. Erstaunt stellen wir fest, daß sich unter den flüchtigen Partisanen auch Frauen befanden. Sie verschwinden in dem Felsenlabyrinth und beschießen uns danach aus dem Hinterhalt.
Beim Durchkämmen einiger armseliger Steinhäuser erhalten wir aus ihnen überraschend Feuer und haben kurz darauf drei Verwundete. Bei der angelehnten 3. Schwadron soll es sogar schon einen Toten geben. Der Partisanenkampf ist also nicht nur ein Spaziergang, wie ich angenommen hatte.

27. September. In den Häusern nehmen wir zwei bewaffnete Partisanen und eine Frau gefangen, die nicht mehr rechtzeitig fliehen konnten. Ein mir unbekannter Feldwebel will sie sofort erschießen lassen und die wenigen Einwohner mit dazu, obwohl die radebrechend beteuern, daß die Partisanen sie zwangen, die Häuser zur Verfügung zu stellen.
Nach einigen Diskussionen mit zwei Unteroffizieren läßt er die Einwohner frei und nimmt die Gefangenen mit. Beim Weiterziehen sind Fritz Hamann und ich die letzten der Gruppe. Der Feldwebel wartet mit den Gefangenen, bis wir aufgeschlossen sind. Dann befiehlt er uns, sie hinter den Felsen zu erschießen. Wir sind ge-

schockt und sagen ihm, daß er sich dafür andere aussuchen soll. Er wird wütend und brüllt: "Das ist ein dienstlicher Befehl! Die Schweine haben uns beschossen und unsere Kameraden verwundet, sie hätten auch tot sein können. Wir können das Gesindel nicht auch noch mitschleppen." Er zeigt mit seiner MPi zu den Felsen hinter uns. "Ihr könnt es dort hinten in der Mulde tun!" Damit dreht er sich um und geht eilends der Gruppe nach, die schon etwas weiter weg ist.

"Los, avanti ihr Schweinstreiber!" ruft Fritz Hamann so laut, daß es von den Felswänden widerhallt und der Feldwebel sich kurz umdreht.

Wir drängen die Gefangenen von der Straße weg in die Felsen hinein, dabei kann ich sie mir näher ansehen. Die Gesichter unserer Gefangenen sind trotz der Sonnenbräune fahl, und der Schweiß rinnt ihnen in die schmutzigen Gesichter. Ihre Augen glühen wie im Fieber. Sie haben Angst! Denn sie fühlen, was uns vom Vorgesetzten aufgetragen ist. Ich erfuhr die Angst in vielen Varianten während der Kämpfe in Rußland. Diese hier muß noch schlimmer sein, weil sie keine Chance mehr sehen.

Der Jüngste von ihnen zittert wie Espenlaub und spricht ununterbrochen auf uns ein, obwohl er weiß, daß wir ihn nicht verstehen können. Die Frau ist nicht älter als fünfundzwanzig, schätze ich. Sie hat ein schmales, aber schon hartes Gesicht mit einer kräftigen Nase. Sie geht langsam vor uns her und dreht sich bei jedem Schritt etwas zur Seite. Sie sucht unsere Gesichter, aber dabei schaut sie jedesmal in die Mündungen unserer Karabiner, die sie immer weiter nach vorne treiben.

Unser weiteres Vorgehen habe ich bereits mit Fritz Hamann abgesprochen. Wir drängen sie deshalb immer weiter in die Felsen hinein. Als uns dann niemand mehr von der Straße beobachten kann, brüllen wir wie auf Kommando: "Avanti! , avanti! - presto!" Die einzigen italienischen Worte, die uns in diesem Zusammenhang einfallen. Dabei schießen wir ein paarmal in die Luft.

Die drei Gefangenen kapieren sofort und laufen wie die Hasen davon. Wir beeilen uns danach, wieder den Anschluß an die Gruppe zu finden. Die Schüsse, die laut von den Felsen widerhallen, müssen für den Feldwebel Beweis genug sein, daß wir seinen Befehl ausgeführt haben. Er fragt uns auch nicht weiter nach der Vollzugsmeldung. Obwohl wir gegen einen Befehl gehandelt haben und die drei Partisanen möglicherweise wieder gegen uns kämpfen werden, plagt uns beide nicht das Gewissen. Im Gegenteil, wir sind froh, daß wir uns so gut aus der Affäre ziehen konnten. Wer weiß, wie es sonst mit dem Feldwebel ausgegangen wäre, der sein Vorgehen sicher für eine legitime kriegerische Maßnahme hält. Dennoch frage ich mich, ob er die Erschießung der Gefangenen auch selbst durchgeführt hätte?

In jedem Falle gehört auch Fritz Hamann wie ich nicht zu den Männern, die ihre Feinde ohne Kampfhandlung töten würden. Gott behüte mich auch in Zukunft davor, daß ich in mir niemals diesen fanatischen, blinden Haß verspüren werde, der jede Achtung vor anderen Menschen verdrängt.

1. Oktober. In den Tagen zuvor und auch danach durchkämmen wir noch viele kleine Bergdörfer; meist sind sie von den Bewohnern verlassen. Dabei machen wir reichlich Beute, vor allem Wein und Spirituosen. Bei einer Hausdurchsuchung finde ich unter einem Hausdach einen gut abgehangenen, schon angeschnittenen Schinken, den Otto Krupka als Vorderschinken eines Mulis identifiziert. Er ist knochenhart, aber so delikat, daß mir noch heute das Wasser im Mund zusammenläuft, wenn ich daran denke.

5. Oktober. Je weiter wir Istrien nach Süden hin durchstreifen, desto beschwerlicher wird es für uns. Die Partisanen werden von den Einheimischen unterstützt und sind meist schon weg, wenn wir die Häuser erreichen, aus denen wir beschossen wurden. In den Steinhütten, in denen meist Hirten und kleine Bauern wohnen, riecht es reichlich nach Alkohol. Wir bemerken, daß die Kroaten und Slowenen in dieser Region ihren eigenen Schnaps brauen: in der Regel ein klarer hochprozentiger, aus Mais gebrannter Schnaps, für normale Kehlen ein richtiger Rachenputzer. Für Waldemar Krekel und

Fritz Koschinski hat er aber gerade die richtige Stärke, um ihre stets trockenen Kehlen immer feuchtzuhalten. Darum sind auch ihre Feldflaschen meist damit gefüllt.

Geht er ihnen aber mal aus, ist es für Waldi kein Problem. Er weiß immer, woher der Wind weht und nimmt den typischen Alkoholduft schon von weitem wahr. Und wenn er die Richtung erst mal ausgemacht hat, läuft über sein breites Nußknackergesicht ein triumphierendes Grinsen, und wie zur Vorfreude schnippt er sich immer mit Daumen und Zeigefinger an die Gurgel und grunzt zufrieden. Danach marschiert er los, und kein Mensch kann ihn aus der eingeschlagenen Marschrichtung bringen. Mit schlafwandlerischer Sicherheit kraxelt und watschelt er durch die verkarstete Gebirgslandschaft und findet todsicher die Quelle, die seine Gelüste stillt.

Selbst unser Zugwachtmeister überläßt Waldi oft augenzwinkernd die Führung, denn dadurch stöbern wir auch so manche Partisanen auf, die wir in den abgelegenen und versteckten Steinhütten ohne Waldi nie entdecken würden. Wenn die Schnapsbrenner allerdings nichts mit Partisanen zu tun haben, kommt es vor, daß sie Waldi ihren Schnaps verweigern. Dann kann er fuchsteufelswild werden.

Als ich ihm einmal meine Feldflasche als Ersatz anbiete, in der nur Wein ist, spuckt er ihn wie angeekelt in weitem Bogen wieder aus und stöhnt: "Oh, Gott, oh Gott! Ihr laßt mich einfach verdursten. Wollt ihr, daß ich leide wie... wie..., na wie heißt doch der griechische Knilch, dem sie alles vor die Nase gehängt haben, und der doch nischt saufen und fressen konnte?"

"Tantalus!" hilft ihm Otto.

"Genau! - Es sind teuflische Qualen, sage ich euch. Oh, der Duft, der himmlische Duft! Er steigt mir in die Nase, und ich darf nichts trinken. Meine arme Kehle, sie ist schon ganz ausgedörrt."

Waldi jammert zum Erbarmen, und es liegt gewiß nicht nur Komik in seinem Lamento. Dann kommt es schon mal vor, daß wir unsere restlichen Lira zusammenkratzen und dem Besitzer den Schnaps abkaufen, um zu verhindern, daß Waldi diesen zu stark bedrängt.

Er läßt den Schnaps in seiner Gier manchmal noch warm, so wie er aus dem Brennkessel kommt, durch die Kehle rinnen.

Trotz seiner Vorliebe für harte Sachen ist Waldi zu jedermann hilfsbereit und korrekt, was ihn gerade bei uns Jüngeren sehr beliebt macht. Einmal gerät er fast in Teufels Küche, als man ihn dafür verantwortlich macht, daß drei weibliche Partisanen, die mit anderen in einem Haus bewacht wurden, entkommen konnten. Er kam mit einem blauen Auge davon, weil man es seinem unzurechnungsfähigen Saufzustand während der kleinen Feier zuschreibt. Später auf der Fahrt nach Rußland gesteht er uns im Vertrauen, daß er es mit Absicht getan hatte, um die Frauen während der Nacht vorbeugend vor Belästigungen zu schützen.

10. Oktober. Die Partisanenjagd ist für uns zu Ende. Vom Golf von Rijeka fahren wir die Küstenstraße an der Adria entlang - mit einer wunderschönen Aussicht auf das türkisblaue Wasser - bis zu unserem Zielort nördlich von Triest.

11. Oktober. Arrivederci Italia! - Molto grazia! - Vielen Dank für deine südländische Schönheit und die von uns so bewunderten herrlichen Bauwerke aus vergangenen Epochen. Vielen Dank auch für deine strahlende Sonne, die uns zwar oft den Schweiß aus den Poren trieb, unter der aber das Meer so wunderbar blau leuchtete, daß wir uns alle wünschten, es irgendwann im Leben wiederzusehen. Und wir bedanken uns auch für deinen göttlichen Rebensaft, der uns so köstlich schmeckte und unsere Kehlen nie verdorren ließ. Wenn uns auch manchmal vom übermäßigen Genuß der Kopf verwirrt wurde, es paßte alles so wunderschön in dieses von der Sonne verwöhnte Land mit den temperamentvollen Menschen, deren melodische Sprache uns umsprudelte.

Jetzt bleibt uns nur noch die Erinnerung an dieses Land und als winziger Trost einige Fäßchen Wein und ein Dutzend Flaschen Aquavit, die wir noch in den letzten Tagen aus einer zerstörten Fabrik an der dalmatinischen Küste retten konnten. Dieser Trost hilft so manchem in den nächsten Tagen über den Abschied hinweg und verdrängt sogar für kurze Zeit die düsteren Gedanken an das unabänderliche Wiedersehen mit dem erbarmungslosen, grausamen Rußland. Es spricht sich schnell herum, daß bereits ein Vorkommando auf dem Weg dorthin unterwegs ist.

16. Oktober. Nach einigen Tagen Ruhe, in denen vor allem die älteren Schwadronsangehörigen mächtig gesoffen haben, geht es weiter in die bereits vorbereiteten Quartiere. In der Nähe von Laibach (Ljubljana) haben wir noch Gelegenheit, Pakete in die Heimat zu versenden. Ich verpacke guten Wein und einige Stücke butterweiches Stiefelleder, das ich aus einer brennenden Lederfabrik retten konnte, in meine Kiste.

17. Oktober. Wir werden mit unseren Fahrzeugen auf dem Güterbahnhof von Laibach verladen. Es ist kalt und regnerisch, und wir frieren in der dünnen Tropenuniform wie die Schneider. Es dauert den ganzen Tag bis der Zug sich in Bewegung setzt.

19. Oktober. Frühmorgens erreichen wir Wien. Hier tauschen wir unsere leichte Bekleidung wieder gegen die üblichen Wehrmachtsuniformen aus. Danach geht es in Richtung Osten, weiter einem unbekannten Ziel entgegen.

Fast ein "Blumenkrieg". Fahrt durch Südtirol.

Transport nach Rußland - Italien war schöner.

Wiedersehen mit dem russischen Inferno

21. Oktober. Der Zug rattert bereits zwei Tage gen Osten. Wir liegen in den Güterwaggons auf Strohlager. Wer nicht gerade einen Brief schreibt, Karten spielt oder einer anderen Beschäftigung nachgeht, hängt wie ich seinen Gedanken nach. Mir fallen viele Dinge ein, die ich in Rußland erlebt habe. Aber alles ist heute anders als damals. Nicht nur, daß ich um die Wirklichkeit des Krieges weiß, im Gegensatz zu der damals empfundenen Euphorie und der folgenden schrecklichen Enttäuschung über unsere zerfahrene Kriegführung. Es ist vielmehr die Gewißheit diesmal einer schlagkräftigen Truppe anzugehören, mit einer gutausgebildeten Mannschaft und den dazugehörigen schweren Waffen, die auch dem stärksten Feind widerstehen und ihn besiegen kann.

Ich wundere mich ein wenig, wie schnell sich die negative Einstellung, die ich noch vor wenigen Monaten hatte, in eine positive gewandelt hat. Die ständige Propaganda, mit ihren Parolen von vaterländischer Pflichterfüllung und vom ehrenvollen Kampf für ein glorreiches "Großdeutsches Reich", ist auch an mir nicht spurlos vorübergegangen. Ich bin wieder überzeugt, daß ich für das Gute kämpfe, und nehme mir vor, mein Bestes zu tun, um meine Pflicht zu erfüllen.

22. Oktober. Heute sollten wir gegen Abend ausgeladen werden. Nach einem kurzen Aufenthalt geht es wieder weiter. An allen Ekken und Enden dröhnt und donnert es. Wir Landser wissen nichts, es wird nur gerätselt, wo genau wir eingesetzt werden. Wir haben jedoch gehört, daß der Russe nach einer Offensive im August über Charkow weiter nach Westen vorgestoßen ist und jetzt irgendwo zwischen Krementschug und Djepropetrowsk stehen soll. Die neuaufgestellte 6. Armee, der wir angehören, soll in diesem Raum in andauernde Kämpfe verwickelt sein.

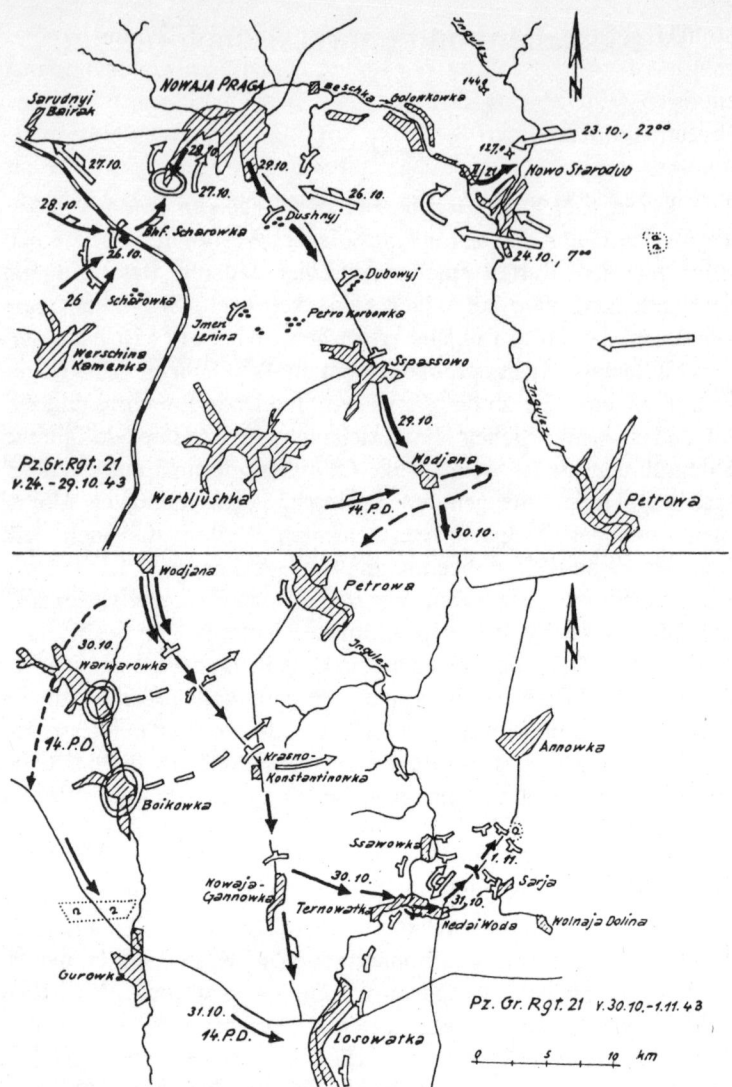

Die ersten Kämpfe nach dem Wiedersehen mit dem russischen Inferno
Ende Oktober 1943. ⇒ russische Angriffe

Stunden später laden wir mitten auf der freien Strecke aus, und es geht mit den Militärfahrzeugen weiter, immer dem Kanonendonner entgegen. Wir fahren durch verdorrtes Steppengras und noch nicht abgeerntete Maisfelder. Rings um uns liegt zerstörtes Kriegsmaterial. Es sind sowohl russische Panzer und Artilleriegeschütze als auch deutsche Waffen, Zeugen der hin- und herwogenden Kämpfe in den letzten Wochen. Wo ist die Front? Sie soll hier völlig zersplittert sein, und auch unser Rittmeister muß sich erst vorsichtig herantasten.

23. Oktober. Am Rande eines Maisfeldes machen wir Rast. Die Fahrzeuge sind weit auseinandergezogen. Wir springen ab, um uns die Füße zu vertreten. Das Maisfeld leuchtet goldgelb im letzten Glanz der untergehenden Sonne. Ganz langsam steigt schon der Nebel aus dem Boden, und ich spüre den herannahenden russischen Winter. Die Schatten unserer Fahrzeuge werden undeutlicher. Der Geschützdonner vor uns wird lauter. Wir unterscheiden Panzerabschüsse seitlich von uns. Die Front windet sich hier wie eine Schlange, der man den Kopf abgeschlagen hat. Wenn auch der Kampflärm noch weiter weg ist, so können die Spitzen des Feindes an manchen Stellen schon hinter uns sein. So ähnlich muß auch der Pilot der Nähmaschine gedacht haben, der, aus heiterem Himmel plötzlich dicht über unsere Köpfe hinwegrattert. Er muß aus der Mulde vor dem Maisfeld gekommen sein.
Wir starren verblüfft auf den russischen Doppeldecker, der knapp über uns eine Spirale zieht und dann mit abgestelltem Motor im tiefen Gleitflug herangerauscht kommt.
Ist der Kerl verrückt geworden?
Der Pilot beugt sich weit aus der Maschine zu uns herunter, und dann hören wir ihn mit lauter Stimme fragen: "Ruski?... Germanski?"
Uns bleibt die Spucke weg. Hat man soviel Frechheit schon erlebt? Der Bursche war sich nicht einmal im klaren, wen er unter sich hatte, und wagte sich mit seiner windigen Nähmaschine doch so weit hinunter. Sicher wäre ihm auch nichts passiert, wenn er sich

jetzt eilig aus dem Staub gemacht hätte. Wir starren nur überrascht und höchst verwundert auf den russischen Doppeldecker und kommen gar nicht auf die Idee, auf ihn zu schießen.

Aber der Pilot ist noch nicht zufrieden. Bestimmt hat er bei dem Zwielicht und durch seine dicke Schutzbrille uns, die Germanskis, noch nicht erkannt. Weil er auch nicht beschossen wird, glaubt er sicher, daß sich unter ihm Russen befinden. Er macht nur eine knappe Rechtskurve und kommt im Gleitflug wieder zurück..., doch da blitzt es schon aus vielen Gewehrmündungen auf. Die Kugeln durchsieben das dünne Gerippe und schlagen in den Motor ein. Die Maschine fällt aus etwa zehn Metern Höhe wie ein Stein in das Maisfeld und fängt kurz darauf zu brennen an.

Landser laufen hin und helfen dem Piloten, von der Maschine wegzukommen. Er schimpft zuerst wie ein besoffener Kosak. Als er aber die beschlagene Brille abnimmt und uns, die Germanskis, erkennt, glotzt er uns entgeistert an und ergibt sich, laut über seinen dummen Irrtum lachend. Der Gefreite Rudnik vom Schwadronstrupp bietet ihm eine Zigarette an, die er sich hastig zwischen die Lippen schiebt und qualmt. Er selbst hat eine angebrochene Schachtel Papirossa mit Pappmundstück in der Tasche, die ihm anscheinend besser schmeckt, denn er wirft unsere halbaufgeraucht weg und steckt sich eine Papirossa an.

"Du hast uns auch noch nach der Knallerei für deine Kumpel gehalten, was?" grinst ihn Rudnik an und nimmt ihm eine lederne Umhängetasche mit Kartenmaterial und anderem wichtigen Inhalt ab, die er dem Rittmeister übergibt. Der Pilot, durch einen Streifschuß am Oberschenkel verwundet, wird vom Sani verarztet und anschließend in die Sanka geladen.

Während wir über das Vorkommnis diskutieren, fällt plötzlich ein Schuß und hinter uns schreien und johlen die Landser. Im gleichen Augenblick saust ein braunes Etwas an uns vorbei und knallt dem langen Warias genau vor die Beine. "Ein Hase!" schreit der Lange erstaunt, und Wichert, der neben ihm steht, hechtet auf den Hasen, der sich beim Aufprall überschlagen hat. Er entwischt ihm aber und rennt wieder zurück. Die Landser bilden schnell einen Kreis und lassen den Langlöffel nicht hinaus. Er hetzt hin und her und sucht verzweifelt einen Ausgang. Als er hakenschlagend doch durch die Beine eines Landsers entwischen kann, läuft er, wie vom Teufel gejagt, direkt in die Richtung des Kanonendonners, wo wir die Front vermuten. Die Schüsse, die ihm noch einige Landser nachschicken, treiben ihn noch zu größerer Eile an.

Schade, ein Hase ist im Kriegsgebiet ein seltenes Exemplar. Er ist auch der erste, den ich zu Gesicht bekommen habe, und es sollte auch der einzige bleiben, den ich überhaupt in Rußland gesehen habe. Dieser hier muß im Pulverdampf geboren sein, sonst wäre er nicht genau dort hingelaufen, wo geschossen wurde.

Die Sonne ist inzwischen untergegangen. Am westlichen Horizont ist nur noch ein rötlich leuchtender Streifen zu sehen, der nach und nach verblaßt.

"Wird ein schöner Tag morgen", sagt Fritz Koschinski und steigt als letzter in den Wagen ein. Danach fahren wir langsam im Dunkeln weiter, bis ein Kradmelder, der mit einem Panzerspähwagen die Lage erkundet hat, den Fahrern ein Zeichen zum Halten gibt. Vor uns soll sich ein von Russen besetztes Dorf befinden. Sie sichern eine Rollbahn, die am Dorf vorbeiführt. Die Rollbahn soll aber nur sehr wenig befahren sein.

Absitzen! Die Fahrzeuge fahren in Deckung, und wir stehen und warten. Ich höre, wie unser Rittmeister den Führer des Spähwagens nach der Stärke der Russen im Dorf befragt und ob Panzer in der Nähe sind. Er weiß es nicht. Dann kommt ein Kradmelder mit der Order, bis zum Morgengrauen in Bereitstellung zu warten, bis die anderen Einheiten aufgeschlossen haben. Am Morgen wird unser Abschnitt durch einige Sturmgeschütze verstärkt.

24. Oktober. Das Wetter ist sonnig, aber es ist kalt und windig. Das gesamte Regiment hat sich zum Angriff bereitgestellt. Als wir das Dorf angreifen, haben wir die erste Feindberührung. Für mich ist es anders als damals bei Kalatsch. Hier sind wir die Starken, und wir treiben den Feind zurück. Das gibt auch einem einfachen Landser wieder Auftrieb. Das Dorf war nicht stark besetzt und die Rollbahn

wenig befahren. Wir erbeuten dennoch eine Menge Waffen, die von unserer Pioniereinheit gesprengt werden. Etwa sechzig Gefangene werden nach hinten abtransportiert. Die Front ist hier sehr unübersichtlich. An manchen Stellen sind bereits russische Panzer durchgebrochen und befinden sich hinter unseren Linien.

25. Oktober. Wir stoßen durch das Dorf und graben uns über Nacht am südlichen Dorfrand ein. In der Nacht beginnt es zu regnen, und wir stehen im Schlamm und im Wasser. Nur der Schwadronstrupp hat das Glück, in Nowaja Praga Quartier zu beziehen. Im Laufe des Tages greift der Russe mit starken Verbänden Nowaja Praga an. Inzwischen haben wir keine direkte Verbindung mehr zu unseren Nachbareinheiten, die selbst in Kämpfe verwickelt sind. Im schweren Kampf, teils Mann gegen Mann, werfen wir den Feind bis zum Abend zurück.

26. Oktober. Die Kämpfe gehen weiter. Die Züge mit leichten Waffen haben bereits einige Ausfälle. Nachts kampieren wir wieder in Deckungslöchern. Im Morgengrauen greift der Feind mit starken Panzerverbänden an. Dank der Unterstützung durch eigene Panzer wird er zurückgeworfen.

27. Oktober. Wir liegen am Ortsrand auf einer kleinen Anhöhe. In der Nacht haben wir uns eingegraben und unsere Stellungen ausgebaut. Als der Morgen graut, erkennen wir, daß wir vor uns eine gute Sicht haben. In einigen Kilometern Entfernung erstreckt sich eine weite, fast noch grüne Ebene mit nur wenigen Hügeln. Darum können wir am Vormittag den herannahenden Feind schon von weitem sehen. Mehrere hundert Sowjets kommen wie die Ameisen auf uns zu. Die Hauptmasse zieht halblinks von uns eine tiefe Mulde entlang.

Da wir seitlich noch keinen Anschluß zu den anderen Einheiten haben, sind wir vorerst auf uns allein gestellt. Unser Rittmeister befiehlt deshalb, erst zu feuern, wenn der Feind auf etwa hundertfünfzig Meter heran ist. Als es soweit ist, empfangen wir ihn mit

Frühjahr 1942. Fahrerausbildung mit einem alten Hanomag Diesel. Vorne rechts der Autor

Marktplatz der Garnisonstadt Insterburg

Juli 1942. Eine fröhliche Rekrutenrunde in der Kaserne

Eine Kolchose in der Kalmückensteppe

Kolchosbauer

Balkas oder Racheln in der Steppe bieten einen guten Schutz für die Truppe

Bewohner in der Kalmückensteppe

Ein russischer Bauer vor seinem Hanffeld

Ersatz aus der Heimat auf dem Weg zur kämpfenden Truppe

Stalingrad November 1942. Blick auf die brennende Stadt an der Wolga

Kämpfende Soldaten im Trümmerfeld von Stalingrad

Deutscher Gefallenenfriedhof Woroponowo bei Stalingrad

Die gefürchtete Stalinorgel mit aufgesteckten Werfergranaten

Barrikaden in den Straßen von Stalingrad

Stalingrad November 1942. Bereich Tennisschläger, Essensempfang in der Feuerpause

Stalingrad Oktober 1942. Bereich Südbahnhof

Ein Beobachtungsposten im zerstörten Keller der chemischen Fabrik in Südstalingrad

Die stummen Zeugen einer einstigen Fabrikanlage

Stalingrad Oktober 1942. Luftschnappen am Einstieg eines
Bunkers in der Feuerpause

Stalingrad Oktober 1942. Kurze Rast eines Spähtrupps
im Raum Traktorenwerk

Auch hier standen einst Hallen und Hochhäuser wie im Hintergrund

21. November 1942. Viele versuchen über die Donbrücke bei Kalatsch, der Einkesselung zu entgehen

Ende November 1942. Versprengte Soldaten im Kessel von Stalingrad irren im Nebel umher

Anfang Dezember 1942. Grenadiere besprechen einen Durchbruch aus dem Kessel

Anfang Dezember 1942. Dem Kessel von Stalingrad knapp entkommen.
Wie geht es weiter?

August 1943. Von Frankreich nach Italien durch das jubelnde Südtirol

Italien im August 1943. Angehöriger unserer 24 PD in leichter Tropenuniform

Oktober 1943. Wieder auf dem Weg nach Rußland

Zurück in Rußland. Italienisches Mitbringsel Hund „Pürzel"
beobachtet auf dem PKW-Dach die Lage

Die Kradstaffel der 24. PD auf der ukrainischen Rollbahn

Truppe in breiter Front vor der Feindberührung

Feuer aus vier sMG, einigen leMG und Granatwerfern. Der schlagartige Feuerüberfall verursacht beim Gegner Verwirrung und hohe Verluste. Unser anschließender Gegenstoß wirft sie wieder zurück. Danach gräbt sich der Feind in respektvoller Entfernung vor uns ein. In unserer Schwadron haben wir zwei Tote und acht Verwundete. Zu letzteren gehören auch der Oberwachtmeister unseres Schwadronstrupps und der frischgebackene Unteroffizier Dieters, der einen schlimmen Bauchschuß erhalten hat.

Als der Feind meint, daß wir ihm nur allein gegenüberstehen, greift er erneut mit Panzerunterstützung an. Er hatte nicht bemerkt, daß wir inzwischen durch zwei Panzergrenadierschwadronen und die Panzereinheit des Regiments verstärkt worden sind. Nach einem harten Kampf haben wir die Angreifer völlig zerschlagen. Später wird uns berichtet, daß die Sowjets über fünfhundert Tote zu beklagen haben und zweiunddreißig russische Panzer abgeschossen worden sind. Aber auch auf unserer Seite gibt es eine Menge Verluste. Ohne zu halten geht es weiter. Jetzt ist es unser Ziel, den besetzten Bahnhof Scharowka, südlich von Nowaja Praga, vom Feind freizukämpfen.

28. Oktober. Wir liegen wieder in Bereitstellung und haben uns eingegraben. Die Luft ist klar und leicht frostig. Gleich bei Tagesanbruch erscheinen am Himmel unsere Stukas und bombardieren die Sowjets vor uns in verschiedenen Abschnitten. Dadurch erkennen wir, wo sich der Gegner konzentriert hat. Mittags greifen wir den Bahnhof Scharowka an. Mit Unterstützung von zwei Panzerschwadronen, die den Feind von der Flanke und von hinten packen, säubern wir den Bahnhof und werfen den kräftemäßig stärkeren Feind weit zurück. Später zählt man neununddreißig vernichtete Panzer. Neben vielen Toten und Verwundeten werden viele Gefangene nach hinten abtransportiert.

29. Oktober. Wir fahren bei Tagesanbruch aus Nowaja Praga heraus und erreichen im Laufe des Vormittags wieder unsere gepanzerten Einheiten. Mit ihnen gemeinsam greifen wir den Feind er-

neut an. Bei dem Vorstoß werden wir ständig durch Artillerie und Stalinorgeln beschossen. Es gibt Ausfälle durch Verwundungen, und zwischendurch müssen wir uns immer wieder eingraben. In unserer Gruppe wird Heinz Bartsch, einer unserer Munitionsträger, schwer am Kopf verletzt, und gleich darauf wird unserem italienischen Freiwilligen, den wir "Marco" nennen, die Schulter von einem Granatsplitter aufgerissen. Kilometer um Kilometer treiben wir den Feind zurück, und als es dunkel wird, stehen einige Landser und ich plötzlich mitten unter den Russen. Wir bemerken das erst, als sie uns auf russisch ansprechen. Es sind zehn Soldaten, die in der Dunkelheit nicht früh genug vor uns fliehen konnten. Sie lassen sich widerstandslos gefangennehmen.

Von den Fahrzeugen, die langsam nachfolgen, sind zwei auf Minen gefahren und gehen in Flammen auf. Die Fahrer sind sofort tot. In dem Feuerschein kämpfen wir uns durch die Russen und stürmen die Panzerdeckungslöcher und Gräben. Dabei machen wir vierunddreißig Gefangene.

Noch in der Dunkelheit stoßen wir gemeinsam mit den Panzern weiter vor. Zwischendurch sitzen wir immer wieder ab und gehen zu Fuß weiter. Bei jedem kurzen Halt graben wir uns ein. Fritz Koschinski, der zu unserer Gruppe gehört, hat uns einen langen Spaten von einem Fahrzeug organisiert, den wir jetzt ständig mitschleppen. Damit sind wir schneller in der Erde als mit den kleinen Klappspaten. Es ist ein strenger Befehl unseres Schwadronschefs, daß wir uns bei jedem längeren Halten einzugraben haben. Und es gab im Laufe unseres Vorgehens eine Menge dieser Haltepausen. Ich glaube, daß ich allein in den letzten Tagen schon mehr Löcher in die russische Erde gebuddelt habe als in meinem ganzen Leben zuhause in unserem Garten.

Jetzt habe ich viele aufgeplatzte Blasen an den Händen und verfluche mehr als einmal die verdammte Buddelei. Aber ich weiß, wie wichtig es ist, ein Loch zu haben, wenn wir auf freiem Feld plötzlich durch einen Feuerüberfall der Ari oder von sowjetischen Fliegern überrascht werden.

30. Oktober. Unsere Schwadron greift den Feind westlich des Flusses Ingulez bei Tarnowatka an. Trotz starkem feindlichen Feuer gelingt es uns mit Teilen aus anderen Schwadronen und einem Pakzug, auf dem Ostufer einen kleinen Brückenkopf zu bilden. Von den uns begleitenden Flak- und Pakgruppen werden gleich am Anfang eine 2 cm Flak und ein Panzerjäger durch plötzliches Panzerfeuer abgeschossen. Beide Fahrzeuge brennen völlig aus. Die Flakschützen sind tot, und der Fahrer des Panzerjägers erleidet starke Verbrennungen am ganzen Körper.

Trotz Eintritt der Dunkelheit will der Rittmeister noch das vor uns liegende Dorf Nedai Woda erkunden. Ein Spähtrupp meldet, daß die Häuser an beiden Seiten eines Baches stehen. Im Dorf selbst hätten sie nur schwachen Feind entdeckt, aber an einer Hecke stünde ein T 34, der eine nicht stark befahrene Straße sichert.

"Gut, den Panzer kassieren wir uns zuerst", höre ich unseren Chef sagen. Unsere Fahrzeuge bleiben in Deckung, während wir in einzelnen Gruppen in Richtung Dorf vorgehen. Der Schwadronstrupp, mit unserem Rittmeister voraus, wird von einer 7.5-Pak auf Selbstfahrlafette begleitet. Sie fährt vorsichtig voran. Wenn der vorausgehende Verbindungsmann ein Zeichen gibt, schaltet der Fahrer sofort den Motor aus.

Je näher wir dem Standort des Panzers kommen, desto vorsichtiger werden wir. Manchmal hören wir aus der Ferne leises Motorengeräusch, und ab und zu unterbricht gedämpftes Rufen die Nacht. Vorsichtig tasten wir uns weiter. Der Motor der Pak brummt leise, die Ketten schlurfen leicht über den Boden. Es ist fast stockdunkel, aber hin und wieder erhellt das fahle Licht des Mondes die Umgebung. Vor uns tauchen die Schatten von Büschen und Häusern auf. Leise werden Befehle durchgewispert. Wir schwärmen zur Linie aus...

"Tuchfühlung beibehalten!... Noch langsamer und leiser vorgehen - wir haben Zeit! Befehl vom Rittmeister!" wird durchgesagt.

Die Pak kriecht nur noch wie eine Schnecke vorwärts. Da vorne ist die Hecke. Dort soll irgendwo der Panzer stehen. Wenn er uns entdeckt, ist es mit unserem Überraschungsüberfall vorbei. Dann ballert er sofort in uns hinein. Vorsichtig tasten wir uns an den Büschen der Hecke entlang. Die Zweige schaben an unseren Patronentaschen. Wir verhalten kurz und verschmelzen in der Dunkelheit mit den Büschen. Die Paklafette schiebt sich indessen Meter um Meter weiter nach vorn. Wo steht der Panzer?

Wie zur Antwort dröhnt plötzlich vor uns ein Dieselmotor auf. Das Motorengeräusch kommt von halbrechts, dort, wo die Hecke an den Häusern einen Knick macht und die Straße vorbeiführt.

Hat er uns bemerkt?

Die Spannung zerrt an unseren Nerven. Sollte er eine Leuchtkugel hochschießen, ist die Spannung zwar beendet, aber auch der Teufel los. Wir halten den Atem an, und die Pak hat ihren Motor abgestellt. Der Richtkanonier dreht an der Kurbel und schwenkt das Rohr in die Richtung, aus der das Motorgedröhne kommt. Wir Landser pressen uns auf den Boden und starren in die Finsternis. Das Gedröhne klingt gereizt und nervös. Aber nichts geschieht!

"Wir müssen näher heran", höre ich den Rittmeister wispern. "Bei seinem lauten Motor kann er uns nicht hören."

Die Zugmaschine schiebt sich weiter vor. Die Besatzung ist bereit, sofort zu feuern. Wir gehen geduckt im Schutze der Häuser mit..., da setzt plötzlich der Motor aus. Sofort stellt auch die Pak ihren Motor ab. Eine scheußliche Nervenanspannung!

Jetzt starrt die russische Panzerbesatzung wahrscheinlich wie wir in das Dunkel hinein und ist sich nicht schlüssig, was zu tun ist. Wenn ihnen der Feind dicht vor der Nase steht, ist es sicher nicht ratsam, eine Leuchtkugel hochzujagen. Darum erst einmal weg von hier und Abstand gewinnen.

So ungefähr muß wohl die Panzerbesatzung gedacht haben, als sie uns bemerkt hat, denn gleich darauf dröhnt der Motor wieder auf, und wir hören die Ketten quietschend über den Boden schlurfen...

Unsere Augen haben sich so gut an die Dunkelheit gewöhnt, daß wir deutlich die dunklen Umrisse des Panzers erkennen. Er hat, wie der Spähtrupp berichtete, direkt an der Hecke gestanden und löst sich jetzt davon, um sich im Schutz der Büsche zurückzuziehen. Doch der Pakkanonier richtet schon das Geschütz auf die dunkle

Masse. Als der Mond gerade wieder frei wird, glänzt das metallene Rohr silbrigmatt im fahlen Mondlicht auf.

"Fertig!" unterbricht eine Stimme die hochgespannte Dunkelheit. Mit dumpfem Knall zischt eine weiße Leuchtkugel in die Nacht. Geblendet starren wir auf den T 34, der höchstens dreißig Meter von uns entfernt ist und uns direkt die Breitseite zukehrt. An der Hecke sehen wir einige Gestalten in Deckung laufen...

Ein harter Knall zerreißt die Luft! Die Detonation der Pakgranate reißt ein faustgroßes Loch in den Stahlkörper des Panzers. Nur Sekunden später trifft ihn eine zweite Granate. Im Schein einer weiteren Leuchtkugel sehen wir aus der Luke dicken Qualm aufsteigen. Der Turmdeckel springt auf und ein Russe, der sich mit einer Hand eine blutende Wunde am Kopf zuhält, springt vom Panzer und hetzt seitlich zum Bachufer hinunter.

Wir liegen bei der Hecke in Deckung und feuern auf die Feinde, die sich jetzt zwischen den Häusern zeigen und auch uns beschießen. Schon nach kurzer Zeit haben wir sie in die Flucht geschlagen oder getötet. Unser Feuerüberfall auf das Dorf ist voll gelungen. Wir haben nicht die Zeit, alle Häuser zu durchsuchen, sondern beziehen unsere Stellungen vor dem Dorf. Es wird damit gerechnet, daß der Feind das Dorf zurückerobern will.

31. Oktober. Am Morgen erfolgt dann auch prompt der erwartete Angriff des Feindes. Er kommt vom Nordufer des Baches, mit mindestens einem Bataillon Infanterie und einer Anzahl Panzer. Unsere eigene Verstärkung, die noch am anderen Ufer des Ingulez kämpft, ist noch nicht eingetroffen. Die Kampfgruppe, unter der Führung unseres Rittmeisters, ist jetzt gezwungen, den starken Feindangriff allein abzuwehren und den Brückenkopf zu halten.

Unsere Stellungen liegen gut getarnt. So können wir den Feind näher herankommen lassen, um ihn mit einem kräftigen Feuerschlag zu empfangen. Etwas kritisch wird es, als wir zusätzlich aus dem Dorf hinter uns beschossen werden, von Russen, die wir in der Nacht übersehen haben. Als ein russischer Offizier mit einem amerikanischen Jeep versucht, aus dem Dorf über eine kleine Brücke zu

entkommen, wird er von einem gezielten Schuß unserer Pak abgeschossen.

In den nächsten Stunden entwickelt sich ein unerbittlicher Kampf.
Aber wir können den feindlichen Angriff abwehren, wobei unsere
Pakgeschütze fünf T 34 abschießen. Später werden noch sieben
weitere erbeutet, die wegen Treibstoffmangel stehen blieben und
von der Besatzung verlassen wurden.

Die zurückgedrängte feindliche Infanterie gräbt sich danach nur
wenige hundert Meter vor uns ein. Aber ein großer Teil von ihnen
kann sich unserem Schußfeld entziehen und in einer Mulde, nur
knapp hundert Meter vor uns am Fuße unserer Anhöhe, untertauchen. Weil wir von dieser Anhöhe am Dorfrand ein ausgezeichne-
tes Schußfeld nach vorne haben, wurden für unsere sMG diese Stellung gewählt. Wegen einer leichten Bodenwelle und auch etwas
höherem Bewuchs am Boden können wir aber die Mulde vor uns
nicht einsehen. Unsere Granatwerfer schießen zwar in die Mulde
hinein, können aber ihre Einschläge nicht überprüfen.

Der feindliche Angriff aus dem Bachgrund kommt dann auch überraschend für uns. Wir sehen die Heranstürmenden erst, als sie ihre
erdbraunen Stahlhelme über die Bodenwelle schieben und vorwärtsstürmen. Allein in dem mörderischen Feuer unserer zwei
schweren MG bleiben die vordersten liegen. Die dahinter sind,
rutschen den Hang wieder hinunter. Und dann passiert etwas, das
uns die Haare zu Berge stehen läßt. Wir erleben die unmenschliche
Behandlung von sowjetischen Soldaten durch ihren Vorgesetzten
so hautnah, daß wir für die armen Schweine reines Mitleid empfinden.

Bei der Feuerkraft unserer zwei sMG 42 auf einer Breite von etwa
fünfzig Metern haben die Angreifer nie und nimmer eine Chance,
den Hang hochzukommen, geschweige denn, unsere Stellungen zu
erstürmen. Wir feuern bereits, wenn wir ihre Oberkörper sehen.
Wer es dennoch schafft weiterzukommen, macht höchstens noch
ein oder zwei Schritte, bis es ihn erwischt. Wer überlebt und in die
Mulde zurückrutscht, wird von einer fürchterlichen Schimpfkano-

nade und lautem Gebrüll empfangen. Es hört sich so an, als würde ein Treiber eine Meute Hunde zum Zupacken anfeuern.

Dann wiederholt sich immer wieder das gleiche: nach einer kurzen Pause und absoluter Stille zerreißt der grelle Ton einer Trillerpfeife die gespannte Lautlosigkeit. Wir wissen inzwischen, was kommt, und sind bereit. Sobald die ersten Körper wieder sichtbar werden, rattern unsere MG los. Sie haben keine Chance und rutschen wieder in die Mulde zurück. Und wieder beginnt das tobende Geschimpfe und nach einer Weile der Antritt mit der Trillerpfeife - und es bleiben immer mehr Tote vor uns liegen. Wenn sie uns jetzt erreichen wollen, müssen sie zuerst über den Wall ihrer toten Kameraden klettern, die wie Schlachtvieh von einem unmenschlichen Vorgesetzten geopfert worden sind.

"Das Schwein soll sich doch selbst mal sehen lassen!" ruft Unteroffizier Faber vom anderen sMG zu uns herüber.

"Ist viel zu feige, der miese Hund", antwortet ihm Fritz Koschinski, der seit einigen Tagen unser Gewehrführer ist. "Der verdammte Satansbraten hetzt dafür die armen Teufel in die Hölle."

Der Professor, der als Munitionsträger etwas hinter uns liegt, ruft uns zu: "Befehl vom Oberwachtmeister! Wir sollen sie diesmal näher herankommen lassen, vielleicht läßt sich das Schwein dann sehen."

"In Ordnung!" antwortet Faber für uns.

Hans Wichert, der neben mir ist, knirscht wütend mit den Zähnen und meint, für den Viehtreiber sei eine Kugel zu schade. Man müßte ihn lebend erwischen und ihn bei jedem Angriff vor sich hertreiben, bis er sich die Hosen vollgeschissen hat. Frommer Wunsch von Hans.

Dann hören wir wieder das Gebrüll und die Trillerpfeife! Die ersten Köpfe schieben sich in unser Blickfeld. Die Angreifer zögern, weil sie diesmal kein Feuer erhalten. Da hören wir wieder das wütenden Gebelle aus der Mulde und dazwischen knallen sogar einige Pistolenschüsse.

Die Russen vor uns springen gehetzt auf. Sie steigen über ihre Toten und laufen mit aufgepflanzten Gewehren auf uns zu! Die vordersten brechen in unserem Feuer zusammen. Einige heben verzweifelt ihre Hände in die Höhe, als wollten sie gar nicht kämpfen. Wer es noch kann, rennt wieder zurück.

Das Gebrüll, das wir danach hören, muß aus dem Mund eines Wahnsinnigen kommen. Unsere Wut auf diesen unmenschlichen Schweinehund mußte sich leider wieder auf jene entladen, die von ihm wie Tiere rücksichtslos geopfert werden.

Ist dieser russische Kommissar oder Offizier wirklich wahnsinnig? Oder hat er nur Angst um sein eigenes Leben und opfert er dafür die Soldaten?

Es kann ihm nicht verborgen geblieben sein, daß er in der Falle sitzt und bei Tageslicht keine Chance hat wegzukommen. Will er seine Leute opfern, und uns bis zum Abend binden, um in der Dunkelheit selbst klammheimlich zu verschwinden? Falls dieser Unmensch die vielen Toten wirklich für sein Überleben hier geopfert hat, war es für uns nur eine Genugtuung, daß seine Rechnung nicht aufging. Aber der grausame Tod, der durch sein Verhalten leider auch die restlichen armen Teufel am späten Nachmittag durch unsere Flammenwerfer erwartete, war schlimmer als der Tod durch eine Kugel.

In der nächsten Stunde beobachten wir in der Ferne starke Feindverbände, die teils nach Nordosten vorbeiziehen, teils in größeren Trupps einschwenken und sich vor uns eingraben. Am späten Nachmittag erscheinen hinter uns die starken Panzerverbände des Regiments, die wir erwarteten. Als sich die Panzereinheiten zum Angriff bereitstellen, kommen etwa zweihundert Rotarmisten mit erhobenen Händen aus ihren Löchern heraus und ergeben sich. In der Mulde vor uns ertönt das Gebrüll des Antreibers. Als einige aus der Mulde herauslaufen und sich gleichfalls ergeben wollen, knallen ihnen einige Pistolenschüsse hinterher und verwunden sie.

Während unsere Panzer anfahren, sehe ich, wie zwei von ihnen am rechten Flügel ausscheren und sich auf die Mulde zu bewegen. Mir fällt auf, daß sie merkwürdige Rohre haben, die, im Gegensatz zu den anderen Panzern, nach unten zur Erde hin gerichtet sind. Fritz Koschinski kennt sich aus.

232

"Flammenwerfer!" sagt er so laut, daß wir es alle hören können.

Ich habe von ihrer Wirkung schon gehört, und mir läuft ein Schauer über den Rücken. Jetzt möchte ich nicht zu denen in der Mulde gehören -, und dem wahnsinnigen Antreiber wird wohl gleich die Trillerpfeife aus dem Mund fallen. Nun haben auch die anderen keine Chance mehr, lebend aus der Mulde zu kommen. Und ich frage mich, ob der Kadavergehorsam unserer Feinde soweit geht, daß sie selbst in dieser Situation es nicht fertigbringen, einen unmenschlichen Vorgesetzten zu liquidieren, und lieber den Gang in die Hölle wählen. Noch bevor die Flammenwerfer in der Mulde verschwinden, sehen wir den langen Feuerstrahl aufleuchten, der mit mächtigem Druck aus dem Rohr schießt und alles, was sich ihm entgegenstellt, mit seiner sengenden Glut verbrennt.

In der Mulde entsteht Panik. Wir hören sie schreien! Und mit dem dicken schwarzen Qualm steigt ein unheimlicher Gestank von verbranntem Fleisch und Lumpen zu uns herauf. Einige kommen schreiend und lichterloh brennend den Hügel hinauf. Sie rennen kopflos an uns vorbei oder wälzen sich auf dem Boden. Viele sind in den Bach gesprungen, um sich zu retten. Die Hitzewelle ist so stark, daß wir sie bis zu uns herauf spüren. Es ist ein furchtbarer Anblick. Und wir steigen aus unseren Löchern und folgen den vorfahrenden Panzern. Wir müssen weiter, die Vernichtung des Feindes ist noch nicht zu Ende.

Nach einem Kilometer erhalten wir starkes Gegenfeuer. Der Feind hat sich in die Erde eingegraben. Als wir nicht weiterkommen, greifen die Flammenwerferpanzer von der Flanke ein. Eine fürchterliche Waffe! Ich erlebe die vernichtenden Feuerkanonen zum ersten Mal hautnah. Und ich werde diesen schrecklichen Gestank nicht so leicht vergessen, der mir den Atem nahm und mich fast zu ersticken drohte.

Aber was bedeutet es schon, wenn ein einfacher Soldat daran zugrunde geht. Es ist Krieg, und da ist jedes Mittel recht, wenn es gilt, den Feind zu besiegen. Und wenn nicht zu befürchten wäre, daß der Gegner Gleiches mit Gleichem vergelten könnte, würde man noch weit grausamere Waffen einsetzen. Was bedeutet es denn

schon, wie Menschen sterben. Die Hauptsache ist, daß sie überhaupt verrecken, und nach Möglichkeit in großen Massen.
Es ist Krieg! Dieser eine Satz, der für Vernichtung, Tod und Grausamkeit steht, ist Entschuldigung und Rechtfertigung für alles, was in dieser Zeit geschieht. Du kannst Menschen erschießen, ihnen den Schädel einschlagen oder sie auch bei lebendigem Leib verbrennen, wenn es dir beliebt. Sag einfach: es ist Krieg, und du bist entlastet von jeglicher Schuld - so einfach ist das. Wenn du es allerdings nicht mit deinem Gewissen vereinbaren kannst, wirst du bald vor die Hunde gehen. Du mußt es schaffen, dich an das, was geschieht, zu gewöhnen, und dir einreden, was sie dir von Anfang an eingebläut haben, daß alles für dein Vaterland geschieht und deshalb eine gute Sache ist.

1. November. Auch heute hat unsere Einheit viele Tote und Verwundete. Später wird unser erfolgreicher Einsatz und Kampf um den Brückenkopf bei Ternowatka, mit dem Namen unseres Rittmeisters sogar im Ehrenblatt des deutschen Heeres genannt. Eine der speziellen Auszeichnungen, derer man sich zur Motivierung der Truppe bedient.

2. November. Wir werden durch Teile der 23. Panzerdivision abgelöst, die auch zur neuaufgestellten 6. Armee gehört. Die uns ablösenden Landser haben schon einiges hinter sich. Sie sind in den letzten Wochen von einem Frontabschnitt an den anderen geworfen worden. Von ihnen hören wir ein Lied, das in einer Art wehmütigen Spotts das Zurückweichen deutscher Truppen von Charkow und Kiew über Krementschug am Dnjepr und weiter nach Westen und Süden besingt. In unserem Abschnitt wurde dieses Lied noch wochenlang von den Landsern, mit der Melodie von Lili Marlen, gesungen. Der Text ist ein Kauderwelsch aus Landserrussisch und deutsch, mit folgendem Wortlaut: Njemo ponemajo, njemo malako. Alles schiskojedno, doch Wodka charoscho.
Njemo chleba njemo sup, dosswitanja Krementschug, dosswitanja Krementschug.

234

Sinngemäß heißt es etwa:
Ich verstehe es nicht, denn es gibt keine Milch mehr. Aber das ist uns scheißegal, denn der Wodka ist auch gut. Aber es gibt auch kein Brot und keine Suppe mehr. Darum sage ich "Auf Wiedersehen Krementschug".

Nach der Ablösung geht es in schnellem Marsch an einen uns unbekannten Abschnitt. Wie üblich wissen wir, die gewöhnlichen Landser, wieder nichts. Nur die Scheißhausparolen weisen auf einen Brückenkopf am Dnjepr hin. Wir fahren die Nacht durch und frieren saumäßig auf den Fahrzeugen. Seit zwei Tagen ist es nachts frostig geworden, aber am Tage regnet es, und der Wind bläst uns eklig durch die Glieder. Der Boden ist verschlammt, und die Fahrzeuge versacken häufig im Dreck bis zu den Achsen. Wenn wir nach dem Anschieben wieder auf den Lkw steigen, hängt uns der zähe, schwarze ukrainische Schlamm an den Stiefeln und den Klamotten. Endlich machen wir in einem Dorf halt und ziehen in die Quartiere. Hier empfangen wir neue Filzstiefel und gefütterte Tarnanzüge für den bevorstehenden Winter.

5. November. Nach zwei Tagen Verschnaufpause geht es wieder in die Bereitstellung einer größeren Ortschaft. Das Dorf soll Werchnyj Rogatschik heißen. Die Hauptkampflinie, die sogenannte HKL, soll sich ganz in der Nähe befinden. Wir hören Kanonendonner und Kampflärm. Man sagt, daß der Russe hier auf breiter Front durchgebrochen sei. Unser Regiment soll mit Unterstützung der Artillerie und Panzer im Morgengrauen angreifen und die alte Frontlinie wieder herstellen.

6. November. Nach einem kräftigen Feuerschlag mit der schweren und mittleren Ari treten wir um 6.00 Uhr auf breiter Front zum Angriff an. Die Sowjets empfangen uns mit einem gewaltigen Abwehrfeuer. Als die Sonne aufgeht blendet sie unsere Panzerschützen so stark, daß sie immer wieder verhalten müssen und Mühe haben, ihre Ziele anzuvisieren. Es wird für uns ein mörderischer

Angriff mit großen Verlusten von Offizieren und Mannschaften. Viele Tote sind zu beklagen. Neben mir wird einem Unteroffizier von einem feindlichen Infanteriegeschütz regelrecht der Kopf weggeschossen. Ein Granatsplitter zerreißt mir die Munitionstrommel am MG, die ich für den Nahkampf aufgesetzt habe.

Trotz unserer großen Verluste durchbrechen wir die russischen Stellungen und treiben die Flüchtenden vor uns her. Die Flammenwerferpanzer übernehmen auch hier das Aufrollen der Gräben und Deckungslöcher. Hinter ihnen bleibt nur noch eine verödete und abgesengte Landschaft zurück, aus der noch stundenlang eine stinkende Rauchwolke hochsteigt. Sie vermischt sich mit den dahinziehenden weißen Wolken am Himmel.

Die Verluste des Feindes an Menschen und Material sind enorm. Er will sich damit revanchieren, daß er uns seine Flugzeuge auf den Hals schickt. Sie schwärmen wie die Bienen über unsere Köpfe, und erst als unsere Flak fünf Schlachtflieger abschießt, kommen sie nur noch vereinzelt. Leider werden von ihnen auch zwei unserer Fahrzeuge und eine 2 cm Flak vernichtet. Außerdem geraten auch einige Gebäude der Kolchose in Brand, wo sich der Gefechtsstand und der provisorische Verbandsplatz befinden.

Gerade als wir glauben, etwas verschnaufen zu können, macht der Russe einen Gegenstoß. Er überrascht uns mit einem irrsinnigen Feuerüberfall von Stalinorgeln und Feldhaubitzen. Wieder haben wir eine Menge Verluste. Da wir zu unseren Panzern inzwischen auch noch eine Gruppe Hornissen als schwere Panzerjäger und einige Hummeln mit ihren 15 cm Haubitzen zur Verstärkung erhalten haben, hat der Feind keine Chance, bei uns durchzubrechen. Danach greifen unsere Stuka die dahinterliegenden Bereitstellungen des Feindes an, und wir sehen an den schwarzen Rauchschwaden, daß sie ihre anvisierten Ziele auch getroffen haben.

Nachdem die wiedergewonnene alte Front bereinigt ist, übernimmt die 79. Infanteriedivision wieder ihre alten Stellungen. Noch im Laufe der Nacht geht es zu einem neuen Abschnitt im gleichen Bereich bei Werchnyj Rogatschik. Der russische Widerstand ist nur noch gering. Später erfahren wir, daß wir eine russische Garde-

Schützendivision mit ihren Geschützen und schweren Waffen zerschlagen und zwei weiteren Garde-Divisionen schweren Schaden an Menschen und Waffen zugefügt haben.

Aber unseren Sieg mußten wir teuer erkaufen. Allein in unserer Abteilung soll es über zwanzig Tote gegeben haben, und im bereits stark reduzierten Regiment hat die Zahl der Ausfälle allein an diesen Tagen nochmal die Stärke einer ganzen Schwadron erreicht. Neben den vielen Mannschaften, Unteroffizieren und Wachtmeistern waren auch mehrere Offiziere dabei. Darunter die Kommandeure der I. und II. Abteilung, sowie drei Schwadronschefs.

Auch in unserem schweren Zug sind eine Granatwerfer- und eine sMG-Gruppe ausgefallen. Zu unserem Leidwesen ist der allseits beliebte Unteroffizier Faber von einem verwundeten bolschewistischen Offizier hinterrücks mit der Pistole erschossen worden, nachdem er den am Boden liegenden Russen vorher verbunden hatte. Als ich es sah, mußte ich wieder an Unteroffizier Schwarz in der Igelstellung bei Rytschow denken und an die Begründung für seine Taten, die ich für unmenschlich gehalten habe. Diesmal ist es mir nicht so sehr unter die Haut gegangen, als ein Wachtmeister vom leichten Zug das Schwein mit einem Feuerstoß seiner MPi erschoß. Gott bewahre mich davor, daß mein Zorn sich eines Tages in unerbittlichen Haß verwandelt und ich so werde wie jener Unteroffizier Schwarz.

7. November. Tags darauf vermissen wir unseren geschätzten Rittmeister, der bis dahin immer bei uns in der vordersten Linie zu finden war. Er muß auf höheren Befehl unverzüglich die Führung der schon stark reduzierten Abteilung übernehmen, wie uns unser Zugführer sagt, und wir sollen einen anderen Chef bekommen. Inzwischen hat es sich herumgesprochen, daß wir uns mit der gesamten Division im Bereich des strategisch sehr wichtigen Brückenkopfes von Nikopol am Dnjepr befinden. Zur Zeit ist das Wetter umgeschlagen. Obwohl es in der Nacht noch frostig war, beginnt es am Morgen in Strömen zu regnen. Der Boden ist eine reine Schlammsuhle. Selbst die Kettenfahrzeuge haben Mühe, durch den

tiefen Schlamm zu kommen. Wir waten die meiste Zeit im Schlamm und schieben unser Fahrzeug.

Nach Stunden erreichen wir völlig durchnäßt und verschlammt Dnjeprowka, ein großes Dorf im östlichen Teil des Brückenkopfes. In diesem Dorf sollen sich auch die Stäbe einer Infanteriedivision und einer Gebirgsjägereinheit befinden, deren kämpfende Teile vorne in den Gräben der HKL liegen und den ständig angreifenden Feind abwehren.

8. November. Wir beziehen die Quartiere, die vorher von den Männern einer Panzerabteilung der Armee belegt waren. Unsere Gruppe zieht in ein geräumiges Holzhaus, das wir als Panjehütte bezeichnen. In diesem Haus wohnt noch eine russische Frau mit ihrer achtzehnjährigen Tochter Katja. Beide bewohnen den vorderen Raum mit dem großen Lehmofen, auf dem beide Frauen nach russischem Brauch ihr Lager haben. Unsere Gruppe zieht im geräumigen Nachbarzimmer ein, das gleichfalls von dem Lehmofen beheizt wird. Draußen ist es klamm und naßkalt, und bevor wir unser neues Quartier von den Resten unserer Vorgänger säubern, heizen wir den Ofen kräftig ein.

Für uns ist es eine Wohltat, endlich wieder ein festes Dach über dem Kopf zu haben und uns zu reinigen. Dennoch können wir nicht vermeiden, daß wir bald wieder von den verdammten Quälgeistern, den Läusen, befallen werden. Diese Biester sind überall in den Panjehütten, und uns kommt es vor, als hätten sie nur darauf gewartet, sich mit unserem Blut vollzusaugen. Bald stellen wir aber fest, daß nicht nur Läuse Mitbewohner der Panjehütten sind. Weitaus lebhaftere Blutsauger beanspruchen gleichfalls das offensichtlich süß schmeckende Landserblut: Flöhe!

Diese langbeinigen schwarzen Biester sind in so großen Mengen vorhanden, daß man sie kurz über dem Boden mit der Hand wie Fliegen fangen kann. Als an einem schönen Tag die Sonne in den Raum scheint und ich im Vorbeigehen zufällig durch das Fenster schaue, sehe ich in den Sonnenstrahlen ein Flirren am Lehmboden, das sonst immer nur bei großer Hitze über einem trockenen Boden zu beobachten ist. Erst beim näheren Hinschauen erkenne ich, daß es Flöhe sind, die in der warmen Sonne zu Hunderten oder gar Tausenden ständig hochspringen und ihren Tanz aufführen. Die anschließende Ausräucherung mit einem Mittel, das uns der Sanitätsunteroffizier besorgt, bringt uns in den nächsten Tagen etwas Erleichterung, so daß wir wenigstens nachts schlafen können.

Aber es gibt hier noch eine weitere Gattung Ungeziefer, die einige junge Landser aus genierlichen Gründen solange geheimhalten, bis wir fast alle davon befallen sind, - Filzläuse! Wir Landser nennen sie auch Sackratten. Der Sani erklärt uns, daß sie wahrscheinlich noch das krabbelnde Vermächtnis unserer Vorgänger sind.

Ich erwähne dieses für mich widerwärtige Ungeziefer, weil ich eine scheußliche Erinnerung daran habe und zu meinem Ärger auch noch den Spott meiner Kumpel dafür einstecken mußte. Ich bemerkte nämlich, im Gegensatz zu den anderen, den Befall durch diese Spezies von Läusen erst, als die meisten von uns schon mit der sogenannten grauen Salbe vom Sani behandelt wurden. Als ich gerade in der Sanitätsstube war und der Sani mich verarzten wollte, kam plötzlich der Alarm für einen Kampfeinsatz dazwischen. In der Eile bekam ich nur ein haselnußgroßes Stück graue Salbe auf einem Stück Papier, mit der Bemerkung, mir damit die befallene Stelle selbst einzureiben. Im Hinauslaufen hörte ich nicht mehr, daß der Sani mir noch nachrief, recht vorsichtig mit der quecksilberhaltigen Salbe zu sein, und daß die Menge für gut drei Behandlungen ausreichend wäre.

Bevor ich mich dann für den Einsatz fertig machte, hatte ich gerade noch Zeit, mir die ganze Salbe in die befallenen Stellen in der Schamgegend einzureiben und mir, wie empfohlen, die Hände zu waschen. Die Wirkung danach war verheerend. Als der Feind einige Stunden danach unsere Stellungen angriff, merkte ich zuerst nur wenig, da ich mit dem MG schoß, ohne mich viel zu bewegen. Als wir aber nach erfolgreichem Kampf die Stellungen wieder verließen, verspürte ich ein starkes Brennen und Scheuern, und ich konnte mich, zur Belustigung meiner Kumpel, nur noch breitbeinig fortbewegen.

Der Erfolg meiner Behandlung war unbestreitbar, aber auch so radikal, daß ich zwei Tage lang nur breitbeinig gehen und mir danach die Haut von meinen edlen Teilen wie Pergamentpapier abziehen konnte. Nach dieser unangenehmen Erfahrung sorgte ich dafür, daß wir für unsere Latrine einen neuen Donnerbalken bekamen, weil nach Vermutung des Sani dort die Übertragungen stattfanden.

Alarm im Brückenkopf von Nikopol

9. - 19. November. Die nächsten zehn Tage in Dnjeprowka verbringen wir ständig in der Erwartung, zum Gegenangriff eingesetzt zu werden. Wir wissen, daß einige Kilometer südöstlich vom Dorf die HKL verläuft und die Stellungen auf der linken Seite von den Männern der 3. Gebirgsjägerdivision besetzt sind. Rechts angelehnt sind die Gräben und Löcher von Teilen der 258. Infanteriedivision. Beide Einheiten sollen bereits von den harten Kämpfen in den Sommermonaten stark dezimiert sein. Sie müssen mit den nicht ausreichenden Kräften einen weiten Abschnitt gegen den gut ausgerüsteten Feind verteidigen. Wir Landser sprechen darüber und bedauern die armen Schweine, die nun schon über eine längere Zeit in den nassen und verschlammten Löchern sitzen und gegen den Feind kämpfen.

Wir, als weit besser ausgerüstete Truppe, sind dagegen zur Eliteeinheit avanciert, mit der Aufgabe, immer erst einzugreifen, wenn der Feind irgendwo durchgebrochen ist. Wenn wir gegenüber den Stellungstruppen auch den Vorteil genießen, nach erfolgreichem Einsatz wieder in die Quartiere zurückzukehren, sind wir als Angriffstruppe doch weit mehr gefährdet als in den Stellungen. So hatten wir am Ende des Kampfes hier am Brückenkopf so hohe Ausfälle, daß aus den Resten der drei leichten Schwadronen unserer Abteilung nicht einmal mehr eine vollständig aufgestellt werden konnte, obwohl wir zwischendurch immer wieder mit kleinen Mengen von Ersatzleuten aufgefüllt wurden. Bis allerdings der Kampf am Brückenkopf Nikopol beendet war, sind noch gut zwei Monate mit harten Gefechten vergangen.

Da der von uns erwartete Großangriff der Russen noch ausbleibt, wird die Zeit für verschiedenen Dinge genutzt. Neben der Verstärkung durch Waffen und der Ausbildung der leichten Züge mit den neuen Gewehrgranaten und Panzerbekämpfungsmitteln wird auch die Neugliederung unseres schweren Zuges durchgeführt. Nach den letzten schweren Kämpfen sind von den "alten" nur noch die Obergefreiten Fritz Koschinski, Waldemar Krekel und der Stabsgefreite Josef Dreyer übrig. Dreyer erzählt uns, daß er bei der Umstellung Anfang 1942 noch als stolzer "Bamberger Reiter" zur Division gestoßen sei. Über seine rechte Wange läuft eine feuerrote schmale Narbe vom Auge bis zum Mund, die aussieht wie ein sogenannter "Studentenschmiß", der durch einen Degenhieb beim Fechtduell entstanden ist. Er sagt uns aber, daß sie von einem Bajonettstich stammt, den ihm ein Iwan in Stalingrad verpaßt habe.

Dreyer muß als Dienstältester die Gruppe des gefallenen Unteroffiziers Faber übernehmen. Hans Wichert und Gefreiter Rottmann werden ihm als Schützen 1 zugeteilt. Der Professor, der als Schütze II und Lafettenträger körperlich zu schwach erscheint, bleibt mit zwei Hiwis weiterhin Munitionsschütze.

In unserer Gruppe gibt es keinen Gruppenführer mehr. Dafür hat unser Zugführer die alten Soldaten Waldemar Krekel und Fritz Koschinski zu Gewehrführern gemacht, die ab sofort Träger einer Maschinenpistole sind. Mein Schütze II ist der kräftige Gefreite Willi Krause. Fritz Hamann, der bisher mein Schütze II war, hat nun selbst ein sMG übernommen, nachdem Obergefreiter Heinz Bartsch bei Werchnyj Rogatschik durch Paktreffer schwer verwundet wurde. Sein Schütze II ist jetzt Panzergrenadier Bittner, der zum jüngeren Jahrgang zählt. Zwei gefallene Munitionsträger aus unserer Gruppe werden durch einen Hiwi und Panzergrenadier Mersch ersetzt.

Auch unsere Granatwerfergruppe wird umgestellt. Für den schwerverwundeten Wachtmeister Hauck hat jetzt Unteroffizier Fender die Werfer übernommen. Neben dem langen Warias kenne ich aber aus der Gruppe nur noch die Gefreiten Erich Schuster und Günther Pfeiffer näher. Die Werfergruppe ist in unserem Nachbarhaus eingezogen, und manchmal kommen die drei zum Kartenspielen zu uns herüber. Die anderen sind zum größten Teil neu hinzugekommen. Otto Kruppka gehört jetzt dem Zugtrupp an und ist auch der persönliche Melder unseres Oberwachtmeisters, den wir unter uns nur immer Ober nennen.

Unser Ober ist ein erfahrener Soldat, bereits mit dem EK I und dem silbernen Verwundetenabzeichen dekoriert. Wir haben zu ihm absolutes Vertrauen. Aber er ist ein alter Kommißkopp. Soll schon an die zwölf Jahre gedient haben und ist schon über dreißig Jahre alt. Selbst hier an der Front hält er sich immer ein wenig auf Distanz. Das ist seine Art. In lebhaften privaten Gesprächen sieht man ihn nur immer mit seinesgleichen. Ich sehe es als typisches Verhalten sogenannter Portepeeträger (Degenträger mit silberner oder goldener Troddel). Mir ist diese Gruppe von Feldwebeln oder Wachtmeistern schon in der Kaserne aufgefallen, die zwischen Offizieren und niedrigen Unteroffizieren eine Sonderstellung einzunehmen schienen.

Unser Ober ist an der Front immer vorbildlich, aber als erfahrener Soldat auch vorsichtig genug, große Risiken zu vermeiden. Das kam uns in den sMG-Gruppen auch zugute, weil wir bei den Angriffen der leichten Züge wegen unserer starken Feuerkraft meist den Feuerschutz übernahmen und so von den direkten Nahkämpfen Mann gegen Mann verschont blieben.

Als Ersatz für unseren Rittmeister übernahm für eine kurze Zeit ein Oberleutnant unsere Schwadron. Ich habe nichts von ihm aufgezeichnet, aber ich erinnere mich daran, daß er in den Kampfpausen oft mit anderen Offizieren in den Dnjeprniederungen auf Jagd ging und man sich erzählte, daß sein Bursche ihm sein Feldbett selbst vorne in der Stellung aufbauen mußte. Während seiner Zeit hatten einige findige Landser in einem leerstehenden Haus eine Sauna eingerichtet. Eine tolle Sache, von der wir lebhaften Gebrauch machten.

Schon vom ersten Tage an hatten Wichert und ich ein gutes Verhältnis zu Katja, der Tochter unserer Mattka im Haus. Katja arbeitete halbtags und ihre Mutter den ganzen Tag in der Küche der Gebirgsjäger. Katja war ein schlankes und blondes russisches Mädchen, eine sogenannte Panjenka. Sie trug ihr weizenblondes Haar in kleinen Zöpfen geflochten wie einen Kranz um den Kopf. Bekleidet war sie mit einem groben Russenkittel, dessen einst hellblaue Farbe jetzt grau und verwaschen war. Jeden Morgen strahlte sie vor Sauberkeit, und beim Näherkommen roch sie streng nach Kernseife. Sobald Katja uns sah, grüßte sie uns schon von weitem mit dem üblichen russischen "sdrasstwijtje", auf deutsch "guten Tag", und ihre Augen leuchteten wunderschön blau wie Kornblumen. Ich glaube, wenn man Katja in modische luftige Kleider stecken würde, wäre sie ein reizendes und attraktives Mädchen.

Obwohl allgemein befohlen war, wegen Spionagegefahr und Partisanenterror keinen näheren Kontakt mit der Zivilbevölkerung aufzunehmen, blieb es in unserem Falle nicht aus, daß wir uns mit den Hausbewohnern wegen verschiedener Dinge unterhielten. Mischa, unser Hiwi, der auch aus der Ukraine stammte, diente uns als Dolmetscher. Später lernte ich aber auch ein paar Brocken Russisch, so daß ich mich etwas verständlich machen konnte, wenn ich oder die anderen etwas benötigten. Wobei Wichert die beiden am meisten in Anspruch nahm, weil er häufig ein irgendwo aufgegabeltes Huhn anschleppte, das ihm die Mattka oder Katja zubereiten sollten.
Manchmal entstand zwischen uns Landsern und Katja sogar ein kleiner Flirt, bei dem sie sich köstlich amüsierte, wenn wir die russischen Worte falsch aussprachen oder sie versuchte, etwas in deutsch zu sagen. Katja jedoch ernstlich zu bedrängen, daran dachte von uns niemand. In dieser Beziehung war sie für uns tabu. Und im Laufe der nächsten Tage und Wochen wurde Katja unser guter Engel.
Es begann damit, daß wir einmal, als wir naß und durchgefroren aus dem Einsatz zurückkamen, unser Quartier bereits angenehm warm und blitzblank vorfanden. Sogar unser Strohlager war frisch aufgeschüttet. Danach machte es Katja immer wieder. Als Dank gaben wir ihr so manches Stück Schokolade, das wir als Marketenderware erhielten. Als sie uns einmal um ein paar Socken für ihre Mutter bat, bekam sie von uns gleich mehrere Paare und auch die

Unterwäsche dazu. Der Professor schenkte ihr sogar ein khakibraunes Hemd, das er noch von seiner Tropenausrüstung aus Italien zurückbehalten hatte. Katja sah darin richtig sportlich aus. Sie freute sich wie ein Kind und betrachtete sich in einem halbblinden Spiegel von allen Seiten. Aber wenn wir zum Einsatz mußten, wurde sie ernst, und oft sah ich auch Tränen in ihren Augen. Wann immer wir aufgesessen waren, kam sie zu unserem Wagen, um sich von uns zu verabschieden und uns so lange nachzuwinken, bis sie uns nicht mehr sehen konnte. Manchmal kam sie erst im letzten Augenblick angelaufen, weil sie beim Alarm gerade unten im Dorf beim Kartoffelschälen gewesen war.

20. November 1943. Wir fühlen, daß es mit der Kampfpause vorbei ist. Zwar hatte es auch die Tage zuvor immer wieder abwechselnd bei der Infanterie und den Gebirgsjägern an der Front rumort und gedonnert. Aber das waren immer nur kurze, bald wieder beendete Gefechte. Diesmal ist es anders! Da ist ein lautes ununterbrochenes Trommelfeuer, das schon fast eine Stunde anhält. Wir wissen, daß es das feindliche Vorbereitungsfeuer zum Angriff ist. Während wir noch darüber diskutieren, ob die Stellungstruppen den Feind aufhalten können, kommt der Alarm. Es dauert nur einige Minuten, bis wir aufgesessen sind und unser Fahrer anfährt. Es geht eine Rollbahn entlang, die in südlicher Richtung zu einem knapp zehn Kilometer entfernten Dorf führt. Das Trommelfeuer vor uns wird schwächer, dafür verstärkt sich der Kampflärm der Infanteriewaffen. Die HKL ist nicht mehr weit entfernt.
Plötzlich wimmelt es über uns von feindlichen Schlachtfliegern und Jägern, die uns mit Bordwaffen und Splitterbomben eindecken. Wir springen von den Fahrzeugen und suchen in einer Rachel Deckung. Eines unserer Geschütze erhält einen Bombentreffer. Verwundete rufen nach dem Sanitäter. Eine kleine Bombe erwischt zwei Landser aus unserer Schwadron. Einer ist sofort tot, dem anderen hat sie einen Arm abgerissen. Während unsere Fahrzeuge zurückfahren, gehen wir langsam die Rachel entlang und dann weiter auf die HKL zu.

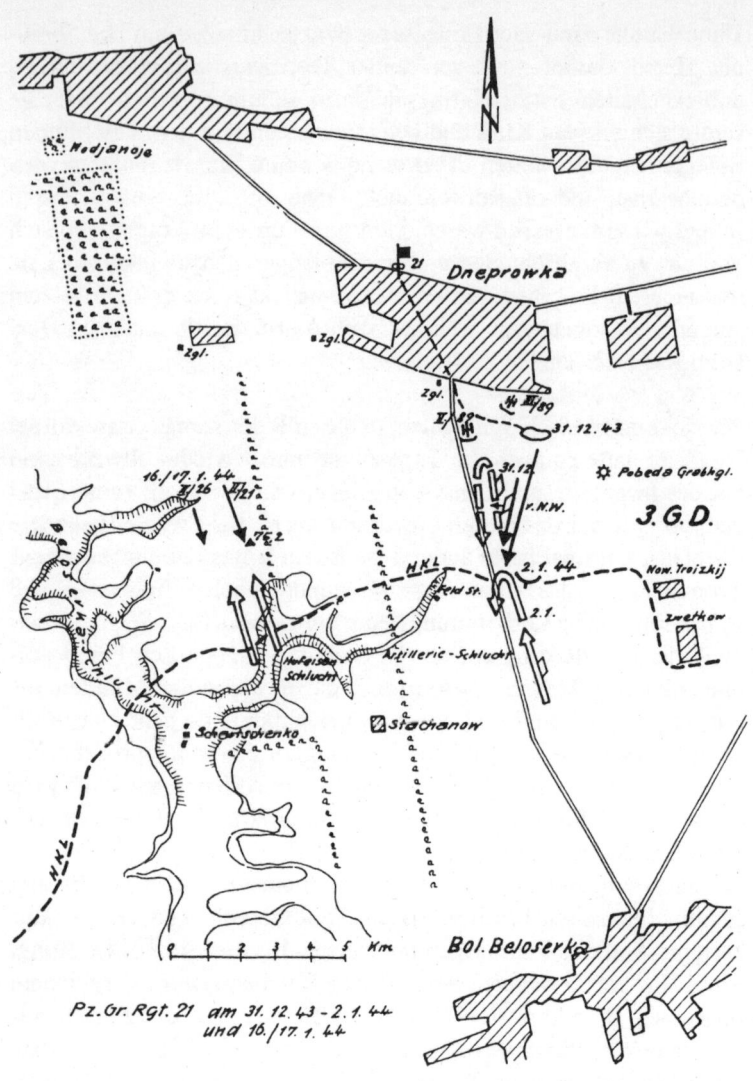

Ständiger Einsatz im Brückenkopf bei Nikopol.

Wir erhalten nur wenig Gegenfeuer. Vor uns brennen einige Stroh- und Getreideschober. Mit Willi Krause haben wir schon wieder drei Panzerdeckungslöcher gegraben. Aber immer wieder heißt es "auf und weiter". Die Erde ist feucht und klebrig. Endlich bleiben wir in einer kleinen Rachel liegen. Wir sollen uns wieder eingraben und die Nacht über in Bereitschaft bleiben.

21. November. In der Nacht war es frostig, und unsere nassen Klamotten sind steif gefroren. Wenn wir uns im Deckungsloch bewegen, scheuern sie an den Erdwänden, und es hört sich wie Pappe an. Sobald es hell wird, sind die russischen Schlachtflieger über uns und werfen wieder die verdammten Splitterbomben ab. Wir alle sind darüber so wütend, daß ich auf meinem MG das Fadenkreuz für den Fliegerbeschuß aufsetze und auf dem Rücken von Fritz Hamann versuche, sie mit Stahlmantelmunition zu beschießen, sobald sie abgeladen haben und abdrehen. Bevor sie hinter der Rachel verschwinden, prasseln meine Garben auf den Rumpf, daß die Funken sprühen. Wenn wir sie auch nicht abschießen konnten, so haben wir uns doch Respekt verschafft. Am Nachmittag erhalten wir durch die Regimentsflak Verstärkung. Als sie zwei russische Flieger abgeschossen haben, verlegen die ihre Aktionen weiter weg.

22. November. Auch in der Nacht hat es wieder gefroren, doch gegen Morgen beginnt leichter Nieselregen zu fallen. Er weicht den Boden erneut auf, und wir stehen bis über die Knöchel im weichen Schlamm. Dann greifen die Schlachtflieger wieder unsere Bereitstellung in den Racheln an. Einige Explosionen und Rauchwolken zeigen uns, daß sie auch getroffen haben. Endlich sehen wir einige deutsche Jäger am diesigen Himmel. Sie schießen einige russische Maschinen ab und verschwinden wieder. Gegen Mittag treten wir mit Unterstützung von Artillerie und Panzer zum Angriff an. Kurz darauf müssen wir wieder zurück.
"Ein Scheißspiel", höre ich Fritz Koschinski schimpfen. "Rein in die Kartoffeln, raus aus die Kartoffeln, wieder eingraben und war-

ten." Das ist das Los des einfachen Landsers. Kein Mensch sagt uns, warum und wieso. Doch dann spricht es sich schnell herum, daß wir heute noch als Eingreifreserve zurückgehalten werden.

Vorne an der HKL tobt ein harter Kampf. Aber schon nach einer Stunde heißt es bereits, daß der Feind nach Süden zurückgeschlagen wurde. Der Chef der 2. Schwadron soll mit einigen Männern seines Schwadronstrupps gefallen sein. Aber es zählt nur der Erfolg: allein der Flakzug der Division soll im Bodenbeschuß mindestens fünfzig Feinde getötet haben. Erbeutet und vernichtet wurden neben einigen T 34 auch sechzehn Pak und einige Feldgeschütze.

Wir liegen immer noch in den Löchern im Bereitstellungsabschnitt und warten auf den Einsatzbefehl. In der Nacht war es verhältnismäßig ruhig, und ich habe mit Willi Krause, meinem Schützen II, unser Deckungsloch vom Schlamm gesäubert und den Boden mit Steppenkraut und ein paar losen Brettern von Munitionskisten ausgelegt. Danach fühlen wir uns etwas wohler und versuchen, in dem etwa mannstiefen Deckungsloch zu schlafen.

23. November. Gegen Morgen weckt uns schweres feindliches Trommelfeuer, hauptsächlich am rechten Flügel bei unseren Infanteristen. Wir horchen gespannt und wünschen, daß sie die Stellung halten mögen, als plötzlich ein ungeheurer Motorenlärm ertönt - ein Dröhnen, das wir in dieser Stärke noch nie zuvor erlebt haben. Die Wände in unseren Löchern beginnen zu vibrieren, und die Erde zittert wie bei einem Beben. Langsam schiebt sich ein gewaltiges Etwas durch die Rachel. Es ist fast so groß wie eine Panjehütte und hat vorne ein langes Kanonenrohr. Als es näher kommt, zähle ich dahinter weitere vier riesige Stahlfestungen. Sie bewegen sich im Schrittempo auf überbreiten Stahlketten vorwärts.

Alle Landser steigen aus ihren Löchern und betrachten die Stahlmonster, für die auch die erfahreneren keine Erklärung haben. Dann geht es wie ein Lauffeuer rundum: Das ist der 'Ferdinand', ein neuer, 75 Tonnen schwerer Panzerknacker mit einer 8.8 cm Kanone und einer speziellen Zieloptik, die es ihm ermöglicht, feindliche Panzer aus einer bisher nie erreichten Entfernung zu treffen. Ein

Unteroffizier von der Besatzung erklärt uns, daß der Koloß von zwei starken Diesel- und zwei Elektromotoren angetrieben wird. Er bewegt sich auf extra breiten Ketten, aber dennoch sinkt er wegen seines Gewichts tief in den Boden ein. Regenwetter und tiefer Schlamm sind seine größten Feinde, die ihn völlig bewegungsunfähig machen. Darum ist er mehr für den Stellungs- und Abwehrkampf geeignet. Zur Zeit sollen in unserem Abschnitt fünf Stück eingesetzt und auf ihre Tauglichkeit getestet werden.

Hinsichtlich dieser schweren Panzer, "Ferdinand" genannt, möchte ich etwas vorgreifen, um zu schildern, wie sehr der Feind daran interessiert war, etwas Näheres über diesen neuen Panzertyp zu erfahren.

Es war einige Tage später, als wir einen feindlichen Angriff abgeschlagen haben und zum Gegenstoß vorgehen. Zu unserer Verstärkung folgen uns langsam vier Sturmgeschütze und vier Ferdinande. Nachdem der Feind vor uns in einem nicht abgeernteten Sonnenblumenfeld verschwindet und wir seine Stellungen einnehmen, rollen zweiundzwanzig russische T 34 auf uns zu. Die Ferdinande und die Sturmgeschütze sind hinter uns in einer Bodenwelle in Deckung gefahren und kaum mehr sichtbar. Sie warten, bis die T 34 auf günstige Schußweite für die Sturmgeschütze herankommen.

Als sie das Feuer eröffnen, erzielen sie auf Anhieb sechs Treffer. Die T 34 stoppen schlagartig, schießen aber sogleich zurück. Als es wieder hinter uns kracht, fliegen von drei weiteren T 34 die Türme durch die Gegend, und zwei weitere qualmen. Da drehen die restlichen elf Panzer ab und brausen, wie vom Teufel gejagt, zurück. In respektvoller Entfernung bleiben sie stehen, wohl in dem Glauben, vor Panzern und Pak sicher zu sein. Doch sie täuschen sich, und auch wir trauen unseren Augen nicht. Die Ferdinande sind aus der Bodenwelle etwas herausgefahren, um bessere Sicht zu haben. Die T 34 stehen inzwischen in Linie aufgefahren auf einem kleinen Hügel und warten ab. Ich erkenne sie etwas deutlicher durch die Optik der MG-Zieleinrichtung.

Als die vier Ferdinande fast gleichzeitig feuern, sehe ich deutlich, wie die glühenden Granaten zwischen den Panzern explodieren. Zwei Panzer beginnen gleich darauf zu qualmen. Zwei Treffer! Unglaublich auf diese Entfernung. Die feindlichen Panzer bewegen sich. Die Ferdinande schießen weiter - und nochmal treffen sie einen Panzer. Die übrigen Panzer haben es verdammt eilig, schnellstens hinter dem Hügel zu verschwinden.

Die Russen werden jetzt darüber rätseln, welche Wunderwaffe ihnen hier gegenübersteht. Wir sind uns alle einig, daß der Ferdinand künftig der große Panzerschreck sein wird.

Weil sich die feindliche Infanterie nur etwa dreihundert Meter vor uns im verdorrten Sonnenblumenfeld befindet, bleiben wir die Nacht über in den Stellungen. Aus Sicherheitsgründen schießen wir von Zeit zu Zeit eine Leuchtkugel hoch. Um Mitternacht ist plötzlich ein schwarzer Schatten über uns und wirft einen Sack voll Splitterbomben über unserer Stellung ab. Danach kreisen zwei "Nähmaschinen" über uns. Sie hindern uns, das Vorfeld vor uns zu beleuchten. Sobald sie nur einen Funken unter sich sehen, fällt eine Bombe. Rechts von uns haben sie ein leichtes MG getroffen. Wir hören Rufe nach dem Sani. Danach trauen wir uns nicht einmal mehr, eine Zigarette unter der Zeltbahn anzustecken.

Unsere Augen starren ins Vorfeld. Es ist stockdunkel. Willi Krause glaubt, vorne ein Geräusch zu hören. Nichts zu sehen! Und der Rollbahn-UvD über uns hindert uns, eine Leuchtkugel hochzuschießen, um vorne mehr zu erkennen. Für eine Weile ist alles vollkommen ruhig. Aber dann rattert plötzlich ein leichtes MG rechts von uns los! Gleichzeitig zischen Leuchtkugeln hoch, und im Nu ist die ganze Front erwacht. MG und Gewehrfeuer auf der ganzen Linie. Auch wir schießen eine Leuchtkugel hoch. Und dann sehen wir die Gestalten vor uns aufspringen. Sie versuchen zurückzurennen. Einige fallen im Feuer auf die Erde, andere heben die Hände und wollen sich ergeben.

Vor unserer Stellung machen wir sechs Gefangene. Der angelehnte leichte Zug rechts neben uns hat elf Russen erwischt, die sofort zum Schwadronsgefechtsstand gebracht werden. Wir staunen über unsere Gefangenen. Alles alte Opas mit Bärten. Den Jüngsten schätze ich auf fünfzig Jahre. Von den Gefangenen erfahren wir, daß sie dreißig Mann unter der Führung eines Kommissars waren und die Aufgabe hatten, in unsere Stellungen einzubrechen, um unter allen Umständen Gefangene zu machen. Sie wollten von ihnen in Erfahrung bringen, welche neue Waffe ihnen hier gegenübersteht. Wir hören von ihnen, daß sie erst vor kurzem eingezogen wurden und nur eine kurze Schießausbildung erhalten haben. Man hatte ihnen danach einfach eine Knarre in die Hand gedrückt und sie seit gestern an die Front geschickt.

Erstaunlich für uns ist, daß sie unter der Führung des Kommissars die dreihundert Meter vom Sonnenblumenfeld bis zu unserer Stellung so vorsichtig herangeschlichen waren, daß sie dafür fast vier Stunden benötigten. Der Einsatz der "Nähmaschinen" über unsere Stellungen gehörte mit zum Einsatzplan. Wir haben ihnen die Suppe kräftig versalzen, und sie werden weiter darüber rätseln müssen, welche neue Waffe in der Lage ist, ihre Panzer bereits abzuknallen, noch bevor sie auf eigene Schußweite an uns herangekommen sind.

Der neue Panzerjäger "Ferdinand" wurde in den nächsten Wochen noch oft im Brückenkopf eingesetzt. Es sprach sich aber schnell herum, daß er aufgrund seiner hervorragenden Ausrüstung zwar ein ausgezeichneter Panzerknacker im Stellungskrieg war, aber wegen seines Gewichtes in dem vorwiegend schlammigen und grundlosen Boden nur selten optimal eingesetzt werden konnte. Deshalb wurden die Stahlfestungen nach der Aufgabe des Brückenkopfes, beim beginnenden Rückzug durch den ukrainischen Morast vom Dnjepr zum Bug von einer Spezialeinheit der Pioniere gesprengt.

24. November. Wir liegen immer noch in den Deckungslöchern zwischen Dnjeprowka und Stachanow in Bereitstellung. Die Ankunft der Ferdinande hat unsere Kampfmoral gestärkt. In der Nacht wurden sie abgezogen und in einem anderen Abschnitt eingesetzt.

Vormittags schlägt das Wetter wieder um, es regnet in Strömen. Wir decken uns notdürftig mit unseren Zeltbahnen ab, aber es nützt nicht viel. Wir sind bis auf die Knochen naß und waten im Wasser und im Schlamm. Dann beginnt vor uns ein gewaltiger Kampflärm. Die bellenden Abschüsse von Panzern zerreißen die Luft. Nach zwei Stunden wird es wieder ruhiger. Wir brauchten auch nicht einzugreifen, denn es war vorwiegend eine Panzerschlacht.

Es spricht sich schnell herum, daß die Ferdinande im ganzen Abschnitt vierzig feindliche Panzer abgeschossen und fünfzehn Pak vernichtet haben. Unsere Hummeln und Hornissen, die Sturmgeschütze und Panzerjäger, eliminierten fünfzehn Panzer. Auch westlich von uns haben Kampftruppen der Division den in die HKL einbrechenden Gegner zurückgeworfen. Jetzt ist es wieder ruhig. Es regnet immer noch stark, und der zähe Modder füllt unsere Löcher mehr und mehr. Auch der Feind wird seine Schwierigkeiten mit dem schlammigen Boden haben. Es heißt, daß er Ersatzleute, Waffen und Geräte nur langsam nach vorne bringen kann.

25. November. Der Feind greift bereits um fünf Uhr morgens mit frischen Panzerverbänden an. Der starke Regen hatte im Laufe der Nacht aufgehört. Wir halten unsere Stellungen, aber diesmal bricht der Feind bei den Gebirgsjägern westlich der Rollbahn Dnjeprowka - Beloserka tief ein.

26. November. Unsere Einheit wird an die Einbruchstelle herangeführt. Es ist eine dunkle Nacht, und wieder beginnt es in Strömen zu regnen. Der Boden ist glitschig. Wir rutschen durch die Nacht, und manche verlieren den Anschluß und geraten zwischen die Russen. Bei unserem Gegenstoß am nächsten Morgen sind sie aber wieder bei uns. Es wird ein sehr harter Kampf. Beim Vorgehen unter starkem Beschuß fällt eine ganze Granatwerfergruppe aus. Ein Toter ist dabei. Auch Rottmann und sein Schütze II von der anderen Gruppe werden durch Direktbeschuß mit der Ratschbum, einem gefährlichen Infanteriegeschütz, schwer verwundet. Unser kleiner Panzergrenadier Mersch, der noch nicht lange bei uns war, ist gefallen. Zwei weitere Munitionsträger sind verwundet.

27. November. Heute werden wir durch Stukas unterstützt. Sie bomben eine halbe Stunde lang in den Feind hinein und zerstören einen Teil seiner schweren Waffen. Wir bekommen etwas Luft. Obwohl wir ihren Großangriff abgewehrt haben und wieder die alte HKL besetzt halten, sitzt der Gegner nur einige hundert Meter vor uns in guter Deckung. Als die Stukas weg sind, wird der Iwan wieder frecher und läßt uns keine Minute in Ruhe. Sobald wir den Kopf heben, beharken sie uns mit MG, Scharfschützen und Infanteriegeschützen. Beim Stellungswechsel einer russischen Ratschbum läuft mir die Besatzung genau ins Visier. Ich kann drei Mann erwischen. Jetzt steht das Geschütz gut sichtbar vor uns. Aber sie trauen sich nicht, es in Deckung zu ziehen und werden sicher die Dunkelheit abwarten. Unsere Granatwerfer machen ihnen einen Strich durch die Rechnung und landen einen Volltreffer auf das Geschütz. Danach wird es schlimm für uns. Durch plötzliche Feuerüberfälle feindlicher Artillerie und Fliegerangriffe haben wir laufend Ausfälle. Im Schutze ihrer schweren Waffen versuchen die Sowjets immer wieder Boden zu gewinnen. Ein MG hat sich bereits rechts von uns in einer Bodenwelle so weit vorgeschoben, daß es von der Flanke teilweise in unsere leichten Züge hineinschießen kann. Sie nutzen jedesmal den Feuerüberfall ihrer schweren Waffen aus. Sobald wir den Kopf einziehen müssen, kommen zwei russische Stahlhelme mit einem MG hoch, und dann feuern sie in unsere Stellungen hinein. Inzwischen haben sie schon zwei unserer leichten MG ausgeschaltet und unter den leichten Zügen Ausfälle und Verwirrung gestiftet. Die Landser liegen flach in den Deckungslöchern und rühren sich nicht.
Ich nehme mir vor, sie zu erledigen. Es besteht sonst die Gefahr, daß sie nach und nach noch mehr MG an die Flanke vorziehen. In der nächsten Feuerpause richte ich mein sMG genau auf den Punkt ein, wo ihre Köpfe immer hochkommen. Danach stelle ich die Gleitschiene fest. Zur besseren Beschwerung hängt Willi Krause noch zwei volle Munitionskästen an die Lafette. Beim nächsten Feuerüberfall des Iwan ist es soweit. Während alle in der Stellung wieder die Köpfe einziehen, kommen genau an der gleichen Stelle

zwei behelmte Russenköpfe hoch. Ich brauche nicht mehr zu korrigieren, sondern ziehe nur noch den Abzugsbügel zum Punktfeuer
durch. Die Leuchtspur zeigt mir, daß mein Feuerstoß genau im Ziel
liegt. Sekundenschnell löse ich die Sperre für das Punktfeuer und
schiebe das Gewehr auf der Laufschiene für einige Feuerstöße hin
und her.
Hinter mir ruft jemand: "Prima getroffen - die sind erledigt!"
Auch ich sehe, daß die zwei Köpfe mit dem Stahlhelm noch auf der
Deckung liegen, sich aber nicht mehr rühren. Das MG ist beschädigt und steht schräg. Danach atmen die Landser in den Dek-
kungslöchern auf und winken in der Feuerpause herüber. Ich bin an
diesem Tag ein wenig stolz. Worauf? Nun, daß ich wieder einmal
helfen konnte, meine Kumpel vor schlimmerem zu bewahren.

28. November. In den verschlammten Deckungslöchern und Gräben ist es wie in einer Suhle. Das Wetter ist unterschiedlich, aber
meist kalt, naß und regnerisch. Unsere Klamotten kleben vor
Dreck. In der Nacht kommt meist der Frost, und dann erstarrt wieder alles. Viele unserer Waffen funktionieren nicht mehr. Sie werden nachts ausgetauscht, weil wir am Tage laufend unter Beschuß
sind. Durch den morastigen Boden kommt auch unsere Verpflegung nur unregelmäßig in die Stellungen. Einmal benötigte das
Fahrzeug für die Strecke von etwa acht Kilometern fast zwei Stunden.

29. November - 1. Dezember. In diesen Tagen greift uns der Feind
mehrmals mit starken Verbänden in Bataillonsstärke an. An manchen Stellen schafft er es, die HKL zu durchbrechen. Aber immer
wieder wird er mit Unterstützung von Sturmgeschützen und schweren Waffen zurückgeschlagen. Er hat danach so große Verluste, daß
er vorerst damit zu tun hat, neue Reserven heranzuschaffen.

2. Dezember. Endlich werden wir von den Gebirgsjägern abgelöst.
Als die Fahrzeuge herankommen, gießt es in Strömen. Als würden
die Russen es wissen, schießen sie unvermittelt mit starker Artille-

rie in uns hinein. Wieder gibt es einige Tote und Verwundete. Zwei Fahrzeuge sind beschädigt und fallen aus. Die Fahrer versuchen, auf dem nachgebenden Boden schnell wegzukommen. Unserem Fahrzeug gelingt es nicht. Wir müssen aussteigen und den Karren buchstäblich durch den Dreck schieben. Wofür der Fahrer sonst fünfzehn bis zwanzig Minuten braucht benötigen wir fast zwei Stunden.

Hundemüde, zerschlagen und niedergedrückt über den Verlust einiger guter Kameraden rücken wir in die Quartiere ein. Die erste, die uns entgegenkommt, ist Katja. Diesmal hat sie uns überrascht und auf jeden Platz eine Kleinigkeit gelegt, die sie sicher von den Gebirgsjägern geschnorrt hat. Es sind ein paar Zigaretten, einige Blatt Schreibpapier, ein Päckchen Zigarettenpapier und ähnliche Kleinigkeiten. Drei Plätze sind jetzt frei geworden. Zwei von den beiden Verwundeten und einer vom gefallenen Panzergrenadier Mersch. Auf dessen Lager liegt ein aus dünnen Zweigen zusammengestecktes Kreuz. Wir fragen uns, wie Katja es vorher wissen konnte. Sie wird es erfahren haben, als man täglich die Toten nach Dnjeprowka zurückbrachte, um sie mit einem Holzkreuz würdig zu begraben, vermute ich.

3. Dezember. Diesmal waren es wieder viele Tote, und die Kreuze auf dem Friedhof werden von Tag zu Tag mehr. Es sind viele aus den leichten Zügen dabei, die ich gut kannte. Ich erinnere mich, wie lebensfroh und voller Hoffnung sie noch damals in Frankreich und später in Italien waren. Jetzt sind sie nicht mehr unter uns. Besonders schwer trifft es uns, als wir hören, daß bei dem Feuerüberfall während unserer Ablösung vor einigen Stunden der lustige Gefreite Rudnik aus dem Schwadronstrupp von einem Granatsplitter so unglücklich am Kopf getroffen wurde, daß er gleich tot war. Jetzt denken wir aber nur noch ans Schlafen. Es ist auch niemand da, der es uns verwehrt. Dennoch reinige ich zuerst das völlig verdreckte MG und die Lafette. Alle helfen sie mit. Danach weckt mich nicht einmal mehr das Schnarchen von Waldi auf, der dafür aber im

Nachbarraum Katja und ihre Mutter mehrmals aufschreckte, wie sie mir am nächsten Morgen lachend erzählen.

4. Dezember. Gestern war es für uns wie ein Feiertag. Wir haben uns gewaschen, rasiert und wieder mal feingemacht. Das Essen war ausgezeichnet. Es gab Gulasch mit Nudeln und als Nachspeise Griespudding. In aller Ruhe konnten wir unsere verdreckten Klamotten säubern und die Waffen reinigen. Danach haben wir sogar ein Mittagsschläfchen gehalten. Draußen hat es geschneit, aber der Schnee ist nicht liegengeblieben. Er hat nur den Matsch und Schlamm verstärkt. Damit wir wenigstens trockenen Fußes zur Latrine konnten, haben wir Bretter drüber gelegt.
Ab und zu hören wir es vorne an der Front donnern. Obergefreiter Bauer vom Schwadronstrupp hat gehört, daß sie im Stab der Ansicht sind, der Feind würde die nächsten Tage Ruhe geben, weil er erst wieder neue Truppen heranzöge. Gott gebe es. Wegen der großen Verluste werden die einzelnen Gruppen und Züge wieder neu formiert. Mein Schütze II ist ab sofort Paul Adam, ein bulliger Landser, der vorher zum ausgefallenen Gewehr von Rottmann gehörte. Willi Krause kommt zu Fritz Hamann als Schütze II. Unsere Hiwis gehen in die leichten Züge, dafür kommen einige Leute von den Granatwerfern zu uns. Die Umstellungen bringen immer etwas Unruhe in unseren Haufen, aber im Grunde hat es nichts zu sagen, denn wir sind in der Regel im Quartier oder im Einsatz eine zusammengeschweißte Mannschaft. Für mich ist es wichtig, daß ich weiterhin das sMG behalte. Ich würde mich sonst nackt und ungeschützt fühlen und wahrscheinlich auch unsicher und ängstlich werden. Ich glaube, daß inzwischen auch unser Ober festgestellt hat, daß er sich auf mich voll verlassen kann. Obwohl er uns ankündigt, daß demnächst einige ältergediente Obergefreite aus der zweiten Schwadron zu uns kommen werden, die gleichfalls sMG-Schützen sind, sollen Fritz Hamann und ich unsere schweren Gewehre behalten. Es ist für uns eine Anerkennung für die harten Einsätze in den letzten Wochen.

Die wichtige Funk- und Fernsprechverbindung vor dem Kampfeinsatz

Nowaja Praga Ende Oktober 1943. Einsatz mit einem erbeuteten T 34

Racheln oder Balkas bieten besten Schutz in der ebenen Landschaft

Schweres MG in Feuerstellung

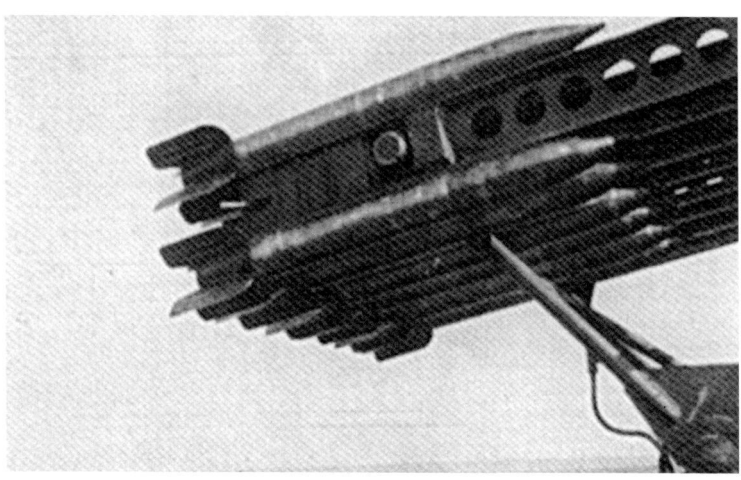

Seitenansicht einer erbeuteten Stalinorgel

Ein gefangener russischer Offizier wird verhört

Nikopol Dezember 1943. Angehörige unserer Schwadron warten in
der Rachel auf ihren Einsatz

Brückenkopf Nikopol Dezember 1943. Eine Kampfeinheit überquert den Dnjepr

Nikopol November 1943. Ein Schützenpanzer kehrt von der Front ins Quartier zurück

Quartier in Djeprowka Dezember 1943. Schwadronchef Prinz zu
Oettingen während einer Ruhepause

Dezember 1943. Ein Panzer im Raum Nikopol ist bereit zum Angriff

Nikopol Dezember 1943. Hinter der Front wartet die Weihnachtspost auf die Abholung

Nikopol 31. Dezember 1943. Neujahrs-Haarschnitt in einer
Kampfpause im Schutz eines Schützenpanzers

Anfang Februar 1944. Beginn der russischen Schlammperiode

Der Panzerknacker „Ferdinand" mit begleitenden Grenadieren zum Angriff bereit

Ehrensalve im Brückenkopf Nikopol für die gefallenen Kameraden

März 1944. Der gefürchtete ukrainische Schlamm

Ende März 1944. Der Rückzug bis zum Bug war nicht immer so geordnet wie hier

Frühjahr 1944. Rumänische Truppen auf dem Weg zum Fronteinsatz

Mai 1944. Wir erbeuten einen fahrtüchtigen T 34 bei der Stadt Jassy

Unser Schützenpanzer vom Regiment 26 auf schlammigen Wegen

Stabsarzt Dr. Salomon und Gustav Koller erhielten am gleichen Tag das Ritterkreuz

August 1944. Rechts der Autor mit einem Bettnachbarn im Lazarett in Grottkau

5. - 9. Dezember. In den nächsten Tagen bleibt es vorne verhältnismäßig ruhig. Manchmal rumort und donnert es zwar lauter, aber es liegt noch im Rahmen der gewöhnlichen Schießerei an der Front. Wir bleiben weiterhin in den Quartieren und kommen endlich mal wieder dazu, längst fällige Briefe an unsere Lieben daheim zu schreiben. Zwischendurch haben wir sogar Gelegenheit, unsere Unterwäsche und die Uniformen zu entlausen. Es hilft aber immer nur für wenige Tage. Es ist verwunderlich, daß man sich sogar an die Blutsauger gewöhnt hat. An der Front spürt man sie wegen der Kälte und der ständigen Angespanntheit weniger als hier in den Quartieren.

Inzwischen haben wir wieder einen neuen Schwadronschef bekommen. Die Offiziere in den Stäben und in den schon sehr zusammengeschrumpften Schwadronen wechseln jetzt häufiger. Unser neuer Chef, den wir Landser nur den "Alten" nennen, soll noch nicht an der Front gewesen sein. Er tut aber so, als wäre er es. Es heißt, daß er ab und zu alle Unterführer zusammenruft und ihnen Vorträge über die Kriegführung hält, die er sicher noch von der Kriegsschule her im Kopf behalten hat.

Otto, der als gelernter Kellner beim Alten oft eine Art Ordonnanz spielen muß, erzählt uns, daß er einen wahren Fremdwörterfimmel hat und seine Vorträge damit gespickt sind. Otto sagt, daß er sich immer köstlich amüsiert, wenn die Wachtmeister und Unteroffiziere auf die Frage, ob sie verstanden hätten, jedesmal mit: "Jawoll, Herr Oberleutnant!" antworten.

Hinterher geht aber jedesmal das Gefrage beim gescheiten Schreibstubenunteroffizier los, den wir unter uns nur "die Rübe" nennen. Diesen Spitznamen hat er von uns schon in Italien bekommen, weil er als überzeugter Vegetarier neben anderem Gemüse vor allem weiße Rüben bevorzugte.

Die "Rübe" soll ihnen dann erklären, was der "Alte" wohl mit Präventivangriffen, proportionalen Einsätzen, divergentem Frontverlauf und ähnlichen Wortschätzchen gemeint hat. Der "Alte" erwartete selbst von einfachen Landsern, daß sie ihn verstehen. Möglicherweise machte es ihm ernsthaft Mühe, sein bildungsreiches Vokabular in verständlichem deutsch auszudrücken.

Einmal fragte er vor versammelter Mannschaft einen Panzergrenadier, der mit einigen anderen erst drei Tage bei uns war, ob er sich bereits integriert habe. Der junge Soldat, der aus Oberschlesien stammte und die deutsche Sprache in einer etwas lustigen und verdrehten Form benutzte, schaute unseren Alten zuerst mit einem unverständlichen Gesichtsausdruck an. Doch dann schien er begriffen zu haben:

"Kann ich sagen noch nicht, Herr Oberleitnand!"

Man sah es unserem Alten an, daß er diese Antwort nicht erwartet hatte. Er fragte darum:

"Warum nicht? Sie sind doch jetzt schon drei Tage bei uns."

"Jawoll, Herr Oberleitnand", antwortete ihm der Oberschlesier. "Aber habe schwarzes Tablette für Scheißerei erst bekommen vor zwei Stunden."

Die ganze Mannschaft brüllte vor Freude! Der Panzergrenadier glaubte doch tatsächlich, daß er gefragt wurde, ob die Kohletablette gegen seinen Durchfall schon gewirkt hätte. Unser Alter lachte natürlich mit und merkte nicht, daß wir uns zwar über das Mißverständnis und die köstliche Antwort des Landsers amüsierten, daß aber auch ein Schuß Schadenfreude über seine anspruchsvolle Fragestellung mit dabei war.

Der oberschlesische Panzergrenadier, mit dem Namen Josef Spittka, wurde danach noch oft das Ziel mancher Späße. Wir nannten ihn später nur "Peronje", da er dieses Wort sehr häufig gebrauchte, weil es wahrscheinlich für allerlei benutzt werden konnte. Was es eigentlich bedeutete, wußte auch er nicht genau. Peronje war schon bald ein beliebter Kumpel; immer verläßlich und an der Front fast ein Draufgänger, den man direkt zügeln mußte, um ihn vor Schaden zu bewahren.

Bevor er zu uns in die Gruppe kam, gehörte er dem 1. Zug an. Dort sagte man am Anfang, daß er verdammt stur wäre, was sich später als Voreingenommenheit herausstellte. Einige Landser zogen ihn wegen seiner verdrehten Sätze oft durch den Kakao und imitierten die so ergötzlichen Sätze wie: Bin ich gegangen die Straße die lange, kann sich nicht finden Kaserne - wo bist du? Oder: Siehst du in des Waldes grün feindlicher Gewehrmaschin?

Wer auf seinen Durchfall anspielen wollte, sagte grinsend: Hab ich gegessen drei Teller Reis aus, und sich geschissen Wasser wie dünn.

Es ist leicht, sich auf Kosten anderer zu amüsieren. Peronje nahm es hin, so schien es allen. Bis ein paar Tage später einige Landser aus seiner Gruppe in den stinkenden Dreck der Latrine fielen, weil jemand den Sitzbalken angesägt hatte. Jetzt war auch Peronje an der Reihe, sich zu amüsieren. Wenn auch Vermutungen laut wurden, es konnte ihm niemand nachweisen, daß er es war. Erst später, als er schon bei unserer Gruppe war, hat er es mir unter nachträglichem Lachen gestanden.

10. Dezember. Es ist fast wieder eine Woche vergangen, in der wir in den Quartieren liegen. Es ist nichts Gravierendes geschehen, aber ich muß wieder einiges in meinen Aufzeichnungen nachtragen. Wir sind heilfroh, daß es vorne noch ruhig geblieben ist und wir nicht raus mußten. Ab und zu müssen wir mit einigen Lkws oder mit bereitgestellten Schützenpanzern die Front auffällig abfahren. Es soll so aussehen, als würde bei uns ständig Aktivität und Bewegung sein. Wir wissen, daß uns der Feind ständig beobachtet.

11. Dezember. In den Dnjeprniederungen gibt es eine Menge Partisanen. Es hat schon viele Überfälle auf einzelne Fahrzeuge gegeben. Heute vormittag hat es unseren Küchenwagen um ein Haar erwischt, als er wegen zusätzlicher Verpflegung unterwegs war. Der Lkw kam Gott sei Dank mit nur einigen Durchschüssen in den Aufbauten zurück. Es sollen auch im Dorf Partisanen aufgetaucht sein, deshalb ist erhöhte Wachsamkeit angeordnet.

12. Dezember. Unsere Führung rechnet bald mit einem Großangriff des Russen. Durch Luftaufklärung weiß man, daß er im Süden wieder starke Truppenverbände zusammenzieht. Die Informationen

erhalten wir immer über Otto, der es aus der Unterhaltung zwischen unserem Ober und dem Spieß erfährt. Neben üblichen Waffenappellen und Wacheschieben ist kein zusätzlicher Dienst angeordnet. Die jüngeren Landser werden meist zum Kartoffelschälen oder anderen Arbeiten eingesetzt.

13. Dezember. Inzwischen sind auch zwei von den angekündigten Obergefreiten eingetroffen. Einer wurde in der neuen Gruppe als Gewehrführer eingesetzt. Gestern hat es Marketenderware gegeben. Unter anderen Dingen haben wir auch eine Flasche Wacholderschnaps erhalten. Ich habe ihn diesmal nicht, wie üblich, gegen Tabak und Zigaretten eingetauscht, weil ich vor einigen Tagen mein Weihnachtspaket mit zwölf Schachteln Zigaretten bekommen habe.

14. Dezember. Gestern abend ging es hoch her. Man hörte schon von weitem das kräftige Lachen der Landser, wenn jemand gerade einen deftigen Witz erzählte. In manchen Häusern wurde laut gesungen, und manchmal drang auch der Klang einer Ziehharmonika durch die Nacht. Es erinnerte mich an Unteroffizier Döring bei Rytschow, der fast die gleichen Lieder auf seinem Instrument spielte. Landserlieder! Oft fröhlich und ausgelassen, dann wieder bewegend und schwermütig. Dann hängt jeder seinen Gedanken nach und fragt sich vielleicht, ob er bei der nächsten fröhlichen Runde wieder dabei sein kann. Manche vernebeln ihr Gehirn beim Aufkommen dieser Gedanken lieber mit Schnaps. Sie saufen solange, bis sie nicht mehr stehen können und auf ihr Lager fallen und einschlafen.

Zwei von ihnen sind Waldemar Krekel und Obergefreiter Koschinski. Ich wundere mich immer, woher die beiden ihren Schnaps bekommen. Irgendwo scheinen sie hier eine Quelle entdeckt zu haben, die nie zu versiegen scheint. Ab und zu verschwindet einer von ihnen und bringt wieder einen neuen Vorrat mit. Einmal habe ich an der Flasche gerochen, dabei wurde mir richtig übel. Fritz Hamann sagte, daß es Samagonka wäre, irgendein ungereinigter Russenschnaps, den sie aus Mais oder manchmal auch aus Futterrüben brennen. Man kann ihn bei den russischen Hiwis kaufen, die bei der Infanterie in der Küche arbeiten. Nun wußte ich es. Sie soffen das teuflische Gesöff hier im Quartier sozusagen auf Vorrat, weil sie wußten, daß sie vorne im Einsatz nur selten ein paar Schluck bekamen.

Vor einer Stunde hatten wir gerade einen Mordsspaß. Es begann damit, daß Katja zu uns hereingestürmt kam und uns zurief: "Bisträ, bisträ, Alte kommen!"

"Der Alte?" brummte Waldi. "Was will der denn bei uns?"

Katja verschwindet wieder im Nachbarraum. Wir warten! Niemand kommt herein. Da schaut Fritz Hamann aus dem Fenster und staunt: "Tatsächlich, der Alte kommt zu uns!"

Und dann hören wir auch schon jemand an der Tür. Fritz reißt die Tür auf, und dann sehen wir schon im Licht der trüben Ölfunzel die Offiziersuniform blitzen und springen auf. Waldi als Dienstältester reißt, schon etwas schwankend, die Knochen zusammen und brüllt: "Achtung! - Melde erste sMG-Gruppe mit zwölf Mann bei der Freizeitgestaltung!"

Paul Adam war der erste, der feixte. Dann prusteten wir alle los. Nur Waldi hatte mit seinen samagonkagetrübten Augen noch nicht erkannt, daß in der Uniform unser Professor steckte. Der kam sogleich mit steifen Beinen, die rechte Hand in Brusthöhe in die Uniformjacke versenkt, wie ein Pfau durch die Tür gestelzt. In der Raummitte blieb er stehen, stellte sich in Positur und begann mit leicht näselndem Tonfall:

"Behalten Sie ruhig Platz, meine Herren! Sie werden jetzt meine epochalen Ausführungen hören über die Modifikation der Amiaupotenz in morbider Assoziation zu einer resistenten Komplimentuse."

Die ganze Bude brüllte, und endlich hatte es auch Waldi in seinem Rausch kapiert, wer vor uns stand. Er plumpste auf sein Lager zurück. Und ärgerlich über seinen Reinfall knurrte er sauer: "Arschloch! Einen alten Mann so zu verscheißern." Nachdem er aber wieder einen kräftigen Schluck aus seiner Pulle genommen hatte, war Waldi wieder der Alte.

"Wo hast du die Uniform her, Professor?" wollten wir wissen.

"Der Alte hat sie mir zum Nähen und Saubermachen gegeben."

"Wieso ausgerechnet dir?"

"Er hat mich gerade in der Schreibstube erwischt. Und die Rübe hat ihm gleich gesagt, daß wir zwei saubere Russinnen im Haus haben, die auch nähen können."

Daher also die Uniform. Die Idee, uns damit reinzulegen, hat er dann mit Katja ausgeheckt, der Schurke. Als der Professor die Uniform am gleichen Tag zurückbrachte, bekam er auch gleich eine andere mit. Dazu aber auch eine Büchse Rindfleisch, etwas Zucker und sogar eine Blechschachtel Schoka-Kola für Katja und ihre Mutter. In der Beziehung war der Alte nicht geizig.

15. Dezember. Seit einigen Tagen haben wir starken Frost bekommen, und die Straßen sind wieder gut befahrbar. Gestern fing es an zu schneien, und man ahnt, daß es langsam Weihnachten wird. Es wäre mein zweites Weihnachten in Rußland. Vielleicht haben wir Glück und können das Fest hier im Quartier feiern. Die letzten Tage waren wieder ohne besondere Vorkommnisse, außer daß wir in der Nacht immer durch den Rollbahn-UvD gestört wurden. Seit gestern stehen aber am Dorfrand auch nachts unsere Flakgeschütze bereit.

16. Dezember. Heute haben wir alle Fahrzeuge zur Tarnung mit weißem Kalk gestrichen. Für den nächsten Einsatz werden wir auch unsere Tarnanzüge mit der weißen Seite nach außen benutzen. Vor wenigen Minuten bin ich mit Wichert und Paul Adam zur umgestellten Granatwerfergruppe gegangen. Warias sagt uns, daß sie drei neue Landser von anderen Schwadronen dazubekommen haben. Sollen alles alte Hasen sein, die schon einiges hinter sich hätten.

Noch bevor wir ihre Panjehütten betreten, steigt uns schon der angenehme Geruch von Huhn in die Nase. Wir wundern uns, denn es ist streng verboten, im Dorf Hühner oder anderes zu requirieren. Dennoch wurde im Haus eine deftige Hühnersuppe gekocht. Ich sehe, daß sich Wichert über die Lippen leckt und ihm das Wasser im Munde zusammenläuft.

Als wir den Raum betreten, sitzen oder liegen die Landser herum und löffeln gerade ihre Suppe. Einige halten Knochen in den Händen und nagen schmatzend daran herum. Nach einer kurzen Begrüßung und Vorstellung fragt Wichert sogleich neugierig: "Mensch, Warias, woher habt ihr den göttlichen Fraß?"

Statt Warias unterbricht ein Obergefreiter, der sich uns als Bernhard Kubat vorgestellt hat, sein Schmatzen und sagt zu Wichert: "Woher? - Hm, die drei Kuras kamen plötzlich zu uns durchs Fenster geflogen und setzten sich doch einfach auf den Suppentopf von der Mattka. Die Viecher flogen dann auch nicht mehr fort. Kannst du das verstehen?"

Wichert glotzte ihn daraufhin richtig blöd an, und wir grinsten.

"Das Federvieh hier ist nämlich sehr anhänglich, mußt du wissen", redet der Obergefreite weiter und nagt zwischendurch wieder an seinem Hühnerknochen herum. "Hat uns natürlich schrecklich leid getan, daß die armen Viecher so gefroren haben und immer nur in den warmen Topf hineinglotzten."

Die ganze Runde grinste anzüglich, und manchen hörte man auch amüsiert kichern.

Der Obergefreite zeigt mit seinem halbangenagten Knochen nach draußen. "War ihnen bestimmt zu kalt draußen, bei dem Schnee und Eis - wer weiß es?"

Kubat zuckt mit den Schultern. Wichert, der sich insgeheim erhofft, vielleicht auch noch ein Stück von dem köstlichen Huhn abzubekommen, macht das kleine Spielchen mit und fragt: "Und dann?"

Der Obergefreite kratzt sich zuerst den roten Schädel und sagt betont langsam: "Tja, dann bin ich ihrem Wunsch nach Wärme natürlich nachgekommen und habe einfach krrr... gemacht. Er macht mit den Händen die Bewegung des Halsabdrehens. "Denn lebend konnte ich sie ja nicht in den heißen Topf stecken, das versteht ihr doch, nicht wahr?"

Wichert grinst breit und sagt: "Mann oh Mann, dann muß ich ja auch bei uns mal das Fenster aufmachen. Vielleicht kommen dann auch ein paar von diesen frierenden, zarten Hühnchen zum Fenster hineingeflogen. Für das Federvieh bin ich schon immer unwiderstehlich. Wenn die mich nur sehen, strecken sie mir ihren Hals hin, damit ich sie daran kitzele."

Dem Obergefreiten Kubat rutscht ein Flügelknochen in den Hals, und er beginnt daran zu würgen. Als er endlich wieder raus ist und er wieder sprechen kann, schaut er Wichert zuerst eine Weile an, bevor er mit Nachdruck sagt: "Das laß mal lieber bleiben, du Hühnerkitzler. Du weißt doch, was auf Sappserapp steht. Und wenn sie dich erwischen, ist die Scheiße am dampfen und wir sind vielleicht auch noch dran." Nach einer kurzen Pause fährt er fort: "Also überlaß das Hühnerkitzeln lieber denen, die mehr davon verstehen, klar? Aber wenn du willst, kannste ja ab und zu rüberkommen und mit uns ein paar Knochen abnagen."

Darauf sagt Wichert nichts mehr, aber er grinst tapfer mit uns und zeigt dem Obergefreiten sogar sein breites Gebiß mit dem überzogenen Goldzahn in der oberen Reihe. Danach kommen wir alle noch zu einem zarten Stückchen Huhn und einem halben Kochgeschirrdeckel voll fetter Hühnerbrühe. Wir stellen fest, daß Obergefreiter Kubat neben dem Gruppenunteroffizier hier das Sagen hat. Später erzählt uns Warias, daß seine Kumpel ihn nur "Klemm" nennen. Den Spitznamen sollen sie ihm verpaßt haben, weil er im Organisieren von Eßbarem ein Genie sein soll, und das Wort "klemmen" sich in jedem Falle feiner anhört als das ordinäre "klauen".

Im weiteren Gespräch mit den hinzugekommenen Landsern hören wir noch einige Neuigkeiten. Dabei werde ich auch wieder an den Schleiferunteroffizier Heistermann erinnert. Heistermann soll es tatsächlich fertiggebracht haben, bei seiner Schwadron gleich den Posten eines Geräteunteroffiziers zu ergattern. So tauchte der Kerl sofort beim Troß unter und konnte sich die ganze Zeit vor dem Fronteinsatz drücken. Was uns Kubat aber dann noch weiter über ihn erzählt, ist schon tiefster Dreck. Heistermann soll sich immer dann, wenn die Truppe vorne im Einsatz war, an russischen Frauen vergriffen haben, die er unter dem Vorwand, sie für Arbeiten einzusetzen, ins Haus gelockt hat. Die Gebirgsjäger beschuldigten ihn, zwei jungen Russinnen, die bei ihnen arbeiteten, abends aufgelauert und sie in seinem Wagen brutal vergewaltigt zu haben. Ich traue es diesem Schwein durchaus zu.

Obwohl Heistermann es leugnete, sollte von höherer Stelle eine Untersuchung stattfinden, sagt der, den sie Klemm nennen. Die Untersuchung konnte aber nicht erfolgen, weil Heistermann plötzlich verschwunden war. Es heißt, daß er von einer Dienstfahrt zur Instandsetzungsabteilung nicht mehr zurückgekehrt ist und seitdem als vermißt gilt. Man vermutet, daß er unterwegs in den Dnjeprniederungen von Partisanen kassiert worden ist, die vorwiegend einzelne, unbewachte Personen überfallen und erledigen. Niemand weiß aber Genaues darüber. Für mich ist das Kapitel Heistermann abgeschlossen. Im Rückblick kann ich sagen, daß ich bis zum Ende des Krieges zwar noch auf andere miese Typen gestoßen bin, sie aber alle nicht annähernd so gemein und verkommen waren wie Heistermann.

17. Dezember. Heute ist für einige von uns ein besonderer Tag. Weil wir immer schön unseren Kopf hingehalten haben und uns noch zu den Lebenden zählen dürfen, hat man uns mit dem EK II und der bronzenen Nahkampfspange dekoriert. Von unserem Jahrgang sind Fritz Hamann, Warias und ich dabei. Ich kann nicht leugnen, daß ich ein klein wenig stolz bin. Aber weniger über das EK II als darüber, daß ich jetzt auch äußerlich sichtbar zu der Gruppe der sogenannten Frontschweine gehöre. Mit den Orden ist das so eine eigene Sache. Zuerst werden natürlich die Vorgesetzten dekoriert. Klar, wo käme man auch hin, wenn beispielsweise ein Landser das EK I bekommen würde und sein Zugführer noch nicht? Wo bliebe da der Respekt?

Wir Landser wissen, wie das so mit der Ordensverleihung ist. Einer für alle, heißt es da, und der "Eine" ist immer der Chef und der Vorgesetzte. Wenn sie schon bedient sind, fällt auch für die anderen etwas ab. Wenn zum Beispiel mal ein gewöhnlicher Landser für das EK I vorgeschlagen wird, muß er seinen Kopf schon ganz schön dafür hingehalten haben. Darum bewerten wir als Frontlandser die Dekorationen unserer Vorgesetzten nicht so hoch wie vielleicht die in der Heimat. Offiziere erhalten die Dinger in der Regel für die Leistungen ihrer Soldaten, die ihnen, als sogenannte Masse, die Kastanien aus dem Feuer holen müssen. Doch im Grunde hat niemand etwas gegen diese militärische Hackordnung, solange auch der Vorgesetzte seine Führungsqualität bewiesen hat. Leider habe ich im Laufe meiner Frontzeit auch solche erlebt, die ihre Orden nie und nimmer für ihren persönlichen Einsatz verdient hätten.

Obwohl ich im Laufe der nächsten Monate mit noch höheren Orden dekoriert wurde, messe ich den militärischen Auszeichnungen keine allzu hohe Bedeutung bei. Denn sie waren immer auch vom Glück abhängig, und man würde die vielen tapferen Frontsoldaten ohne sichtbaren Brustschmuck - vor allem auch unsere toten Kameraden - herabsetzen, glaubte man nur den Auszeichnungen. Wie oft habe ich in den Kampftagen von Rytschow und, um etwas vorzugreifen, auch später bis zum Ende des Krieges, tapfere Soldaten erlebt, die mehrfach hohe Auszeichnungen verdient hätten, sie aber niemals erhielten, weil in den harten Kämpfen ihre Vorgesetzten ausgefallen waren, und wegen des ständigen Führungswechsels niemand ihre Tapferkeit bescheinigen konnte, oder vielleicht auch nicht wollte, um nämlich selbst die Lorbeeren einzuheimsen. Das war das Los der einfachen Landser, die letztlich immer von der Beurteilung ihrer Vorgesetzten abhängig waren. Es sei denn, daß sie durch einen glücklichen Zufall eine Tat vollbrachten, die auch höheren Ortes Aufsehen erregte. Dieses Glück hatte einige Monate später auch ein Kumpel von uns, den sie dafür sogar mit dem Ritterkreuz bedacht haben.

Die Aufzeichnungen darüber machte ich im Frühjahr 1944, als wir nach einem fürchterlichen Rückzug durch den tiefsten Schlamm, den ich jemals erlebt habe, zu Fuß bis zum Bug marschierten, um anschließend in Rumänien eingesetzt zu werden. Bis dahin vergingen aber noch einige Monate, in denen ich viele meiner guten Kumpel für immer verloren habe.

Am heutigen Tage der ersten Ordensverleihung habe ich nach langer Zeit mal wieder etwas Alkohol mitgetrunken. In diesem Zustand wird immer viel gequatscht. Deshalb sind wir erst spät zum Schlafen gekommen.

18. Dezember. In der Nacht hat es wieder etwas geschneit. Wir waschen unsere Oberkörper mit frischem Schnee und machen anschließend eine Schneeballschlacht. In der Morgensonne glitzert der Schnee, als würden Diamantsplitter darauf liegen. Es ist alles erstaunlich ruhig. Von der Front kommt nur ab und zu ein lauter Abschuß oder Einschlag. Nur das übliche Störfeuer. Seit gestern befindet sich im Dorf eine Gruppe, die der Truppe Filme vorführt. Ein Teil von unserer Schwadron hat den Film schon gestern gesehen. Heute ist unser Zug dran.

Als wir von der Kinovorführung ins Quartier zurückkommen, riecht es verführerisch. Katja und die Mattka überraschen uns mit einer russischen Borschtschsuppe. Das ist so etwas wie Eintopf auf russische Art.. Sauerkraut, eingelegte Tomaten und natürlich viel Büchsenfleisch. Schmeckt hervorragend. Eigentlich wollten die Frauen uns den Eintopf erst morgen machen. Ich hatte sie darum gebeten, weil Wichert so davon schwärmte. Er hatte es vor ein paar Tagen bei der Rübe probiert, als er auf der Schreibstube war. Ich bin darauf gekommen, als ich neugierigerweise mal den Erdkeller, der zum Haus gehörte, inspizierte. Die Stufen gingen tief nach unten, und im Schein meiner Taschenlampe entdeckte ich einige angebrochene Fässer mit Sauerkraut, Tomaten und ähnlichem Vorrat. Als ich der Mattka vorschlug, für sich und für uns eine kräftige Suppe zu kochen, war sie gleich einverstanden.

Die Suppe ist für uns eine große Abwechslung und wirklich köstlich. Ich bemerke, daß sich Paul Adam häufig bei Katja herumdrückt. Sie lachen viel zusammen. Ich gönne es ihm. Als ich dazukomme, zeigt Katja ihm gerade einige Bilder von ihrer Familie. Ein paar davon sind gemalte Porträts. "Wer ist das?" frage ich. Katja wird ernst. Sie sagt etwas, was ich nicht verstehe. Paul hat schon ganz gut russisch gelernt. Er sagt mir, daß es ihre Brüder wären. Sie sind auch im Krieg. Der eine hat die meisten Bilder selbst gemalt. Er soll ein guter Porträtmaler sein. Dann weint Katja plötzlich. Sie schimpft auf den Krieg, und dann hebt sie ihre Hände und ruft: "Woina kaputt!" und immer wieder: "Woina kaputt!" Was soviel heißt, daß der Krieg endlich zu Ende gehen möge. Arme Katja, auch wir wünschen es uns, aber wer weiß, ob dieser verdammte Krieg überhaupt jemals zu Ende gehen wird.

19. Dezember. Dieser Tag ist anders als die vorangegangenen. Mit der Ruhe ist es vorbei. Gleich nach dem Wecken hat vorne an der Front ein schweres Trommelfeuer eingesetzt, das sich immer mehr verstärkt. Es ist der schon lange erwartete Großangriff der Sowjets. Werden die Grabentruppen an der HKL verhindern können, daß der Feind durchbricht?
Nein! Er brach durch, und gleich darauf wurde "Alarm" gegeben. Als wir schon auf den Fahrzeugen sitzen, kommt Katja zu unserem Wagen und verabschiedet sich. Sie hat Tränen in den Augen. Ob sie was ahnt? Dieser Einsatz sollte einer unserer schwersten sein, mit sehr vielen Toten und Verwundeten. Es ist gut, daß man so etwas nie vorher weiß.

Katja begleitet unser Fahrzeug noch ein ganzes Stück, und als wir schneller fahren, winkt sie uns noch solange zu, bis wir hinter einer Biegung verschwinden. Die Fahrzeuge fahren bis zum Ortsausgang und danach in einer Rachel in Deckung. Der Kampflärm vor uns wird lauter. Wir springen ab und warten auf den Einsatzbefehl. Dann erscheinen unvermittelt T 34 vor uns. Sie stehen nur einige hundert Meter entfernt auf einer Anhöhe und schießen in das Dorf hinein. Es spricht sich wie ein Lauffeuer herum, daß sie bei der Infanterie und Teilen der Gebirgsjäger durchgebrochen sind und bereits die Artilleriestellungen in der tiefen Schlucht, nur einige Kilometer vor dem Dorf, überrollt haben. Die nachströmenden russischen Truppen transportieren bereits ihre deutschen Gefangenen ab.

Hinter uns fahren unsere Panzer und Sturmgeschütze auf, und es entwickelt sich ein heftiger Schußwechsel zwischen ihnen und den T 34. Sie bieten auf der schneebedeckten Anhöhe gute Ziele für unsere Panzer. Kurz darauf haben sie über zwanzig T 34 abgeschossen, mit nur zwei eigenen Ausfällen. Der Rest sucht das Weite.

Gegen Mittag treten wir, die Panzergrenadiere, zum Angriff an. Wir müssen über eine freie Fläche ohne wesentliche Deckung. Darauf hat der Feind gewartet! Er empfängt uns mit einem rasenden Feuerüberfall aller schweren Waffen. Um uns bricht die Hölle los! Ein tosendes Inferno der Gewalt und der Vernichtung beginnt. Über unseren Köpfen kreisen Schwärme von tieffliegenden Schlachtflugzeugen, die auf uns und unsere Panzer ihre Bomben abladen. Augenblicklich nebeln sich die Panzer ein und entziehen sich so den Blicken der Flieger. Wir liegen weiterhin ohne Deckung in dem mörderischen Feuer und wünschen, Maulwürfe zu sein, um uns vor der zerstörenden Glut in die Erde zu verkriechen.

Das Erdreich unter unseren Körpern erzittert von den Aufschlägen und Detonationen. Um uns hören wir die schmerzvollen Aufschreie der Verwundeten und ihre Rufe nach dem Sanitäter. Wir, die noch nicht getroffen sind, springen auf und hetzen durch die tobende Hölle vorwärts, nur von einem Gedanken beherrscht, aus dem Feuergürtel herauszukommen, um irgendwo da vorne eine ausreichende Deckung zu finden. Doch auch nach dem Durchqueren des Artillerie-Sperrgürtels wartet der Tod tausendfach auf uns. Die russischen MG hämmern ihre Kugeln aus den Läufen, und die Pakgeschütze und "Ratschbum" feuern auf alles, was sich bewegt.

Die Kugelgarben streichen heiß an meinem Körper vorbei und reißen die dünne Schneedecke um mich auf. Ich spüre ein Brennen auf der Haut und werfe mich wieder hin. Unglücklicherweise knalle ich mit meiner Kinnspitze auf den Stahlmantel meines MG, das ich beim Hinlegen von der Schulter gleiten ließ. Sekundenlang bin ich benommen, aber ich springe wieder auf und jage mit weiten Sätzen nach halbrechts auf eine flache, schneebedeckte Hecke zu. Die Kugeln peitschen in den Schnee. Sekundenlang kommt mir der Gedanke, wie oft ich schon in den letzten Wochen durch den feindlichen Kugelhagel gehetzt bin. Bisher habe ich immer Glück gehabt und bin mit Gottes Hilfe durchgekommen. Ob es mir auch diesmal gelingen wird?

Ich tue das, was ich bisher immer getan habe. Ich laufe, voll Angst, jeden Augenblick getroffen zu werden, geduckt vorwärts. Mein Körper steht wie unter elektrischer Spannung, und ich spüre, wie mir heiße Wellen den Rücken entlanglaufen. Der Schweiß rinnt mir in Strömen von der Stirn in die Augen, bis sie brennen. Zwischendurch werfe ich mich immer wieder flach auf den Boden und ziehe meinen Kopf wie eine Schildkröte zwischen die Schultern ein. In dem Glauben, daß ein Schuß in den untersten Teil des Körpers nicht gleich das Leben kosten würde, möchte ich am liebsten das Stück bis zur Hecke mit den Beinen zuerst vorrobben. Doch ich springe wieder auf und laufe mit dem geschulterten MG weiter. Bis meine Kumpel und ich zur Hecke kommen, scheint eine Ewigkeit vergangen zu sein. Endlich haben wir sie erreicht und finden etwas Deckung.

Auf dem aufgewühlten Feld hinter uns wimmern die Verwundeten, die nicht mehr laufen können. Sie liegen zwischen vielen Toten und wälzen sich in den Blutlachen oft im letzten Todeskampf. Keine zehn Schritte hinter mir sehe ich Willi Krause in seinem Blut liegen. Willi ist tot und hat noch die Lafette von Fritz Hamann auf dem Rücken geschnallt. Neben ihm liegt ein junger Panzergrenadier aus der Gruppe von Dreyer. Er blutet am Kopf und versucht, dem Toten die Lafette abzuschnallen. Er schafft es nicht. Ich beobachte, wie ihn eine MG-Garbe erfaßt und er von mehreren Kugeln getroffen zusammensackt. Paul Adam, der es auch gesehen hat, liegt an meiner Seite und keucht aus pfeifenden Lungen. Seine Augen flackern. Er hatte seine Lafette im Laufen abgeschnallt und in der rechten Hand getragen. So bot er den feindlichen Schützen nur ein geringes Ziel. Hinter uns taucht ein Schützenpanzer auf und versucht, die Verwundeten einzusammeln.

In Verlängerung der Hecke liegen die Russen in den Gräben. Einige MG von den leichten Zügen feuern von der Flanke in sie hinein. Unser Angriff geht weiter. In breiter Front fahren unsere Panzer und Sturmgeschütze vor und schießen in die Stellungen der Sowjets hinein. Dann verlegt die russische Ari wieder ihr Feuer. Die Einschläge liegen zwischen uns und teilweise auch in ihren eigenen Stellungen. Die Russen jagen grüne Leuchtkugeln hoch! Die nächsten Einschläge liegen nur noch zwischen uns.

Da brüllt jemand: "Los, grüne Leuchtkugeln schießen!"

Sofort zischen auch bei uns grüne Leuchtkugeln in den Himmel. Der Trick hilft! Die nächsten Granaten jaulen über uns hinweg in das bereits umgepflügte Feld hinein.

Mit Unterstützung unserer Panzer kommen wir gut vorwärts. Die leichten Züge rechts von uns werfen bereits Handgranaten in die russischen Gräben. Ich habe an meinem MG eine Gurttrommel aufgesteckt und stürme mit den anderen auf die Gräben zu. Die Russen sind überrascht und verwirrt. Einige springen auf und rennen ohne Gewehre zurück. Zwei Russen stehen noch hinter einem schweren MG und feuern. Im vollen Lauf schieße ich meine Trommel auf die beiden ab und sehe noch, daß ich getroffen habe. Dann rutsche ich auf dem vereisten Grabenrand aus und stürze in den Graben.

Vor meinen Augen blitzt eine metallene Spitze und ritzt mir die rechte Wange. Ich halte noch mit der rechten Hand mein MG und will mich gerade aufrichten, da holt der Iwan vor mir mit dem Bajonett zum Stoß aus. Im gleichen Augenblick sackt er von einer Schußsalve getroffen zusammen. Auf dem Grabenrand steht Fritz Koschinski mit der MPi im Anschlag. Aber noch bevor er zu mir in den Graben springen kann, klappt er zusammen und liegt gekrümmt am Boden. Ich fasse ihn am Tarnanzug und jemand hilft mir, ihn in den Graben zu ziehen. Er stöhnt und verzieht schmerzhaft sein Gesicht. Der andere ist ein blutjunger Sanitätsgefreiter. Sein Gesicht ist fast so weiß wie der Schnee. Er stammelt etwas und starrt mit mir auf den blutgetränkten Fleck auf dem weißen Tarnanzug von Fritz Koschinski.

Der Sani will ihn etwas auf die Seite drehén, aber der Verwundete preßt beide Hände auf seinen Bauch und stöhnt: "Laß mich, es tut weh!" Der Sani nickt und stellt fest: "Bauchschuß!" Fritz Koschinski versucht sich aufzustützen und sagt: "Ich spüre schon, wie es mir in den Bauch hineinläuft." Ich will ihm Mut zusprechen und stammele etwas von neu zusammenflicken. Dann gebe ich ihm die Hand und sage: "Bis dann Fritz! War ziemlich knapp. Gut, daß du ihn erwischt hast." Er nickt und versucht zu lächeln.

Wenn man so will, hat Fritz Koschinski mir diesmal das Leben gerettet. Ein anderes Mal ist es ein anderer, und dann rette auch ich wieder anderen das Leben. So ist das an der Front. Jeder versucht so gut er kann, sein eigenes Leben und das seiner Kumpel zu retten, und niemand spricht groß darüber, weil es einfach selbstverständlich ist.

Der Angriff geht weiter - noch sind nicht alle Gräben des Feindes aufgerollt. Hastig laufe ich den anderen nach, bis ich Paul Adam, welcher der letzte ist, erreicht habe. Der dreht sich nach mir um und sagt besorgt: "Mensch, du blutest ja wie ein Schwein! Wo hat es dich erwischt?"

Ich merke erst jetzt, daß mir das Blut von der Wange in den Kragen läuft. Ich spüre aber keinen Schmerz. Da zwängt sich Waldemar Krekel durch den engen Graben und wischt mir das Blut mit Verbandmull ab. "Schwein gehabt, ist nur ein Hautriß", sagt Waldi und klebt mir ein Stück Pflaster ins Gesicht. Als ich ihm von dem Bauchschuß seines guten Freundes Fritz erzähle, ist er erschrocken und sagt: "Bauchschuß ist eine schlimme Sache. Hoffentlich hat Fritz sich nicht vorher noch den Bauch vollgeschlagen." Jeder wußte, was Waldi damit meinte.

Obwohl uns niemand befahl, vor einem Angriff nichts mehr zu essen, warnten uns alte Hasen davor, uns den Bauch vorher vollzustopfen. Bei einem Bauchschuß mit leerem Magen und Därmen soll die Chance, durchzukommen, weit größer sein als umgekehrt. Nie-

272

mand wußte genau, ob es stimmt, aber es klang plausibel. Viele Landser, unter ihnen auch ich, hielten sich daran. Andere konnten es sich nicht verkneifen zu essen. Vor allem dann nicht, wenn es die Zeit erlaubte, vor dem Einsatz die kalte Tagesverpflegung in Empfang zu nehmen. Dann konnten einige nicht widerstehen und begannen bereits auf der Fahrt in den Bereitstellungsraum zu futtern. Dabei hörte man Bemerkungen wie: "Was weg ist, ist weg" oder: "Ich kann dem Iwan doch nicht meine guten Fressalien überlassen" und ähnliche Sprüche.

Bei manchen, die das sagten, hatte ich allerdings den Eindruck, daß sie sich nur ablenken wollten, um damit ihre innere Spannung, die uns alle vor jedem Einsatz voll im Griff hatte, abzubauen.

In der stillen Hoffnung, daß Fritz Koschinski seinen Bauchschuß heil überstehen möge, gehen wir weiter und schieben uns hintereinander den engen Graben entlang. An einer Stelle liegen soviel tote Russen übereinander, daß wir mühsam über sie hinwegsteigen müssen.

Arme Teufel! Die meisten haben genauso junge Gesichter wie wir. Es waren unsere Feinde, und sie wollten uns töten. Jetzt können sie uns nicht mehr schaden, und sie liegen genauso stumm herum wie viele unserer Kameraden auf dem schneebedeckten Feld hinter uns. Sie unterscheiden sich von ihnen nur durch andere Uniformen und vielleicht dadurch, daß sie nicht wie unsere Toten in Dnjeprowka mit einem Holzkreuz auf dem Grab beerdigt werden, sondern, falls es die Zeit erlaubt, von unseren Troßleuten in ein großes Loch geworfen und verscharrt werden.

Der Graben gehört zur alten HKL, und wir verbleiben darin solange, bis alle Gruppen aufgeschlossen sind. Danach erhalten wir den Befehl, mit dem sMG den Feuerschutz für die leichten Züge zu übernehmen, mit denen wir weiter vorgehen. Unser Angriffsziel ist erst erreicht, als wir den Feind auch aus seinen Bereitstellungen vertrieben haben. In der Dunkelheit gehen wir wieder ein Stück zurück und besetzen eine neue Linie. Wir sind froh, daß überall schon Stellungen und Panzerdeckungslöcher vorhanden sind. Neue Löcher in die gefrorene Erde zu graben wäre harte Knochenarbeit gewesen. Dennoch rinnt uns der Schweiß in Strömen aus den Poren, als wir die festgefrorenen Brocken aus den Erdwällen lösen und damit unser Gewehr in die neue Schußrichtung bringen und tarnen.

Bereits in der gleichen Nacht bemerken wir, daß der Feind wieder zurückkommt und sich vor uns eingräbt. Das Aufhacken und Aufreißen des gefrorenen Erdbodens ist weithin zu hören. Nur wenn unsere Granatwerfer eine Sendung hinüberschicken, unterbrechen sie für kurze Zeit ihre Tätigkeit. Da der Russe so stark mit sich beschäftigt ist, bleiben wir von Kampfhandlungen verschont. Unser Verpflegungs- und Munitionsnachschub kommt darum ungestört nah an uns heran.

Von den Fahrern hören wir böse Neuigkeiten über die vielen Toten und Verwundeten, die uns der vergangene Angriff gekostet hat. Außer dem Kommandeur der II. Abteilung soll auch unser ehemaliger Schwadronschef und jetziger Kommandeur der I. Abteilung verwundet worden sein. Mit ihm zwei weitere Offiziere der Abteilung und ein Oberarzt. Auch unseren Alten soll es gleich am Anfang schwer am linken Arm erwischt haben. Danach soll die Führung unserer Schwadron einem Leutnant übertragen worden sein, den aber niemand von uns kannte.

Unsere Schwadron soll sieben Tote und einundzwanzig Verwundete haben. Unter ihnen sind auch Willi Krause und der junge Panzergrenadier Hanke aus unseren sMG-Gruppen. Zwei weitere Verwundete kommen noch hinzu, die erst einige Tage bei uns waren. Die Granatwerfergruppe soll vier Verwundete haben. Ganz schlimm soll es die 2. Schwadron erwischt haben. Sie soll nur noch aus neunzehn Mann bestehen und neben vielen Verwundeten allein zwölf Tote zu beklagen haben. Ein schlimmer Tag, der nicht spurlos an uns vorübergeht. Er dämpfte alle überheblichen Gefühle in mir, die man nach einem erfolgreichen Kampf manchmal als stolzer Sieger empfindet und ließ mich an unseren hohen Tribut denken, den wir dafür gezahlt haben.

20. Dezember. Paul Adam und ich haben die ganze Nacht unsere Stellung ausgebaut. Wir blieben dadurch warm. In der Nacht hatte der Frost zugenommen, und sie haben uns jedem eine Decke nach vorn gebracht. Als es hell wird, ist vor uns nichts vom Feind zu sehen. Die Russen verstehen es vorzüglich, sich zu tarnen. Nach einer Stunde verdichten sich die Wolken, und es beginnt leicht zu schneien. Es kann uns nur recht sein, denn der Schnee deckt alles mit seinem weißen Laken zu und tarnt somit auch unsere Stellungen.

Paul, der häufig durch die Zieleinrichtung des MG beobachtet, erkennt in gewisser Entfernung einige aufgeworfene Schneehaufen, hinter denen sich vermutlich der Feind verbirgt. Er verhält sich aber ruhig. Gegen Mittag erhalten wir starkes Granatwerferfeuer. An der rechten Flanke erfolgt unvermittelt Kampflärm. Wir hören auch Panzer- und Pakabschüsse. Vor uns bleibt es aber ruhig.

In der Dunkelheit schallt wieder das Hacken und Graben durch die Nacht. Der Feind baut seine Ausgangsstellung aus. Er wird versuchen, uns erneut aus der HKL herauszudrücken. Laut Regimentsbefehl sollen wir deshalb solange in den Löchern bleiben, bis keine Gefahr mehr besteht und die Infanterie und die Gebirgsjäger die alten Stellungen zurücknehmen können. Schöne Aussichten!

Aber inzwischen wissen wir, wie gut wir es als Alarmeinheit im Vergleich zu den Stellungstruppen haben. Sie hausen bereits seit Wochen und Monaten in den dreckigen Erdlöchern hier an der HKL. Weil der Frost in diesem Jahr spät einsetzte, waren ihre Löcher teilweise bis über die Knöchel verschlammt. Und wenn die Sowjets sie mit ihren Panzern überrollten, hatten sie nicht einmal mehr die Chance, schnell genug aus dem zähen Schlamm herauszukommen und sich zu retten. Wie oft haben wir schon auf sie geflucht, wenn wir wieder mal zum Einsatz mußten, weil der Feind in der HKL ihre Stellungen durchbrochen hatte.

Als wir aber erkannten, mit welch unzulänglichen Waffen und mit welch geringer Unterstützung von schweren Waffen vor allem die Infanterie ihre Stellungen halten mußte, hatten wir nur noch Mitleid mit den armen Teufeln. Mit meinen Kumpeln sprach ich oft darüber, wie unterschiedlich die deutschen Divisionen ausgerüstet waren. Ohne angemessene Unterstützung durch ausreichend schwere Waffen und moderne Panzerabwehr ist der Frontsoldat vorne nichts weiter als Kanonenfutter. Wir waren deshalb heilfroh, einer Einheit anzugehören, die über eine dem Feind ebenbürtige Ausrüstung verfügte.

21. Dezember. Der heutige Tag beginnt mit schlechter Sicht, aber es schneit nicht. In der Nacht hat man uns Stroh nach vorne gebracht. Es isoliert den gefrorenen Boden und hält die Füße etwas wärmer. Der Feind schießt ununterbrochen mit Granatwerfern und mit MG. Wir können nicht die Köpfe heben, aber wir verhalten uns ruhig und tun ihm nicht den Gefallen, ihm unsere Stellung zu verraten, solange er nicht angreift.

Dann geht er unvermittelt an der rechten Flanke vor, und sofort sind auch die russischen Flieger über uns. Gleich danach schießt unsere leichte Flak fünf Maschinen ab. Danach wird es am Himmel ruhiger. Der Feind hat keine Chance, an der Flanke durchzustoßen. Er holt sich bei der II. Abteilung blutige Köpfe.

Abends ist es wieder ruhig. Waldi und Dreyer kommen in der Dunkelheit zu uns ans Loch. Sie berichten, daß Überläufer ausgesagt haben, der Feind bereite wieder einen großen Angriff vor. Wir holen uns deshalb zusätzlich einige Munitionskästen in die Stellung.

In der Nacht ist es saukalt, so daß an schlafen nicht zu denken ist. Bei jedem Atem bildet sich Eisschnee auf den Bartstoppeln. Ich habe die Idee, im Deckungsloch einen Stollen zum Schlafen zu graben. Paul ist begeistert, und wir beginnen jeweils an dem schmalen Ende des Deckungslochs in Kniehöhe einen Tunnel zu graben. Bereits nach einem halben Meter knicken wir den Tunnel ab und buddeln in einem rechten Winkel nach vorne weiter. So sind wir sogar vor Splittern geschützt, wenn wir zufällig eine Werfergranate ins Loch bekämen. Die gefrorenen Wände geben uns die Gewähr, nicht verschüttet zu werden.

Der Boden ist in der Tiefe lehmig und nicht gefroren, so daß wir schnell vorankommen. Es wird dennoch eine harte Arbeit. Wir benötigen zwei Nächte, bis wir damit fertig sind und die Erde um unsere Stellung gut verteilt und wieder mit Schnee getarnt ist. Nachdem wir noch das Innere mit Stroh auspolstern, fühlen wir uns richtig warm und sicher in dem Stollen. Die hartgefrorene Erde über uns gibt uns den Schutz vor Artilleriegranaten. Unsere Kumpel staunen über unseren Einfall und beginnen, ähnliche Stollen zu buddeln.

22. und 23. Dezember. Die Front bleibt ruhig und wir fragen uns, ob die Sowjets uns gegenüber auch Weihnachten noch so tolerant bleiben. Es wäre schön, aber wir trauen ihnen nicht. Es heißt, daß der Spieß einiges für uns vorne vorbereitet hat. Hoffentlich verdirbt uns der Iwan nicht den Heiligen Abend.

24. Dezember. In der Nacht war es wieder eiskalt und frostig. In unserem Schlaftunnel spürten wir es aber nicht. Ich hatte mich mit einer Decke und der Zeltbahn zugedeckt und schlief zwischen den Wachen richtig tief und fest. Als mich Paul zur Ablösung weckte, knallte ich zuerst mit dem Kopf gegen die niedrige Lehmdecke. Ich hatte vergessen, daß mein Schlaftunnel nur eine Röhre ist und ich mich nur auf allen Vieren darin fortbewegen kann. Draußen ist es noch dunkel. Nachdem mir Paul kurz die Lage schildert, verschwindet auch er in seinem Tunnel. Als ich ihm seine Decke hineinreichen soll, klingt seine Stimme dumpf wie aus einem Grab.
Gleich darauf blubbern wieder über uns die Granatwerfer. Der Iwan versucht es wieder mit einem überraschenden Feuerüberfall, und manchmal erwischt er leider auch einige von uns. Als ich das Rauschen über mir höre, flitze ich wie ein Fuchs in meine Schlafröhre und höre gespannt auf die Geräusche über mir. Meine Ohren sind so gut geschult, daß ich jede Veränderung an der Front bereits mit dem Gehör wahrnehme. Vorne verändert sich nichts, nur die Granatwerfer schießen noch eine halbe Stunde lang auf unsere Stellungen. Als es wieder ruhig ist, kommt der "Professor" von der anderen Gruppe zu mir ins Loch gehetzt und berichtet mir atemlos, daß Stabsgefreiter Dreyer durch einen Granatwerfervolltreffer ge-

tötet wurde. Auch zwei von den jungen Panzergrenadieren soll es erwischt haben. Dann habe er noch von einem Sani gehört, daß Fritz Koschinski an seinem Bauchschuß im Hauptverbandplatz verstorben ist. Böse Nachrichten, die uns immer wieder daran erinnern, wie nahe der Tod um uns ist.

Ein Unteroffizier, der als Zugführer eingesetzt ist, erzählt, daß von seinen achtunddreißig Männern vor dem Einsatz jetzt nicht einmal mehr die Hälfte übrig geblieben sind. Sie sollen schon die Trosse nach vorn einsetzbaren Männern durchsiebt haben. Auf Befehl von ganz oben soll hinter uns eine zweite Auffangstellung ausgebaut worden sein, die mit allen verfügbaren Männern aus den Trossen besetzt wurde. Wir meinen, daß es nicht viel schlimmer werden kann als es schon ist. Aber man weiß nie, was der Iwan zusätzlich ausbaldowert hat, um die HKL wieder in seinen Besitz zu bringen. Er wird es nicht leicht haben, denn wir sind weit besser vorbereitet als vorher die Infanterie oder die Gebirgsjäger.

Entgegen unseren Erwartungen vergeht der Tag ohne Angriff. Die Wolken hängen tief herunter, und ab und zu schneit es etwas. Manchmal peitscht ein Gewehrschuß, und dann zerplatzt irgendwo eine Kugel mit einem hellen Knall. Die russischen Scharfschützen schießen mit Explosivmunition, die im Fleisch immer ein großes Loch reißt. Wenn es einem MG-Schützen von uns zuviel wird, antwortet er mit einem kurzen Feuerstoß.

In der Dunkelheit empfangen wir unsere Verpflegung. Extra für Heiligabend gibt es Kartoffelsalat, einen Batzen Fleisch, und statt Kaffee werden die Feldflaschen mit Tee und Rum gefüllt. Außerdem gibt es pro Mann ein Frontkämpferpäckchen, zwei Schachteln Zigaretten und Weihnachtsgebäck. Der Spieß hat unsere Post und die gesendeten Weihnachtspäckchen einige Tage zurückbehalten, um sie jetzt zu verteilen. Paul und ich erhalten auch jeder ein Päckchen von daheim. Wir breiten alles auf der Zeltbahn aus. Neben einigen Leckereien, von meiner Mutter liebevoll verpackt, entdecke ich auch einen kleinen künstlichen Tannenzweig, der mit ein paar silbrigen Lamettafäden und kleinen gepunkteten Fliegenpilzen verziert ist. Eine Christbaumkerze mit Kerzenhalter liegt auch dabei.

"Prima, dann können wir jetzt getrost Weihnachten feiern", meint Paul und hält den kleinen Zweig hoch.

"Warum nicht?" stimme ich ihm zu.

Mit der Zeltbahn decken wir unser schmales Loch ab und beschweren die Ränder mit einigen Munitionskästen. Dann hocken wir uns nieder und zünden die Kerze auf dem Zweig an, den Paul auf die leeren Kartons unserer Päckchen gelegt hat. Wir denken an unsere Lieben daheim und knabbern an den Keksen. Der Tee mit Rum steigt uns etwas zu Kopf.

Dann unterbricht Paul die Stille und sagt: "Fröhliche Weihnachten!" Ich nicke. "Fröhliche Weihnachten, Paul!" Ich wundere mich über ihn, als er plötzlich ein Lied anstimmt. Er ist sonst der, der erst wartet, bis ein anderer etwas tut. Paul singt: "Stille Nacht, heilige Nacht...", und ich brumme mit. Aber unser Gesang klingt kläglich. Paul merkt es auch. Er beginnt nach der ersten Strophe ein anderes Weihnachtslied.

"Oh, du fröhliche, oh, du selige" singt Paul. Seine Stimme klingt leise und bedrückt. Dann bricht er mittendrin ab und zuckt die Schultern: "Es geht nicht!"

Ich verstehe ihn. Es ist nicht die fröhliche Stunde, um Weihnachtslieder zu singen. Es ist um uns herum zu viel geschehen in letzter Zeit, und wir denken unwillkürlich an jene, die Weihnachten nicht mehr erleben durften. Erst vor ein paar Stunden haben wir Dreyer und die zwei jungen Panzergrenadiere verloren. Drei Tage zuvor Willi Krause, Fritz Koschinski und auch den jungen Panzergrenadier Hanke, um nur einige zu nennen. Auch sie haben noch im Quartier von Weihnachten gesprochen, und für einige von ihnen liegen noch Post und Päckchen auf der Schreibstube. Die ihnen geschrieben haben, wissen noch nicht, daß sie die Post nicht mehr empfangen können.

Unsere Gedanken werden plötzlich vom bekannten Rauschen über uns und den darauffolgenden Einschlägen der Granaten unterbrochen. Also läßt uns der Iwan am Heiligen Abend doch keine Ruhe. Wir blasen die Kerze aus und starren in die Dunkelheit. Im gesamten Frontabschnitt steigen Leuchtkugeln in den Himmel.

"Nun haben wir doch noch unsere Festbeleuchtung am Heiligabend", sagt Paul ein wenig zynisch.

Vor uns rührt sich noch nichts. Dafür hören wir aber ganz deutlich
das Heranrauschen vieler Raketengeschosse. "Die Stalinorgel!" ruft
ein Landser vom leichten Zug laut über die Stellung. Wir flitzen
wie die Wiesel in unseren Tunnel unter die Erde. Im nächsten Moment kracht es schon, und ein Stück einer Rakete knallt scheppernd
gegen einen Munitionskasten und fällt in unser Deckungsloch. Der
Iwan orgelt sein tödliches Lied noch zweimal, bevor es wieder
ruhig wird.

25. Dezember. "Man soll den Tag nicht vor dem Abend loben,"
sagte Paul voll Skepsis, als ich hinter dem Gewehr stehend nach
links auf den Sonnenaufgang im Osten zeigte und bemerkte, daß es
ein schöner Tag werden könnte. Damit meinte ich auch, daß die
Sowjets bisher für ihre Angriffe immer die trüben Tage und
schlechte Sichtverhältnisse bevorzugten. Aber weit gefehlt! Paul
sollte mit seiner Skepsis recht behalten. Der Iwan hatte sich vorge-
nommen, uns das Fest zu vermasseln.

Bereits um 8 Uhr in der Früh bricht ihr Trommelfeuer wie ein ver-
nichtender Orkan über uns herein. Wir kriechen in unseren Tunnel
und kommen nur immer abwechselnd hoch, um die Lage vor uns zu
erkunden. Wir sind zur Verteidigung bereit, wissen aber, daß es für
uns erst losgeht, wenn der Feind soweit herangekommen ist, daß
das Abwehrfeuer wirksam eingesetzt werden kann. Obwohl ich die
feindlichen Überfälle mit schweren Waffen schon viele Male erlebt
habe, beängstigt es mich immer wieder von neuem. Das zermür-
bende Warten macht mich nervös und unruhig. Ich weiß, daß das
Trommelfeuer irgendwann wieder aufhören wird und danach erst
der Kampf beginnt, aber bis dahin schwirren mir immer tausend
Gedanken durch den Kopf.

Mit diesen Gedanken kommen auch die Erinnerungen an frühere
Kampftage. Vor meinen Augen entstehen Bilder der Verzweiflung
und des Verhängnisses in den Stellungen von Rytschow am Don.
Bittere Erlebnisse, die ich längst vergessen glaubte, stehen wieder

vor mir. Dann überfällt mich wieder die Angst wie damals, und ich bete still und inbrünstig vor mich hin, daß auch dieser Angriff wieder ohne Schaden an mir vorübergehen möge.

Das aufreibende Trommelfeuer dauert fast zwei Stunden. Dann brüllt jemand laut: "Sie kommen!"

Endlich! - Ich atme tief durch. Zwar bin ich beklommen, weil ich weiß, daß auch diesmal wieder einige den Kampf nicht überleben werden. Sobald ich jedoch mit Paul hinter dem sMG liege, sind meine Gedanken nur noch auf den anrückenden Feind konzentriert. Seine Artillerie hat das Feuer etwas weiter vorverlegt, und die schweren Koffer jaulen jetzt über unsere Köpfe hinweg. Als dann schlagartig unser Abwehrfeuer einsetzt, sind wir nur noch von dem Drang erfüllt, den Feind vor uns abzuwehren und ihn nicht in unsere Stellungen eindringen zu lassen.

Die Granaten unserer Abwehr heulen jetzt von hinten über unsere Köpfe hinweg. Es ist, als würden hunderte von Kanonen ihre tödlichen Granaten auf die Angreifer gleichzeitig abfeuern. Vor unserer Ari ist eine Sperre von Panzern und Sturmgeschützen aufgefahren, die erbarmungslos in die Anstürmenden hineinschießen. Der Feind hat kaum eine Chance, auch nur annähernd unsere Stellungen zu erreichen. Er wird bereits vernichtet, bevor wir mit unseren Infanteriewaffen eingreifen können. Zum Schluß erfassen unsere MGs nur noch einige kleine Trupps, die dem mörderischen Feuer entronnen sind und versuchen, doch noch unsere Stellungen zu erreichen.

Am Abend erzählte man sich, daß unsere Geschütze mit sogenannten Abprallergranaten geschossen hätten, die bei Bodenberührung nach oben hin krepieren und eine starke Splitterwirkung haben. Es war für den Feind ein fürchterliches Massaker, und wir konnten uns nicht davon freisprechen, eine gewisse Genugtuung darüber zu empfinden, weil er doch gewagt hatte, uns den Feiertag zu verderben.

Dennoch versuchten die Sowjets am späten Nachmittag einen weiteren Feuerüberfall mit anschließendem Angriff, der gleichfalls vor unseren Stellungen zusammenbrach. Jetzt war es klar, daß es ihnen nur um die Störung unseres Weihnachtsfestes ging, das sie ihrem Kalender zufolge erst zu Neujahr feiern.

26. und 27. Dezember. Unsere Verluste hielten sich während der letzten Angriffe in Grenzen. Dennoch hatten wir einige Tote - und jeder einzelne war schon zuviel. Wir wurden davon unterrichtet, daß im gesamten Abschnitt fünfunddreißig T 34 vernichtet worden sind. Es schien, als würde der Feind jetzt Ruhe geben, denn in den zwei Tagen fanden keine Kampfhandlungen statt.

28. Dezember. Der Tag an der Front verlief ruhig. Wir glauben, daß der Feind genug mit sich zu tun hat, um uns eine Weile unbehelligt zu lassen.

29. Dezember. Noch vor dem Morgengrauen werden wir von den alten Stellungstruppen abgelöst. Sie besetzen wieder die Löcher an der HKL, aus denen sie bei dem russischen Großangriff vertrieben wurden. Wir sind heilfroh, endlich wieder in die Quartiere zu kommen und uns wieder halbwegs menschlich zu machen. Wer uns an den Gesichtern erkennen will, muß schon genau hinsehen, weil sie alle einheitlich mit dichten Bartstoppeln bewachsen sind und vor Dreck geradezu starren.
Es ist erstaunlich, wie schnell sich die Stimmung gewandelt hat. Seitdem wir auf den Fahrzeugen sitzen und uns den Quartieren nähern, werden schon wieder Witze gemacht, und jeder spricht davon, was er zuerst machen wird, wenn er wieder daheim im Quartier ist. Doch als Katja uns vor dem Quartier erwartet und wir ihre traurigen Augen sehen, werden wir wieder ernst. Auch diesmal hat sie ihre kleinen geflochtenen Kreuzchen auf die Schlafdecken der Gefallenen gelegt. Weil sie vor uns ihre Tränen verbergen will, rennt sie nach einer kurzen Begrüßung hastig fort und ruft zurück: "Raboty, raboty", was heißen soll, daß sie arbeiten müsse.
Nach dem Reinigen unserer Körper und der Klamotten fallen wir buchstäblich um und schlafen bis zum Abend durch. Danach empfangen wir unsere Verpflegung, zu der pro Mann auch eine halbe

Flasche Schnaps gehört. Ich schenke sie Waldi, der in seiner Trauer um seinen gefallenen Freund still in einer Ecke sitzt und den Alkohol in sich hineinlaufen läßt, bis er voll ist und einschläft.

30. Dezember. Der heutige Tag ist wie im Fluge vergangen. Wir waren ständig beschäftigt mit Waffenreinigen, Klamottensäubern, Munitionsempfang und mit den Umstellungen und Neueinteilungen der Restgruppen. Am späten Nachmittag hat sich unser neuer Schwadronschef vorgestellt. Er ist Oberleutnant und ein echter Prinz aus einem schwäbischen Fürstengeschlecht. Ich hatte ihn bereits in einer meiner vorigen Aufzeichnungen erwähnt. Obergefreiter Kubat, zu dem wir auch Klemm sagen, kennt ihn von seiner früheren Einheit. Er sagt, daß der Prinz ein Pfundskerl ist. Absolut leger und an der Front immer vorne bei seinen Männern. Benimmt sich im Umgang mit den Landsern wie ein Kumpel.
Wir wissen, daß er zuvor die jetzt stark dezimierte 2. Schwadron führte, deren Rest auf andere Schwadronen aufgeteilt wurde. Was die neue Einteilung betrifft, kennen wir uns als einfache Landser sowieso nicht aus. Auch andere Schwadronen sollen nicht mehr existieren oder höchstens noch Zugstärke haben. Unsere Ausfälle werden immer größer, und langsam kann sich jeder von uns ausrechnen, wann er selbst dran ist.
Am Abend war ich noch mit Paul Adam sowie mit Katja und ihrer Mutter zusammen. Wir lernten wieder Russisch und amüsierten uns herrlich über unser Kauderwelsch. Als Katja einmal Pauls Hand berührte, schaute er ihr in die leuchtenden blauen Augen und bekam einen roten Kopf. Sieh an, dachte ich, da bahnt sich zwischen den beiden ein kleiner Flirt an. Als ich müde wurde und ging, blieben Paul und Katja noch zusammen.

Schußbereites schweres MG mit Visier und Lafette.

Rückzug im tiefen Schlamm.

Angst und Haß verdrängen die Tränen

31. Dezember. In der Nacht hat es wieder geschneit, und der Neu-
schnee ist trocken und pulverig, so wie ich ihn liebe. Gleich nach
dem Aufstehen laufe ich hinaus und reibe mein Gesicht und den
Oberkörper mit dem kalten, aber erfrischenden Schnee ein. Danach
fühle ich mich wie neugeboren. Als unser neuer Panzergrenadier
und ein Hiwi mit dem Kaffee und der Verpflegung zurückkommen,
beginnt es an der HKL wieder zu donnern.
"Verdammte Scheiße!" schimpft Wichert. "Der Iwan will uns nicht
einmal zwei Tage Ruhe gönnen."
"Klar, ist doch Silvester", sagt Bittner, der jetzt sein Schütze II ist.
"Der will uns nur ein nettes Feuerwerk zum neuen Jahr vorführen."
Waldi läßt sich nicht aus der Ruhe bringen. "Ist sicher nur ein kurzer Feuerzauber. Laßt uns abwarten und frühstücken."
Er kaut gemächlich an seinem Marmeladenbrot weiter. Aber als er
den Aluminiumbecher mit Kaffee zum Mund führt, zittert seine
Hand. Ich bin mir nicht sicher, ob es vom gestrigen Alkoholkonsum
oder von heruntergespielter innerer Erregung herrührt. Das Donnern schwächt sich nicht ab, sondern wird gar noch lauter. Langsam werden wir unruhig, und ich sehe durchs Fenster, wie einige
Landser aus den Quartieren kommen und sich unterhalten oder
nervös hin- und hergehen. Ab und zu schauen sie in die Richtung,
aus der der Geschützdonner kommt. Dann gehen auch wir raus.
"Es ist bei den Gebirgsjägern", sagt ein Landser von den Granatwerfern. "Die werden ihn schon aufhalten! Haben vor einigen Tagen noch Ersatz bekommen."
"Ach, die paar Würstchen haben nichts zu bedeuten", wirft Pfeiffer,
auch von den Granatwerfern, ein.
Paul Adam weiß mehr. Er sagt: "Katja hat mir erzählt, daß sie gerade in der Küche gearbeitet hat, als der Ersatz ankam. Sollen etwa

dreißig Mann gewesen sein, die alle noch sehr jung ausgesehen haben."

"Hat nichts zu sagen. Ist sicher der neue Jahrgang 1925, den sie jetzt ausgebildet haben. Sind aber nicht die schlechtesten, die Jungen", meint der erste Granatwerfer.

"Klar, sag ich ja auch", erwidert Pfeiffer. "Aber für die Gebirgler ist es nur ein Tropfen auf dem heißen Stein, und außerdem fallen die Jungen meist schon bei ihren ersten Einsätzen aus."

"Da sind sie selber schuld", mischt sich der "Professor" ein und putzt nervös an seiner Brille herum. Zwischendurch schielt er zu den zwei Ersatzleuten hinüber, die beim letzten Angriff von den fünf Neuen noch übriggeblieben waren. Etwas grimmiger fügt er hinzu: "Warum laufen sie auch immer so verrückt und ohne Deckung bei den Angriffen vor? Und in der Stellung halten sie zum Verrecken ihren Schädel nicht unten, bis sie von den Scharfschützen eins verplettet bekommen."

Fritz Hamann will ihm eine auswischen und sagt: "Na ja, Professor, wenn du ständig an deiner Brille herumputzt, muß ja jemand aus dem Loch sehen und beobachten, was vorne los ist."

Zu einem anderen Zeitpunkt hätten wir darüber gelacht, doch jetzt lag zuviel Spannung in der Luft. Aber der "Professor" hatte recht. Weil die Neuen, wie auch wir einst, beweisen wollen, daß sie nicht feige sind, verhielten sie sich vor allem in den Abwehrkämpfen oft sträflich leichtsinnig. Die meisten wurden deshalb auch schon bei ihrem ersten Einsatz verwundet oder gar getötet. Hatten sie aber eine gewisse Zeit überstanden, wurden sie vorsichtiger und blieben uns für länger erhalten. Aber auch alte Fronthasen waren nicht vor dem Tod gefeit, denn über allem steht der Wille einer höheren Macht, die wir so hartnäckig als unser "Glück" bezeichnen.

Fritz Hamann hatte mit seiner Bemerkung den "Professor" in Rage gebracht. Er konterte deshalb ein wenig beleidigt: "Quatsch doch nicht so daher, Fritz, denn du weißt doch auch, wie das mit den Neuen ist. Sie glauben, wir trauen ihnen nichts zu, und wenn man sie mal aus Besorgnis anbrüllt, daß sie ihren Kürbis unten behalten sollen, dann machen sie es doch nicht, bis sie ein Loch drin haben."

Wir wissen, daß der Professor damit die Panzergrenadiere Neumann und Klinger meinte, die in seinem Deckungsloch durch feindliches Maschinengewehrfeuer schwer verwundet wurden und anschließend gestorben waren. Er fühlte sich für beide verantwortlich und macht sich Vorwürfe, daß er es nicht geschafft hatte, die beiden in Deckung zu halten.

"Paßt auf, heute halten die da vorne die Stellung!" greift Wichert wieder den Punkt auf, der uns im Moment der wichtigste ist.
"Kann sein", pflichtet ihm Fritz Hamann bei, "sonst hätten sie schon längst Alarm gegeben!"
Wichert könnte recht haben. Inzwischen war auch Unteroffizier Fender von den Granatwerfern zu uns gekommen. Er weiß auch nichts, sagt aber, daß wir uns bereit halten sollen, weil jederzeit der Befehl zum Aufsitzen kommen kann. Wir warten und rätseln weiter. Das Trommelfeuer flaut dann nach einer Stunde ab. Danach hören wir auch unsere Artillerie, die nicht weit vor dem Dorf ihre neuen Stellungen bezogen hat. Wir vermuten, daß sie Sperrfeuer auf die Angreifer schießt. Dann kommt unser Ober und ich höre, wie er zu Fender sagt, daß sie die Gräben vorne schon seit gestern verstärkt haben, weil vorauszusehen war, daß der Feind versuchen wird, den Brückenkopf weiter einzudrücken. Er selbst rechnet jederzeit mit unserem Einsatz. Es würde aber von der Frontsituation und von den Befehlen der Stäbe abhängen.
Der Ober sollte recht behalten! Bereits eine Stunde später kommt der Einsatzbefehl.
Als schon die meisten meiner Kumpel aufgesessen sind, vermissen wir Katja, die es nie versäumte, uns vor dem Einsatz zu verabschieden. Wahrscheinlich ist sie jetzt am frühen Vormittag gerade beim Kartoffelschälen in der Küche der Gebirgsjäger. Als hätten sich unsere Gedanken übertragen, kommt sie plötzlich zwischen den Hütten angerannt. Der Pulverschnee stäubt unter den stampfenden langen Filzröhren, die sie an den Füßen trägt. Um den Kopf hat sie, wie alle russischen Frauen, ein wärmendes Kopftuch geschlagen, das von weitem alle Russinnen einheitlich wie alte Wei-

ber aussehen läßt. Erst als Katja vor uns steht, erkennen wir ihr junges, vom Laufen erhitztes und leicht gerötetes Gesicht.

Sie ringt nach Atem und sagt hastig, wie zur Entschuldigung: "Soldat sagen, ich raboty in Kuche. Ich gehen. Soldat sagen njet, ich sagen nitschewo und kommen."

"Charascho, Katja, nje nada, du brauchst dich nicht zu entschuldigen", sage ich mit den mir bekannten russischen Brocken zu ihr.

Die Kumpel, die schon auf dem Fahrzeug sind, strecken ihr die Hände entgegen, um sich von ihr, wie sonst auch, zu verabschieden. Neben mir stehen noch der junge Panzergrenadier Schröder und Paul Adam. Katja nimmt Schröder die Schirmmütze vom Kopf und streicht ihm mit der Hand über den Blondschopf. Der grinst freundlich, aber ich sehe, wie ihm das Blut in den Kopf steigt. Er dreht sich um und springt mit einem Satz zu den anderen auf den Wagen. Als sie dann Paul die Hand gibt, zucken ihre Finger nervös. Sie hält Pauls Hand länger als sonst und schaut ihn lange an. Dann wendet sie sich abrupt von ihm ab und kann ihre Tränen nicht mehr aufhalten.

So aufgelöst habe ich Katja noch nie gesehen. In meiner Ratlosigkeit lege ich meinen Arm um sie und stottere auf deutsch: "Beruhige dich, Katja, du wirst sehen, wir kommen alle gesund wieder."

Sie hat mich nicht verstanden, aber vielleicht ahnt sie, was ich gesagt habe. Sie schaut auf Paul, der jetzt auf den Wagen steigt, und als ich als letzter aufspringen will, hält sie mich am Arm zurück und flüstert: "Paschausta, du viel kucken für Paul und kleine Schröder." Ich nicke: "Charoscho, Katja, ich verspreche es dir". Dann springe auch ich auf den Wagen.

Unser Fahrzeug setzt sich in Bewegung, und wir winken wie immer. Doch Katja winkt nicht wie sonst, sondern steht mit hängenden Armen da, und Tränen laufen ihr unaufhörlich die Wangen herunter. Dann geht plötzlich ein Ruck durch ihren Körper, und ihre Hände ballen sich zu kleinen Fäusten. Sie schüttelt sie gegen den grauen Himmel - ihren Aufschrei ahnen wir mehr, als daß wir ihn noch hören:

"Woina kaputt!" Es ist ihr Verzweiflungsschrei gegen den mörderischen Krieg und vielleicht auch eine Anklage gegen den Himmel, der die Vernichtung und das unendliche Leid zuläßt.

Arme kleine Katja, vielleicht wird der Himmel dich bald erhören. Wenn wir auch bisher noch die Soldaten deines Volkes aufgehalten haben, wird es sicher nur noch eine Frage der Zeit sein, bis sie hier in deinem Dorf sein werden. Man spricht bereits offen darüber, daß der Brückenkopf bald aufgegeben werden soll. Danach wird für dich der Krieg aus sein, Katja. Nur für uns wird das wahnsinnige Morden weitergehen, und niemand weiß, wann es zu Ende ist und wer es von uns noch überstehen wird. Denn das Leben eines Frontsoldaten ist wie die flackernde Flamme einer Hindenburgkerze, mit der der Wind sein Spiel treibt. Sie tanzt hin und her oder auf und ab. Bisweilen erscheint sie größer und dann wieder kleiner. Wenn der Wind sie irgendwann für immer ausbläst, geschieht es manchmal allmählich, mit langsamem Ausflackern oder abrupt und überraschend zu einem Augenblick, als die Flamme vielleicht gerade am kräftigsten war.

Selbst als unser Fahrzeug nach einigen hundert Metern nach rechts abbiegt, steht Katja immer noch am gleichen Fleck und schaut uns nach. Niemand sagt etwas. Einige ziehen hastig an ihren Zigaretten oder erzeugen, wie Waldi, dicken Qualm mit ihren Pfeifen. Jeder ist mit seinen eigenen Gedanken beschäftigt. Meine Gedanken kreisen um Katja: warum ist sie heute so merkwürdig und erregt? Ob es die lange Ungewißheit und die aufgestaute Spannung ist, die uns heute alle scheußlich nervös machte? Oder ist es wegen des Ärgers mit dem Küchenbullen, der sie nicht zu uns lassen wollte? Sie verhält sich heute wirklich sonderbar, so als würde sie etwas wissen oder ahnen!

Quatsch! Die Dinge, die manche als Vorahnung bezeichnen, sollte man nicht allzu ernst nehmen. Aber dann erinnere ich mich an ein Gespräch vor unserem letzten Einsatz, in dem Katja uns einiges über sich und ihre Familie erzählte. Ich hatte soviel verstanden, daß ihr Vater bereits vor einem Jahr im Krieg gefallen war und ihr ältester Bruder auch nicht zurückkommen wird. Nur der Jüngste, der so gut malen konnte, soll es überleben. Ich wunderte mich noch, woher Katja das so genau wissen wollte, nahm aber an, daß ich sie wohl nicht richtig verstanden hatte.

An jenem Abend machte sie noch andere Andeutungen und schaute meine Kumpel und mich so seltsam an. Fritz Hamann und mich nahm sie am Schluß zur Seite und sagte ernst: "Du und du nix kaputt in Woina." Dann zeigte sie auf mein Gesicht, auf die Brust und auf beide Arme und fügte hinzu: "Du monoga viel bumbum!"

Unser ungläubiges Grinsen hatte sie dann scheu gemacht, und sie lief verlegen zur Tür hinaus. Dieses Gespräch ging mir jetzt durch den Kopf, und ich faßte mich unwillkürlich an die rechte Wange, die Katja damals berührte, und deren Riß vom russischen Bajonett schon längst verheilt war. Dann fiel mir ein, daß damals an dem Abend auch Fritz Koschinski, Willi Krause und der gefallene Panzergrenadier Hanke mit dabei waren. War das alles Zufall oder hatte Katja so etwas wie Vorahnungen? Wenn auch Fritz Hamann nichts sagt, will ich es für mich behalten.

Wichert bringt mich wieder in die Wirklichkeit zurück, als er ärgerlich knurrt: "So ein Mist! - Jetzt habe ich doch tatsächlich meine Pfeife in der Bude gelassen." Zur Vorsorge krempelt er nochmal alle seine Taschen um.

Der "Professor" hält grinsend eine Pfeife mit einem gekrümmten Mundstück in die Höhe und fuchtelt Wichert damit vor der Nase herum. "Ist es vielleicht diese?" fragt er scheinheilig.

"Klar!" sagt Wichert überrascht und will danach greifen.

Der "Professor" zieht ruckartig die Hand zurück. "Nicht so schnell! Kostet zwei Selbstgedrehte."

"Was, gleich zwei? Du bist verrückt!"

"Klar, damit du beim nächsten Mal besser aufpaßt."

Wichert reicht dem "Professor" seine Tabakdose mit den Blättchen und erhält dafür seine Pfeife. Der "Professor" dreht sich, so gut es bei dem Rütteln des Wagens geht, zwei Zigaretten, die fast so dick wie Zigarillos sind. Zwischendurch fragt er Wichert: "Weißt du überhaupt, wo ich deinen Schmortopf gefunden habe?"

"Klar! Auf der Fensterbank, wo ich die Pfeife immer hinlege."

"Denkste, mein Lieber. Hab den Knötel vorhin im Schnee vor unserem Fahrzeug gefunden."

"Du willst nur noch eine Zigarette ergattern, weil ich dir doppelt dankbar sein soll."

"Quatsch. Dein Kraut schmeckt sowieso nach Kirschblättern. Aber da sieht man mal wieder, wie auch du in Katja verknallt bist", grinst der "Professor" hinterhältig.

"Wieso?" Wichert macht ein erstauntes Gesicht.

"Jetzt tu man nicht so erstaunt", zieht ihn der "Professor" auf und feixt zu uns herüber. "Du hattest doch beim Aufsteigen deinen Kocher noch zwischen den Zähnen. Als dann Katja noch angerannt kam, fiel er dir vor lauter Freude aus dem Maul."

"Alter Spinner, ich leide doch nicht an Gedächtnisschwund." Wichert tippt sich dabei an die Stirn.

"Nee, glaub ich auch nicht, viel eher an Liebesverwirrung, was?"

"Arschloch!" Wichert kapiert endlich, daß ihn der "Professor" auf den Arm genommen hat. Er zieht hastig an seiner Pfeife und nebelt sich ordentlich ein.

Wir wußten natürlich, daß Wichert für Katja die gleichen Sympathien empfand wie wir alle, mehr nicht -, und daß der "Professor" mit ihm sein kleines Spielchen trieb, das uns immer amüsierte. Auch jetzt lockert es die gedrückte Stimmung ein wenig auf. Nur Paul Adam hat ein nachdenkliches Gesicht. Er denkt wohl immer noch an Katja. Ich wußte inzwischen, daß er für sie mehr empfindet - und es beruht auf Gegenseitigkeit. Aber das will ich für mich behalten und es nicht den anderen auf die Nase binden, wie man so sagt.

Inzwischen durchfahren wir die Ausläufer einer Rachel und hören gespannt auf den Kampflärm, der immer näher kommt. Die Schlucht kennen wir bereits wie unsere Hosentasche. Die Löcher an den Hängen haben wir meist selbst gegraben. Sie liegen schon fast so dicht wie Bienenwaben. Jetzt sind sie teilweise zugeschneit. Auch auf der freien Fläche, die wir jetzt durchfahren, ist Loch an

Loch. Man erkennt das nur an den leichten Buckeln, die sich auf der ebenen Schneefläche abzeichnen.

"Bin gespannt, in welche Bereitstellung es diesmal geht?" sagt Waldi.

Fritz Hamann, der kurz vorher seinen Kopf durch die Plane steckte und in die Fahrtrichtung sah, sagt: "Sieht aus, als ginge es zu den Gebirgsjägern."

Dann bekommen wir plötzlich Feuer von Infanteriegeschützen und fahren in die Rachel zurück. Als wir dort absitzen, rauschen schon die Geschosse der Granatwerfer heran und treffen ein Fahrzeug. Pak- und Panzergranaten zerschneiden die Luft und explodieren in den Bereitstellungen unserer Panzerabteilung. Die schießt zurück, knallt einige Panzer ab und stoppt den feindlichen Angriff.

Als wir zum Gegenstoß vorgehen, kommen uns die zurückgehenden Stellungstruppen entgegen. Sie sind in Panik und schleppen ihre Verwundeten mit. Ein Unteroffizier berichtet unserem Ober, daß der Feind nach schwerem Beschuß mit vielen Panzern und aufgesessener Infanterie ihre Stellungen gestürmt habe. Sie hätten viele Tote und Verwundete.

Mit Unterstützung unserer schweren Waffen und zwanzig Panzern gehen wir langsam vor. Anfangs geht es zügig voran. Dann kommen wir in den Feuergürtel der schweren Waffen. Es gibt kaum Deckung auf der freien Fläche, und wieder gibt es viele Verluste, vor allem in den leichten Gruppen. Dennoch schaffen wir es, die Rollbahn wieder freizukämpfen und den Gegner ein großes Stück nach Süden zurückzudrängen. In der Dunkelheit gehen wir befehlsgemäß wieder ein Stück zurück und besetzen eine Linie mit bereits vorhandenen Deckungslöchern, die wir nur noch freischaufeln müssen. Es heißt, daß durch das Zurücknehmen der Stellungen die HKL wieder begradigt worden ist.

In der Nacht wurde es sehr unruhig. Zuerst schoß der Feind mit schweren Waffen in die verlassenen Stellungen vor uns. Als er es bemerkte, verlegte er das Feuer weiter vor. Etwas später, als es dann leicht zu schneien begann, waren die Sowjets plötzlich vor unseren Stellungen. Im Schein unserer Leuchtkugeln sahen wir sie in ihren Schneehemden ankommen. Doch sie hatten keine Chance, unsere Stellungen zu erreichen. Mit großen Verlusten haben wir sie abgeschlagen und hören immer noch die Hilferufe ihrer Schwerverwundeten. Niemand kann ihnen helfen.

Jetzt sitzen die Sowjets vor uns in den Löchern und sind nervös. Ab und zu schießen sie Leuchtkugeln hoch. Sie steigen in den dunklen Nachthimmel, und wenn sie herunterfallen, flackern sie noch einen Moment auf dem Schnee und werfen zuckende Schatten um sich. Es sieht dann aus wie der Flügelschlag sterbender Vögel. In der Luft segeln jetzt nur noch ein paar spärliche Schneeflocken. Es scheint, daß wir vor dem Feind etwas Ruhe haben.

Jemand kommt von hinten an unser Loch und fragt: "Erstes Gewehr?"

"Ja, was gibt's?" frage ich zurück. An der Stimme habe ich Bittner erkannt.

"Habt ihr schon eure Verpflegung bekommen?"... "Nein!" sage ich.

"Schweinerei! Wo die nur so lange bleiben?" schimpft Bittner.

"Es ist wahr", sagt auch Paul Adam. "Der Professor müßte doch schon längst zurück sein. Soweit ist der Verpflegungswagen doch nicht weg. Man konnte sogar das Klappern der Kochgeschirre hören."

Richtig, jetzt fällt es mir auch auf, daß sie schon über eine halbe Stunde fort sind, wobei sie höchstens eine Viertelstunde brauchen sollten. Für den Verpflegungsempfang lösen wir uns immer ab. Heute waren der Professor und der von einer anderen Schwadron kommende Gefreite Kramer dran.

Aus dem Dunkel taucht ein Schatten auf. Als er vor mir kniet, erkenne ich Waldi, der drei Löcher weiter links von uns liegt. Er fragt, wer die Essenholer sind. Paul sagt es ihm. "Wo die nur bleiben? Die anderen sind schon vor zwanzig Minuten zurück", sagt Waldi mehr besorgt als ärgerlich.

Fritz Hamann, der jetzt auch an meinem Loch kniet, meint: "Hoffentlich hat sich der 'Professor' nicht in der Schneewüste verirrt. Kann ja im Hellen nicht einmal richtig sehen, geschweige denn in der Dunkelheit."

"Mal den Teufel nicht an die Wand, Kramer ist ja auch noch bei ihm", beschwichtige ich. Aber im Stillen denke ich daran, daß auch ich mich fast verirrt habe, als ich vorhin kurz bei Unteroffizier Behrend vom leichten Zug war und mit Mühe wieder zurückfand. Der leichte Zug war rechts an uns angelehnt und bildete den rechten Flügel. Noch weiter rechts war eine breite Lücke, sogenanntes Niemandsland. Irgendwie war ich da hineingeraten und sah um mich herum nur noch eine weiße Fläche. Erst eine Leuchtkugel beim Iwan brachte mich wieder auf den richtigen Weg. Wie leicht kann man sich dort verirren, wenn die Front ruhig und der Himmel stark bewölkt ist, wie jetzt.

Inzwischen ist wieder eine Viertelstunde vergangen, und auch die Männer von den Nachbarzügen haben von den beiden weder etwas gesehen noch gehört. Unser Verdacht verstärkt sich, daß sie irgendwo vor uns oder gar rechts im Niemandsland umherirren.

"Sollen wir mal einen Gurt Leuchtspur rausjagen?" schlägt Paul vor.

"Lieber nicht", widerspricht Waldi zu Recht. "Wenn sie vor uns sind, könnten wir sie treffen. Außerdem wird auch der Iwan losballern."

Waldi hat kaum ausgesprochen, steigen aus den russischen Stellungen Leuchtkugeln in den Himmel. Im gleichen Augenblick geht dort ein Feuerzauber los. Maschinengewehre und Gewehrschüsse unterbrechen die Atempause an der Front.

Was ist los? Waldi und Fritz Hamann springen auf und flitzen in ihre Löcher. Paul reißt die Zeltplane vom sMG, und ich stehe schon dahinter und löse die Sperre von der Gleitschiene. Trotz der Kälte schwenkt der Lauf weich auf der Gleitschiene hin und her. Bei uns springen einige Leuchtkugeln in den Himmel und beleuchten die ebene Schneefläche vor uns. Nichts! Keine Bewegung zu erkennen. Langsam verebbt die Knallerei.

Was war los? Ist der Iwan nervös? Manchmal geht es auch uns so. Es braucht nur jemand in der Nacht zu schießen, schon ballern auch die anderen los und schießen Leuchtkugeln hoch. Es ist wieder ruhig, dennoch sind wir hellwach und horchen gespannt in die Nacht hinein. Es vergeht fast eine halbe Stunde, als mich Paul anstößt und mir bedeutet, daß er vor uns schwaches Knirschen auf dem Schnee gehört habe.

Unvermittelt unterbricht eine unterdrückte Stimme aus den Nachbarlöchern unser gespanntes Horchen. "Los! Schieß doch mal einen Knallfrosch hoch, Heinz", sagt jemand. Zischend steigt ein Zündsatz in den Nachthimmel und zerplatzt oben mit einem dumpfen Knall. Gleich darauf senken sich viele kleine Lichter auf die Erde und erhellen das Vorfeld. Haben sich da nicht einige Gestalten auf den Schnee geworfen?

"Los, noch einen!" sagt die Stimme von vorhin. Daraufhin zischt wieder ein Zündsatz hoch. Als er zerplatzt, sehen wir deutlich einige Gestalten in Schneehemden, wie sie sich auf die Erde werfen und mit dem Schnee verschmelzen. Ich ziehe mit der Hand den Patronengurt fest und senke den Lauf auf die Angreifer...

"Halt, nicht schießen, nicht schießen!" brüllt plötzlich eine sich überschlagende Stimme von vorn.

Waldi schreit: "Professor! Kramer! Seid ihr das?"

Statt einer Antwort rennen zwei Gestalten in weißen Tarnanzügen auf uns zu. Hinter ihnen blitzt Mündungsfeuer auf, und eine Serie Kugeln aus einer russischen MPi zirpt hinter den Laufenden her.

Jetzt ist die Situation geklärt! Ich ziehe den Abzugsbügel zurück und gebe einige gezielte Feuerstöße auf das Mündungsfeuer ab. Augenblicklich schweigt die MPi. Der Professor und Kramer sind bereits in unseren Löchern verschwunden. Im Schein der nächsten Leuchtkugeln sehen wir die Russen auf dem Boden liegen. Einer unserer Hiwis aus dem Leichten Zug ruft ihnen auf Russisch etwas zu. Jemand antwortet. Als sie langsam aufstehen, gehen zwei Landser zu ihnen und führen sie zu uns in die Stellung. Es war ein Spähtrupp von sechzehn Mann. Vier von ihnen sind tot und einige leicht verwundet.

Ich schleiche zum Loch vom "Professor". Einige andere sind auch da. Der "Professor" berichtet, daß sie in der Dunkelheit zu weit nach rechts abgekommen waren und im Niemandsland die Orientierung verloren hätten. "Der Teufel soll sich auch des Nachts in dieser Schneewüste auskennen", schimpft er noch nachträglich. "Sieht alles einheitlich wie ein Totenlaken aus." Er erzählt, daß sie plötzlich Geräusche vor sich gehört haben und glaubten, doch noch unsere Stellungen erreicht zu haben. Es traf sie aber wie ein Schlag, als ein Iwan vor ihnen stand und sie ansprach. Der "Professor" konnte ihm gerade noch seine Kochgeschirre an den Kopf knallen, dann ging auch schon der Feuerzauber los, den wir gehört haben.

"Wir liefen, was das Zeug hielt", mischt sich jetzt auch Kramer ein. Meine Kochgeschirre mit dem Essen mußte ich unterwegs wegwerfen, tut mir leid."

"Ach was", knurrt Waldi. "Deswegen verhungern wir nicht. Aber wie seid ihr zwischen den russischen Spähtrupps gelandet?"

"Das wissen wir auch nicht", erzählt der "Professor" weiter. "Es war schon echt verrückt. Als die Russen hinter uns herballerten, liefen wir natürlich in entgegengesetzte Richtung auf unsere Stellungen zu. Dann kam der nächste Schreck, als wir plötzlich wieder unter Russen waren, die sich leise etwas zuriefen. Zuerst dachte ich, daß wir im Kreis gelaufen wären, bis wir merkten, daß sie vorsichtig vorwärts schlichen. Sie hatten uns in der Dunkelheit für ihre Kumpel gehalten. Als ich dann zu euch herüberbrüllte und wir loswetzten, waren sie wohl auch überrascht. Alles andere wißt ihr ja."

"Na, ihr macht ja schöne Geschichten", kann Wichert sich nicht verkneifen und setzt hinzu: "Und unsere schöne Nudelsuppe ist nun auch beim Iwan gelandet. Na ja, werde es überstehen." Wichert lacht. Er klopft dem "Professor" auf die Schulter. Ich schleiche wieder in mein Loch zurück und berichte das Gehörte auch Paul.

Er macht mich darauf aufmerksam, daß sich irgendwo vor uns ein Panzer befinden muß. Das Motorengeräusch habe er deutlich gehört. Danach war es aber wieder weiter weg.

Nach einiger Zeit höre ich es auch. Das Geräusch kommt von der rechten Seite, dort, wo eigentlich das Niemandsland ist. Es schwillt manchmal an und wird dann leiser. So, als kurve ein Panzer dort hin und her. "Ob er die Orientierung auf der weißen Fläche verloren hat?" sagt Paul. Durchaus möglich!

Das Motorengeräusch wird lauter. Der Panzer kommt näher. Zwischendurch hält er immer wieder und stellt den Motor ab. Die Besatzung wird in die Dunkelheit hineinhorchen. Zu sehen ist auf der weißen Fläche nichts. Ich kenne das, man wartet auf ein Zeichen, um sich zu orientieren. Dann steigt an der Russenfront eine Leuchtkugel hoch. Der Panzer stoppt! Dann scheint es, als hätte sich die Besatzung entschieden. Er kommt auf unsere Stellungen zu. Offenbar hält er die Front drüben für unsere Stellungen. Dann beginnt es zu schneien. Unsere und seine Sicht wird dadurch schlechter.

Das Motorengeräusch wird deutlicher. Er kommt immer näher und ist bereits vor uns. Wir sehen aber nichts. Der Schnee wirkt wie eine Tüllgardine, und er klatscht uns ins Gesicht. Wir wischen ihn aus den Augen, um besser sehen zu können. Der Panzer stellt den Motor ab. Die Besatzung muß die Turmluke offen haben, denn wir hören ihre gedämpfte Unterhaltung. Was werden sie tun? Sie müssen nur wenige Meter vor unserem Deckungsloch sein. Paul und ich sind uns einig. Wenn er in die Stellung einbricht, lassen wir ihn durch, denn wir haben hier nichts, womit wir ihn knacken könnten. Knapp hinter uns beim Schwadronstrupp haben sie immer Hafthohl-Ladungen. Außerdem stehen keine hundert Meter hinter uns zwei Pakgeschütze. Wir müssen uns nur weiterhin ruhig verhalten, sonst ballern sie los und wissen sogleich, wo wir uns befinden.

Dann springt wieder der Motor an. Die Ketten quietschen leicht und schlurfen über den Schnee. Langsam, im Schrittempo, fährt er vorwärts. Aus dem Schneevorhang tauchen die Umrisse eines T 34 auf. Ein gewaltiger und gefährlicher Anblick, der für mich nichts Neues mehr ist, trotzdem immer wieder furchterregend auf mich wirkt. Doch hier in der Dunkelheit sind wir sicher, solange er uns nicht bemerkt. Wir beobachten, wie der Stahlkoloß knapp an uns vorbeizieht und sich auf die Stellungen des leichten Zuges rechts von uns zubewegt. Der Gestank seiner Auspuffgase nimmt uns den Atem, und Paul reicht mir einen von seinen Putzlappen, die er ständig bei sich trägt, und die wir uns jetzt vor die Nase pressen.

"Hoffentlich behalten die Jungs vom leichten Zug auch die Nerven und verhalten sich ruhig", sage ich zu Paul, als der Panzer knapp vor ihren Stellungen wieder hält.

"Die wissen immer noch nicht, wo es lang geht", flüstert mir Paul zu.

Wieder kommen aus dem Dunkel Stimmen. Sie unterhalten sich. Dann hört es sich an, als würden einer oder zwei in den Schnee springen. Gleich darauf Geräusche, als würden sie ihre Füße aneinanderklopfen und die Hände übereinanderschlagen.

"Denen ist kalt!" flüstert Paul. "Sieht so aus." In diesem Augenblick unterbricht die Stille ein metallisches Klicken, das aus dem rechten Nachbarloch kommt. Augenblicklich sind die Stimmen der Russen verstummt. Hoffentlich macht nicht einer von den jungen Landsern den Fehler und schießt auf die Russen, denke ich. Einer ist bestimmt noch im Panzer und wird sofort auf sie losballern.

Es bleibt sekundenlang ruhig. Keine Stimmen, kein Laut ist zu hören. Dann aber ein leichtes Schlurfen. Steigen sie wieder ein?

Dann zerreißt ein schwacher Knall die gespannte Stille, und ich sehe eine kleine Stichflamme aus dem rechten Nachbarloch aufleuchten. In der nächsten Sekunde erfolgt eine Explosion, und eine helle Flamme springt in den Nachthimmel hinauf. Augenblicklich ist der T 34 in ein Flammenmeer gehüllt, das alles ringsum lodernd beleuchtet. Im hellen Feuerschein hetzen zwei Russen über den Schnee und verschwinden in der Dunkelheit.

In der Stellung ist Aufregung. "Was ist passiert? Wie habt ihr den Panzer erwischt?" fragt alles durcheinander. Ein junger Panzergrenadier, der gerade einige Tage bei uns war, kommt aus dem Loch und verkündet voller Stolz: "Ich habe ihn mit einer Gewehrgranate geknackt."

Wir können es nicht glauben. Eine Gewehrgranate ist nicht für die Panzerbekämpfung geeignet. Sie ist in der Wirkung nicht stärker als eine Handgranate und würde einen Panzer höchstens ankratzen.

Der junge Landser zeigt uns aber voller Stolz den sogenannten Schießbecher, das Aufsatzstück zu seinem Gewehr, mit dem er die kleine Granate verschossen hatte. Sein Kumpel, der mit ihm im Loch war, lüftet das Geheimnis: "Ich glaube, daß er durch Zufall die Treibstofftonne auf dem Panzer erwischt hat." Natürlich, anders ist es auch nicht möglich.

Der Professor, der hinter mir ist, sagt wütend: "Das darf wohl nicht wahr sein. So ein Wahnsinn! Das hätte für uns alle sehr böse ausgehen können. Wie kann man nur mit einem Schneeball auf einen Panzer schießen? Du hast mehr Schwein als Verstand gehabt, daß du gerade die Tonne hinterm Turm erwischt hast."

Auch sein Unteroffizier hat ihn entsprechend vergattert und ihm klar gemacht, wie leichtsinnig seine Tat war. Es hätte leicht Tote geben können, wenn die Gewehrgranate nicht zufällig auf die Treibstofftonne gefallen wäre, von dessen Existenz der junge Landser nicht einmal wußte, weil er im Schneetreiben nicht viel erkennen konnte. Er hat dann auch zugegeben, daß er eigentlich die ausgestiegenen Russen damit erwischen wollte. Dennoch durfte er danach den Ärmelstreifen mit dem Panzer tragen, mit dem alle Landser dekoriert wurden, die einen Panzer im Nahkampf vernichtet hatten.

Weil der Panzer aber direkt vor unseren Stellungen ausbrannte, gab es noch ein böses Nachspiel. Durch die Explosionen der Panzergranaten wurden noch zwei Landser verletzt und ein MG völlig zerstört. Es war ein Feuerzauber wie bei einem Aribeschuß. Die explodierenden Granaten rissen schließlich den Turm ab und schleuderten ihn meterweit in unsere Stellungen. Wir konnten uns gerade noch tief ins Loch ducken, als der stählerne Laufring vom Turm durch die Luft surrte und uns fast das sMG wegrasiert hätte. Er schlug nur einen Meter neben unserem Deckungsloch ein und grub sich tief in den Schnee. Erst gegen Morgen war auch das restliche Öl vom Panzer ausgebrannt und die Luft wieder frei zum Atmen. Nur noch ein großer schwarzer Fleck rund um das Wrack zeugte davon, daß ein leichtsinniger Landser einen T 34 mit einer Gewehrgranate geknackt hatte.

1. Januar 44. Ein neues Jahr hat begonnen. An den Feuerzauber zu Silvester werde ich bestimmt noch öfter denken. Es hat gegen Morgen aufgehört zu schneien, und die Sicht ist halbwegs gut. Wir wissen, daß der Feind uns irgendwo da vorne gegenüberliegt, aber er hat sich gut getarnt. Gestern abend hieß es, daß wir vielleicht heute nacht wieder in die Quartiere zurückkönnen, wenn sich an der Front nichts Wesentliches ändert. Wir sitzen im Loch, das wir notdürftig vom Eis befreit haben und beobachten von Zeit zu Zeit nach vorn. Es sind viele Augen, die das Vorfeld beobachten, und wir könnten nicht überrascht werden, selbst wenn wir ein paar Minuten unten bleiben.

Die Nacht war so unruhig, daß wir uns nicht die Zeit zum Essen nahmen. Wir holen es deshalb jetzt nach. Beim gestrigen Angriff haben wir in den vom Feind besetzten Löchern zwei Büchsen mit amerikanischem Schweinefleisch erbeutet, die die Russen in der Eile zurückgelassen haben. Als Paul eine Büchse öffnet, bemerkt er, daß die nicht schlecht leben mit der Verpflegung made in USA. Neben der Verpflegung erhielten die Russen von ihren Verbündeten auch Fahrzeuge und Kriegsmaterial, das wir von Zeit zu Zeit vernichten oder erbeuten konnten.

Paul schneidet mir ein großes Stück Schweinefleisch aus der Büchse heraus und reicht es mir mit seinem Messer herüber. Ich lege das Stück in meinen Kochgeschirrdeckel und betrachte das Messer, das ich schon öfter bei Paul bewundert habe. Es ist ein Hirschfänger mit einer echten Hirschhornschale.

"Schönes Messer", bemerke ich und wiege es in meiner Hand.

"Ja, es gehörte mal meinem ältesten Bruder. Er ist früher sehr oft zur Jagd gegangen. Es gibt viel Wild bei uns im Sauerland. Er ist aber voriges Jahr in Stalingrad geblieben. - Wenn du willst, kannst du das Messer haben."

Es überrascht mich. "Wenn es mir gefällt, muß ich es doch nicht gleich haben wollen, Paul."

"Weiß ich, aber ich möchte es dir schenken."

"Und du? Du brauchst doch dein Messer selbst!"

"Meinst du? Vielleicht, vielleicht aber auch nicht." Etwas ist in seiner Stimme, was mir nicht gefällt und mich unruhig macht. So kenne ich Paul noch nicht. Wie kann er mir einfach so ein wertvolles Messer schenken? Ich kann es doch nicht annehmen. Darum bin ich froh, als Unteroffizier Behrend vom leichten Zug etwas herüberruft.

"Was gibt's?" frage ich zurück.

"Halbrechts vor uns laufen die Russen ganz frei herum und bringen irgend etwas in Stellung. Jag doch mal ein paar gezielte Feuerstöße hinüber."

Als ich durch die Zieleinrichtung schaue, erkenne ich es auch. Frechheit! Sie laufen vor unserer Nase wie auf einem Exerzierplatz bei der Übung herum. Ich ziele und jage ein paar Feuerstöße hinüber. Ich beobachte, daß ich auch getroffen habe. Doch gleich darauf bereue ich es, denn die Front, die bisher verhältnismäßig ruhig war, explodiert plötzlich. Paul unterbricht sein Frühstück und kommt hoch. Er hat die Abschüsse und das Rauschen in der Luft schon gehört. Die Sowjets ballern wieder in unsere Stellungen hinein, als hätten sie nur auf ein Signal gewartet. Was haben sie wieder vor? Angriff oder nur ein Gruß zum neuen Jahr?

Es sollte offenbar bei der Neujahrsbegrüßung bleiben, denn für einen Angriff gab es keine Anzeichen. Dafür ist aber der Beschuß so heftig, daß wir uns in den untersten Winkel unseres Deckungsloches verkriechen und wieder das Warten und Zittern beginnt.

"Prost Mahlzeit! Jetzt geht's wieder los", höre ich Paul brummen und sehe, wie auch er jedesmal zusammenzuckt, wenn eine Granate dicht neben unserem Loch krepiert. Nur ruhig Blut, tief durchatmen und nicht die Nerven verlieren, rede ich mir selbst ein, wie ich es wohl schon hunderte Male vorher getan habe. Einmal muß den Kollegen auf der anderen Seite doch die Munition ausgehen - verdammt. Aber sie geht ihnen nicht aus. Die gewaltige Ballerei dauert über eine Stunde. Danach flacht sie zwar ab, aber mit einigen Pausen schießen sie abwechselnd mit Granatwerfern und mit Infanteriegeschützen.

Ich schaue ab und zu durch die Optik und bin sauer. Die Russen laufen in guter Schußentfernung geduckt hin und her, und wir können den Kopf nicht heben. Sie haben uns genau im Visier. Sobald sie bei uns eine Bewegung erkennen, ballern sie mit Infanteriegeschützen drauflos. Außerdem hat sich irgendwo da vorn ein Scharfschütze eingenistet. Er ist gut getarnt und nicht einmal mit der Zieleinrichtung zu erkennen. Ich bemerke es nur an den gefährlichen Explosivgeschossen, die rund um unsere Stellungen mit einem hellen Knall zerplatzen und in den Ohren weiterklingeln. Wie lange soll es so noch weitergehen, daß wir unsere Schädel nicht über die Deckung heben können?

Paul kommt aus seiner Hockstellung hoch und duckt sich hinter mir. "Was hast du vor?" frage ich besorgt.
"Kann nicht mehr hocken noch knien, werde noch verrückt dabei!" Ich kann Paul verstehen, geht mir ja ähnlich, aber ich fühle mich verantwortlich für ihn, denn er ist erst seit Ende November bei uns und noch etwas spontan.
"Bleib trotzdem unten, Paul, die passen vor uns auf jeden Schädel auf!" sage ich zu ihm.
"Ich möchte denen eins auf den Pelz brennen, dann wäre mir wohler", knurrt er wütend und duckt sich hinter das MG.
"Mach keinen Quatsch! Wenn nichts Besonderes los ist, bringt es nichts ein."
Paul schaut durch die Optik und schimpft: "Sieh dir doch mal den frechen Iwan an, wie die da vorne rumtanzen. Los! Jagen wir doch mal einen Gurt hinüber."
"Nein", sage ich bestimmt. "Die anderen schießen auch nicht." Ich wundere mich echt, warum er so aufs Schießen verrückt ist. Er weiß doch inzwischen, daß es in dieser Situation nichts einbringt, höchstens, daß sie auf uns aufmerksam werden und uns noch mehr beharken. Er beobachtet aber weiter durch die Optik. Nach einer Weile wird er aufgeregt. "Mann, oh Mann! Die bringen da vorne ein paar Granatwerfer in Stellung!"

"Wo?" Das interessiert mich. Ich schiebe Paul zur Seite und schaue durch die Zieleinrichtung. Tatsächlich! Die Russen schleppen ganz offen Granatwerfer nach vorn. Das wird eine weitere Gefahr für uns alle. Mechanisch richte ich das Gewehr ein und greife zum Abzugsbügel. Mit der Dreieckspitze der Optik erfasse ich das Ziel... In diesem Moment erkenne ich hinter einer Schneewehe eine Pelzmütze mit Gewehr. Ich zucke zurück und reiße Paul mit mir hinunter. Ein gellender Knall sprengt mir fast das Trommelfell und klingelt unterm Stahlhelm weiter. Ich bin kreidebleich, denn um ein Haar hätte mich das Explosivgeschoß des Scharfschützen erwischt. Nur langsam steigt mir wieder das Blut in den Kopf zurück.

"Verdammt! Der Scharfschütze hat uns genau im Visier. Wir können nicht an das Gewehr heran", schimpfe ich.

"Du weißt doch jetzt, wo er ist. Zieh doch einfach blind ab, die Höheneinstellung stimmt doch", schlägt Paul vor.

Könnte man machen, überlege ich..., da schlägt eine Granate genau auf den Grabenrand auf. Wir sind froh, daß wir gerade unten waren, denn die Splitter hätten uns erwischt. In dem schmalen Loch liegen wir wie die Ölsardinen nebeneinander. Erdbrocken und Schnee fallen auf uns herab. Wir schauen uns an. Mal wieder Schwein gehabt! Nur zwei Munitionskästen sind aufgerissen und durchlöchert. Dann wachen plötzlich unsere Werfer auf und schießen in die Bereitstellungen des Gegners hinein. Paul schiebt sich wieder hoch. Mir liegt der Schreck noch in den Knochen. "Bist du lebensmüde?" raunze ich ihn an. "Will nur mal sehen, was der Iwan jetzt macht."

Paul sieht nach vorn. Ein scharfer Knall reißt ihn bis zur Grabenwand zurück. Das MG hat auf dem Eisenmantel ein paar Kratzer. Paul hockt bleich auf dem Boden.

"Hoffentlich bist du jetzt bedient", knurre ich ihn an. Wie es aussieht, werden wir wohl bis zur Dunkelheit die Köpfe unten behalten müssen.

Paul hat wieder Farbe im Gesicht und holt tief Luft. "Wir müssen den Burschen ausräuchern!" sagt er wütend.

"Klar, aber wie? Er hat die Nase immer zuerst oben und drückt sofort ab. Außerdem glaube ich, daß er nicht der einzige Scharfschütze da vorne ist."

Wir hocken weiter in Kauerstellung und stieren die vereisten Lehmwände an. Unsere weggeworfenen' Zigarettenkippen häufen sich auf dem Boden. Unsere Lippen sind trocken und aufgerissen, und am Zigarettenpapier bleiben kleine Hautfetzen kleben. Paul holt aus seinem Brotbeutel eine orangefarbene Butterdose, in der ein Stück Streichkäse und ein Rest von dem amerikanischen Schweinefleisch aus der erbeuteten Büchse liegen.

"Guten Appetit!" sage ich etwas flachsend.

"Was soll man machen?" Paul zuckt mit den Achseln. "Hunger habe ich zwar keinen, aber so geht die Zeit dahin, und was weg ist, ist weg."

Er holt danach seinen Hirschfänger, den er mir schenken wollte und schneidet sich eine Scheibe Kommißbrot runter. Bedächtig bestreicht er sie mit dem Streichkäse. Dann nimmt er einen Bissen und kaut fast gelangweilt daran herum. In Gedanken betrachtet er das schöne Messer und dreht es nach allen Seiten herum. Offenbar denkt er jetzt an seinen Bruder, der in Stalingrad geblieben war. Paul bemerkt nicht einmal, daß ich aufstehe und vorsichtig über den Grabenrand sehe. Ich vermeide es, meinen Kopf an der linken Seite des MG zu zeigen, da ich weiß, daß zumindest der eine Scharfschütze sein Gewehr darauf eingerichtet hat.

Vorne laufen nicht mehr so viele Russen herum. Den Scharfschützen kann ich durch die Optik nicht ausmachen. Dafür erkenne ich aber in der Deckung eines Schneehügels zwei Köpfe. Beim genauen Hinsehen bemerke ich, daß sie hinter einem gutgetarnten sMG liegen. Das weißgestrichene Schutzschild hebt sich nur wenig vom Schneehügel ab. Ich stoße einen leisen Pfiff aus.

"Was gibt's?" fragt Paul sofort.

"Ich habe eine sMG-Stellung vor uns entdeckt!"

"Tatsächlich?" Paul will hochkommen. "Bleib unten! Genügt, wenn einer beobachtet", fahre ich ihn an.

"Vielleicht ist der Scharfschütze nicht mehr da!"

"Glaubst du wohl selber nicht. Wenn der uns mal im Fadenkreuz hat, geht der nicht eher von der Knarre, bis er uns erwischt hat."

"Auf dich knallt er ja auch nicht!"

"Bin ja auch auf der anderen Seite vom MG, das siehst du doch!"

Was ist nur mit Paul los? denke ich. So störrisch habe ich ihn noch nicht erlebt. Er will wieder hochkommen.

"Bleib doch unten, verdammt nochmal!" brülle ich ihn zum erstenmal, seit wir zusammen sind, so richtig an. Ich ärgere mich, daß er so hartnäckig ist, und denke auch an das Versprechen, das ich Katja gegeben habe.

Paul begehrt auf: "Ich kann doch nicht ewig in Hockstellung sitzen oder knien, mir sterben ja schon langsam die Beine ab."

Er stützt sich mit einer Hand auf den Grabenrand und beginnt mit gekrümmtem Rücken auf der Stelle zu treten. Ich kann ihm nicht verwehren, sich seine Beine zu vertreten. Paul ist fast einen Kopf größer als ich und von der Figur her mehr ein bulliger Typ. Er hat in dem schmalen Deckungsloch mehr Mühe als ich, sich darin zu bewegen oder länger aufzuhalten.

Als ich wieder zur russischen sMG-Stellung hinübersehe, beobachte ich, wie zwei Gestalten auf die Stellung zuschleichen und zwei zurückgehen. Sie lösen sich also ab. Wenn die Scharfschützen nicht wären, würde ich ein paar Gurte rüberjagen. So will ich aber kein Risiko eingehen und beobachte weiter.

Da die Zieleinrichtung mit dem Lauf gekoppelt ist, schwenke ich das ganze Gewehr auf der Laufschiene langsam zur Seite, um einen größeren Abschnitt zu beobachten - da gellt wieder ein Knall in meinen Ohren. Ich ducke mich blitzschnell nach unten und erstarre. Mit aufgerissenen Augen sehe ich, wie Paul neben mir wie vom Blitz getroffen zusammensackt und auf dem Boden liegt. Er muß trotz meiner Warnung doch hochgekommen sein.

Fassungslos starre ich auf das faustgroße Loch über dem linken Auge, aus dem das Blut in einem dunkelroten Strom herausquillt und in den Stahlhelm und über das Gesicht bis in den Mund hineinfließt. Sein Mund bewegt sich wie automatisch auf und zu. Ich bin in Panik und versuche mit aller Kraft seinen Körper auf die Seite zu drehen, damit das Blut aus dem Mund herausläuft. Es strömt auf den Boden und bildet eine Lache. Aus der Wunde quillt das Blut so stark, daß ich ein leises Glucksen höre. Meine zwei Verbandspäckchen, die ich aufgerissen und auf die Wunde gepreßt habe, nützen nichts. Die Blutlache im Loch wird immer größer. Meine Hände flattern und meine Knie werden weich und zittern. Ich kann nichts mehr tun, sein Gesicht ist schon weiß wie der Schnee. Der Einschlag einer Granate neben dem Loch schreckt mich hoch. Mit beiden Händen forme ich einen Trichter und rufe nach hinten: "Sanitäter! Sanitäter!"

"Was ist los?" fragen einige zurück.

"Paul Adam hat einen Kopfschuß, vielleicht ist er noch zu retten!"

"Kann doch keine Sau den Schädel heben", brüllt jemand über die Stellung.

Ich halte es trotz der Gefahr nicht mehr länger im Loch aus. Ich muß in meiner panischen Angst etwas unternehmen. Darum springe ich heraus und hetze in langen Sprüngen nach hinten, bis ich in ein Loch falle.

"Bist du wahnsinnig geworden?" schreit mich ein Unteroffizier an. Die Ohren klingeln mir von den zerplatzenden Explosivgeschossen. Rund um das Loch stäubt der Schnee auf von den feindlichen MG-Garben.

Ich atme schwer und keuche: "Kann sein, aber der Sani muß her! Vielleicht ist Paul Adam noch zu retten."

"Reg dich nicht so auf", beruhigt der Unteroffizier. "Wenn er einen Kopfschuß hat, kann ihm auch der Sani nicht mehr helfen."

"Kann sein, aber wir müssen es versuchen. Er kann auch nicht im Loch liegenbleiben. Wenn vorne was los ist, kann ich doch nicht auf ihm herumtreten... Außerdem brauche ich einen neuen Schützen II."

"Ich weiß, und der Ober hat es auch schon gehört. Er ist etwas weiter zurück bei den Granatwerfern. Hatten von der Ari auch ein paar Ausfälle."

Meine Erregung klingt langsam ab, und ich weiß nicht mehr so recht, warum ich aus dem Loch gelaufen bin. Wollte ich selbst den

Sanitäter holen oder war es nur Panik, weil ich den Anblick von Paul nicht ertragen konnte? Wir hatten uns gerade noch unterhalten, und dann lag er in Sekundenschnelle mit diesem schrecklichen Kopfschuß vor mir. Alles war mit einem Schlag anders. Er lag da in seinem Blut und konnte nicht mehr reden. Noch nie habe ich gesehen, daß aus einer Wunde soviel Blut herausfloß. Wie aus einer gurgelnden Quelle!

Daß Paul sofort tot war, habe ich schon in dem Moment gefühlt, als er neben mir wie ein gefällter Baum umstürzte. Daß sich noch sein Mund auf- und abbewegte, waren sicher nur noch die Nerven. Dieser verdammte Scharfschütze! Wenn ich das Schwein erwischen würde, könnte ich ihn mit Freude zusammenknallen. Rücksichtslos - auch wenn er vor mir auf den Knien liegen würde und winselte.

Könnte ich das wirklich? überlege ich im gleichen Augenblick. In meinem Schrei nach Vergeltung stecken Empörung und Haß auf den Gegner, der mir vor wenigen Minuten einen guten Kameraden genommen hat.

Beginnt so der unmenschliche Haß auf den anderen, daß man ihn auch ohne direkte Kampfhandlung töten könnte? Oder ist es bei mir nur Gefühlsaufwallung und unbändiger Zorn, der mich übermannt? Dennoch erkenne ich, daß der Haß und der Drang nach Vergeltung mit zu den Triebfedern gehören, die den einfachen Landser bewegen, solange weiterzukämpfen, bis sein Gegner restlos vernichtet ist. Zweifellos eine Zwangsläufigkeit, einkalkuliert von all jenen, die über die Wirkung der Haßlawine während eines Krieges besser Bescheid wissen als der einfache Soldat. Sie wird im Laufe eines Krieges noch viele erfassen, die vielleicht glauben, in einer grausamen und haßerfüllten Zeit ihre Ideale bewahren zu können.

Während einer kurzen Feuerpause springt jemand aus einem Loch heraus und rast auf meine sMG-Stellung zu. "Mann, bleib hier!" brüllt ihm einer nach.

Ich erkenne in dem Laufenden unseren neuen Sanitätsgefreiten. Ich springe aus dem Loch und laufe hinterher. Ist ein anständiger Bursche, denke ich, und wünsche, daß ihm nichts passiert. Denn dann wäre es vielleicht auch noch meine Schuld. Die Granatwerfereinschläge und die Kugeln des feindlichen sMG zwingen uns, in einem Trichter Deckung zu suchen.

"Lebt Adam noch?" fragt mich der Sani. Ich schüttele den Kopf. "Das Explosivgeschoß hat ihm die ganze Kopfseite aufgerissen", sage ich.

"Ich werde ihn mir ansehen", nickt der Sani und springt die paar Schritte bis zu meinem Loch. Mit einigen Sätzen bin auch ich drin und drücke mich fest an die Seitenwand, um nicht auf den Toten zu treten.

"Hat der aber Blut verloren", staunt der Sani und schaut auf die dicke gefrorene Blutlache unter dem toten Körper. "Da war wirklich nichts mehr zu machen gewesen. Er muß sofort tot gewesen sein." Ich nicke. "Was soll ich jetzt tun? Ich kann mich hier in der Stellung kaum bewegen, wie du siehst."

Der Sani schaut mich an. "Können schon, aber du möchtest nicht gern auf deinem Kumpel herumsteigen. Kann ich verstehen. Mal sehen, ob wir ihn nicht in ein leeres Loch legen können. In einem liegen schon zwei Tote, die es durch Arivolltreffer erwischt hat."

Ich stelle fest, daß der Sani seit Fritz Koschinskis Bauchschuß bedeutend härter geworden war. Wie schnell sich doch ein Mensch an das viele Blut und die bleichen Gesichter gewöhnen kann. Damals machte er noch einen verstörten und zittrigen Eindruck und war bleich wie der Tod, als er zu uns nach vorne kam. Jetzt zittern ihm nicht einmal mehr die Hände, und er benimmt sich, als würde ihn das alles nicht berühren. Oder täusche ich mich? Versteht er, es gut zu verbergen? Dann macht er es ausgezeichnet. Und es ist gut so. Ein Sani soll helfen und sich nicht mit Gefühlen belasten.

Es dauerte noch eine Stunde, bis der Beschuß etwas nachließ und wir es wagen konnten, den schweren Körper von Paul in ein leeres Deckungsloch zu legen. Fritz Hamann gab uns Feuerschutz und hielt mit seinem sMG die Scharfschützen und die feindlichen MG nieder. Danach war wieder der Teufel los. Der Iwan schießt wie verrückt mit Granatwerfer auf unsere Stellung. Als ich mich mit einem großen Hechtsprung in mein Loch rette, sitzt Panzergrenadier Schröder darin und drückt sich eng an die gefrorene Lehmwand.

"Der Ober hat mir befohlen, bei dir Schütze II zu machen", sagt er.

Mein Gott, ausgerechnet der kleine blonde Schröder, denke ich. Hatten sie denn keinen anderen? Zuerst wollte ich ihn anbrüllen, warum, weiß ich nicht. Dann setze ich mich ihm gegenüber auf zwei Munitionskästen und stecke mir eine Pfeife an. Schröder raucht eine Zigarette.

"Du weißt, wie Paul Adam gefallen ist?" frage ich ihn.

"Ja, durch Kopfschuß!" sagt Schröder.

"Gut, dann kannst du dir ausmalen, was dir passieren kann, wenn du deinen Kopf hier herausstreckst."

"Na ja, braucht aber einem anderen nicht auch passieren. Und zwischendurch muß man ja mal beobachten, nicht?"

"Sicher Schröder! Aber nicht bei mir in der Stellung. Das Beobachten mache ich schon."

"Glaubst wohl, daß ich nach dem Kopfschuß Angst habe?" Er sieht mich dabei herausfordernd an.

"Quatsch! Ich will nur, daß dir nichts passiert."

"Mir passiert schon nichts, bin immer vorsichtig."

"Ich hoffe es. Aber jetzt hilf mir mal, das Loch vom gefrorenen Blut zu säubern." Zu zweit kratzen wir die dicke rote Schicht vom Boden und schippen sie vorsichtig hinter uns auf den Graben. Unvermittelt halte ich dann den Hirschfänger in der Hand. Er muß Paul beim Fallen aus der Tasche gerutscht sein. Ich säubere ihn vom Blut und denke dabei, daß er ihn mir aus einer Eingebung heraus schenken wollte. Ich werde ihn nicht annehmen. Er soll mit den anderen Nachlaßsachen zu seinen Angehörigen geschickt werden.

Ob Paul seinen Tod geahnt hat? Aber Katja! Sie muß es gespürt haben, denn sie sagte mir noch, daß ich auf Paul achtgeben sollte. Sie kann mir keine Vorwürfe machen, denn ich habe mein Möglichstes getan. Ich habe ihn sogar angebrüllt, wie ich es noch nie getan hatte. Jetzt ist der kleine Schröder in meiner Stellung. Auch auf ihn soll ich achtgeben, hat Katja gesagt. Mein Gott, ich versuche ja schon alles, aber ich kann ihn doch nicht anbinden?

Inzwischen ist es schon spät am Nachmittag geworden. Die Luft ist diesig, und es kann uns nur recht sein. So wird auch für die Scharfschützen die Sicht schlechter. Das Granatwerferfeuer hat nachgelassen. Von Zeit zu Zeit beobachte ich die russischen Stellungen. Es ist auch hier ruhig. Nur vereinzelt sehe ich jemand in geduckter Stellung über den Schnee schleichen.

"Laß mich doch mal durch die Zieleinrichtung sehen?" bettelt Schröder und versucht, neben mir hochzukommen.

Ich drücke ihn wieder zurück. "Bleib unten! Oben ist nicht viel zu sehen. Es wird auch immer dunstiger."

"Dann kann uns der Iwan ja auch nicht mehr sehen?" kontert Schröder mit nicht abzustreitender Logik. Als ich ihn dennoch nicht hochkommen lasse, quengelt er weiter, und ich werde wütend.

Der Dunst wird stärker, und bald kann man vorne nicht mehr viel mit dem bloßen Auge sehen. Zwischendurch jault eine Granate über uns hinweg und schlägt irgendwo hinter uns ein.

"Jetzt könnte ich doch mal hochkommen, verflixt nochmal", begehrt Schröder auf. "Du behandelst mich ja wie einen Trottel."

Mir ist es unangenehm, ich will ihn nicht bevormunden. "Ist doch nur zu deinem Guten, Schröder", beschwichtige ich. Er ist schon oben und zwängt sich neben das MG. Vielleicht sieht uns der Feind wirklich nicht mehr, beruhige ich mich.

"Dann komm wenigstens hier auf die rechte Seite, da bist du vom MG geschützt", schlage ich vor und mache ihm etwas mehr Platz. Schröder hebt seinen Kopf und peilt nach vorn.

"Ist wirklich nicht mehr viel zu erkennen", sagt er. Nach einer Weile zeigt er mit der Hand auf etwas und fragt aufgeregt: "Was kann das da vorne sein? Man sieht nur einen dicken schwarzen Strich, der sich von links nach rechts bewegt."

Ich versuche, mit dem bloßen Auge hinzusehen. "Vielleicht ist es ein Panjewagen oder ein Schlitten?" vermute ich.

"Können wir nicht die Zieleinrichtung abnehmen und dadurch besser beobachten?" fragt er mich.

"Keine schlechte Idee, dann können wir tiefer in Deckung bleiben. Gut, nimm sie ab! Aber sei vorsichtig."

Schröder beugt sich behutsam vor und schraubt die Flügelmutter auf. Die Zieleinrichtung läßt sich nicht aus der Führung herausziehen. Vielleicht ist sie etwas angefroren. Er nimmt beide Hände zur Hilfe und kommt dabei etwas höher aus dem Loch heraus..., da knallt es wie ein Peitschenhieb in meine Ohren. Schröder sackt, wie vordem Paul Adam, augenblicklich zusammen und liegt stumm zu meinen Füßen. Noch bevor ich mich über ihn beuge und mit zittrigen Händen meine Verbandspäckchen aus dem Brotbeutel zerre, rufe ich laut nach hinten: "Sanitäter! Schröder hat einen Kopfschuß!"

Der junge Sani war nicht weit entfernt. Mit wenigen Sätzen ist er bei mir im Loch und beugt sich über den Liegenden. Mein Gesicht ist kalkweiß und mir wackeln die Knie. Mit trockenem Mund warne ich auch den Sani vor dem Heckenschützen und frage ihn: "Ist er tot?" Der Sani zuckt mit den Achseln.

"Fast der gleiche Schuß wie bei Adam", stellt er fest. "Nur daß diesmal das Explosivgeschoß erst beim Austritt explodiert ist. Eine verfluchte Munition ist das! Ist der zweite, den es damit erwischt hat." Über dem linken Auge von Schröder ist ein normaler Einschuß, aber hinter dem Ohr ist eine große Wunde, aus der das Blut herausfließt.

Der Sani legt ihm in Eile einen Kopfverband an, der sich aber wieder mit Blut vollsaugt. Darüber wickelt er noch eine Schicht.

"Lebt er noch?" frage ich voller Angst.

Der Sani faßt Schröder vorsichtig unter den Kopf, schaut ihm in das wachsbleiche Gesicht und fühlt die Schlagader am Hals. Er kann anscheinend nichts fühlen und sagt: "Vielleicht lebt er noch, vielleicht auch nicht, ich kann es hier in dem Loch nicht feststellen. Bei solchen Kopfschüssen kann man aber nicht mehr viel tun. Dennoch werde ich ihn zum Hauptverbandplatz bringen lassen. Glaube aber nicht, daß er den Transport bis dahin überstehen wird."

So ist Schröder nach Paul Adam der zweite Tote in meinem verfluchten Deckungsloch. Und ausgerechnet ich bleibe am Leben, wo ich doch weit mehr aus dem Loch beobachtet habe als sie. Das Schicksal ist grausam und unberechenbar! Mich hat es dazu verurteilt, in Tuchfühlung mitzuerleben, wie meine Kameraden blitzartig dahingerafft werden. Mir ist es zugedacht, den Schmerz und die Trauer um sie zu empfinden und zu ertragen, aber auch die Angst um mein eigenes Leben noch bewußter zu spüren als bisher. Mich schaudert, wenn ich daran denke, daß auch ich hier in meinem Blut liegen könnte. Aber wer tot ist, denkt nicht mehr. Tote wissen nicht, was in einem Überlebenden vorgeht.

"Komm! Faß ihn mal an die Beine", höre ich den Sani wieder sagen. Wir heben gemeinsam den leblosen Körper aus dem Loch und legen ihn in den aufgewühlten Schnee hinter der Deckung. Oben ist es fast ruhig, nur ab und zu knattern ein paar Gewehrsalven nervös aus den Stellungen. Es ist bereits so diesig, daß nur noch eine knappe Sicht herrscht.
"Laß ihn einen Moment liegen, ich hole nur die Tragbahre vom Schwadronsgefechtsstand", sagt der Sani und verschwindet nach hinten.
Schon nach ein paar Minuten ist er wieder zurück. Ein Sanitätsunteroffizier begleitet ihn. Er beugt sich zu dem leblosen Schröder hinunter und sagt: "Glaube auch nicht, daß da was zu machen ist, aber wir bringen ihn mit zwei anderen sofort zum Hauptverbandplatz zu den Feldärzten."
Nachdem sie ihn auf die Tragbahre gelegt haben, schaue auch ich dem kleinen Schröder noch einmal in sein starres und bleiches Gesicht. Mir ist, als hätte ich ein Zucken seiner Augenlider bemerkt, aber ich bin mir nicht sicher. Er sieht wirklich aus wie die vielen Toten, die ich bisher bei jedem unserer Einsätze um mich gesehen habe. Und doch sollte ich Schröder noch einmal wiedersehen. Es war aber erst zehn Monate später, als ich nach einer größeren Verwundung wieder einmal bei der Genesungskompanie gelandet bin. Zu gegebener Zeit werde ich darüber berichten.

Bis zu diesem Zeitpunkt haben wir alle Schröder für tot gehalten, und bei der Masse von Toten und Verwundeten drang auch kaum mehr eine Nachricht zu uns durch, was aus dem einzelnen später geworden ist. Es sei denn, es handelte sich dabei um einen namhaften Offizier der Abteilung.

Als Schröder abtransportiert wurde, kamen einige meiner Kumpel an mein Loch. Bei der Unterhaltung stieg so mancher saftige Landserfluch über die Heckenschützen in die frostige Winterluft. Es sollen fünf Männer durch die russischen Scharfschützen getötet worden sein, da es sich durchweg um Kopfschüsse handelte.

Auch unser Ober kommt zu uns und unterrichtet uns davon, daß wir spätestens morgen früh wieder von den Stellungstruppen abgelöst werden. Vorher soll aber der Feind noch kräftig eins auf den Hut bekommen. Mit Unterstützung unserer Artillerie und der schweren Heeres-Do-Werfer, auch als Nebelwerfer bekannt, soll er vom rechten und linken Flügel in die Zange genommen werden. Wir selbst bleiben aber bis auf weiteres als Reserve in den Stellungen. Bevor der Ober geht, teilt er mir als neuen Schützen II den Gefreiten Franz Kramer zu, der letzte Nacht noch beim Iwan gelandet war. Ich freue mich darüber, denn Kramer ist ein guter Mann und kräftig genug, um die schwere Lafette auch bei einem Angriff problemlos durch das Gelände zu tragen.

Als er gerade bei mir im Loch ist, geht hinter uns das Höllenkonzert los. So nah hinter unseren Stellungen habe ich die schweren Do-Werfer noch nicht erlebt. Die elektrisch gezündeten Raketengeschosse, die aus einer Art Trommel verschossen werden, jagen mit aufheulendem Lärm und einem weithin leuchtenden Feuerschweif aus der Abschußbasis heraus und rasen in die feindlichen Stellungen hinein. Als im gleichen Augenblick noch das Feuer unserer Ari einsetzt, ist es für uns Musik in den Ohren.

Bis zum Eintritt der völligen Dunkelheit ist alles wieder vorbei und der Feind aus den nahen Stellungen vor uns vertrieben. Die uns ablösenden Stellungstruppen haben wieder etwas Luft. Doch für wie lange? Als der nächste Tag anbricht, sind wir bereits wieder auf dem Weg zu unseren Quartieren.

2. Januar 44. Unser Quartier ist wie immer von Katja aufgeräumt und angenehm warm. Auf dem Platz von Paul Adam liegt wieder ein geflochtener Kranz, in dessen Mitte eine Hindenburgkerze brennt. Der kleine Schröder hatte sein Quartier in der Nachbarhütte. Ich wundere mich, wie Katja es wissen konnte. Seit gestern ist noch niemand von der Front zurückgekommen. Der Verpflegungswagen war auch nicht vorn, weil sie wußten, daß wir abgelöst werden. Und die Toten hat man erst heute morgen mitgebracht. Langsam kommt mir Katja unheimlich vor.

Sie hat uns auch nicht wie üblich empfangen. Die Hindenburgkerze kann aber noch nicht lange brennen, sie mußte also hier gewesen sein. Wir sehen Katja aber erst am Abend wieder. Sie hat verweinte Augen und unterhält sich nicht lange mit uns. Auch wir haben wenig Zeit. Bei uns wurde wieder umgestellt, und "Peronje" aus dem leichten Zug kommt zu uns. Später kommt auch noch der Spieß und teilt Warias, Fritz Hamann und mir mit, daß wir uns den schon längst überfälligen zweiten Winkel an den Ärmel nähen können. Es bedeutet etwas mehr Sold. Da wir einen ausgeben müssen, bin ich froh, daß ich noch eine Pulle Wacholderschnaps von der letzten Marketenderware aufbewahrt habe.

Zur Feier des Tages lasse ich mir von Gustav Koller einen Extrahaarschnitt verpassen. Gustav ist zwei Jahre älter als ich und ein prima Kumpel von den Granatwerfern. Auch er ist Oberschnäpser und von Beruf Friseur. Wer auf einen guten Haarschnitt wert legt, macht sich Gustav zum Freund. Er schneidet aber nicht jedem die Haare, sonst hätte er kaum Freizeit, die er nach jedem Einsatz genauso dringend braucht wie wir. Wie alle Gruppen so haben auch die Granatwerfer eine Menge Ausfälle, und Gustav, längst mit dem EK II und der Nahkampfspange ausgezeichnet, gehörte noch zu dem übriggebliebenen Häuflein, das mit uns im Herbst nach Rußland gekommen war. Beim letzten Einsatz war er nicht dabei, weil er noch eine leichte Verwundung beim Troß auskurieren mußte. Auch Warias war mit Gustav im Quartier geblieben, weil er gleichfalls eine Splitterverletzung an der Handfläche ausheilte.

314

3. Januar. Wir sollen heute hohen Besuch bekommen. Darum hat man uns den ganzen Vormittag gegeben, um uns und unsere Quartiere auf Hochglanz zu bringen. Zu Mittag gibt es nach langer Zeit wieder einmal Gulasch mit Nudeln. Dann wird der Appell wieder abgeblasen. General Schörner, der Kommandierende der nach ihm benannten Gruppe Schörner, ist beim Regiment hängengeblieben und nicht mehr bis zur Abteilung und zu uns durchgekommen. Man sagt ihm nach, daß er ein cholerischer Typ sei, und man erzählt sich in Landserkreisen manche Geschichten über ihn. So soll er mit Vorliebe die Einheiten überraschend besuchen, um dadurch Anlässe zu finden, die Verantwortlichen zur Sau zu machen. Man sagt auch, daß er seinen Fahrer, im Dienstgrad Oberfeldwebel, je nach Laune öfter mal zum Schützen Arsch degradiert, um ihn aber später wieder nach und nach in seinen alten Stand zu versetzen. Uns soll es nicht kitzeln, solange wir keine Nachteile durch diesen kuriosen General haben, den wir noch nicht zu Gesicht bekommen haben.

Am Abend kommt wie aus heiterem Himmel der Regimentsbefehl zum Abmarsch. Wir sollen in einen anderen Ort, aber nicht weit von Dneprowka, verlegt werden. Wir vermuten einen Schnellschuß vom General. Es geht alles sehr schnell, und wir haben nicht einmal Zeit, uns von unserer guten Katja zu verabschieden. Sie ist in der Küche am arbeiten, und nur die Mattka ist im Hause. Sie macht uns verständlich, daß Katja viel weint und betet. Der Tod von Paul muß sie schwer getroffen haben. Als unser Wagen bereits in der Kolonne steht und sich gerade in Bewegung setzt, sehen wir Katja doch noch. Sie versucht unserem Fahrzeug nachzulaufen..., schafft es aber nicht und bleibt stehen und winkt uns mit beiden Händen zum Abschied nach.

Vielleicht ist es gut so, daß es so plötzlich geschieht. Es ist ein Abschied, so schnell und plötzlich, wie auch der Tod es manchmal ist. Ganz unerwartet und von einem Augenblick auf den anderen, aber endgültig und unabänderlich. Es ist gut, daß wir es nicht vorher wissen. Jetzt liegt das alles hier wieder hinter uns - die guten und die schlechten Tage und Stunden, die wir in Dneprowka verlebt haben. Nun ist Dneprowka schon Vergangenheit. Aber der

Krieg geht für uns weiter, mit einer Zukunft, die aus Blut, Angst und Trauer besteht, und in der der Tod reichlich Beute macht.

4. Januar 44. Am späten Nachmittag ziehen wir bereits in neue Quartiere in Wodjanoje ein, das sich nur wenige Kilometer nordwestlich von Dneprowka befindet. Unsere Panjehütte ist unbewohnt und deshalb eiskalt. Wir haben alle tüchtig zu tun, um sie warm zu bekommen und halbwegs bewohnbar zu machen.

5. - 13. Januar. In Wodjanoje blieben wir längere Zeit in Bereitschaft. Es fanden keine Kampfhandlungen statt, dennoch waren wir ständig für den Kampf bereit und besetzten täglich die ausgebauten Stellungen vor dem Ort.

14. Januar. Bereits in der Nacht kam der Befehl zum Abmarsch in westlicher Richtung. Die Rollbahn war spiegelglatt und vereist. Die Fahrzeuge kamen trotz der aufgelegten Ketten nur langsam vorwärts. Uns auf dem Fahrzeug war es saukalt. Erst gegen morgen erreichten wir einen Ort und suchten krampfhaft nach Quartieren. Als wir gerade eine leere Panjehütte fanden und uns häuslich niedergelassen hatten, hieß es wieder aufsitzen und in den Brückenkopf zurückfahren.

15. Januar. Jetzt sitzen wir wieder auf den saukalten Fahrzeugen und schimpfen auf das Hin- und Hergeschiebe unserer Truppe. Schon als wir uns dem Brückenkopf nähern, hören wir wieder den Donner der schweren Geschütze. Die Fahrzeuge fahren in die uns bekannte Rachel zwischen Dneprowka und Wodjanoje. Irgendwo da vorne an der HKL soll der Russe durchgebrochen sein, heißt es.

16. Januar. Wir liegen seit der letzten Nacht in den eiskalten Löchern und warten auf den Einsatzbefehl. Unerwartet kommt der Angriffsbefehl eine Stunde vor Mitternacht. Der Gegner soll durch unseren Nachtangriff überrascht werden. Darum erhalten wir auch kein Vorbereitungsfeuer durch schwere Waffen und unsere Sturm-

geschütze, die hinter uns aufgefahren sind. Als wir auf breiter Front vorgehen, ist der Himmel mit Wolken verhangen, und der Mond beleuchtet nur ab und zu die weiße Schneefläche um uns.

Was wie ein Nachtspaziergang begann wird von einem Augenblick zum anderen zu einer glühenden Hölle. Der Feind hat uns auf der ebenen Fläche früher bemerkt als erwartet und schießt nun mit Stalinorgeln und anderen schweren Waffen Sperrfeuer. Augenblicklich befinden wir uns in einem Feuermeer, das in der dunklen Nacht wie ein glühender Vulkan auflodert. Wir liegen fest an den Boden gepreßt und verbrennen fast in der Glut. Selbst als unsere Sturmgeschütze vorfahren, kommen wir keinen Schritt weiter. Sie haben in der Dunkelheit kaum Sicht und feuern ohne erkennbare Ziele wahllos drauflos. Dafür erkennt die feindliche Pak ihre Standorte und schießt in kurzer Zeit einige Sturmgeschütze ab.

Alsbald erhellt ein brennendes Sturmgeschütz weithin das Gefechtsfeld wie eine Fackel und ermöglicht es dem Feind, gezielt auf uns zu feuern. Wir trauen uns nicht mehr zu bewegen, geschweige denn, uns einzugraben. Erst nach Stunden kommt der Befehl zum Rückzug. Als der Feind es bemerkt, verstärkt er sofort sein Feuer.

17. Januar. Dieser Nachtangriff war ein wahrhaft wahnwitziges Unternehmen und gewiß wieder von einem unvernünftigen Stabsoffizier oder General angeordnet, der in sicherer Entfernung von dieser tobenden Hölle den Ausgang abwartete. Er kostete uns viele unnütze Opfer, und zum ersten Mal ist es uns im Brückenkopf Nikopol nicht gelungen, einen Angriff erfolgreich abzuschließen.

Neben einigen Offizieren aus unserem Schützenpanzerregiment 26 wurde auch unser neuer Schwadronschef verwundet. Unter den Schwerverwundeten in unserer Schwadron war auch Hans Wichert, mit dem Warias und ich schon seit Rytschow am Don zusammen waren. Er wurde an der Hüfte und am Bauch schwer verletzt. Auch unseren Ober soll es erwischt haben. Er war aber bereits einige Wochen später in Rumänien wieder bei uns. Nur von Hans Wichert habe ich nie mehr etwas gehört. Wir wissen nicht einmal, ob er seiner schweren Verwundung erlegen oder noch durchgekommen ist. In dieser Nacht erwischte auch mich ein kleiner Splitter im Oberschenkel. Er war aber so dicht unter der Hautoberfläche, daß ihn der Sani mit der Pinzette herausnehmen und die Stelle mit einem Pflaster verkleben konnte.

18. - 22. Januar. Man gönnte uns eine Ruhepause. In den fünf Tagen blieben wir in Wodjanoje in Bereitschaft und brachten unsere Waffen und Ausrüstungen in Ordnung. Der Feind, der dichter herangerückt war und eine neue HKL gebildet hatte, verhielt sich ruhig. Im Zuge einer Neueinteilung hat Unteroffizier Fender, nun zum Wachtmeister befördert, die Reste unseres schweren Zuges übernommen. Von seinen ehemaligen Granatwerfern ist nur noch ein leichter Werfer übrig, der von Klemm, Warias, Gustav Koller sowie zwei Gefreiten und einem Hiwi als Munitionsträger bedient wird. Unsere Gruppe hat zwar noch drei MG, aber nur Fritz Hamann und ich besitzen noch je eine brauchbare Lafette. Neben uns als Schützen I gibt es nur noch Bittner, Franz Kramer und Peronje. Das dritte MG hat der Professor, der es bisher immer wieder geschafft hat, ohne Verwundung durchzukommen. Waldi ist nach wie vor der einzige Gewehrführer bei uns. Mein alter Freund Otto Kruppka führt zur Zeit eine leichte Gruppe mit den restlichen sieben Mann und soll zum Unteroffizier befördert werden.

23. Januar. In der Nacht kam der Befehl zum Abmarsch aus dem Brückenkopf. Es wird gemunkelt, daß der Brückenkopf demnächst endgültig aufgegeben werden soll. Das wissen aber nur unsere Götter, die uns am Bändchen halten.

24. Januar. Das Wetter ist umgeschlagen, es begann vor Stunden zu regnen. Als wir vor einer Brücke warten müssen, bis der Gegenverkehr durch ist, erkennen wir an der Seite die Umrisse unserer Ferdinande. Im Gespräch erfahren wir, daß die Pioniere sie ausschlachten, um sie anschließend zu sprengen. Im Laufe des Vormittags erreichen wir einen Ort und beziehen in den Hütten wieder Quartier. Hier bleiben wir zwei Tage.

27. Januar. Es geht weiter in nordwestlicher Richtung. Die Straßen sind bereits vom Regen aufgeweicht und völlig verschlammt. Wieder machen wir in einem Dorf Halt. Die Hütten sind fast alle belegt. Endlich finden wir noch eine leere Hütte, die wir mit zwanzig Mann wie die Heringe belegen. Es stinkt in der Nacht fürchterlich. Am nächsten Morgen entdecken wir, daß sich unter einem Kabuff ein Haufen fauler Kohlköpfe und ein Faß Sauerkraut befinden.

28. Januar. Wir fahren im strömenden Regen durch den fast grundlosen Boden einer ehemaligen Rollbahn. Wir passieren kleine Brücken, die über schlammige Rinnsale provisorisch geschlagen wurden und fast schon im Schlamm versunken sind. Wir stapfen neben dem Fahrzeug einher und müssen es ständig aus dem Dreck schieben, um voranzukommen. Gerüchten zufolge soll es nach Kriwoi Rog gehen, das in nordwestlicher Richtung liegt. Unterwegs versuchen wir, in den Rastpausen unsere klitschnassen Klamotten auf den Lehmöfen in den Panjehütten zu trocknen. Meist geht es schnell wieder weiter, und wir bleiben solange in den nassen Uniformen, bis der kalte Fahrtwind und die Wärme des Körpers sie getrocknet haben. Ich habe mich in diesen Tagen oft gewundert, daß wir trotz dieser extremen Einwirkungen niemals ernstlich krank wurden.

31. Januar. Heute nacht haben wir den Ort Apostolowo erreicht. Es ist ein großer Ort, fast eine Stadt. Es kracht an allen Ecken und Enden. Niemand soll so recht wissen, wo die eigentliche Front ist. Der Russe hat die HKL im Norden von Kriwoi Rog durchbrochen und marschiert nach Süden. Er treibt einen Teil der deutschen Truppen vor sich her. Und die Straßen sind eine Katastrophe. Reifen- und auch Kettenfahrzeuge versinken im tiefen Schlamm und verstopfen noch jede halbwegs befahrbare Rinne.

1. - 7. Februar. Wir befinden uns mit unseren Fahrzeugen ständig in Bewegung. Immer wieder müssen wir abspringen und die festgefahrenen Fahrzeuge unserer Abteilung freischieben. Sobald es hell

wird, kommen die russischen Schlachtflieger und beschießen die festgefahrenen Fahrzeuge mit Bordkanonen und werfen Bomben ab. Überall explodieren die Treibstofftanks und brennen Fahrzeuge. Im Laufe des Tages schießt die russische Ari in das Durcheinander hinein. Dann heißt es, daß die Sowjets schon vor dem Ort stehen. Es entsteht ein gewaltiges Chaos und jeder rettet sich, so gut er kann. Viele Fahrzeuge von unserer und anderen Einheiten bleiben einfach im Schlamm stecken. Wer keine Möglichkeit mehr hat wegzukommen, sprengt sein Fahrzeug, damit es dem Feind nicht in die Hände fällt. So verlieren auch wir in den nächsten Tagen unseren Lkw und laufen von da an nur noch zu Fuß weiter.

8. Februar. Ab diesem Tag beginnt für uns eine Zeit des ständigen Rückzugs nach Westen. Während die Truppe versucht möglichst viele Fahrzeuge, schwere Waffen und Gerät durch den Schlamm oder über die Bahnschiene in Sicherheit zu bringen, werden wir als Prellbock gegen den nachströmenden Feind eingesetzt. Der Weg führte uns in vielen Abwehrkämpfen über Schirokoje, Nikolajewka bis zum Ingul und von dort im fast unmenschlichen und qualvollen Marsch durch den tiefen, zähen Schlamm bis zum Bug.

In dieser fürchterlichen, demoralisierenden Zeit, in der wir uns im zähen Schlamm die Füße blutig liefen, und ohne Schlaf und mit wenig Essen, uns die Ohren vom "Urrääh"-Gebrüll des anstürmenden Feindes schmerzten, hatte ich nicht die Zeit, mir noch Aufzeichnungen zu machen. Sobald sich aber mein zerschlagener Körper in Wosnessensk am Bug wieder etwas erholte, habe ich die unvergessenen Erinnerungen an die Strapazen und Begebenheiten nachgetragen. Auf die Angabe von Daten habe ich verzichtet, weil es mir bei meinen Aufzeichnungen mehr auf die genaue Wiedergabe der Geschehnisse als um den exakten Zeitablauf ging.

Durch bodenlosen Schlamm zurück zum Bug

Am Anfang unserer Absetzbewegungen gab es nachts immer etwas Frost. Viele Fahrzeuge hatten dadurch die Chance, wieder aus dem Schlamm zu kommen. Je weiter es aber zurückging, desto schlammiger und aufgewühlter wurden die breiten Rückzugswege. Unsere Schwadron bildete unter der Führung eines jungen Leutnants, meistens die Nachhut. Unsere Aufgabe bestand darin, den anstürmenden Feind zu stoppen und ihn solange wie möglich aufzuhalten. Wenn es erforderlich war, erfolgte auch ein Gegenstoß. In der Regel griffen uns die Sowjets jedoch mit massiven Kräften an, und ohne schwere Waffen hatten wir ihnen nichts Ebenbürtiges entgegenzusetzen. Wenn sie uns mit ihrem lauten "Urrääh-Gebrüll" verfolgten, hatten wir oft Mühe, mit heiler Haut davonzukommen. Dabei wurde unser Häuflein immer kleiner.

In den Anfängen der Rückzugskämpfe zwischen Apostolowo und Schirkoje waren wir noch ein halbwegs geordneter Haufen. Um den Trossen und schweren Waffen Zeit zu geben, sich durch den Dreck durchzuwühlen, besetzten wir als Nachhut eine ehemalige Artilleriestellung mit einem Bunker. Laut Befehl sollten wir diese Stellung bis zum Abend halten und uns nach Eintritt der Dunkelheit absetzen. Zur Unterstützung erhielt unsere Schwadron einige Männer aus anderen Schwadronen sowie eine 7,5-Pak, die von einem Kettenfahrzeug gezogen wurde. Die ehemalige Aristellung lag inmitten der Steppe, und die Bodenverhältnisse waren deshalb relativ gut. Nur das abgeerntete Sonnenblumenfeld halbrechts seitlich von uns war ein schlammiger Acker.
Die deutsche Ari muß es verdammt eilig gehabt haben, hier wegzukommen, denn überall lagen noch eine Menge Munition und leere Messingkartuschen herum, die sonst immer gesammelt wurden. Aus ihnen konnte man eine Menge guter Patronenhülsen für die

Gewehr- und MG-Munition machen, statt diesen Mist von emaillierten Stahlhülsen, die wir in letzter Zeit immer öfter als Munition bekamen. Sie brannten sich in den MG-Läufen häufig fest und führten dann zu Ladehemmungen. Eine böse Sache, wenn der Feind gerade angreift und man nicht genügend Ersatzläufe zur Verfügung hat.

Anfänglich blieb es in unserer Auffangstellung noch ruhig. Vom Gegner war weit und breit nichts zu sehen. Aber wir wußten, daß der Feind ständig auf dem Vormarsch war und überall auftauchen konnte. Weil er feststellte, daß es keine zusammenhängende Front mehr gab, ließ er uns oft bei starker Gegenwehr einfach in den Gräben sitzen und marschierte beiderseits an uns vorbei. Wir sahen es an den vielen Bränden und Rauchwolken links und rechts von uns, die er auf seinem Marschweg hinterließ.

Unser junger Leutnant, der diesmal unsere Schwadron vorübergehend führte, machte den Bunker zu seinem Gefechtsstand. Während mein sMG rechts vom Bunker in einem schmalen Deckungsloch in Stellung ging, sollte Fritz Hamann mit dem anderen den Bunker sichern. Die leichten Züge waren links davon angelehnt. Die Pak blieb, gedeckt hinter der Bunkeraufschüttung, in Bereitschaft. Der Vorschlag von Wachtmeister Fender, die Pak etwas weiter hinten in Stellung zu bringen, da sie bei Entdeckung durch Panzer den Bunker und die MG-Stellung gefährden könnte, wurde abgelehnt.

Als ich mit Franz Kramer unser Schußfeld nach vorne verbessere, rauschen die ersten Artilleriegeschosse heran. Der Beschuß ist ohne Schema, sie schießen wahllos in der Gegend herum. "Ein bißchen Störfeuer", sagt Waldi, der in einem Deckungsloch seitlich hinter mir steht und mit seinem Glas das hügelige Gelände vor uns beobachtet. Doch nach einer Weile höre ich ihn ausrufen: "Heiliger Strohsack! Die kommen ja daher wie eine riesige Hammelherde!"

Ich schaue durch die Zieleinrichtung und sehe sie auch. Die Sowjets bewegen sich langsam aber stetig auf uns zu. Waldi schätzt die Entfernung aber noch auf drei oder vier Kilometer. Sie könnten etwa in knapp einer Stunde vor uns sein. In den nächsten Minuten stellen wir fest, daß der Menschenstrom nicht direkt auf uns zukommt, sondern sich mehr seitlich nach halbrechts hin bewegt.

"Sieht aus, als würden sie an uns vorbeiziehen", sage ich.

"Glaub ich nicht", meint Waldi. "Ihren rechten Flügel werden wir wohl noch gerade erwischen."

Inzwischen hat die russische Ari ihr Feuer noch weiter nach vorn verlegt und hämmert dort hinein, wo nichts ist. Sie streuen die ganze Gegend ab, während die Infanterie langsam näherkommt. Wenn sie so weiterziehen, hat Waldi recht, und wir erwischen noch den rechten Flügel. Wir sollten uns aber vorerst nicht rühren. Erst wenn sie uns gefährlich werden, sollten wir feuern, sagt auch Waldi. Der Leutnant sieht es anders. Er ruft herüber, daß beide sMG feuern sollen. "Blödsinn! Auf eineinhalb Kilometer ist es Munitionsverschwendung und dann wissen sie, wo wir sind", sagt Waldi ärgerlich.

Ich warte darum ab. Als aber das andere Gewehr feuert, schieße ich auch einen Gurt leer. Die erdbraune Masse vor uns stockt keinen Augenblick, sondern strömt unaufhörlich weiter. Dann habe ich eine Ladehemmung.

Ich schimpfe auf die emaillierten Stahlhülsen. Im Lauf sitzt wieder eine festgebrannte Hülse, wie so oft. Größtenteils verschieße ich diese Munition nur, wenn der Feind noch weiter weg ist und er bei den Vorbereitungen gestört werden soll. Wenn er direkt angreift, habe ich immer einige Kästen guter Munition in Reserve. Ich brauche aber noch einen oder zwei Reserveläufe, falls es hier losgehen sollte. Josef Spittka, unser "Peronje", hat mindestens noch einen Ersatzlauf. Aber wo ist er?

"Müssen alle im Bunker sein", ruft Bittner vom anderen Gewehr zurück, als ich ihn nach Peronje frage. Ich will zum Bunker rüber und frage Waldi.

"Klar, ich bediene solange das Gewehr. Der Iwan ist ja noch weit weg."

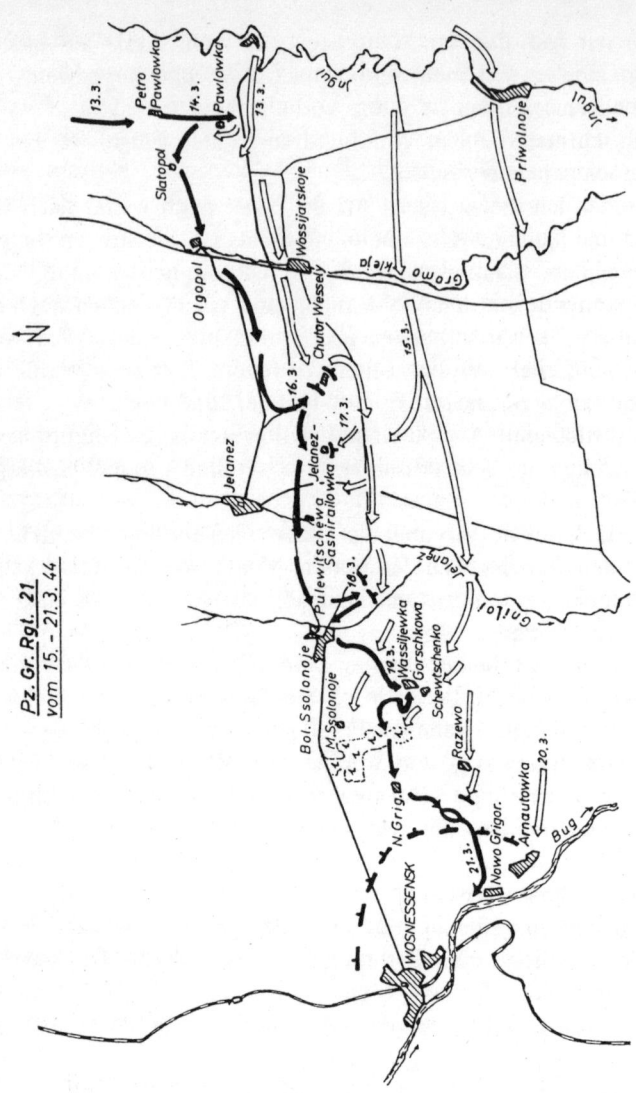

Der Rückzug bis zum Bug während der russischen Schlammperiode.

Waldi spart Munition und schickt nur ganz kurze Feuerstöße zu den Russen hinüber. Im Bunker sind nur Fender und zwei Mann. Die anderen hat der Leutnant rund um den Bunker in die Löcher geschickt. Ich stecke mir noch schnell eine Zigarette an und will aus dem Bunker heraus, da brüllt jemand: "Panzer!" Sekunden später detonieren bereits die Einschläge auf dem Bunker. Die Pak feuert nur einen Schuß, dann hat der Panzer sie erledigt.

Ich renne aus dem Bunker und will zu meinem MG. Die Panzergranaten krepieren um mich herum. Ich springe in das nächste Deckungsloch. Dann sehe ich drei T 34, die von links an den Stellungen entlang genau auf den Bunker zufahren. Die Landser sind bereits aus den Stellungslöchern und laufen zurück.

"Sie gehen alle türmen!" ruft Fritz Hamann.

Dann springt auch er mit Bittner aus dem Loch und rennt dem Leutnant und den anderen hinterher. Zwei Panzer fahren den Flüchtenden nach, während der dritte den Bunker umkreist und seine Granaten abschießt. Ich sehe, wie eine Granate die flüchtende Pakbesatzung zerfetzt. Dann öffnet sich der Turm des T 34 und einige Handgranaten fliegen in den Bunkereingang. Meine Muskeln spannen sich. Ich will aufspringen und den anderen nachlaufen.

Zu spät! Der Panzer hat gerade das sMG von Fritz Hamann plattgewalzt und rasselt an meinem Loch vorbei, den anderen beiden nach. Jetzt aufzuspringen wäre mein Tod. Ich muß im Loch bleiben und abwarten. Auch Waldi und Kramer sind noch im Deckungsloch. Fender müßte auch noch im Bunker sein. Oder hat es ihn erwischt?

Der hauchdünne Faden, an dem gerade noch mein Leben hing, blieb auch weiterhin dünn genug. Als ich zu Waldi und Kramer schaue, schießen sie nicht, sondern hantieren beide an einem MG-Lauf herum, in denen zweifellos wieder einmal Hülsenreißer stecken. Dabei war der Strom der Sowjets bereits bedenklich nahe herangekommen.

Dann höre ich die Stimme von Wachtmeister Fender rufen: "Was ist los mit euch? Warum schießt ihr nicht?"

Fender steht am Bunker und hält den linken Arm fest an den Körper gepreßt. Er muß verwundet sein.

"Hülsenreißer in allen Läufen!" brüllt Waldi zurück und versucht krampfhaft, die festgebrannte Hülse aus dem Lauf herauszustoßen. Endlich gelingt es ihm! Er stößt den Lauf in die Führung, klappt den Verschluß zu und zieht den Gurt straff. Das MG rattert und jagt zwei lange Feuerstöße heraus. Die Sowjets vor uns werfen sich auf den Boden. Dann wieder Ladehemmung! Eine Hülse sitzt wieder fest. Es ist zum Verzweifeln! Ich kenne das. Wenn der Lauf noch heiß ist und sich nur winzige Rückstände an der Wandung gebildet haben, beginnt gleich darauf wieder das gleiche Spiel. Da hilft nur ein neuer Lauf und den alten erkalten lassen oder gute Munition verschießen.

Hoffentlich weiß das Waldi, denke ich. Er hat aber in den letzten Monaten nur mit seiner MPi geschossen und deshalb nicht mehr die Routine. Wenn das MG nicht schießt, sind wir erledigt. Die Russen werden uns gleich aus den Löchern herausholen und dann erschießen oder gefangennehmen. Waldi und Kramer ziehen die Köpfe ein. Sie stochern weiter an den Läufen herum, während die Gewehrkugeln in den Boden klatschen und um ihre Köpfe zirpen. Waldi schimpft, flucht und fleht und er schaut mit angstverzerrtem Gesicht auf die stetig heranflutenden Sowjets vor uns. Auch ich bin in Panik und mache mir Vorwürfe. Warum bin ich nur nicht in der Stellung geblieben?

Vermutlich haben Waldi und Kramer zu lange die schlechte Munition verschossen, dabei sind mindestens noch sechs Kästen von der guten in der Stellung. Auch mit dem Herausstoßen der Hülsen hatte ich die längere Erfahrung, wogegen Kramer nie so gut damit zurechtkam. Wenn sie in beiden Läufen die oftmals schon angerissenen Böden der Hülsen herausgestoßen haben, war sowieso Ebbe. Dann brauchte man Zeit, um die angebackenen Hülsen herauszukriegen.

Das alles ging mir blitzartig durch den Kopf. Doch bevor wir hier alle verloren waren, mußte ich selbst alles versuchen, um das MG zum Schießen zu bringen.

Mein Gott, denke ich, ich habe mich doch auch bisher immer auf mein Gewehr verlassen können. In meiner Panik und höchsten Angst schreie ich durch das immer stärker werdende Gewehrgeknatter: "Ich komme zu euch, aber einer muß aus der Stellung!" Für drei ist das Loch zu eng, das weiß auch Waldi.

Wir springen gleichzeitig. Waldi macht nur zwei Sätze und verschwindet in einem Loch seitwärts. Ich muß ein größeres Stück durch den Kugelhagel laufen und spüre einen heißen Streifschuß am linken Unterarm. Es ist nur ein Kratzer, und etwas Blut läuft mir aus dem Ärmel.

Mit dem letzten Satz bin ich im Loch und untersuche dic Läufe. Wie ich vermutet habe, stecken in beiden Läufen Stahlhülsen mit herausgestoßenen Böden. Verdammt! Um sie herauszustoßen, würde ich mehr Zeit benötigen, als wir noch haben. Am Bunker sehe ich einige Landser. "Ich brauche Ersatzläufe!" brülle ich herüber und versuche, mit meinem Spezialstock die Hülse von der Laufwandlung zu lösen. Die erdbraunen Gestalten vor uns sind bereits so nahe an uns herangekommen, daß wir ihnen bald in die triumphierenden Gesichter sehen werden. Ich höre, wie Waldi bereits mit der MPi feuert. Auch vom Bunker fallen einige Gewehrschüsse. Es sind also auch noch einige Gewehrschützen hier.

Aber gegen die anstürmenden Massen sind die paar Kugeln bedeutungslos. Ist das hier unser Ende? Es sieht so aus. Eigentlich hatte ich nie daran gedacht, daß es auch für mich einmal so ausgehen wird. Aber warum soll ich eine Ausnahme bilden? Jetzt heißt es Tod oder Gefangenschaft. Vielleicht aber auch noch Schlimmeres. Wir haben so viel über die Rotarmisten gehört, und wie sie mit den Gefangenen umgehen. Ein schneller Tod soll da noch besser sein, denn eine russische Gefangenschaft würde ich bestimmt nicht überleben. Ich versuche im stillen ein Gebet zu sprechen, aber ich kann mich bei meinem innerlichen Aufruhr kaum an etwas Zusammenhängendes erinnern. Ganz automatisch knöpfe ich meine Pistolentasche am Koppel auf und fühle den kühlen Griff meiner 08 in der Hand, - da keucht jemand hinter mir: "Hier, zwei Läufe von andere Gewehr!"

Ich schaue mich um und erkenne unseren "Peronje", der im Kugelhagel der Angreifer aus einem Loch herausgesprungen war und uns zwei Laufschoner mit Läufen zuwirft. Sie klatschen knapp einen Meter hinter unserem Loch auf die Erde. Er sieht noch, wie Franz und ich die Läufe mit den Händen angeln, dann springt er auf und rennt zurück. Er kommt nur zwei Schritte, dann fällt er stumm zu Boden und bleibt liegen. Die Kugeln schlagen weiter in seinen toten Körper ein, aber Josef Spittka, unser "Peronje", spürt es nicht mehr. Er hat sein junges Leben für seine Kumpel geopfert.

Mir schnürt es die Kehle zu, aber ich sehe sofort die Chance, unser aller Leben noch zu verlängern. Meine Hände zittern, als ich den Laufschoner öffne und den neuen Lauf in den Mantel schiebe und verschließe. Franz Kramer hat den Gurt mit der guten Munition schon aufgelegt. Ich ziehe ihn straff und klappe den Verschluß zu. Ich zittere am ganzen Körper wie Espenlaub - die ersten Sowjets kommen schon im Laufschritt auf unsere Stellung zugerannt. Aber dann rattert mein sMG los! Ein unbeschreibliches Gefühl der Erleichterung ist in mir, als der Gurt wie geölt durchzieht. Die vordersten Feinde fallen wie die Fliegen auf die Erde. Franz Kramer hat bereits alle Kästen offen und führt mir mit beiden Händen den Gurt zu, damit er leichter durchzieht und keine Hemmung auslöst.

Wie oft hatte ich schon hinter dem MG gelegen und die Stärke gespürt, die in diesen mechanischen Todesmähern steckte. Aber noch nie habe ich es mit soviel Erleichterung wahrgenommen wie in diesem Augenblick. Ich sah unsere Feinde fallen und sterben. Ich sah sie aus den Wunden bluten, hörte ihr Wimmern und ihr Schreien und hatte doch kein Fünkchen Mitleid und Erbarmen mit ihnen. Es war in mir wie ein Rausch. Es war die blutige Revanche für die fast wahnsinnige Angst und Verzweiflung, die ich vorher hatte. Und es war die Vergeltung für den Tod von "Peronje", der Pakbesatzung und den anderen, die es noch erwischt hatte.

Revanche und Vergeltung! Der lodernde Schrei nach Rache! So wollen doch alle Kriegführenden ihre Soldaten haben. Erbarmungslos und mit Haß und Vergeltungsgefühlen im Herzen lassen sich besser Siege erringen. So können ganz gewöhnliche Soldaten zu Helden werden. Angst wird einfach umgewandelt in Haß, Wut und in den Schrei nach Vergeltung. So hat man das Motiv, unbeirrt weiterzukämpfen, um vielleicht sogar als Held mit den begehrten Orden dekoriert zu werden. Aber Helden müssen am Leben bleiben, damit man ihre Orden sieht. Sie sollen den anderen, den Schwächeren, als Vorbild dienen. Darum existieren Helden, wie auch Peronje einer war, höchstens noch für seine Kumpel. Für die Kriegführung gelten sie aber nicht einen Pfifferling mehr.

Als ich alle unsere Feinde am Boden liegen sah, waren meine aufgestauten Aggressionen und Rachegefühle verflogen. Ich konnte wieder klar denken. Ich sah, daß jenseits meines Schußbereichs die Sowjets unbeirrt weiterzogen. Die Masse ließ sich von meinem MG in ihrer rechten Flanke nicht aufhalten. Zum Schluß lag dann auch nur ein größerer Haufen Russen in einer flachen Mulde vor uns auf dem Bauch. Wir konnten sie nur erkennen, wenn sie mit dem Oberkörper hochkamen. Bisher hatte ich fast sechs Kästen Munition leergeschossen. Die Innenfläche meiner rechten Hand brannte wie Feuer, weil ich zwischendurch die glühendheißen Läufe sekundenschnell wechseln mußte und mir nicht die Zeit nahm, sie mit dem Asbestlappen anzufassen. Dabei blieb auch schon mal ein Fetzen Haut am Lauf hängen.
"Wir haben nur noch einen halben Kasten gute Munition", erinnert mich Franz Kramer. Seine Augen glänzen wie im Fieber und sein Gesicht ist schweißnaß. Seine Lippen sind zersprungen und mit dicken Speichelkrusten belegt. Wahrscheinlich sehe ich nicht anders aus.
"Vielleicht liegt drüben im Bunker noch MG-Munition von Fritz Hamann oder den leichten Zügen", sage ich zu ihm. Waldi hinter uns hat es auch gehört und ruft zum Bunker hinüber: "He, Kumpel! Könnt ihr drüben noch MG-Munition auftreiben?"
"Mal sehen", ruft einer zurück. Wir sehen, wie ein Gefreiter in ein Loch springt und zwei Munitionskästen herausschleppt. Er läuft zu Waldi und wirft die Kästen neben das Loch. Als er zurückspringt und schon kurz vor dem Bunker ist, zuckt er zusammen und hält

sich den Unterarm. Fender streckt ihm die Arme hin und zieht ihn in den Bunker hinein.

"Die haben immer noch nicht die Schnauze voll!" schimpft Waldi auf die Russen vor uns. Es sind nur zwei Schüsse gefallen, aber von einem wurde der Gefreite verwundet.

"Werf die beiden Kästen herüber, ich halte sie unten", rufe ich ihm zu und schieße bereits in die Mulde hinein.

Waldi steigt etwas aus dem Loch und wirft uns die Kästen zu. Kramer zieht sie sofort ins Loch und öffnet sie.

"So ein Mist!" sagt er ärgerlich. "Wieder Emaillehülsen." Aber der zweite war wenigstens in Ordnung. "Besser als gar nichts", meint er danach.

Die Russen vor uns rühren sich nicht. Sie liegen nur knapp fünfzig Meter vor uns, aber in einer recht miesen Lage. Sobald sie hochkommen, schieße ich. Muß verdammt ungemütlich für sie sein, denke ich, während ich jede Bewegung beobachte. Franz neben mir spricht das aus, was auch ich denke.

"Wenn sie aus dieser kurzen Entfernung alle auf einmal losstürmen würden, könnte es recht brenzlig für uns werden", sagt er nervös.

"Die werden sich hüten. Sind auch nur Menschen, und sie sehen es an den vielen Toten und hören es an dem Wimmern und Schreien ihrer Verwundeten, was sie erwartet", antworte ich ihm. Dennoch fühle ich mich nicht sehr wohl, und ich frage mich, ob wir noch die drei Stunden bis zum Abend durchhalten können. In der Dunkelheit könnten wir dann verduften. Vielleicht haben wir Glück, daß ihre Panzer nicht zurückkommen.

In diese Überlegungen hinein kommt plötzlich ein Ruf aus der Mulde: "Pan! Pan!" Gleichzeitig wird auf einem Gewehr ein Stahlhelm hochgehalten und hin- und hergeschwenkt. Dann wieder die Stimme: "Pan! Pan! Nix schießen - wir kommen!"

Ich traue dem Frieden nicht. Was soll ich antworten? Ich halte die Hand am Abzugsbügel und überlege. Ich wäre natürlich heilfroh, wenn ich nicht mehr zu schießen und zu töten brauchte. Aber kann man ihnen trauen? Wir sind hier nur eine Handvoll Männer. Was ist, wenn ich sie, ohne zu schießen, heranlasse, und dann rennen sie uns plötzlich nieder? Elende Situation!

"Ruki werch!" "Werft die Gewehre weg!" rufe ich hinüber. Der Sprecher richtet sich langsam zur vollen Größe auf und spricht auf die am Boden Liegenden ein. Ich wundere mich über sein Vertrauen. Einige stehen auf, haben aber noch Gewehre in den Händen. "Werft die Gewehre weg!" brüllt Waldi sie an. Die Russen werfen sich erschrocken wieder hin. Nur der Sprecher bleibt stehen und kreuzt seine Arme über dem Kopf hin und her und ruft: "Nix schießen, nix schießen!" Dann spricht er wieder mit den anderen, und dann stehen nach und nach auch die anderen ohne Waffen auf. Als ich die vielen Russen vor mir sehe, ist mir nicht wohl in meiner Haut, und ich halte die Finger schußbereit am Abzugsbügel.

"Unsere Leute kommen zurück!" ruft plötzlich Fender vom Bunker herüber. Ich schaue mich kurz um. Tatsächlich, sie sind nicht mehr weit weg. Das war also der Grund, warum sie sich entschlossen haben, sich zu ergeben. Sie glaubten, daß wir einen Gegenstoß machen und sie sowieso erwischen würden. Ich atme erleichtert auf, in dem Bewußtsein, daß nun die Gefahr endgültig vorbei ist.

Die Russen kommen nun mit erhobenen Händen auf uns zu und werden von Fender und drei Landsern in Empfang genommen. Es sind über sechzig Sowjets in guter Ausrüstung, aber alle sind nicht die jüngsten. Auch ein Offizier ist dabei. Ich erfahre, daß der fünfzigjährige, deutschsprechende Russe ein Lehrer aus Kiew ist. Seine ehemalige Nachschubeinheit soll erst vor drei Wochen an die Front gekommen sein. Vorher hatte man ihnen eingepaukt, sich niemals den Deutschen zu ergeben, weil sie ihre Gefangenen immer grausam verstümmelten, bevor sie getötet würden.

Auf die Frage, warum er sich dennoch ergeben habe, erzählt er uns, daß sie in den letzten Wochen bei dem deutschen Rückzug häufig entkommene russische Gefangene vorgefunden hätten, die im Hinterland zum Arbeiten eingesetzt waren. Sie hätten ihnen nichts von solchen Greueltaten berichtet. Aber vor der SS sollten sie sich vorsehen. Wir hatten keine Ahnung, wie es bei denen im Hinterland zuging. An der Front hat man damit zu tun, sein eigenes Leben zu erhalten.

Über die Verleumdungen der deutschen Fronttruppen hatte ich schon öfter von russischen Gefangenen gehört. Sie sollten den russischen Soldaten dazu bewegen, lieber bis zur letzten Patrone zu kämpfen als sich zu ergeben. Zweifellos war es diese Angst, die russische Soldaten oft dazu trieb, in völlig aussichtslosen Situationen mit unverständlicher Verbissenheit Widerstand zu leisten. Aber auch uns ging es ähnlich. Wegen der vielen Grausamkeiten, die an deutschen Landsern verübt wurden, war die Angst davor stärker als die Angst, im Kampf zu fallen. In der turbulenten Zeit unseres Rückzuges kam es seitens der Sowjets zu vielen Greueltaten und Ermordungen von eigenen russischen Landsleuten, die man häufig den deutschen Truppen in die Schuhe schob. Davon werde ich im Laufe dieses Kapitels noch berichten.

Als die Gefangenen nach hinten abtransportiert worden waren, wurde es in der Stellung wieder ruhiger. Der Professor und Otto Kruppka, der inzwischen Unteroffizierstressen trug, kamen zu uns an die Stellung.

"Was ist mit den Panzern?" frage ich.

"Sind hinten von einer Pak sofort abgeschossen worden", sagt Otto etwas kleinlaut. Der "Professor" spielt den Begeisterten. "Mann, daß ihr mit dem einen Gewehr den Iwan hier aufgehalten habt", sagt er bewundernd.

"Blieb uns gar nichts anderes übrig, als hierzubleiben. Ihr seid einfach abgehauen, ohne uns Bescheid zu sagen", schimpft Waldi.

"Sind doch nur dem Leutnant nachgerannt", rechtfertigt sich Otto. "Als die Panzer in Sicht kamen, ist bereits der ganze linke Flügel stiften gegangen. Nachdem dann die Pak zerstört war, gab es für niemand ein Halten."

"Machen euch ja keinen Vorwurf", beschwichtige ich. "Wenn wir es früher bemerkt hätten, wären wir sicher mit euch gelaufen. So war es aber für uns schon zu spät."

332

"Und wenn unser "Peronje" nicht gewesen wäre, hätten wir alle hier den Arsch zugekniffen", sagt Franz Kramer, dem man die nervenaufreibenden Stunden immer noch ansieht.

Für unseren Leutnant war unser harter Abwehrkampf scheinbar nichts besonderes. Möglicherweise sprach er uns nicht an, weil er an unseren Blicken sah, was wir von ihm hielten. Ein verantwortlicher Vorgesetzter wartet solange, bis auch seine Männer in Sicherheit sind, war darin zu lesen. Während andere Landser zu uns kamen und Einzelheiten wissen wollten, ließ er sich von Waldi, unserem Gewehrführer, über unseren Abwehrkampf berichten. Später hörten wir, daß er wegen angeblicher Tapferkeit während der Rückzugskämpfe noch das Eiserne Kreuz I. Klasse erhalten hat. Uns ist er jedoch schnell aus dem Gedächtnis entschwunden, weil bereits Ende Februar wieder unser geschätzter Oberleutnant Prinz Moritz zu Oettingen-Wallerstein, nach seiner Genesung die Schwadron übernommen hatte.

Kurz vor Eintritt der Dunkelheit zogen sich am Himmel die Wolken zusammen und es begann ein leichter Nieselregen. Wachtmeister Fender sagt, daß die Stellung von uns geräumt werden soll. Fünf Mann aus unserer sMG-Gruppe, mit mir als Schütze, müssen als Nachhut bis 22 Uhr zurückbleiben.

Ich schaue Fender verständnislos an. "Ist das nicht eine Aufgabe für ein leichtes MG, wo wir doch einen harten Tag hinter uns haben?" frage ich.

Fender zuckt die Achseln: "Kommt nicht von mir, hat der Leutnant angeordnet. Er meint, du hast die größere Erfahrung, und weil das sMG von Hamann jetzt auch ausgefallen ist, haben wir nur noch die MG mit den jungen Pimpfen."

"Gut, wenn es so ist!" Damit hat er mich auf dem richtigen Fuß erwischt, und ich sage darum auch nichts mehr. Ich glaube, daß er in dieser demoralisierten Aufbruchstimmung, die bei den meisten schon seit Tagen herrscht, den jungen Landsern nicht mehr so recht zutraut, ihre Aufgabe voll zu erfüllen. Sie könnten möglicherweise in der unbehaglichen und auch gefahrvollen Dunkelheit die Stellung frühzeitig verlassen. Wenn der Feind durch seine nächtlichen Spähtrupps davon Wind bekommt, kann es für die zurückweichende Truppe böse Überraschungen geben.

Als die Schwadron zum Abrücken bereit ist, kommt Fender mit einem bulligen Landser zu uns. "Der trägt solange eure Lafette, bis ihr wieder bei uns aufgeschlossen habt", sagt er. Franz Kramer ist froh, daß er für kurze Zeit die Lafette losgeworden ist. Wir vergleichen noch die Uhren und stellen den Kompaß ein, dann zieht die Schwadron nach hinten ab. Wir gehen etwa hundert Meter nach halbrechts bis zum abgeernteten Sonnenblumenfeld vor und verteilen uns auf einer Breite von etwa einhundertfünfzig Meter. Bis zum Eintritt der Dunkelheit war vom Feind nichts zu sehen, aber wir wissen, daß nachts seine Spähtrupps unterwegs sind und seine Truppen nachziehen.

Die Nacht ist stockdunkel und der Nieselregen wird stärker. "Scheißwetter!" schimpft der "Professor" und zieht sich die Zeltbahn über den Kopf.

Ich habe es schon vorher getan und halte auch das MG unter der Zeltbahn. Wir warten etwa eine Viertelstunde, ehe wir mit dem üblichen Theater beginnen, das wir in den letzten Tagen als Nachhut immer veranstaltet haben. Während die Gewehrschützen von Zeit zu Zeit ein paar Schüsse abgeben, wetze ich an den rechten Flügel und feuere einen halben Gurt in die Finsternis hinein. Danach renne ich zurück und schieße von der anderen Flanke oder auch aus der Mitte. Der Feind soll den Eindruck haben, daß die Stellung noch voll besetzt ist. Dennoch ist mir immer unheimlich dabei, wenn ich in der Dunkelheit in ein Nichts hineinrenne und nicht weiß, ob der Iwan unsere Finte nicht längst erkannt hat und bereits auf mich wartet. Daß er wieder vor uns ist, haben wir inzwischen an mehreren Geräuschen festgestellt. Die Zeit schleicht viel zu langsam dahin.

In der Mitte stoße ich mit dem "Professor" zusammen. "Wie spät ist es?" fragt er mich.

Ich schaue auf die Leuchtziffern meiner Uhr. "Noch fünfzehn Minuten, Professor."

"Na, geht auch noch vorbei", sagt er und schimpft: "Läuft sich in der Matsche wie in einem Scheißkübel!"

Ähnliches hatte ich auch schon gedacht, aber auch daran, daß wir in dem weichen Modder verdammt schlecht weglaufen könnten, wenn uns der Iwan plötzlich angreifen würde. Als ich in dem zähen Schlamm weiterstapfe, treffe ich am rechten Flügel Bittner, der den Finger auf den Mund legt und nach vorne deutet. "Irgend etwas muß da vorne los sein! Ich habe vorhin ganz deutlich Stimmen gehört."

Vielleicht sollte ich vorsorglich ein paar Feuerstöße in die Richtung abgeben, überlege ich. Ich gehe in die Knie und schieße so von unten einfach in das Dunkel hinein.

Als hätte ich einen Kontakt ausgelöst, klingt plötzlich deutsche Schlagermusik durch die Nacht. Wir sind verblüfft, aber ich kenne das schon von Stalingrad und Rytschow her. Der Iwan spielt erst Musik, um Aufmerksamkeit zu erwecken und hinterher kommt eine Durchsage.

So ist es dann auch. Nach dem bei uns Landsern so beliebten Lied "Lili Marlen", ruft jemand in akzentfreiem Deutsch: "Hier spricht ein Angehöriger des "Komitees freies Deutschland". Danach folgen Namen von deutschen Offizieren, meistens Angehörige der ehemaligen 6. Armee von Stalingrad. Dann werden wir aufgefordert, unsere Waffen fortzuwerfen und zu ihnen zu kommen. Die Stimme ruft beschwörend: "Rettet euer Leben, denn der Krieg ist für Deutschland verloren! Wir empfangen euch bei uns mit offenen Armen, wo ihr endlich wie Menschen in Freiheit leben könnt."

"Klar, in der beneidenswerten Freiheit der sibirischen Steppe", lacht Bittner.

Nach dieser Aufforderung hören wir wieder deutsche Schlagermusik aus dem Lautsprecher. Ich schaue auf meine Uhr. Schon fünf Minuten über unsere Zeit. "Los, hauen wir ab!" sage ich zu Bittner und jage noch schnell einen Gurt in die Richtung des Lautsprechers. Keine Reaktion! Die Lautsprecher haben die Sowjets meist gut getarnt, während sie in sicherer Entfernung im Loch sitzen und warten, ob da nicht doch einer von den dummen Deutschen auf ihren Hokuspokus reinfällt. Anscheinend müssen sie ab und zu Erfolge damit haben, sonst würden sie es nicht immer wieder machen. Fritz Hamann und der bullige Lafettenträger warten schon auf uns. Auch sie schimpfen über den morastigen Boden, in dem sogar ein russischer Angriff steckenbleiben könnte. Erst als wir wieder auf der Steppe sind, wird der Boden fester. Wir haben unsere Sache gut gemacht, denn hinter uns hören wir noch lange die Schlagermusik und die anschließende Durchsage. Der Iwan wird Augen machen, wenn er im Morgengrauen feststellt, daß er sich für nichts engagiert hat.

Erst um 3 Uhr morgens erreichten wir unsere Leute, die in einem Dorf Quartier bezogen hatten. Aber schon zwei Stunden später weckte uns eine heftige Schießerei aus vielen Gewehren. Die Sowjets stürmten mit "Urrääh-Gebrüll" das Dorf. Sie hatten es teilweise schon von beiden Seiten umgangen. Im Dorf wirbelte alles durcheinander, und jeder hatte nur einen Gedanken: Rette sich, wer kann!
Einige Kilometer weiter wurden die Reste gesammelt und eine neue Auffangstellung gebildet. Zwar konnten wir den angreifenden Feind kurz stoppen, aber wir mußten uns wieder fluchtartig absetzen, da der Iwan bereits an beiden Seiten ohne Gegenwehr vorgestoßen war, um uns in die Zange zu nehmen.
Leider gelang es nicht allen, früh genug wegzukommen. Dieses aussichtslose Spiel wiederholte sich fast täglich. In diesen Tagen haben wir dann auch Franz Kramer verloren, der mit seiner schweren Lafette wahrscheinlich nicht schnell genug fortkam und dem Feind in die Hände fiel. Wenn wir in dieser Zeit auch immer wieder versuchten, den Feind noch aufzuhalten, war es irgendwann ein aussichtsloses Unterfangen, und wir waren nur noch am rennen. Wenn der Soldat erst einmal am laufen ist, können ihn weder gute noch böse Worte dazu bewegen, an einer Stelle auszuharren und auf den anrennenden Feind zu warten.
Am 28. Februar wurde dann in Nikolajewka wieder eine feste Auffangstellung gebildet. Unter Führung unseres bewährten Schwa-

dronschefs, wehrten wir den Feind eine Zeitlang ab und machten zwischendurch sogar erfolgreiche Gegenstöße. Als uns die Sowjets aber wieder seitlich überholten, mußten wir uns wieder absetzen.

Hinter dem Ort Petro Pawlowka wurden wir dann nach einem überraschenden Feindangriff in alle Winde zerstreut. Weil wir schon seit Tagen ohne Schlaf und von den ständigen Kämpfen völlig erschöpft waren, suchten wir, als die Nachhut der Truppe, für die Nacht Unterkunft in den letzten Häusern eines Dorfes. Schon nach kurzer Zeit stürmten die Sowjets mit "Urrääh-Gebrüll" die Hütten und metzelten alles nieder, was sich ihnen in den Weg stellte. Ich hatte mit Otto Kruppka gerade noch Zeit, durch ein rückwärtiges Fenster zu entkommen. Mein MG konnte ich nicht mehr mitnehmen. Es hätte mir auch nicht mehr viel genützt, weil ich keine Munition mehr hatte.

Auf dem weiteren Rückmarsch stieß ich mit Otto wieder auf einige Kumpel aus unserer Schwadron. Alle schlichen müde und zerschlagen durch den Dreck und den zähen Schlamm. Dann waren auch sie eines Tages wieder verschwunden, und ich war mit Otto allein. Wir schlossen uns einer Kampfgruppe an, die aus zusammengewürfelten Landsern aller Wehrmachtsgattungen bestand. Zwischendurch regnete es, und der Schlamm wurde tiefer. Der eiskalte Ostwind pfiff uns durch die ausgemergelten Körper. Der Hunger nagte in den Därmen. Nachts suchten wir in den Panjehütten Schutz. Sie waren meist überbelegt. Die Landser lagen zusammengepfercht wie die Heringe, um sich gegenseitig etwas zu wärmen. Ihre Gesichter waren verdreckt und bleich. Sie horchten verängstigt nach draußen und zuckten bei jedem Fremdgeräusch zusammen. Nur die wenigsten von ihnen besaßen noch Waffen.

Wenn der Morgen anbrach und der Iwan uns nicht mit dem üblichen Gebrüll aus den Hütten trieb, rafften wir unsere müden Knochen zusammen und stapften weiter. In jedem neuen Ort kamen neue Landser hinzu, die nicht früh genug vor den anbrandenden Sowjets flüchten konnten oder einfach nicht damit gerechnet hatten, daß der Iwan so schnell nachstoßen würde. Es waren vor allem die Reste von Hinterlandtruppen, wie Feldbäckereien, Werkstatteinheiten und Nachschubstaffeln, die noch nie die Front gesehen hatten. Ab und zu begegneten wir sogar einem sogenannten Kriegsverlängerungsrat, dessen gepflegte Uniform zum erstenmal mit Dreck in Berührung kam.

Kriegsverlängerungsräte oder Schmalspuroffiziere sind für uns die Verwaltungsbeamten der Wehrmacht, erkenntlich an den schmalen Achselstücken an ihren maßgeschneiderten Uniformen. Sie sind die feinsten Soldaten des Reiches, die all die guten Sachen verwalten, die ein gewöhnlicher Landser höchstens mal durch Zufall zu Gesicht bekommt. In den turbulenten Zeiten des Rückzuges kam es schon mal vor, daß diese aufgeblasenen und übereifrigen Beamten von wütenden Landsern einfach umgelegt worden sind, weil sie sich bis zum Schluß noch sträubten, ihre prallgefüllten Lager für die zurückflutenden, ausgemergelten Landser freizugeben. Sie beriefen sich auf Befehle ihrer Vorgesetzten (die selbst schon längst über alle Berge waren), die Lager vor Eintreffen des Feindes zu sprengen oder in Brand zu stecken.

Auch ich stand eines Tages mit Otto vor einem riesigen Vorratslager, vor dem sich ein "Kriegsverlängerungsrat" mit seinem Gehilfen postiert hatte, um die hungrigen und zerschundenen Landser daran zu hindern, es zu betreten. Obwohl der Iwan kurz vor dem Ort stand, berief sich der Beamte auf seinen Befehl, das Lager zu sprengen, aber vorher nicht mehr freizugeben. Nachdem die Gruppe Landser vor dem Lager immer größer wurde, jedoch der Wehrmachtsbeamte stur an seinem Befehl festhielt, beendete plötzlich eine Salve aus einer Maschinenpistole die Debatte. Der Tote wurde einfach an die Seite gelegt, und wir stürmten mit den anderen in das Lager. Ein Oberfeldwebel drängte auf Beeilung, da in zwanzig Minuten die Sprengung erfolgen sollte.

Im Nachschublager gingen uns die Augen über, als wir die vielen guten Sachen sahen. Jeder stopfte sich wahllos die Taschen voll, bis sie überquollen. "Nimm nur das Beste", sagte Otto zu mir. "Wenn der Iwan uns wieder nachhetzt, schmeißt du ja sowieso die

338

Hälfte wieder weg." Otto hatte recht. Aber was ist das Beste? Alles, was wir sahen, war für uns halbverhungerte Kreaturen mitnehmenswert. Wo kamen nur all die guten Sachen her, die ich bisher an der Front nie zu Gesicht bekam? Für wen waren diese herrlich duftenden Blockwürste und Schinken bestimmt? Wir hatten vorne höchstens mal Schmierkäse oder Fleisch in Büchsen bekommen. In einer Ecke entdeckte ich kistenweise die beliebte Schoka-Kola in Blechschachteln, die ich in meiner ganzen Barraszeit gerade zweimal als Marketenderware erhalten hatte.

"Mensch, schau dir mal diesen edlen Tropfen an!" rief Otto entzückt und hielt eine Flasche französischen Cognac hoch. "Ist ein anderes Gesöff als das ordinäre Nierenwasser von Wacholderschnaps, das wir als Landser immer erhalten." Otto war eifrig damit beschäftigt, die uns so selten ausgehändigten Frontkämpferpäckchen aufzureißen und sich nur die Zigaretten davon einzustecken. Den übrigen guten Inhalt warf er achtlos auf die Erde. Es ist kaum zu fassen, welche Schätze hier aufbewahrt wurden, während wir oft tagelang an der Front Kohldampf geschoben haben, da die Küche nicht nach vorn kommen konnte. "Oder war das gute Zeug hier gar nicht für uns bestimmt?" fragte ich Otto.

"Bestimmt schon, nur bleibt unterwegs immer das Beste schon hängen. Kommt meist nur bis zu den Stäben, kenne das von früher", erklärte mir Otto. "Was glaubst du wohl, wie die bei den Stäben schlemmen, da würdest du Stielaugen kriegen. Hab es erlebt, als ich noch Ordonnanz war. Ist aber immer so, wenn etwas durch viele Hände geht. Es sind nicht einmal die leitenden Offiziere, die sich das unter den Nagel reißen wollen, sondern die, die sich bei ihnen eine gute Nummer verschaffen wollen. " Otto schob sich danach ein ordentliches Stück Käse in den Mund, das ihm ein anderer Unteroffizier auf einem Stück Messer herübergereicht hatte.

Ich mußte nach Ottos Aufklärung unwillkürlich an die Blockwürste denken, die damals noch Hans Wichert aus dem Küchenwagen im Bunkerlager bei Businowka stibitzte und daran, wie wir später vor lauter Kohldampf die Beutel der toten Russen nach Eßbarem gefilzt hatten. Eine böse Zeit damals, aber jetzt geht es uns auch nicht anders. Der tiefe Schlamm und die ständige Hetze haben uns schlapp und mürbe gemacht. Und wenn man darüber nachdenkt, was da alles in diesen Lagern steckte und jetzt so einfach vernichtet wurde, konnte man schon das Kotzen bekommen. Man liegt ständig im Dreck und setzt sein Leben ein, um am Ende höchstens mal ein Holzkreuz zu bekommen, und da gibt es eine andere Gruppe, die in Saus und Braus lebt und die uns sogar noch das bißchen Essen vorenthält, obwohl dies Typen genau wissen, daß man mit leerem Magen langsam vor die Hunde geht. Da kamen uns gerade zwei Unteroffiziere recht, die uns so richtig aus dem Herzen sprachen. Sie hatten gehört, was Otto zu mir sagte und stimmten ihm voll zu. Die beiden Unteroffiziere waren von der Infanterie und mit Sturm- abzeichen und eisernem Kreuz dekoriert. Sie hatten gerade einer Cognac-Flasche den Hals gebrochen und schütteten sich den Inhalt einfach in den Hals hinein. Der eine spuckte danach auf den Boden und schimpfte: "Pfui Deibel! kann man da nur sagen, wenn man diese Lager hier sieht, wo wir schon wochenlang nichts richtiges mehr zu fressen bekommen haben. Die vollgefressenen Fettsäcke sollte man alle umlegen! Wenn dieser Rückzug nicht gekommen wäre, hätten wir nicht einmal gewußt, wie dick die Wanzen hier im Speck gesessen haben. Und dann wollten uns die verdammten Freßköppe noch von hier fortjagen. Sollten auf dem Weitermarsch einfach verrecken und unsere klapprigen Knochen im Schlamm baden, was?"

Der Kapo ließ sich aus dem zerbrochenen Flaschenhals wieder einen kräftigen Schluck in die Kehle rinnen und schimpfte weiter: "Man gut, daß wir hier einmal Gelegenheit haben, in ihre fetten Schmalztöpfe zu sehen. Jetzt weiß ich auch, warum diese Schmeiß- fliegen immer so feiste und zufriedene Gesichter haben und im Urlaub ihre Weiber immer so hochnäsig auf die schlangestehenden Landserfrauen herabsehen. Wegen ihnen kann so ein Krieg noch jahrelang weitergehen - sie werden dadurch nur immer feister. Der Teufel soll diese Schieberei und Ungerechtigkeit in unserem ver- dammten Kriegshaufen holen. Und wir sollen dabei noch Idealisten sein und für diese Brüder kämpfen. Man sollte einfach die Knarre in die Ecke funken und sich verdünnisieren, mal sehen, wie sie dann weiterkommen."

"Oder uns auch so einen Posten suchen", warf sein Kumpel ein, der in der Zeit die Pulle schon zur Hälfte geleert hatte.

"Wäre gut, aber die würden uns schon bald zum Teufel jagen, wenn wir das Schlaraffenland gerecht aufteilen würden. Nischt für uns alte Fußlappenwechsler, was?" Er faßte seinen Kumpel um die Schulter und sagte schon mit etwas schwerer Zunge: "Sind beide schon zu lange in der Scheiße gelegen, um noch was anderes zu machen, nicht wahr, Gustav?"

Der Schnaps auf leeren Magen tat seine Wirkung. Sie waren beide bereits richtig betrunken, als sich jeder noch eine Pulle einsteckte und eine lange Rauchwurst unter den Arm klemmte, bevor sie aus dem Lager gingen.

Als der Oberfeldwebel uns wegen der Sprengung schon herausdrängte, entdeckte ich in einem Raum neben neuen Uniformstücken auch nagelneue Knobelbecher. Weil meine alten Stiefel völlig naß und gequollen waren, probierte ich noch eilig ein paar Stiefel an. In der Hast entschied ich mich für ein Paar, das etwa eine Nummer größer war, eingedenk meiner Erfahrung, den gewonnenen Raum lieber mit ein Paar zusätzlichen Socken oder Fußlappen auszufüllen.

Das hätte ich lieber nicht tun sollen, denn die neuen Knobelbecher scheuerten mir in dem tiefen Schlamm bald die Hacken so wund und blutig, daß ich nur unter großen Schmerzen dahinschlich und im Schlamm buchstäblich stecken blieb. Bald gehörte ich einer Gruppe von Fußkranken und Verwundeten an, die sich nur noch vorwärtsschleppten, wenn der Russe sie mit lautem "Urrääh-Gebrüll" vor sich hertrieb. Der einzige, der noch bei mir blieb, war Otto. Er hatte zwar auch schon Blasen an den Füßen, aber er sagte, er könne es noch aushalten.

Ich wunderte mich, daß ich immer noch davonlaufen konnte, wenn der Iwan uns vor sich hertrieb, obwohl meine Hacken nur noch rohes Fleisch waren. Sobald ich aber zum Stehen kam, litt ich Höllenqualen. Dann kam mir zum Bewußtsein, wozu ein Mensch imstande ist, wenn es um das blanke Leben geht. Am Tage litt ich wegen meiner Füße Höllenqualen und in der Nacht riß mich das Gebrüll der anstürmenden Sowjets aus dem totenähnlichen Schlaf. Ich erinnere mich, daß ich später während der Ruhezeit noch wochenlang nachts aufschreckte, weil mich die tiefe Baßstimme eines brüllenden Iwans in meinen Träumen verfolgte. Er war uns mit seiner heranstürmenden Truppe ständig mit "Urrääh-Gebrüll" auf den Fersen und ließ uns keine Zeit zum Verschnaufen.

Wie gerne hätte ich diesem brüllenden Teufel eine Salve verpaßt, aber nur mit meiner Pistole und Ottos MPi ohne Patronen wäre es reiner Selbstmord gewesen. So lief ich aus Angst um mein nacktes Leben lieber auf dem rohen Fleisch meiner Füße davon. Viele Landser haben es nicht mehr geschafft und sind einfach erschossen oder von den Bajonetten aufgespießt worden. Andere haben durchgedreht und sind mit blanken Fäusten auf den Feind losgegangen oder sind auf die Knie gefallen und haben gewimmert. Sie sind von den heranstürmenden Sowjets mit Hohngelächter niedergemetzelt worden. In dieser Zeit habe ich nicht beobachtet, daß die Sowjets Gefangene machten.

Erst nach Tagen war das Gebrüll hinter uns verstummt, dafür sahen wir die vorwärtsmarschierenden Sowjets zu beiden Seiten, fast zum Greifen nahe, vorbeiziehen. Sie nahmen sich nicht einmal mehr die Zeit, in Stellung zu gehen und auf uns verdreckte und müde dahinschleichenden Gestalten zu schießen. Sie nahmen sich aber die Freiheit, von ihren kleinen Panjewagen, die mit allem Möglichen beladen waren, zu uns in Siegerpose herüberzudrohen. Auf mich wirkte es geradezu grotesk, als die Feinde so nahe an mir vorbeimarschierten und ich, statt mit ihnen zu kämpfen, nur ihre drohenden Fäuste sah, ihren Hohn und meine Erniedrigung zu spüren bekam.

Irgendwann stießen ihre Voraustruppen auch wieder auf starken deutschen Widerstand. Dann fluteten sie zurück und hinterließen in den Dörfern massenweise ermordete Frauen und Kinder. Sie lagen teilweise verstümmelt in den verschlammten Straßen und in den Hütten. Über allem stand der unauslöschliche Haß auf die Deutschen und auf alle, die diesen während der Zeit der Besatzung gedient hatten. Sie fragten nicht, ob sie es freiwillig oder unter Zwang getan hatten. Es genügte, daß sie unter den Deutschen weitergelebt hatten.

Diese grausamen Bilder jagten mir zusätzliche Angst ein, die mich immer wieder weitertrieb. Ich hatte das Gefühl, daß ich in meinen Stiefeln bereits im Blut watete. Als wir in ein Dorf kamen, in dem einige beherzte Landser sich Luft gemacht und den Iwan gerade herausgetrieben hatten, wurden meine Schmerzen unerträglich, und ich erlitt höllische Qualen, die kaum mehr auszuhalten waren. Meine Füße brannten, als würde ich über glühende Kohlen laufen. Zum erstenmal brüllte ich vor Schmerzen auf. "Ich bin erledigt, Otto, kein Mensch kann auf rohem Fleisch bis zum Bug zurückmarschieren".

"Du mußt!" drängte Otto und versuchte, mich zu stützen. Wir waren schon fast hundert Meter hinter den letzten zurückgeblieben. Keiner kümmerte sich darum. Warum auch? Jeder hatte mit sich genug zu tun. Und was bedeutete es schon, wenn einer mehr auf der Strecke blieb und verreckte? Aber ich wollte noch nicht verrecken - noch nicht! Ich presse die Zähne zusammen und schleppe mich weiter vorwärts. Das Fegefeuer in der Hölle kann nicht schlimmer sein, denke ich und beiße mir vor Schmerz und vor Zorn gegen meine nachlassende Willenskraft die Lippen blutig.

Aber schon nach kurzer Zeit ist der Schmerz so unerträglich, daß ich resigniere. Ich bin vollkommen fertig, und auch mein Wille ist erlahmt. Es geht nicht mehr, ich kann keinen Schritt mehr alleine tun. Mit einem Aufstöhnen lasse ich mich in den Morast fallen. Otto will mich noch einmal anfeuern. Er versucht es sogar mit Gebrüll und schimpft mich einen "schlappen Hund" und ähnliches. Ich reagiere nicht darauf, ich habe einfach keinen Mumm mehr. Die starken Schmerzen bringen mich bei jedem Schritt fast um.

"Es ist vorbei, Otto! Ich kann nicht mehr! Ich bleibe jetzt hier, mag kommen was will, es ist mir alles scheißegal", stöhne ich. "Wenn der Iwan kommt, habe ich ja immer noch meine Pistole. Aber du solltest dich beeilen, damit du den Anschluß an die anderen nicht verpaßt, Otto."

Otto ist richtig wütend: "Quatsch nicht so viel! Laß uns dann wenigstens in die nächste Panjehütte gehen. Wenn du dich etwas ausruhst, können wir vielleicht wieder weiter." Otto packt mich unter die Arme und hilft mir auf. Durch meinen Körper fließt ein heißer Strom, der bis in den Hals hinaufgeht. Soll das hier mein Ende sein? Verdammt! Jetzt hat man sich monatelang an der Front herumgeschlagen, ist in den vielen schlimmen Kämpfen höchstens mal leicht geschrammt worden, und jetzt hängt mein Leben von ein paar lumpigen Knobelbechern ab, die mir die Haut vom lebendigen Fleisch abziehen. Muß aber wohl so sein! Hätte mir ja die Stiefel längst ausziehen können, um barfuß zu laufen, wie es andere Landser auch getan haben. Als ich aber die vom Schlamm aufgequollenen und entzündeten Füße einiger Landser sah, behielt ich meine Stiefel lieber an. Außerdem wäre ich wegen der Schwellung wohl nie und nimmer wieder in sie hineingekommen.

Mit Ottos Hilfe quäle ich mich zur nächsten Panjehütte und schimpfe und stöhne vor Wut und Schmerz über meine hoffnungslose Lage und darüber, daß ich Otto mit in die gleiche aussichtslose Situation gebracht habe, obwohl der schon längst mit den anderen weit weg sein könnte.

Verdammter Idiot! Statt abzuhauen, bleibt er einfach bei mir, obwohl er mir in diesem Zustand auch nicht helfen kann. Doch ich weiß, es wäre zwecklos, mit ihm darüber zu streiten. Ich kenne Otto jetzt schon lange genug, und er kennt auch mich. An der Front liegen nicht nur die Nerven, sondern auch die Gefühle eines Menschen blank, und da gibt es kein Verstellen oder Verheimlichen voreinander. Jeder kennt die Stärken und die Schwächen des anderen und weiß, woran er ist. Und Otto würde lieber selbst vor die Hunde gehen, als mich hier allein zu lassen, weil er weiß, daß ich das gleiche auch für ihn tun würde.

In der Panjehütte ist es warm, und es duftet sogar angenehm nach Essen. Otto führt mich zu einem eisernen Bett, auf dem neben anderem auch eine Wehrmachtsdecke liegt, wahrscheinlich ein Überbleibsel aus einer ehemaligen Einquartierung. Der Raum ist sauber und aufgeräumt. In der Mitte steht ein blankgescheuerter Tisch mit vier Stühlen. An den gestrichenen Wänden hängen zwei kleine Bilder mit russischen Landschaften und ein aus Stroh geflochtener Kranz mit einer bunten Schleife. In einer Ecke befindet sich ein Kruzifix mit dem gekreuzigten Jesus. Es ist aber nirgendwo ein Mensch zu sehen. Otto entdeckt eine Seitentür, die zu einem kleinen Anbau führt, der früher mal eine Veranda gewesen sein muß.

Er kommt mit einer Frau im mittleren Alter zurück - solche Frauen nennen wir immer Mattka, weil sie mit ihren Kopftüchern alle gleich und wie russische Mütter aussehen. Sie hat ein gutmütiges Gesicht, aber in ihren Augen erkennt man deutlich die Angst. Otto will sie ihr nehmen und spricht in ruhigem Ton mit ihr. Er benutzt die paar russischen Brocken, die wir inzwischen alle beherrschen. Es stellt sich heraus, daß die Mattka auch etwas deutsch kann, das sie wohl während der Arbeit bei den deutschen Besatzern gelernt hatte. Die Verständigung reicht gerade für das Notwendigste aus.

Sie erzählt uns, daß die russischen Soldaten noch vor kurzem hier gewesen wären, aber dann vor den Deutschen das Dorf fluchtartig verlassen hätten. Sie hätten aus dem Dorf auch einige Frauen mitgenommen. Und sie glaubte, daß sie bald wieder zurückkämen, sobald sie feststellten, daß auch die Deutschen wieder fort sind.

Otto entdeckt auf der Ofenbank zwei Aluminiumteller mit Holzlöffel. Er deutet mit der Hand darauf und sagt: "Sieht ja aus, als hättest du auf zwei hungrige Wölfe wie uns gewartet, Mattka?" Dabei schnupperte er wie ein Hund den Essensduft ein. Die Mattka hat den Sinn seiner Worte verstanden und macht ein verlegenes Gesicht.

"Oder ist es dein Empfangsmenü für die Sieger, wenn sie zurückkommen?" frotzelt Otto. "Wie es aussieht, werden deine Freunde diesmal wohl für immer hierbleiben, denn die Germanskis hauen immer weiter Richtung Heimat ab."

Sein Blick geht zu einer Eisenklappe am großen Lehmofen, wo sich eine Art Bratröhre befindet, in der die Russinnen ihr Essen warmhalten oder bei größerer Hitze auch garkochen.

Inzwischen habe ich den Geruch identifiziert. Es ist der unverkennbare Geruch von Hühnerfleisch, der in der Luft liegt. Weil ich auf dem Bett lang ausgestreckt liegen kann, sind die Schmerzen im Moment erträglich. Und sogleich spüre ich auch ein starkes Hungergefühl im Magen, den wir schon seit einigen Tagen nur mit ein paar eingelegten grünen Tomaten beruhigen konnten, die wir im Vorratskeller eine Panjehütte entdeckten. Ottos und meine Augen saugen sich an der Ofentür fest, hinter der der Topf mit dem köstlichen Mahl stehen muß.

Auch er hat mit seiner feinen Nase bereits den Geruch heraus. "Hühnersuppe!" sagt er zu mir und leckt sich im Vorgeschmack die Lippen. Ich nicke. Wann haben wir das letztemal Hühnerfleisch gegessen? Ich erinnere mich, daß es damals in Dnjeprowka, im Quartier von den Granatwerfern war. Es war Klemm, der die Hühner organisierte. Er war Spezialist darin, sagte man. Ist aber auch schon wieder einige Monate her. Jetzt sind die Russen dort und werden ihnen noch die letzten Hühner wegfressen.

"Ich möchte wissen, woher die Mattka noch das Huhn hat?" wundert sich Otto. "Unsere Landser durchwühlen doch die Dörfer und nehmen alles mit, was da noch kreucht und fleucht. Und wenn noch was übrig war, hat es garantiert der Iwan mitgenommen."

"Vielleicht konnte sie es dennoch verstecken?" sage ich. "Aber viel wichtiger wäre zu wissen, ob wir auch was davon abbekommen."

"Klar!" sagt Otto, "werde sie fragen."

Er geht zur Mattka hinüber, die immer noch in der Ecke steht, wo das Kruzifix an der Wand hängt. Dann zeigt er auf die Ofentür, hinter der der Topf brutzelt, und fragt scheinheilig: "Mattka, *kura* ? Ein Huhn?" Sie sieht ihn nicht an, sondern nickt nur verlegen mit dem Kopf. Otto dreht sich so, daß sie ihm ins Gesicht sehen muß.

Sie hebt etwas den Kopf und schaut ihn an. Da verdreht Otto verzückt die Augen und stöhnt: "Oh Mattka, *kura* und *sup* charoscho!" Dabei streichelt er seinen Bauch und gibt ihr damit zu verstehen, daß eine Hühnersuppe für seinen Magen gerade das Richtige wäre. Von Ottos theatralischer Komik amüsiert spielt ein leichtes Lächeln um ihren Mund und die Angst schwindet aus ihren Augen. Als sie uns dann abwechselnd anschaut, habe ich den Eindruck, daß sie uns taxiert und überlegt, in welche Kategorie Soldaten sie uns einzuordnen hat. In die, die einfach ihre Stärke ausspielen und sich das nehmen werden, worauf sie glauben, einen Anspruch zu haben, oder zu jenen, die auch im Krieg noch freundlich bleiben und abwarten, ob es ihnen gelingt, das Gewünschte freiwillig zu erhalten. Sie hat bestimmt ihre Erfahrung und weiß, daß sie zwar nicht um das Geben herumkommt, aber ihr zweifellos die letteren lieber sind, weil sie dann nicht das Gefühl haben muß, es unter Zwang herausrücken zu müssen.

Nachdem ihre Überlegung beendet ist, nimmt sie einen Lappen vom Handtuchbord und beugt sich zur Ofenröhre hinunter. Als sie einen großen schwarzen Eisentopf herauszieht, dampft es, und ein himmlischer Geruch steigt mir in die Nase. Mein klappriger und ausgemergelter Körper beginnt vor Begierde zu zittern. Doch dann fällt mein Blick plötzlich auf den schmalen Rand eines russischen Stahlhelms, der einige Zentimeter unter einem Vorhang, der ein schmales Regal verdecken soll, hervorschaut. Ich zeige ihn Otto. Er zieht den Vorhang zurück und stößt einen überraschten Pfiff aus.

"Oh, Mann! Ein Stahlhelm und eine russische Kalaschnikow mit zwei vollen Trommeln. Wie kommt die hierher? Ob ein Russki sie in der Eile vergessen hat?"

"Glaube ich nicht, Otto." Wir stehen plötzlich unter Hochspannung und schauen die Mattka an. In ihren Augen flackert die nackte Angst. Sie preßt die Hände zusammen, daß ihre Fingerknöchel weiß werden und schaut von einem zum anderen. Ich will aufspringen und stoße einen Schrei aus! Meine Füße brennen wie Feuer. Mit einem Ruck falle ich wieder auf das Bett zurück und bleibe sitzen. Ich habe ein eigenartiges Gefühl. Irgend etwas stimmt hier nicht. Otto hält seine MPi im Anschlag und will in den Anbau. Im letzten Moment fällt ihm ein, daß sein Magazin leer ist.

"Nimm meine Pistole", sage ich und beobachte, wie die Mattka immer nervöser wird und ihre Augen ständig auf meine Knobelbecher starren. Sie ringt dabei ihre Hände und sagt etwas, was wir aber nicht verstehen. Einer Eingebung folgend sage ich: "Schau doch mal unter dem Bett nach, Otto!"

Otto bückt sich und hebt die Decken hoch, die an den Seiten bis zur Erde herunterhängen. Er zuckt zusammen und ruft überrascht: "Verdammt, da ist ein Iwan drunter!"

Ich ziehe ruckartig meine Beine nach oben und stöhne vor Schmerzen auf. Otto reißt sofort alle Decken hoch und geht zwei Schritte zurück. Er hält die 08 im Anschlag und ruft: "Komm raus, sonst brenne ich dir eins auf den Pelz!"

Ich sehe nach unten und erkenne zuerst einen kurzgeschorenen Kopf mit kurzen blonden Stoppeln und ein noch fast knabenhaftes Gesicht. Dann schiebt sich der ganze Körper unter dem Bett hervor, und vor uns steht ein blutjunger russischer Soldat. Er hält die Arme über dem Kopf und schaut mit verängstigtem Gesicht von einem zum anderen. Otto traut ihm nicht und hält ihm die Pistole vor die Brust..., da springt die Mattka zwischen ihn und dem Russen und fleht: "Nix schießen! Nix kaputt! Moy sin, moy sin! Mein Sohn, mein Sohn!" Sie legt ihre Arme beschützend um den jungen Iwan und drückt seinen Kopf gegen ihre Brust. Dann rennt sie zu einer Schublade und kommt mit einer Fotografie zurück. Sie zeigt auf das Bild.

Ja, wir erkennen ihn. Es ist ihr Sohn, obwohl er auf dem Bild noch jünger ist und einen Russenkittel und eine Schirmmütze trägt. Otto hält seine Pistole noch in der Hand und untersucht ihn auf Waffen. Die Mattka bettelt wieder: "Nix schießen!"

Wer sagt dir denn, daß Otto schießen will? möchte ich ihr zurufen, aber sie würde mich wahrscheinlich nicht richtig verstehen. Ist doch nicht unsere Art, jemand ohne Gegenwehr einfach über den Haufen zu knallen. Sind froh, daß er es nicht getan hat, obwohl er gleich am Anfang genug Gelegenheit dazu gehabt hätte.

"Vielleicht liegen noch mehr Russen hier versteckt?" überlegt Otto und beginnt, alles genau zu durchsuchen. Die Mattka schüttelt aber den Kopf, und der junge Iwan sagt: "Njeto Towaritsch", und bedeutet uns, daß keine weiteren Genossen oder Kameraden hier wären.

Die Mattka können wir besser verstehen, und sie erzählt uns mit viel Gesten und unter Zuhilfenahme der Hände, daß ihr Sohn schon mit vierzehn Jahren, seit Beginn des Krieges, zu Verwandten im unbesetzten Rußland gekommen sei. Erst vor wenigen Monaten ist er Soldat geworden und wurde sofort an der Front eingesetzt. Seine Kompanie habe gestern dieses Dorf besetzt. Aber nachdem die Deutschen wieder überraschend angegriffen hätten, konnte er mit zwei anderen nicht schnell genug entkommen. Während die beiden anderen von den Deutschen gefangengenommen wurden, konnte er sich im Hause seiner Mutter verstecken. Das Huhn hatten sie mitgebracht, damit die Mattka es ihnen kochen sollte.

Wir erinnern uns, daß wir bei der Gruppe der kämpfenden Landser auch zwei junge Russen gesehen hatten, die nach den besseren Uniformen zu urteilen wahrscheinlich Offizierskadetten waren, wie auch unser junger Iwan hier.

Zweifellos war diese Begebenheit einer der großen Zufälle im Leben, bei denen niemand weiß, wie sie zustandekommen. Ein Junge, der seine Mutter seit Jahren nicht gesehen hat, kommt mitten im Krieg als Soldat ausgerechnet zu dem Haus seiner Mutter, wo doch die gesamte Front in Rußland unvorstellbar groß ist. Als die Mattka mit ihrer Erzählung zu Ende ist, hat sie Tränen in den Augen und streicht ihrem Sohn immer wieder liebevoll über sein kurzes Stoppelhaar. In einer Anwandlung von Mitfreude klopft ihr Otto freundlich auf die Schulter und sagt ihr ein paar beruhigende Worte. Als sie erkennt, daß wir nichts Böses im Sinn haben, wird sie beweglich. Sie holt den dampfenden Eisentopf mit dem Essen und stellt ihn auf den blankgescheuerten Tisch. In der kräftigen Suppe sind Kartoffeln, Gemüse und Hühnerfleisch. Sie teilt es redlich auf, als gehörten wir alle zu einer Familie. Es schmeckt uns allen hervorragend, und es war reichlich und gut.

Nach dem Essen spüre ich, wie sich meine Lebenskraft wieder im Körper aufbaut. Mit ihr kommt mir auch meine mißliche Lage verstärkt zu Bewußtsein, und die Angst ist wieder da. Wenn die Sowjets zurückkommen, bin ich verloren. Sind es die von uns gefürchteten Elitetruppen, machen sie sowieso keine Gefangenen, das war uns bekannt.

Ich schaue zu dem jungen Russen hinüber, der auf der Ofenbank sitzt und still vor sich hindöst. Er wird wie wir auch schon einige Tage nicht richtig geschlafen haben. Ist schon eigenartig, denke ich. Da sitzen wir mitten im Krieg mit unserem schlimmsten Feind zusammen und benehmen uns, als wären wir Freunde. Ja, wir haben sogar mit ihm gemeinsam am Tisch gesessen und aus einem Topf gegessen. Obwohl er noch nicht lange im Krieg ist, könnte er schon einige von uns getötet haben, so wie wir es auch getan haben. Möglicherweise haben wir uns schon einmal an der Front gegenübergelegen und haben nur Schwein gehabt, daß wir uns gegenseitig nicht erwischt haben. Wenn man an der Front aufeinander schießt, kennt man sich nicht und kann sich nicht ins Gesicht sehen. Jetzt kennen wir uns, und ich weiß sogar, daß er eine Mutter hat, die ihn liebt und zu Gott betet, daß ihm draußen in dem grausamen Krieg nichts passiert. Genauso wie unsere Mütter es auch tun. Doch sollten wir uns tatsächlich mal an der Front gegenüberstehen, würden wir ohne zu zögern aufeinander schießen. So ist der Krieg!

Aber richtig! Ich würde wohl kaum mehr in diese fatale Lage kommen, denn ich muß mit meinen kaputten Füßen hierbleiben, bis die Russen vor der Tür stehen. Das gute Essen seiner Mutter war für mich wohl die Henkersmahlzeit. Ist nicht so einfach, es in das Gehirn hineinzukriegen, daß es zu Ende geht. Da ist es schon besser, es vorher nicht zu wissen, bis es dann plötzlich und abrupt geschieht. Ich schaue zu dem jungen Iwan hinüber, der auf der Ofenbank sitzt. Woran mag er wohl denken?

Vorhin nach dem Essen hat er noch versucht uns zu drängen, von hier schnellstens zu verschwinden. Nachdem ich auf meine Beine zeigte und immer wieder den Kopf geschüttelt habe, hat er begriffen und mich nicht mehr bedrängt. Er schaut zu uns herüber und holt einen Beutel Machorka aus der Tasche. Als er sich eine Zigarette drehen will, reicht ihm Otto die Schachtel mit deutschen Eckstein hinüber. Er lächelt und schüttelt den Kopf. Wir wissen, daß die Russen auf ihrem Vormarsch genügend deutsche Zigaretten und Tabak erbeutet haben. Aber unsere Rauchwaren sind für die machorkagewohnten russischen Kehlen und Lungen zu leicht. Darum zündet auch er sich lieber seine geliebte Machorka an. Nach dem ersten Zug sagt er etwas zu seiner Mutter. Die Mattka kommt zu mir ans Bett und will wissen, wo ich an den Beinen verwundet bin.

Ich schüttele den Kopf und mache ihr verständlich, daß ich mir meine Füße wundgelaufen habe. Sie wird plötzlich lebhaft und drängt mich, die Stiefel auszuziehen. So gern ich es täte, aber dann könnte ich sie auch nicht mehr anziehen. Aber dann denke ich daran, daß es sowieso aus ist, ob mit oder ohne Stiefel.

Sie verschwindet für Sekunden in dem Anbau und zeigt mir eine Salbe. Und auch ihr Sohn zeigt auf die Salbe und redet auf mich ein. Gut, Otto hilft mir, die Stiefel auszuziehen. Als die Mattka das rohe, blutige Fleisch an den Hacken sieht, schlägt sie die Hände über dem Kopf zusammen und sagt etwas, das sich etwa wie "mein Gott, mein Gott" anhört. Dann beginnt sie mit einer Prozedur, die damit anfängt, daß ich meine Füße in einem Holzkübel mit warmem Wasser baden muß, in das sie vorher ein Pulver geschüttet hat. Danach bestreicht sie die Wunden mit ihrer Salbe und umwickelt sie mit ein paar sauberen Stoffstreifen. Zum Schluß zieht sie mir an beiden Füßen frische, gestopfte deutsche Wehrmachtssokken über.

Es ist wie ein Wunder! Nach den höllischen Qualen der letzten Tage fühle ich mich fast schmerzfrei. Meine Füße liegen entspannt auf dem Eisenbett, und ich spüre eine wohltuende Müdigkeit in meinen Gliedern. Als letztes sehe ich noch verschwommen das besorgte Gesicht von Otto..., dann schwimme ich bereits in einen tiefen Schlaf hinein.

"Pan! Pan! - daway, bisträ!" Das aufgeregte Rufen höre ich wie aus weiter Ferne. Als mich dann jemand an der Schulter rüttelt, schrekke ich hoch und sehe einen Russen über mir. Ich packe ihn an der Gurgel, und er läßt vor Schreck die Stiefel fallen, die er mir ans Bett brachte. Dann bin ich wieder da und stottere eine Entschuldigung. Ich war tief eingeschlafen, und es müßten Stunden vergangen sein. Wo ist Otto? Ich sehe mich um und kann ihn nirgends entdekken. Auch die Mattka ist nicht zu sehen. Ich schaue auf meine Uhr. Es ist fünf Uhr morgens. Ich muß demnach gut acht Stunden geschlafen haben. Ich frage den jungen Iwan nach Otto: "Kuda moy Towaritsch?" Er schüttelt den Kopf und zeigt nach draußen. Dann reicht er mir wieder meine Stiefel und sagt hastig: "Bisträ, bisträ!" Was ist los? Warum hat er es so eilig? Sind etwa seine Kollegen schon hier?

Da kommt die Mattka hereingestürzt und ruft hastig und aufgeregt: "Daway, bisträ! Russki Soldat kommen! Monoga, viele, viele!"
Jetzt weiß ich es! Wo nur Otto ist? Gott sei Dank hat er mir wenigstens meine Pistole hiergelassen. Ich packe meine Stiefel, die die Mattka saubergemacht hat. Der Schlaf und ihre gute Behandlung haben Wunder gewirkt. Meine Lebensgeister sind wieder voll da, und auch an den Füßen fühle ich keinen Schmerz. Ich werde aber sofort daran erinnert, als ich meine Beine in die Stiefel stecke und versuche, sie hineinzuquetschen. Natürlich geht es nicht. Die Füße sind verbunden und passen mit den dicken Wollsocken nicht in die Stiefel. Was soll ich machen? Ich bekomme die Stiefel nicht an. Aber wenn ich den Verband abreiße, kommt wieder das rohe Fleisch zum Vorschein. Da wird die Tür aufgerissen und Otto stürzt herein. Er trägt die russische MPi unter dem Arm. "Los, beeil dich, der Iwan ist gleich hier. Die ersten sind schon oben im Dorf und kämmen die Häuser durch!" ruft er mir zu und ist schon wieder draußen.
Ich versuche es noch einmal mit den Stiefeln. Es ist aussichtslos, ich komme nicht hinein. Wenn ich durch den tiefen Schlamm ohne Stiefel laufe, bin ich sofort die Socken und den Verband los und

werde so tief im Schlamm einsinken, daß ich nicht schnell genug wegkommen werde. Aber mir bleibt keine andere Wahl! Überstürzt haste ich zur Tür, an der netten Mattka und dem jungen Iwan vorbei. Da fällt mein Blick auf seine Stiefel! Ruckartig bleibe ich stehen. Meine Augen starren auf die langen dunkelbraunen Stiefel des jungen Russen, denen ich ansehe, daß sie aus gutem weichen Leder gefertigt sind. Sie sind auch größer als meine. Vielleicht passen sie mir. Es wäre meine Rettung!

Verdammt, was soll ich tun? Wenn wir uns jetzt als Feinde gegenüberstünden, würde ich keine Sekunde zögern, ihm die Stiefel auszuziehen, um sie wenigstens anzuprobieren. So kann ich es aber nicht. Wir haben an einem Tisch gesessen und gemeinsam gegessen. Seine Mutter hat mir die Füße gepflegt und verbunden. Er hat mich schlafen lassen und mich sogar vor seinen Leuten gewarnt. Nein, ich kann es nicht tun, ich kann es verdammt nicht machen! Mag der Krieg auch noch so grausam und dreckig sein, ein wenig Anständigkeit sollte man sich noch bewahren, und wenn es auch nur um ein paar lumpige Russenstiefel geht, die man ihm mit dem Recht des Stärkeren von den Füßen ziehen könnte. Ich brauche nur Sekunden, dann bin ich entschlossen: Nein, lieber auf Socken laufen! Ich schaue auf meine Knobelbecher, die ich noch in der Hand trage. Was brauche ich diese Scheißdinger noch, wenn ich sie doch nicht anziehen kann? Ärgerlich schleudere ich sie in die Ecke und reiße die Tür auf..., da stoppt mich ein Anruf: "Stoi, Towaritsch! Halt, Kamerad!" Ich drehe mich um und hätte den kleinen Iwan umarmen mögen. Er ist ein Russe und mein Feind und müßte eigentlich verhindern, daß ich seinen Leuten entkomme. Stattdessen zieht er sich die von mir heißbegehrten Stiefel aus und wirft sie mir zu. So schnell habe ich mir noch nie Stiefel angezogen. Sie rutschen mir leicht an die Füße, und ich spüre kaum einen Schmerz. Jetzt geht es um Sekunden, denn ich höre schon ganz in der Nähe die Zurufe und die Knallerei, die die Sowjets veranstalten, wenn sie ein Dorf durchkämmen. Ich gebe dem jungen Iwan die Hand und will noch etwas sagen. Er nickt mit dem Kopf und drängt mich zur Tür hinaus.

Draußen ist es noch dunkel, aber einige Leuchtkugeln erhellen die Umgebung und werfen zuckende Schatten auf den tiefverschlammten Boden. Zwischendurch detonieren Handgranaten. Ob noch andere Landser im Ort sind? Wo ist Otto? Mich wundert, daß er nicht mehr in die Hütte kam. Ich mache mir Sorgen um ihn. Doch gleich darauf höre ich unterdrückt meinen Namen rufen, und Otto winkt mir von der anderen Straßenseite herüber. Neben ihm stehen zwei kleine, struppige Panjegäule, die statt eines Halfters jeder ein grobes Hanfseil um den Kopf gebunden haben. Otto grinst und sagt: "Habe gut eine halbe Stunde gebraucht, die kleinen Biester einzufangen. Ist aber die einzige Möglichkeit, schnell von hier wegzukommen." Damit drückt er mir einen Strick in die Hand und ist schon aufgesessen, ohne mich zu fragen, ob ich überhaupt reiten kann.

Mein Panjegaul ist nicht groß, und mit einem Satz bin ich auf seinem Rücken und klammere meine Beine um seinen Bauch. Er geht sofort hinten hoch und schüttelt sich wie eine nasse Katze. Ich rutsche fast wieder herunter und kann mich gerade noch in der struppigen Mähne festklammern.

"Daway! Daway!" ruft Otto und haut seinem Gaul die Hacken in die Flanken. Das Panjepferd trabt an und ist schon einige Meter vor mir. Dann zuckelt auch mein Gaul hinterher und rüttelt mir die Knochen wie auf einem Schüttelrost durcheinander. Nur durch krampfhaftes Festhalten an der Mähne kann ich gerade noch die Balance halten. Reiten ist gut, aber nur, wenn man es kann, denke ich. Und mir fällt ein, daß ich bisher nur einmal geritten bin, und das war auf einem dicken Ackergaul auf einem Bauernhof. Es war im ersten Kriegsjahr, da wir als Schüler bei einem Bauern im Ernteeinsatz waren. Ich erinnere mich, daß damals das Reiten auf jenem dicken Ackergaul wesentlich leichter war als auf diesem spindeldürren Kleiderständer.

Otto geht es zu langsam. Er klatscht seinem Klepper auf den Hals und drückt ihm die Hacken fester in die Weichen. Das kleine Biest geht trotzdem nicht schneller. Dafür versucht es, mit gebleckten Zähnen nach seinen Beinen zu schnappen. Mein Gaul macht es ihm nach, als hätten sie sich abgesprochen. Auch er dreht ständig seinen Kopf nach mir und schnappt nach meinem Knie. Ich zucke zurück und kann mich nur mühsam an der Mähne festhalten. Ein Bein schleift bereits den Boden.

"Der Teufelsbraten bringt mich noch um!" stöhne ich. Und weil ich in dem Zuckeltrab hin-und hergeschüttelt werde, hört es sich an, als würde ich stottern. Ich rutsche von links nach rechts und umgekehrt und komme mir vor wie ein Bündel Lumpen auf einem holprigen Schubkarren, wobei mein geschundener Steißknochen bei jedem Holper auf dem scharfen Grad der Wirbelsäule des knochigen Panjegauls aufschlägt.

"Nein, Otto! Ich steige ab und laufe lieber, trotz meiner kaputten Füße", rufe ich ihm stotternd zu. Otto, der vor mir reitet und sich nach mir umdreht, duckt sich plötzlich flach auf den Pferdehals. "Der Iwan!" ruft er mir zu, und dann knattern auch schon hinter den Häusern Gewehrsalven, und die Kugeln zirpen uns um die Ohren. Mein Gaul macht einen Satz und streckt seine Beine zum Galopp. Ich hänge mit dem Oberkörper in seinem Nacken und kralle mich in der Mähne fest. Wir überholen Otto spielend, dessen Gaul gleichfalls galoppiert.

Plötzlich finde ich das Reiten schön. Ich fühle mich wie in einer Wiege und bemerke mit Genugtuung, daß wir uns auf dem Rücken der dürren Panjegäule sehr schnell dem feindlichen Feuer entziehen. Beide Pferde haben bereits die letzten Häuser des Dorfes hinter sich gelassen und galoppieren auf der freien Steppe weiter. Mein Gaul, der vorne ist, bleibt dann plötzlich stehen und schnaubt so heftig, daß mir der Schaum ins Gesicht fliegt. Erst als ich mich umdrehe, kommt Otto angefegt. Die Mähne des kleinen Pferdes flattert im Wind, und Otto sieht in seiner Pelzmütze wie ein Kosake bei der Attacke aus. Er hält neben mir, und obwohl es schon fast hell ist, können wir das Dorf hinter uns nicht mehr erkennen.

Mein Klepper fällt wieder in Trab, und ich fliege erneut wie ein Lumpenbündel hin und her. Als wir im Laufe des Vormittags ein Dorf vor uns erkennen, bleibt mein Gaul stehen und ist nicht zu bewegen, weiterzugehen. Ottos Klepper schließt sich ihm an. Auch er bleibt stehen, und es scheint mir, als würden sie uns beide mit höhnischen Blicken angrinsen. "Wir müssen absitzen", sagt Otto. "Die Biester haben jetzt ihre Launen, ich kenne das, Panjepferde sind unberechenbar."

"Gut, gehen wir also zu Fuß, bis es wieder knallt und sich ihre Beine wieder strecken", sage ich, und bin froh abzusteigen. Mir schmerzen sämtliche Knochen im Leib, und auch mein Hinterteil ist ganz schön lädiert. Mit den Russenstiefeln komme ich gut klar, und ich kann halbwegs schmerzfrei laufen.

Als wir näher an das Dorf herankommen, erkennt Otto durch sein Glas, daß es dort nur so von Russen wimmelt. Wir müssen das Dorf in einer Mulde umgehen. Als wir schon fast vorbei sind, knallt es hinter uns und von der Seite. So schnell waren wir noch nie auf den Gäulen, die bereits kurz vorher schon Unruhe zeigten und sich losreißen wollten. Sie galoppieren davon, als wäre der Leibhaftige hinter ihnen her. Uns kann es nur recht sein.

Sie fallen erst wieder in Trab, als wir uns auf der breiten ausgefahrenen Schlammspur der zurückflutenden Truppen befinden. Zwischen den müde dahinschleichenden Landsern quälten sich auch bespannte Wagen mit russischen Frauen, Kindern und Greisen durch den grundlosen Morast. Manche Wagen waren bis zu den Radachsen versunken, und den Mattkas blieb oft nichts anderes mehr übrig, als die struppigen Pferde abzuspannen und sie als Lasttiere zu benutzen. Wenn der nachdrängende Feind aber schon zu nahe herangekommen war, gelang ihnen auch das nicht mehr, und die Pferde blieben angespannt im tiefen Schlamm stehen, bis sie elend zugrunde gingen. Manchmal wurden sie jedoch von den Landsern aus dem Geschirr befreit, oder sie schafften es selbst, loszukommen. So entstand ein Heer von herrenlosen Panjepferden, die mit den zurückflutenden Massen mitzogen. Wir hätten uns deshalb leicht andere Pferde beschaffen können, aber wir haben uns so an die zwei Satansbraten gewöhnt, daß wir sie noch behalten.

So ziehen wir mit ihnen weiterhin nach Westen durch den Schlamm und manchmal auch über festen Steppenboden. Oft regnet es in Strömen, und der eiskalte Wind läßt unsere Körper erstarren. Unterwegs geben wir ihnen zu fressen und zu saufen. In den steckengebliebenen Wagen finden wir immer noch genug Futter für sie. Statt uns dafür dankbar zu sein, treiben sie aber immer wieder ihr launenhaftes Spiel mit uns. Dann bleiben sie wieder überraschend stehen, und es helfen keine guten oder bösen Worte, sie zu bewegen, weiterzureiten. Auch auf den Trick mit einer Salve aus Ottos MPi fallen die kleinen Teufel nicht herein. Sie können genau unterscheiden, ob wir oder der Feind geschossen haben. Wenn wir das Bedürfnis haben, sie vertraulich am Kopf zu streicheln, schnappen sie zu und beißen uns in das wenige Fleisch, das wir noch an unseren klapprigen Körpern durch die Gegend schleppen. Kennen kein bißchen Liebe, die bissigen Viecher. Müssen wohl früher ganz schön gepiesackt worden sein, vermuten wir. Und jedesmal, wenn mich mein Gaul nach einer Beißattacke mit seinen gelbweißen Augen anstiert und mit den Zähnen nach mir bleckt, habe ich das Gefühl, daß er mich hämisch auslacht.

Erst als wir uns alte Decken organisieren und sie ihnen über ihre spitzen Knochen legen, werden sie etwas umgänglicher und lassen uns auch etwas länger reiten. Aber auch nur solange, bis sie wieder ihren Tick bekommen und bockig stehenbleiben. Wir sind so völlig von den Launen dieser kleinen struppigen Biester abhängig. Dennoch sind wir ihnen dankbar, daß sie uns tagelang auf ihrem Rükken zurücktragen, obwohl ich noch lange an mein arg strapaziertes Hinterteil zurückdenken werde. Irgendwo, schon weit hinter dem Ingul und nahe dem Jelanez, geht unsere Reiterei zu Ende. Als wir uns wegen eines Quartiers in einigen Hütten umsehen und die Gäule nur kurz an einem Baum festzurren, sind sie plötzlich verschwunden. Da die Hanfseile nicht mit Gewalt abgerissen sind, wissen wir, daß sie uns von anderen Landsern mitsamt den Decken gestohlen wurden.

Gottlob sind meine Füße, dank der guten Salbe von der Mattka, schon so gut abgeheilt, daß ich wieder größere Strecken laufen kann. Es ist bereits Mitte März und der Höhepunkt der Schlammperiode. Wir schließen uns wieder den Massen der zu Fuß Zurückflutenden an. Sie leisten nur noch Widerstand, wenn der Feind zu nahe kommt. Vorgesetzte versuchen immer wieder, aus den demoralisierten Flüchtenden noch Kampfgruppen zu bilden, die aber nach kurzem Widerstand wieder auseinanderfallen.

Die Masse der Zurückflutenden wird ständig an der linken Seite vom vormarschierenden Feind begleitet. Nur wenn es ihm zwischendurch einfällt, uns von dieser Seite aus anzugreifen, versuchen wir, ihm mit unseren unzulänglichen Waffen Widerstand zu leisten. So geht es tagelang, und immer wieder sind es andere Landser, die noch mit uns kämpfen und zurückgehen. Zuletzt befinde ich mich mit Otto bei einem Haufen, der sich vorwiegend aus ehemaligen Hinterlandtruppen zusammensetzt. Ihre Demoralisierung ist wegen der ungewohnten Strapazen schon soweit vorgeschritten, daß ihnen alles scheißegal ist. Sie bleiben meist solange in den Panjehütten, bis sie der Iwan buchstäblich mit dem Gewehrkolben heraustreibt. Sie beginnen sogar, an den Inhalt der Flugblätter zu glauben, welche die Sowjets abwerfen, um uns zum Aufgeben zu veranlassen.

Als wir vor einem strömenden Regen und einem eiskalt peitschenden Wind Schutz in dem Gebäude einer ehemaligen Schule suchen, sind wir plötzlich mitten in so einem Haufen. Ich erschrecke über ihre leeren ausdruckslosen Augen und ihr apathisches Verhalten. Sie liegen am Boden durcheinander, und niemand spricht ein Wort. Man weiß nicht, was zu wem gehört. Alle Hände zittern gleich, wenn sie sich ihre letzte Kippe oder die letzten Krümel in der Pfeife anstecken. Und gleich dreckig und mit Schlamm besudelt sind auch ihre Klamotten an den abgezehrten Körpern. Wahrscheinlich sind auch alle ihre Gedanken gleich, wenn sie überhaupt noch an etwas denken: Angst vor dem Morgen und totale Resignation vor den unmenschlichen Strapazen! Man sieht es ihnen an, daß ihnen alles egal ist, und daß sie außer dem schaurigen "Urrääh-Gebrüll" des Iwans niemand mit guten oder bösen Worten dazu bewegen könnte aufzustehen, um einem Befehl zu folgen.

Ich bin daher gespannt, wie es ein Oberleutnant, der plötzlich in einem Kettenfahrzeug vorgefahren kommt, anstellen wird, die Landser aus der alten Schule herauszubekommen. Sein Uniformmantel ist verdreckt, und in seinem Gesicht wächst ein struppiger Bart. Über seine Schulter hängt eine deutsche MPi. Ich erkenne an seiner Art, daß er ein alter Fronthase ist und zum Typ der ehrgeizigen Draufgänger gehört. Er fixiert den Haufen mit spöttischem Blick und knurrt heiser: "Auf, auf, ihr müden Knochen, bald ist der Iwan hier und pustet euch durcheinander."

Niemand macht auch nur geringste Anstalten aufzustehen. Die meisten bewegen nicht einmal ihren Kopf in Richtung des Sprechers. Ein Obergefreiter rafft sich dann doch auf und sagt mit schleppender Stimme: "Haben noch Zeit, Oberleutnant, vom Iwan ist weder etwas zu hören noch zu sehen." Danach steckt er sich wieder seinen Holzspan zwischen die Zähne, auf dem er vorher herumkaute.

"Na, ihr macht mir Spaß, Leute!" Der Oberleutnant lacht grimmig und setzt hinzu: "Ihr wartet doch wohl nicht solange, bis der Iwan euch mit "Urrääh" schon am Arsch hat, was?" Keiner antwortet ihm.

Der Offizier fährt sich durch seinen stoppeligen Bart, und es soll belanglos klingen, als er wie nebenbei fragt: "Sagt mal, Männer, habt ihr Hunger?"

Otto stößt mich an und knurrt: "Was fragt der Arsch so blöd, wo er doch genau weiß, daß die meisten schon seit Tagen nichts mehr im Magen haben."

Die Landser verziehen deshalb auch ihre Gesichter nur zu einem dummen Grinsen und denken sich etwa: Was soll der Quatsch, uns das zu fragen? Sie wissen alle, daß das Dorf längst ausgeplündert ist und daß man das Verpflegungsdepot vor ihrer Nase angesteckt hatte. Otto und ich beobachteten sogar, wie sich einige Landser fast gegenseitig totschlugen, als sie über ein halbes Faß Sauerkraut herfielen, das sie noch in einem Vorratskeller aufstöberten.

"Wenn ihr Hunger habt, dann kommt mit mir", sagt der Oberleutnant immer noch in einem Tonfall, der gleichgültig klingen soll.

Mit Speck fängt man Mäuse, denken wir. Und sicher hat er den Auftrag, wieder eine Kampfgruppe zu bilden. Aber einige Landser äugen jetzt herüber und einer brummt: "Lohnt sich nicht, für ne'n Kochgeschirrdeckel voll Brühe vom alten Panjegaul noch den Arsch hinzuhalten." Sein Nachbar dagegen meint: "Wäre aber nicht übel, wieder mal ne' Brühe. Gäbe meinen ausgelaugten Knochen vielleicht wieder etwas Kraft."

"Wo gibt es was zu fressen?" fragt einer, dessen Backenknochen sich wie Fischkiemen hin- und herbewegen. Ich sehe, daß auch er sich, wie viele andere, seine Schulterstücke vom Mantel entfernt hat, um seinen Dienstgrad zu verheimlichen. Er sieht gierig und erwartungsvoll auf den Oberleutnant.

"Drei Kilometer von hier ist noch ein offenes Verpflegungsdepot! Sie müssen den Verwaltungsoffizier umgelegt haben, bevor er das Lager sprengen konnte", bekommt er zur Antwort. Die Landser werden plötzlich lebhaft und recken die Hälse. Einige machen sogar schon Anstalten aufzustehen.

"Wird jetzt schon ausgeplündert sein!" ruft der mit den Fischkiemen mißtrauisch. Die Bewegung bei den Landsern erstarrt wieder.

"Blödsinn! Da ist soviel Zeug drin, daß noch zwei Regimenter verpflegt werden können." Der Oberleutnant greift in die Tasche und steckt sich ein Stück Schokolade in den Mund. Dann wirft er ein paar Schachteln zwischen die Landser. "Aber wenn ihr nicht wollt, wird sich vielleicht der Iwan das Zeug holen!" Danach dreht er sich um und geht nach draußen.

Jetzt gibt es kein Halten mehr. Die vorher so müden Landser springen nach draußen und rennen hinter der langsam anfahrenden Zugmaschine her. Dann kommen sie auch aus den anderen Hütten, und im Handumdrehen ist die Zugmaschine mit einer Menschentraube besetzt. "Runter!" donnert die heisere Stimme des Oberleutnants. "Nur Verwundete und schwer Fußkranke können obenbleiben!"

Als sich keiner bewegt, ist plötzlich sein Finger am Abzug der MPi, und eine Feuersalve rattert über die Köpfe der Landser hinweg. Als sie runter sind, sortiert ein begleitender Feldwebel die Verwundeten aus und läßt sie aufsitzen. Wir traben mit dem Oberleutnant nebenher.

Nach gut einer halben Stunde erreichen wir das Depot, und es ist so, wie er es uns sagte. Obwohl es außen und innen aussieht, als hätten die Vandalen dort gehaust, ist alles noch in rauhen Mengen vorhanden. Vor dem Lager stehen noch drei Halbkettenfahrzeuge, die von einigen Landsern beladen werden.

Wir packen uns die Taschen voll Schokolade, Zigaretten und anderem. Als wir gerade dabei sind, uns jeder eine dicke Scheibe Bierwurst einzuverleiben, schlagen ganz in der Nähe Werfergranaten ein, und die Landser außerhalb des Lagers brüllen: "Der Iwan ist da!" Wie elektrisiert springt alles auf und rennt zum Ausgang. Ein Unteroffizier von einem Kettenfahrzeug hat bereits einige Diesel- und Benzinfässer auslaufen lassen und steckt sie an. Die Stichflamme erwischt ihn fast am Rücken. Am anderen Ende des Lagers ist bereits der Iwan. Die Landser laufen und stürmen die Fahrzeuge, um schneller wegzukommen. Die Besatzung schimpft und will einige herunterstoßen, aber sie kleben daran wie die Kletten und bekämpfen sich gegenseitig um jeden freien Platz.

Wir erwischen nur noch ein Stück der Seitenwand und klammern uns daran fest, nur um von der Zugmaschine mitgezogen zu werden und schneller durch den Schlamm zu kommen. Ein Landser, der oben ist, ruft: "Kein Platz mehr, Kamerad! Haut ab, sonst müssen wir alle runter!" Das Schwein knallt uns seine Stiefel auf die Hände, daß sie bluten. Wir müssen loslassen und fallen in den Matsch. Neben uns liegen noch andere.

Otto schimpft: "Das sind keine Menschen mehr. Das sind Kreaturen, die rücksichtslos andere krepieren lassen, um ihr dreckiges Leben zu retten. Dann haben sie noch die Frechheit, das Wort 'Kamerad' in den Mund zu nehmen. Geht nicht mehr, 'Kamerad', tut

361

mir leid, 'Kamerad', schlottern sie vor Angst. Hauptsache, sie kommen schnell genug weg. Verdammt! Man sollte diesen Schweinen stundenlang in die Schnauze schlagen. Was wissen diese Hinterlandkreaturen schon von Kameraden und der Kameradschaft an der Front. Die quatschen das Wort immer so gewohnheitsmäßig heraus, ohne zu verstehen, was es eigentlich bedeutet." Otto hatte sich richtig in Wut geredet, aber hinterher fühlte er sich etwas besser. Auch mir hat er voll aus dem Herzen gesprochen.

Wir kratzen uns danach hastig den gröbsten Schlamm von den Klamotten und laufen in den ausgefahrenen Spuren der Zugmaschinen vorwärts. Der Iwan ist seitlich hinter uns und schießt auf einzelne Landser, die zwischen den Hütten Schutz suchen.

"Da kommt noch eine Zugmaschine!" ruft Otto. "Da müssen wir rauf, sonst sind wir verratzt!"

Auch diese Zugmaschine ist bis obenhin voll Landser. Wir laufen ein Stück nebenher und winken dem Fahrer. Da steckt ein Stabswachtmeister seinen Kopf aus dem Führerhaus und gibt dem Fahrer ein Zeichen. Die Zugmaschine fährt nur noch im Schritt. Uns fällt auf, daß die Achselklappen des Stabswachtmeisters die gleiche goldgelbe Paspelierung haben wie unsere. Auch er hat uns daran erkannt, denn er streckt Otto und mir die Hand entgegen und fragt: "Welche Schwadron?"

"Erste einundzwanzig!" rufen wir fast gleichzeitig.

"Los rauf! Bin von der achten einundzwanzig!" sagt der Stabswachtmeister und schiebt einen Landser vom Trittbrett nach vorn auf den Kotflügel und zieht einen anderen mit dem Oberkörper zu sich in das Führerhaus. Wir springen beide auf das Trittbrett und halten uns an der Tür fest. Das war Rettung in höchster Not!

Wir können froh sein, daß die Sowjets hinter uns nicht über schwere Waffen verfügen, sonst wären wir nicht so glimpflich davongekommen. So entkommen wir ihnen mit nur einigen Leichtverwundeten. Zu ihnen zähle auch ich, weil ich einen Streifschuß unter dem Knie erhalten habe, den ich einem Querschläger verdanke. Es ist aber wieder nur eine Schramme, wie schon einige andere zuvor.

Sie bereitet mir anfänglich keine Schwierigkeiten. So klebe ich mir beim nächsten Halt einfach nur ein Pflaster drauf.

Wir verloren die vorausfahrenden Fahrzeuge in den nächsten Stunden aus den Augen und fuhren nachts über die Brücke des Jelanez. Dort stießen wir wieder auf eine Kampfgruppe, bei der auch Männer aus unserer Einheit mitkämpften. Ein tatkräftiger Offizier versuchte mit Gegenstößen, den nachdrängenden Feind aufzuhalten oder kurzfristig zurückzudrängen. In einem wiedereroberten Dorf erbeutete ich von einem russischen Offizier eine deutsche MPi mit einigen Magazinen. Er trug außerdem an seinem Arm zwei deutsche Armbanduhren.

Im Dorf sahen wir wieder die grauenvollen Bilder der ermordeten russischen Bevölkerung. Verfluchter Krieg, der sich an Frauen und Kinder vergreift! Ich mußte unwillkürlich an Katja in Dnjeprowka denken und an ihren flehenden Wunsch, daß der Krieg bald zu Ende gehen möge.

Woina kaputt! Wie oft hatte sie und hatten viele andere es sich gewünscht. Und jetzt, wo ihre eigenen Truppen in ihre Dörfer einzogen, war es für viele von ihnen gleichzeitig auch das Todesurteil. Der Haß auf die Menschen, die unter den Deutschen gelebt hatten, ist zur Raserei geworden. Der Dorn der Rachsucht sitzt ihnen so tief im Fleisch, daß sie beim Töten selbst vor den eigenen Leuten nicht mehr halt machen. Und da wollen sie uns in ihren Flugblättern weißmachen, daß sie uns, ihre Feinde, gut behandeln werden, wenn wir uns ihnen ergeben.

22. März. In den nächsten Tagen näherten wir uns mit der Kampfgruppe immer mehr dem Bug. Dieser Fluß soll unser vorläufiges Ziel sein. Es hieß, daß der Feind dort mit starken deutschen Kräften zum Stehen gebracht werden soll. Bis wir jedoch den Bug erreichten, überstanden wir noch ein paar gefahrvolle Tage, in denen unsere Kampfgruppe durch die starke Übermacht des Feindes wieder in alle Windrichtungen verstreut wurde.

Zu allem Übel gießt es vom Himmel wie aus Wasserkübeln. Der bindfadendicke Regen ergießt sich über die Unmengen sich vorwärtsquälender Flüchtender. Durch den Regen wird der Schlamm noch tiefer und unser Laufen beschwerlicher. Wir halten uns deshalb an den Aufbauten der Panjewagen fest, deren nasse Planen vom saukalten Ostwind wie Schiffssegel aufgebläht werden und uns ständig um die Ohren klatschen. Ein jammervolles Bild.

Die kleinen Panjekarren mit den zähen, genügsamen Steppenpferden sind letztlich die einzigen Transportmittel für die Truppe, die problemlos durch die Schlammperiode kommt. Müde, zerschlagen und hungrig wie die Wölfe erreichen wir die deutsche Auffangstellung vor dem Bug. Unsere Einheit ist aber bereits von Wosnessensk nach Kantakusenka, auf die Westseite des Flusses verlegt worden. Dort erfahren wir dann, daß der größte Teil unserer Einheit bereits mit einer Ju 52 nach Kischinew in Rumänien abgeflogen ist.

Wir bleiben noch drei Tage in einem Quartier, um uns wieder halbwegs menschlich zu machen. Als man glaubt, daß auch die letzten Nachzügler eingetroffen seien, verfrachtet man uns mit anderen Landsern in eine alte Ju 52 ohne Sitze und fliegt uns gleichfalls zur Einheit nach Kischinew. Zwar war ich zuvor schon auf der Segelflugschule in Sensburg/Ostpr. des öfteren mit Segelflugzeugen geflogen, aber das war mein erster Flug mit einem Motorflugzeug. Im Rückblick kann ich sagen, daß ich diesen Flug mit der alten behäbigen Tante Ju wahrlich genossen habe, nicht zuletzt auch darum, weil wir endlich aus Rußland herauskamen.

Doch entgegen meinen Erwartungen kommen wir zwar in ein anderes Land, aber der Krieg ist, etwas variiert, der gleiche geblieben.

Tödliches Intermezzo in Rumänien

27. März 44. Die alte Ju 52 ist in Kischinew, Bessarabien, gelandet. Danach werden wir von Fahrzeugen der Schwadron abgeholt. Im Quartier werden wir sechs Nachzügler wie die verlorenen Söhne begrüßt. Außer uns fehlten aber immer noch einige Männer. Neben Franz Kramer, meinem Schützen II, gilt auch Gefreiter Bittner als vermißt. Fritz Hamann sagt, daß er ihn schon vor dem Jelanez aus den Augen verloren habe; er vermutet, daß er gefallen oder dem Iwan in die Hände gefallen ist. Von beiden habe ich danach nichts mehr gehört.

28. März. Von Kischinew aus sollen bereits einige Landser in Urlaub gefahren sein. Unter ihnen war auch Klemm, den ich deshalb nicht mehr im Quartier antraf. Der Spieß sagte mir, daß ich in einigen Wochen auch dran sei. Wachtmeister Fender war ebenfalls nicht mehr dort. Seine Verwundung hatte sich so verschlechtert, daß er ins Lazarett gebracht werden mußte. Otto wurde für einen Unteroffizierslehrgang abgestellt, den er wegen seiner Beförderung nachholen sollte. Ich habe ihn sehr vermißt, weil wir vieles zusammen erlebt hatten und ich mich mit Otto bestens verstand. Leider sah ich auch ihn nicht mehr wieder. Später erfuhr ich, daß er eine Zeitlang Rekruten in Insterburg ausgebildet hatte und danach wieder an die Front gekommen war. Nach meiner größeren Verwundung, Anfang August 44 in Polen, soll Otto wieder zur Schwadron gestoßen sein. Nach einem Spähtruppunternehmen wurde er aber als vermißt gemeldet.

29. März. Die Stadt Kischinew erscheint uns nach dem dreckigen verschlammten Rußland wie ein Schmuckkästchen. Sie trägt schon einen westlichen Charakter. Da der Russe bereits den Prut überschritten hatte und in die Moldauprovinz eingedrungen war, ist die

Stadt von allen nichtkämpfenden Truppen geräumt worden, so daß wir auf den Straßen vorwiegend rumänische und deutsche Frontverbände antreffen. Die Frühjahrssonne beginnt bereits ihre Kraft zu erproben und läßt uns einige Tage richtig genießen. Wir erhalten fast täglich köstlichen goldgelben, rumänischen Wein. Nach den anstrengenden Wochen während des Rückzugs durchströmt uns wieder neue Kraft und gibt uns nach der Rückzugsniederlage neue Hoffnung.

30. März. Leider bleibt es nicht lange so. Der Feind, der im tiefen Schlamm auch seine Schwierigkeiten hatte, zieht nichtsdestoweniger bereits seine Panzer und schweren Waffen nach, drückt die rumänische Front zwischen Jassy und Roman beträchtlich ein und besetzt die wichtige Bahn- und Rollstrecke zwischen Kischinew und Jassy. Wir werden dazu bestimmt, sie wieder freizukämpfen. Wir schaffen es mit Unterstützung von schweren Waffen und Teilen des Panzergrenadierregiments "Großdeutschland". Es handelt sich bei dieser Eliteeinheit nicht um die Waffen-SS, sondern um einen gutausgerüsteten Kampfverband, mit dem wir schon öfter zusammen im Einsatz waren.

31. März. In diesen Tagen wurde ich wieder leicht am Bein verwundet und kurierte mich einige Tage bei unserem Troß aus. Auch Waldi und Gustav Koller waren nicht einsatzfähig. Wegen seiner früheren Verwundung am Bein hatte Gustav öfter Schwierigkeiten beim Laufen und blieb so öfter mal beim Troß. Seit Rumänien wurden er und der lange Warias unserer sMG-Gruppe zugeteilt. In der Zwischenzeit wurde unser Troß nach Jassy, einer Stadt mit etwa 100 000 Einwohnern, verlegt.
Beim Troß können wir es gut aushalten. Während die Schwadron im Einsatz ist, spielen wir Karten, meistens Siebzehnundvier. Es ist die einzige Möglichkeit, unseren Wehrsold auszugeben. Aber das Geld wandert meistens reihum. Was man heute verliert, gewinnt man in der Regel bei den nächsten Spielen wieder zurück. Es sei

denn, man verliert nie wie Waldi. Er weiß schon gar nicht mehr, wohin mit den Moneten.

1. - 6. April. Unsere Abteilung wurde nach einem Feindeinbruch in die rumänischen Stellungen zu einem Gegenstoß eingesetzt. Sie kämpfte bei Horlesti und hatten den Feind wieder zurückgetrieben. Ich war immer noch beim Troß und heilfroh, daß ich in dieser Zeit im Quartier sein konnte. Das Wetter hatte sich schlagartig geändert. Nachdem es zu regnen begann, setzte ein derartiger Schneesturm ein, wie ich ihn nur einmal 1942 in Rußland erlebt habe. In ganz kurzer Zeit war alles zugeschneit und die Straßen unpassierbar. Sogar die Waffen unserer Männer sollen so vereist gewesen sein, daß jeglicher Angriff stockte. Dieser Schneesturm hielt drei Tage an. Erst am 6. April kamen unsere Leute wieder in die Quartiere. Sie hatten böse Tage überstanden.

7. April. Der Feind soll nur noch vier Kilometer vor Jassy stehen. Er hat wieder die rumänischen Stellungen mit Panzern und Infanterie überrannt und marschiert direkt auf die Stadt zu. Während unsere Abteilung die Sicherung im Norden übernommen hat, greifen das Regiment 26 und einige Panzerbataillone den Feind an. Wir werden erst später eingesetzt, und sogleich greifen uns Schwärme russischer Flugzeuge an. In den nächsten Tagen sind wir ständig in harte Kämpfe verwickelt und schneiden die Spitzen der feindlichen Truppen von ihrem Hauptteil ab. Dadurch kommt der vordrängende Feind zum Stehen. In diesen Kampftagen entging es uns, daß inzwischen Ostern war. An den zwei Osterfeiertagen stürmen wir die Gräben der starken sowjetischen Verbände und werfen sie weit nach Norden zurück. Die Rumänen können somit wieder in ihre Stellungen einziehen.

15. April. Den blutigen Tribut, den wir für die Wiedererlangung der rumänischen Frontlinie zahlten, war erheblich. Wir wundern uns, daß die rumänischen Offiziere wie die Salonsoldaten geschniegelt und gebügelt in ihre Stellungen einziehen. Als ich Gele-

genheit habe, mich mit einem rumänischen Soldaten zu unterhalten, der aus dem Banat stammt und gut deutsch spricht, erfahre ich, daß ihre Offiziere oft des Nachts nach Jassy fahren, um sich mit Weibern zu amüsieren. Wir sehen in diesem undisziplinierten Verhalten mit einen Grund, warum die Rumänen bei jedem stärkeren Feindangriff ihre Gräben verlassen und stiften gehen. Überhaupt müssen in ihrer Armee zwischen Offizieren und Mannschaften unbegreifliche Verhältnisse herrschen, die schon mehr an Sklavenhalterei und Leibeigenschaft erinnern. Wie oft schon habe ich beobachtet, daß Offiziere einfache Soldaten mit ihren Reitpeitschen schlugen oder mit Fußtritten traktierten. Ähnliches habe ich allerdings auch schon einmal bei den Ungarn erlebt.

Einmal, als wir vor Jassy neben den Rumänen lagen, hörten wir nachts die Orgien der Offiziere hinter den Stellungen bis in die Gräben hinein. Als wir aus Jux, aber auch aus Ärger, einige Leuchtkugeln hochjagten und mit den Gewehren und ein paar Handgranaten Rabatz machten, rasten sie stinkbesoffen und noch halbangezogen zu ihren Stellungen, und wir lachten uns halbtot.

18. April. Heute nacht wurden wir nach zwei Tagen Stellungskampf wieder abgelöst und zogen in unsere Quartiere ein. Die Ruhe haben wir uns mehr als verdient, denn es waren wieder harte Kampftage mit einigen Verlusten. Die leichten Züge hatten einen Toten und mehrere Verwundete.

20. April. Wie angekündigt, ist das Marschbataillon aus Insterburg mit Ersatzleuten eingetroffen. Auch unser Schwadron werden einige frisch Ausgebildete zugeteilt. Mit ihnen sind auch Obergefreiter Bartsch mitgekommen, der in Werchnyje Rogatschik verwundet wurde, und Pfeiffer von den Granatwerfern, den es noch im Brückenkopf Nikopol erwischte. Auch von den leichten Zügen sind einige wieder da, so auch Unteroffizier Behrend, der jetzt nur noch mit einem halben Ohr herumläuft. Er nimmt es humoristisch und meint, daß sein Löffel sowieso zu lang war, darum hätte der Iwan auch ein Stück davon erwischt. Auch unser Ober ist nach seiner

Verwundung wieder zur Schwadron zurückgekehrt. In Ermangelung von Führungskräften muß er neben uns auch die Führung eines leichten Zuges übernehmen.

22. April. Waldemar Krekel und Gustav Koller wurden als Unteroffiziere vorgeschlagen. Ich half ihnen, die Lebensläufe für ihre Bewerbung richtig zu formulieren. In der Schwadron war bekannt, daß ich keinen Wert darauf legte, Gruppenführer zu werden. Den wahren Grund verschwieg ich allerdings, weil ich nicht wollte, daß man mich mißverstand und mir vorwürfe, ich drückte mich vor Verantwortung. Da ich inzwischen mit meinem sMG regelrecht verwachsen und nahezu perfekt war, glaubte ich, unserer Einheit als Schütze I besser zu dienen. Aber ich will nicht verhehlen, daß ich mich gegenwärtig ohne mein schweres MG unbeschützt und geradezu nackt fühlen würde. Die Kämpfe sind hart, und ich führe mein Überleben, mit Gottes Hilfe, auch darauf zurück, daß ich eine kampfstarke Waffe bediene, auf die ich mich jederzeit verlassen kann. In gewisser Weise bin ich auch stolz darauf, daß Fritz Hamann und ich die letzten sMG-Schützen unserer Schwadron sind, die von September 43 bis jetzt ohne größere Verwundung durchgehalten haben und dadurch häufig dazu beitragen konnten, unsere Kämpfe erfolgreich zu bestehen.

25. April. Auch bei mir macht sich die Härte des Krieges bemerkbar. Die ständige psychische Anspannung - da verlangen die Nerven einfach nach längeren Erholungspausen.
Während unserer kurzen Ruhetage wurde die Schwadron mit weiteren Orden dekoriert. Ich wurde neben einem Unteroffizier von den leichten Zügen mit dem eisernen Kreuz erster Klasse ausgezeichnet. Aufgrund der Nahkämpfe im Brückenkopf Nikopol wurden wir, die Überlebenden unserer Schwadron, mit der silbernen Nahkampfspange dekoriert. Ich hatte aber nicht das Gefühl, daß mir die Orden geholfen hätten, mein psychisches Tief zu überwinden. In mir herrschte eine Art seelische Spannung, wie ich sie schon einmal fühlte, bevor damals in Rytschow der Todeslauf begann. Die

jetzige Situation ist jedoch anders. Ich führe deshalb meine innere Unruhe auf die vielen nervenaufreibenden Kämpfe zurück, die jetzt von meinem Körper ihren Tribut fordern. Als ich einige Tage später darüber nachdachte, erkannte ich, daß dieser Zustand so etwas wie die Vorahnung auf ein bevorstehendes schlimmes Ereignis war. Sowie es eingetreten war, fühlte ich mich wieder normal. Im Rückblick sehe ich, daß diese innere Spannung immer vor einer Verwundung auftrat.

26. April. Der Russe ist von Tag zu Tag stärker geworden. Er greift ständig von Norden und Nordwesten an. Heute trommelt er schon seit einer Stunde auf die Stellungen der Rumänen und der 79. Infanteriedivision. Als er anstürmt, erzielt er bei den Rumänen starke Einbrüche.

27. April. Wir machen mit Unterstützung von Sturmgeschützen und Panzern einen Gegenstoß und werfen die Russen bis zur alten HKL zurück.

28. April. Unsere Einheit hat sich auf einer Anhöhe eingegraben und warten auf den Angriffsbefehl. Er soll jedoch erst morgen erfolgen, sobald die notwendigen schweren Waffen Vorbereitungsfeuer legen können. Wir haben also noch einige Stunden Zeit. Vor uns liegt ein Dorf, das von den Sowjets besetzt ist. Der Wind weht uns manchmal Wortfetzen herüber und Gegröle. Der Iwan feiert seinen Sieg, wie so oft in diesen Tagen. Sie plündern die Vorräte der Bewohner und vergewaltigen die Frauen, die im Dorf zurückgeblieben waren. Wie oft hörten wir das Schreien der Opfer bis zu uns in den Stellungen. Uns bleibt meist nichts anderes übrig, als mit den Zähnen zu knirschen oder Flüche auszustoßen.
Die momentane Kampfpause und die schon kräftige Aprilsonne verleitet einige Landser dazu, ihre Oberkörper freizumachen und ihre Hemden nach den Quälgeistern, den Läusen, abzusuchen. Sie sind in der Wärme wieder aktiver geworden. Unser Chef, der Oberleutnant, ist mit uns in der Stellung und schnitzt an seinem

Knotenstock, den er schon auf dem Rückzug durch den Schlamm stets bei sich trug. Er ist es, der uns immer wieder aufrichtet und dazu beflügelt, im Kampf erfolgreich zu sein. Noch nie hatten wir zu einem Offizier mehr Vertrauen als zu ihm, und noch nie hatte ich zu einem Offizier ein besseres Verhältnis. Auch er fühlte sich in meiner sMG-Stellung richtig wohl, und manchmal schlug er mir an ruhigen Kampftagen ein Wettschießen mit dem sMG vor. Es ging darum, ein besonders weites Ziel exakt zu treffen. Er war selbst ein guter Schütze, aber wenn ich einmal besser war, bedachte er mich immer mit einem: "Du alter Saubär hast mich wieder mal erwischt!"

Die Titulierung "Saubär" war ein deftiger schwäbischer Ausdruck, den er häufig verwendete. Er klang aber aus seinem Munde eher wie ein Kompliment. Das Erstaunlichste war, daß er als Sproß eines alten schwäbischen Fürstengeschlechtes niemals solche Ansprüche stellte, wie wir sie sonst von anderen Offizieren gewohnt waren. Versuchte jemand, ihm aus reiner Liebedienerei eine Extrawurst zu braten, konnte er ganz schön brummig werden. Seine Augen, in denen immer ein wenig Schalk saß, begannen dann hinter den goldgefaßten Brillengläsern richtig ärgerlich zu funkeln.

Seitdem unser Oberleutnant die Schwadron führte, ist sogar bei uns "Älteren", von vielen Kämpfen schon müde gewordenen Kriegern wieder so etwas wie ein neuer Kampfgeist eingezogen. Gerade in den letzten harten Wochen in Rumänien gab er uns durch sein ausgeglichenes Wesen und seine Selbstsicherheit die Kraft und den Schwung, die Kämpfe immer erfolgreich durchzustehen. Bei den Angriffen war er stets vorne bei seinen Männern, und ich weiß, daß ein jeder von uns bereit war, für ihn durchs Feuer zu gehen. Oftmals kam er uns aber auch zu leichtsinnig vor. So habe ich ihn selbst bei starkem Ari- oder Granatwerferbeschuß nie mit einem Stahlhelm auf dem Kopf gesehen. Auf seinen dunklen, etwas drahtigen Haaren trug er stets sein leichtes Offizierskäppi, das ihm immer ein jungenhaftes, flottes Aussehen gab. Obwohl er schon einige Verwundungen hinter sich hatte, glaubte er, wie wir alle, den Krieg zu überleben. Als ihm auch in vielen brenzligen Situationen nichts geschah, war er für uns schon fast ein Symbol der Unverwundbarkeit. Umso schlimmer traf es uns, als bei einem Angriff sein vorbildliches, unersetzliches Leben durch einen Granatsplitter brutal ausgelöscht wurde.

Um meinen Aufzeichnungen von seinem Tode nicht vorzugreifen, möchte ich wieder in der richtigen Reihenfolge berichten und dahin zurückgehen, wo wir bei herrlichem Frühlingswetter vor einem rumänischen Dorf in Bereitstellung lagen und uns die Sonne richtig auf den Pelz scheinen ließen. Obwohl in dem Dorf keine feindlichen Bewegungen zu erkennen waren, wußten wir, daß die Sowjets es besetzt hatten.

Es wirkt alles ruhig, fast beschaulich. Die Frühjahrssonne liegt warm auf den frischen grünen Gräsern rund um unsere Stellungen. Sie macht uns müde und träge, und ich döse ein wenig schläfrig auf dem Rand der Stellung und schaue zu unserem Chef hinüber, der neben dem Deckungsloch in einer Mulde auf der Erde sitzt und ein neues Ornament in seinen Knotenstock schnitzt. Alle Landser in der Stellung genießen die Sonne und die ruhevolle Trägheit während dieser Verschnaufpause im brutalen Krieg. Kein Schuß zerreißt die klare Luft. Nur ab und zu zeigt uns lautes, besoffenes Gegröle oder der spitze Schrei einer rumänischen Frau an, daß der Iwan in dem Dorf ist.

Erst vor einigen Tagen habe ich in einem eroberten Dorf einen stinkbesoffenen Iwan vom Bett einer schreienden Rumänin gezerrt. Er war so voll, daß er nicht einmal mehr wußte, daß er sich im Krieg befand und wir seine Feinde waren. Weil er in seinem Zustand nicht einmal mehr in der Lage war, als Gefangener abtransportiert zu werden, machten wir uns den Spaß, ihn splitternackt auszuziehen und seine Klamotten im Brunnen zu versenken. Danach warfen wir ihn zwischen die kratzenden Hühner auf den Misthaufen. Leider konnten wir sein Erwachen nicht mehr abwarten. Wir hofften nur, daß er seiner gerechten Strafe durch die rumänischen Frauen nicht entgangen war.

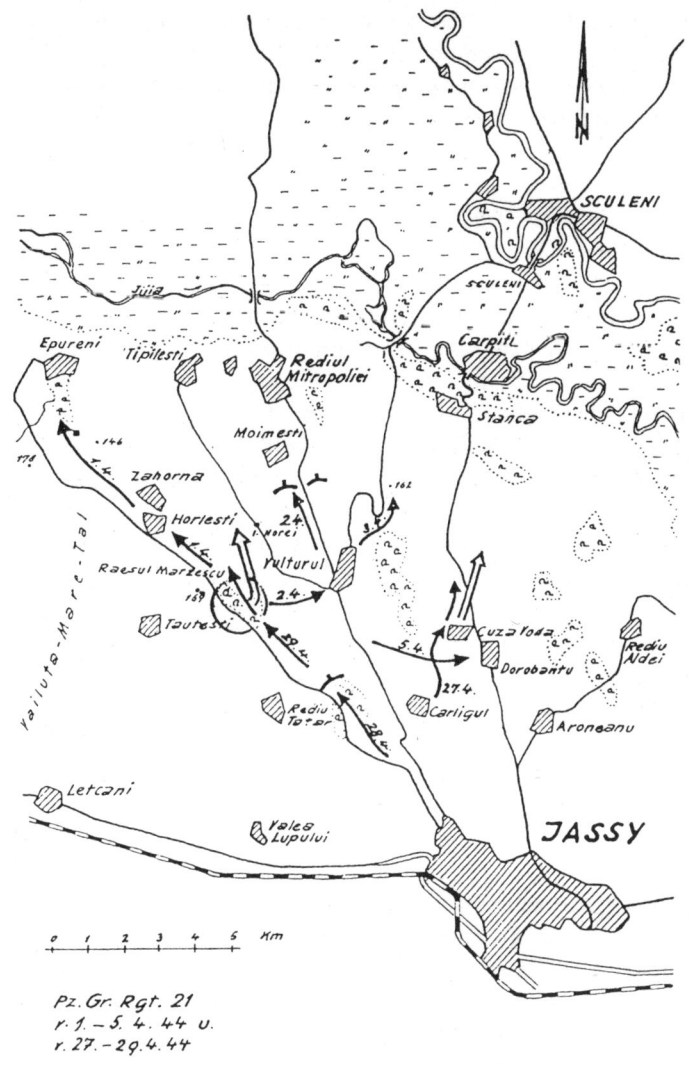

Rückzugsgefechte in Rumänien nahe der Stadt Jassy. Hier verloren wir unseren verehrten Schwadronschef Prinz zu Oettingen-Wallerstein.

373

In Gesellschaft von Warias und Fritz Hamann unterhalten wir uns gerade über diese Begebenheit vor einigen Tagen und stellen uns das Erwachen des Iwans plastisch vor, als wir hören, wie unser Chef erstaunt ausruft: "Was ist denn dort mit dem Iwan los?" Er springt dann zu mir in die Stellung und schaut durch sein Fernglas zum Dorf hinüber.

"Haben wohl den Tropenkoller bekommen, die Bazis", brummt er vor sich hin und fängt an zu lachen. Als ich die Sowjets durch meine Zieleinrichtung sehe, lache ich mit.

"Werden wohl besoffen sein, Herr Oberleutnant. Die tanzen ja herum, als hätten sie den Veitstanz bekommen", sage ich amüsiert.

Inzwischen ist die ganze Stellung munter, und die Landser diskutieren, warum die Russen vor dem Dorf mit komischen Verrenkungen herumspringen. So ähnlich müßten die Kriegstänze der Indianer ausgesehen haben, über die ich in den Schmökerheften von "Alaska Jim" gelesen habe. Dann springen auch andere Russen aus den Stellungsgräben vor dem Dorf heraus und mischen sich unter die Tanzenden und wild mit den Armen fuchtelnden. Wir hören die Schreie, die sie ausstoßen. Was ist los? Sind die so besoffen, daß sie regelrecht in Ekstase gefallen sind? rätseln wir.

Warias, der im nächsten Deckungsloch steht, ruft herüber: "Mann! Die haben echt einen Sonnenstich erwischt. Die kommen doch tatsächlich auf unsere Stellungen zugerannt!"

Richtig! Wir sehen es auch. Ein Haufen Russen rennt direkt auf unsere Stellungen zu, als würden sie vom Teufel persönlich gejagt. Im Laufen fuchteln sie dabei wild mit den Armen wie mit Windflügeln.

Ist es etwa eine neue Finte vom Iwan? Ich stehe schon hinter dem sMG und visiere die heranstürmenden Russen vorsichtshalber an. Ich schätze, daß es mindestens zwanzig Sowjets sind, die sich uns rasch nähern. Gleich werden sie die leichten Züge rechts von uns erreicht haben. Unser Oberleutnant, der sie durch sein Glas beobachtet, legt seine Hand auf meine Schulter und sagt beruhigend: "Nicht schießen, sie haben keine Waffen bei sich!" Ich nehme sofort die Hand wieder vom Abzugsbügel und beobachte, wie die

Russen ohne zu stoppen im Sprinttempo über die Stellungen unserer Landser hinwegspringen und weiterlaufen. Unsere Männer, die sich tief in die Löcher geduckt haben, lassen die Russen ohne Gegenwehr durch.

"Was ist da los, zum Teufel?" höre ich unseren Chef sagen. Da schreit jemand herüber: "Bienen! Ganze Schwärme wütender Bienen!" Und dann springen auch einige Landser aus den Löchern und rennen den Russen hinterher.

Ein wütender Bienenschwarm war also die Lösung des Rätsels. Er versetzte die Sowjets so sehr in Panik, daß sie sogar die Waffen wegwarfen und zum Feind überliefen. Für uns war es ein Schauspiel voll Komik und Belustigung. Aber ich wußte auch, daß es weiß Gott kein Vergnügen ist, von einem Schwarm wütender Bienen angefallen zu werden.

Gleich in den ersten Tagen in Rumänien habe ich ähnliches erlebt, als wir in einem menschenleeren Dorf einige Bienenstöcke entdeckten. Uns gelüstete nach dem köstlichen Honig, und wir überlegten, was wir tun könnten, um da heranzukommen. Der "Professor" wußte Rat. Er öffnete den Bienenstock und goß schnell einen Eimer kaltes Wasser hinein. Es klappte, weil die Bienen naß und klamm wurden. Der Honig in den Waben schmeckte uns köstlich, obwohl es zu dieser Jahreszeit das Winterfutter der Bienen war, wie uns der Professor sagte. Einige nachkommende Landser, die unsere Wassermethode auch anwandten, vergaßen allerdings, die Stöcke wieder zu verschließen. Im Nu war dann der Teufel los! Als uns die von der Sonne erwärmten Bienen angriffen, hatten wir gerade noch Zeit, im Bauernhaus zu verschwinden und Fenster und Türen zu verrammeln. Die ganze Umgebung war voll wütender Bienen und ihrem Gesumme. Sie stürzten sich auf alles, was in ihre Nähe kam. Die Landser rannten mit hochgeschlagenen Krägen und tief heruntergezogenen Mützen eiligst aus dieser gefährlichen Zone. Dennoch hat es einige kräftig erwischt.

Auch die übergelaufenen Russen und einige unserer Landser sind stark zerstochen worden, bis einer schließlich auf die Idee kam, einige Büschel Stroh aus einem Schober hinter uns anzuzünden, um mit dem Rauch die Bienen zu vertreiben. Es waren insgesamt neunzehn Russen, die wir auf diese Weise gefangengenommen haben. Sie mußten alle erst verarztet werden. Zwei deutsche Landser hatten noch tagelang Köpfe wie aufgeblasene Luftballons und waren für kurze Zeit kampfunfähig.

29. April. Die Nacht in der Stellung bleibt ruhig. Es hat etwas geregnet, und wir decken uns mit der Zeltbahn zu. Nur von Zeit zu Zeit hören wir aus dem Dorf vor uns das Gegröle der siegestrunkenen Sowjets. Hoffentlich haben sie morgen früh ihren Rausch noch nicht ausgeschlafen, denken wir. Umso leichter werden wir es haben, sie zu überraschen.
Im Morgengrauen schieben sich unsere Panzer vor. Sie sind so leise, daß wir ihre Annäherung selber erst bemerken, als sie ziemlich nahe bei uns sind. Als unsere Ari schießt, ziehen wir sofort nach und überraschen den Feind so plötzlich, daß er alles stehen und liegen läßt und aus dem Dorf flüchtet. Dennoch überraschen wir einige buchstäblich im Schlaf. Die erbeuteten Panjewagen sind bis obenhin gefüllt mit Lebensmitteln und Weinfässern. Die Sowjets leben bei ihrem Siegeszug wie die Herrgötter in Frankreich. Ihre Devise heißt: fressen, saufen und in tierischer Gier die rumänischen Frauen vergewaltigen. Nach uns kommen die rumänischen Truppen und besetzen das Dorf wieder. Unser Kampf hat an diesem Tage erst begonnen. Nach kurzer Unterbrechung geht es weiter in nordwestlicher Richtung auf Horlesti zu.

Mit Unterstützung der rumänischen Artillerie und unserer Sturmhaubitzen treiben wir den Feind trotz zähem Widerstand immer weiter zurück. Über uns spielen sich harte Luftkämpfe zwischen unseren und den russischen Fliegern ab. Als wir nach einiger Zeit eine neue Grabenkette der Sowjets erreichen, werden wir mit mörderischem Artillerie- und Granatwerferfeuer empfangen. Der Feind ist nicht gewillt, weiter zurückzugehen. Unsere Vorwärtsbewegung gerät ins Stocken. Wir verkriechen uns in die Deckungslöcher, die der Iwan überall hinterlassen hat.

"Bringt die Gewehre in Stellung und haltet hinein, was das Zeug hält!" sagt unser Chef und beobachtet mit seinem Glas den Wald halblinks vor uns, aus dem starkes MG-Feuer auf uns einprasselt.

Ich baue mit Warias, der zur Zeit mein Schütze II ist, das sMG ganz flach auf und halte dort hinein, wo das Feuer herkommt. Die Sowjets sitzen vor uns fest in den Stellungen und haben in dem Wäldchen anscheinend auch Granatwerfer stehen. Sie beharken uns damit so kräftig, daß uns die Splitter wie die wilden Bienen um die Köpfe schwirren und wir sie nach jedem Feuerstoß einziehen müssen. Der lange Warias neben mir schimpft: "Verdammt! Jetzt könnten wir unsere Pötte gut gebrauchen, und wir Trottel haben sie auf dem Fahrzeug zurückgelassen."

Der Lange hat recht, auch ich habe bereits an unsere Stahlhelme auf dem Wagen gedacht, für die wir wieder einmal unsere Schirmmützen aufgesetzt haben. Wer hätte auch gedacht, daß die Sowjets diese Menge schwerer Waffen einsetzen. Aber eigentlich waren wir in den letzten Wochen recht nachlässig geworden mit den Stahlhelmen. Wir haben sie kaum mehr aufgesetzt und es damit gerechtfertigt, daß sie bei der Wärme immer so eklig auf dem Schädel drückten. Der eigentliche Grund war aber mehr Gleichgültigkeit und der Glaube, daß uns alten Hasen schon nichts passieren wird. Ist ja bisher auch alles gut gegangen. Außerdem trug auch unser Chef nie einen Stahlhelm auf dem Kopf, obwohl ihn sein Melder, Obergefreiter Kluge, immer an seinem Koppel dabeihatte.

Als die Einschläge um uns stärker werden und die Splitter immer dichter um uns surren, nimmt Kluge den Stahlhelm vom Koppel und reicht ihn dem Chef. "Hier, Herr Oberleutnant, Ihr Stahlhelm", sagt er besorgt. Unser Chef sieht einen Moment auf den Stahlhelm und dann auf uns. "Will ihn einer von euch aufsetzen?" fragt er.

Wir schauen uns an und schütteln den Kopf. "Na gut!" Er zuckt mit den Achseln und setzt das Fernglas wieder an die Augen, um den Feind weiter zu beobachten. Für ihn war die Sache erledigt, aber sein Melder steht noch unschlüssig da. Wir wissen, daß Kluge ihm jetzt den Pott am liebsten aus purer Sorge auf den Kopf gerammt hätte. Er vergöttert seinen Chef und ist um sein Leben mehr besorgt als um sein eigenes. Aber er kann ihn nicht zwingen und befestigt den Stahlhelm wieder an seinem Koppel. Er und die meisten meiner Kumpel waren klüger und haben ihre Pötte gleich beim Antritt zu diesem Angriff aufgesetzt.

Schon rein routinemäßig jage ich einen Gurt nach dem anderen in die feindlichen Stellungen hinein. Dann entdecke ich am Waldrand zwei russische MG, durch die unseren leichten Zügen an der rechten Flanke bereits einige Ausfälle zugefügt wurden.

Unser Chef sucht sich eine bessere Position zum Beobachten. Nach kurzer Zeit hat er die Ziele erkannt und gibt mir Anweisungen. Ich drücke mit dem Daumen auf die Raste der Gleitschiene und visiere die angegebene Stelle an. Der Gurt zieht durch, und eine Garbe mit Leuchtspur prasselt ins Unterholz. Er beobachtet die Einschläge und korrigiert: "Zwei Strich weiter rechts, dort, wo die verkrüppelte Kiefer steht!"

Ich jage einen Gurt Dauerfeuer zur Kiefer hinüber. "Getroffen! Der andere haut ab", ruft er mir zu.

"Jetzt rechts davon, der helle Baumstumpf. Da steht auch noch eins!" Er wird erregter. "Ja, prima! Gut getroffen! Aber einige liegen jetzt hinter dem dicken Stamm, der rechts auf der Erde liegt."

Unseren Oberleutnant hat das Jagdfieber gepackt, das uns alle mal packt, wenn wir im Angriff sind und erfolgreich sein wollen. Soweit kenne ich ihn schon, daß er sich jetzt am liebsten selbst hinter das MG geklemmt hätte, um zu schießen. So beobachtet er meine Feuerstöße, die ich zum dicken Stamm hinüberschicke. Sofort prasseln dann auch vom Gegner einige Garben in unsere Stellung. Zwei Kugeln schlagen genau in unsere Munitionskästen, die auf der Deckung liegen. Ich ziehe blitzschnell den Kopf ein und bemerke noch, daß der Beschuß von einer Bodenwelle kommt, die genau vor uns liegt. Da werde ich vom Gewehr gedrängt. Der Oberleutnant ist plötzlich neben mir und visiert schon das neue Ziel an. Seine

Schüsse scheuchen ein paar Sowjets hoch, die aufspringen und nach hinten verschwinden. Den Schützen muß es erwischt haben, denn danach schweigt das MG.

Mit lautem Krachen schlägt eine Granate vor uns ein. Die Eisensplitter surren umher und klatschen in den Boden. Ein Splitter prallt vom Stahlmantel des MG ab, und ich sehe, wie der Oberleutnant mit der Hand zurückzuckt. Aus einer Wunde an der Handwurzel läuft ihm das Blut über die Hand und die Finger.

Obergefreiter Kluge, der es vom anderen Loch beobachtet, bekommt einen Schreck und ruft nach hinten: "Sanitäter! Der Oberleutnant ist verwundet!"

Unser Chef hat schon sein Taschentuch in der Hand und preßt es auf die Wunde. Mehr erstaunt als böse brummt er seinen Melder an: "Bist du verrückt, Kluge! Daß mir ja nicht der Sani herkommt!"

Kluge brüllt gleich wieder los: "Wir brauchen keinen Sani, ist nur eine Schramme an der Hand!" Danach wartet er, bis unser Chef wieder in seinem Loch ist, wo er ihm die Schramme mit Gaze und Pflaster verbindet.

Ich liege schon wieder hinter meinem Gewehr und schieße auf jeden Russenkopf, den ich zu sehen bekomme. Da krepiert wieder eine Granate vor uns, und ich spüre einen Schlag gegen meine Oberlippe. Ein kleiner Splitter ist mir direkt unter der Nase in das Fleisch der Oberlippe gedrungen. Das Blut läuft mir sofort über die Lippe in den Mund. Ich spucke es aus und halte mein Taschentuch darauf. Meine Oberlippe und die Nase schwellen zusehends an, und ich stelle mir vor, daß mein Gesicht wie das eines Zulukaffers aussehen müßte, dessen Bild ich irgendwo mal gesehen habe und das mir jetzt vor Augen steht.

Unser Chef sagt besorgt: "Laß dich vom Sani verbinden und gehe zurück. Warias kann das Gewehr übernehmen!"

Ich schüttele den Kopf. "Sieht schlimmer aus als es ist, Herr Oberleutnant. Ist nur ein kleiner Splitter, der direkt unter der Nase im Fleisch steckt." Er sieht mich kurz an und beobachtet dann weiter durch sein Glas.

Ich habe das Gefühl, daß er auch nichts anderes von mir erwartet hat. Ich war für ihn so etwas wie ein verläßlicher Faktor, den eine kleine Verwundung nicht gleich umhauen kann. Wahrscheinlich wäre er sogar enttäuscht, wenn ich mich jetzt nach hinten absetzen würde, obwohl ich bei dieser Verwundung durchaus das Recht dazu hätte. Ich bin auch ehrlich genug zu gestehen, daß ich mich bei einem anderen Vorgesetzten zuerst einmal vom Sani hätte verarzten lassen, um so aus dem augenblicklichen Kampfgeschehen auszuscheiden. Meine Nerven wären nach der langen Frontzeit sicher nicht mehr stark genug, diesen Angriff mit einer schmerzhaften Verwundung durchzustehen. Ich war nie ein Feigling, das habe ich bewiesen, aber ich habe auch nie versucht, den Helden zu spielen.

Jetzt sieht es fast so aus, als würde ich diesen Versuch machen, denn auch meine Kumpel, die mein angeschwollenes Gesicht sehen, wundern sich, warum ich nicht längst hinten bin. Es ist der Oberleutnant, der mir die Kraft verleiht, daß ich nicht gehe, sondern einfach noch bei ihm bleibe. Ich fühle mich ihm verbunden und wäre mit ihm sogar durchs Feuer gegangen. Nach einer Frontzeit, wie ich sie inzwischen hinter mir habe, kämpft man nicht mehr für Führer, Volk und Vaterland. Diese Ideale sind längst vorbei. Hier an der Front spricht auch kein Mensch von Nationalsozialismus oder ähnlichen politischen Dingen. In all unseren Gesprächen hört man sehr deutlich heraus, daß wir vorwiegend für den Erhalt unseres eigenen Lebens und das Leben unserer Frontkameraden kämpfen. Aber manchmal auch für einen Vorgesetzten, wie es unser Oberleutnant ist, der es durch seinen vorbildlichen Einsatz fertigbrachte, müden und fast völlig abgestumpften Kriegern wieder Mut zu machen.

Und wofür kämpft er?

Als Offizier zweifellos für seine soldatische Pflicht und Ehre. Aber wie ich ihn kenne, vor allem aufgrund menschlicher Verantwortung für seine Soldaten. Durch sein vorbildliches Verhalten an der Front nimmt er ihnen den bitteren Eindruck nur die ausführende anonyme Soldatenmasse zu sein, die dazu dient, im Krieg verheizt zu werden. Wenn er von seiner Einheit sprach, dann meinte er die Gemeinschaft und Kameradschaft in der Schwadron, für die es für mich und einige andere, in Ermangelung anderer Ideale, noch zu kämpfen lohnte. In all den Monaten, die er bei uns war, habe ich ihn nie über politische Dinge oder über den Nationalsozialismus reden gehört. Ich habe das Gefühl, daß er weit über diesen Dingen steht.

Als die Schwadron durch den starken Beschuß nicht einen Schritt weiterkommt, faßt unser Oberleutnant einen Entschluß. Während er den Waldrand halblinks vor uns beobachtet, sagt er: "Wir müssen dort in das Waldstück hinein, dann können wir ihre Stellungen von der Flanke her aufrollen."
Könnte ohne Ariunterstützung verdammt heikel für uns werden, denken wir, denn im Wald wimmelt es nur so vor Sowjets. Obergefreiter Kluge spricht es dann aus: "Sollte nicht zuerst unsere Ari mal kräftig dort hineinfunken, Herr Oberleutnant?"
"Ach was, schaffen wir auch so, Kluge! Sag den Leuten vom Schwadronstrupp und vom ersten Zug, daß sie mir sofort folgen sollen, sobald ich vorgehe."
Fritz Hamann und mir schärft er ein: "Ihr gebt uns mit beiden Gewehren solange Feuerschutz, bis wir den Waldrand erreicht haben. Dann kommt ihr sofort nach und wartet auf weitere Befehle."
"Verstanden, Herr Oberleutnant!"
Minuten später läuft er vor seinen Männern eine bewachsene Bodenwelle entlang dem Waldrand zu. Wir feuern mit beiden Gewehren Dauerfeuer in das Wäldchen hinein. Als die Sowjets unsere Männer vor sich sehen, springen sie auf und rennen in Scharen nach hinten ins Unterholz. Dann ist unser Chef als erster am Waldrand. Die anderen folgen ihnen und alle verschwinden hinter den Bäumen. Noch erhalten sie wenig Gegenfeuer.
"Los, hinterher!" Ich fasse das zusammengebaute Gewehr am Rückenpolster der Vorderstrebe, während Warias mit den Händen beide Streben vorn am MG-Kolben packt. Im Laufschritt rennen wir auf den Waldrand zu, nur wenige Schritte neben uns Fritz Hamann

und Klemm, der erst seit kurzem vom Urlaub zurück ist. Keuchend erreichen wir den Waldrand und verschnaufen kurz. Da rauscht es heran und detoniert über uns in den Bäumen. Der Iwan schießt Sperrfeuer in den Wald hinein.

Schwere Granaten krepieren in den Baumkronen und schleudern zerborstene Äste durch die Gegend. Die Splitter surren. Sie prasseln gefährlich auf uns herunter und klatschen in Baumstämme und ins Unterholz. Wir hören die Befehle des Oberleutnants durch den Wald hallen und vernehmen die Feuerstöße der leichten MG und seiner MPi. In dem tosenden Höllenlärm suchen wir Deckung hinter einem vom Sturm entwurzelten Stamm und warten auf weiteren Befehl.

Aus dem Pulverdampf vor uns taucht eine geduckte Gestalt auf. "sMG-Gruppe?" ruft jemand.

"Hier, was gibt's?" melde ich mich.

"Der Oberleutnant läßt euch sagen, daß das zweite Gewehr nach hundert Metern zum rechten Waldrand vorgehen soll, um die Flanke zu sichern. Das erste Gewehr soll mir zum Oberleutnant folgen."

Fritz Hamann ist schon aufgesprungen und läuft mit Klemm durch das Unterholz zur rechten Seite. Wir stolpern über Wurzeln und herabgefallene Äste und hetzen dem Melder hinterher. Über uns heulen, krachen und bersten die Granaten in den Bäumen. Warias hinter mir keucht und schimpft. Durch den Höllenlärm kann man kein deutliches Wort verstehen. Wahrscheinlich denkt er wie ich daran, daß wir jetzt alles, was wir besitzen, hergeben würden, wenn wir unseren Stahlhelm auf den Kopf setzen könnten. Aber wir haben ihn nicht! Deshalb kann ich nur meinen Kopf tief in die Schultern einziehen und beten, daß mich keine Splitter treffen mögen, die zeitweise wie ein Platzregen auf uns niederprasseln. Mir läuft mehrmals eine Gänsehaut über die Kopfhaut, und ich fühle, wie sich meine Haare nach oben sträuben.

Endlich haben wir Anschluß an die Männer des leichten Zuges. Sie haben bereits einige leichte Verwundete, die ein Sanitäter verbindet oder nach hinten schickt.

"Wo ist der Oberleutnant?" fragt der Melder einen Unteroffizier.

"Schon weiter vorn!" erhält er als Antwort.

Wir hetzen durch die Baumstämme nach vorn. Dann steht plötzlich unser Ober neben uns.

"Beeilt euch, Männer!" sagt er hastig. "Ihr müßt mit dem Gewehr sofort bis zum Waldrand vor und dort in Stellung gehen! Dort ist auch der Oberleutnant!" Danach verschwindet er mit einigen Männern in die gleiche Richtung.

Wir springen über Baumstämme und zersplitterte Äste zum Waldrand. Manchmal verhaken sich die Streben des MG an den Sträuchern, und wir stolpern und fallen. Als wir kurz vor dem Waldrand sind, trifft uns der Aufschrei von Kluge wie ein Keulenschlag: "Sanitäter! Der Oberleutnant ist schwer verwundet!"

Wir rennen die wenigen Schritte bis zu Kluge vor. Dann sehen wir den Oberleutnant! Er liegt mit geschlossenen Augen und wachsbleichem Gesicht auf dem Waldboden. Neben ihm liegen sein mit Ornamenten verzierter Knotenstock und seine MPi. Sein Melder, Obergefreiter Kluge, hockt neben ihm und preßt ein Verbandspäckchen auf die blutende Kopfwunde, die von einem Granatsplitter aus den Baumkronen verursacht wurde. Kluge weint und schluchzt wie ein Kind, und die Tränen zeichnen helle Furchen in dem verschmutzten Gesicht. Warias und ich sind tief erschüttert, mir schnürt es die Kehle zu. Auch die anderen, die hinzukommen, erfaßt tiefer Schmerz. Wir liegen rundum auf dem Boden und schauen wortlos auf unseren Schwadronschef, den wir alle für unverwundbar hielten.

Was in den einzelnen Männern vorgeht, kann ich nur erahnen, denn trotz Tosen und Krachen sind in diesem Moment alle wie erstarrt. Und wenn in diesem Augenblick auch die Welt untergegangen wäre hätte sich niemand von uns gerührt. Erst als sich der Sanitätsunteroffizier über ihn beugt und ihn verbindet, löst sich unsere Starre. Die bange Frage, die in unseren Gesichtern stand, beantwortete uns der Sani beim Verbinden:

"Der Oberleutnant lebt noch!" sagt er. "Aber der Splitter ist ihm in den Kopf gedrungen. Er muß schleunigst zum Verbandsplatz in ärztliche Behandlung."

Dann deutet der Sani auf den Stahlhelm, den Kluge immer noch am Koppel trägt: "Wenn er ihn getragen hätte, wäre der Splitter vielleicht nicht durchgegangen."
Wir wissen, daß sich Kluge keine Vorwürfe machen braucht, denn er hatte seine Pflicht getan und seinem Chef mehr als einmal den Stahlhelm angeboten.

Unser Ober, den die schwere Verwundung unseres Chefs gleichfalls sehr getroffen hat, erinnert uns daran, daß wir mitten im Angriff sind. "Vorwärts, Männer! Alle am Waldrand in Stellung gehen!" ruft er uns zu.
Es sind nach dem schmerzlichen Zwischenfall nur Minuten vergangen, und wir hören schon das Rattern des sMG von Fritz Hamann. Wir packen wieder das Gewehr und rennen zum Waldrand hin. Mein Hals ist immer noch wie zugeschnürt, und meine Knie sind zittrig. Aber wir sind im Krieg und niemand interessiert sich dafür, wie es einem einzelnen Landser zumute ist.
Jetzt hat es auch unseren Oberleutnant erwischt. Ausgerechnet ihn, der mir in den letzten Wochen und Monaten immer wieder die Kraft gab, trotz Zweifel, Zwiespalt und kämpferischer Müdigkeit weiterzumachen. Zweifellos werden viele Landser wieder in den gleichen Trott zurückfallen, in Dumpfheit und Gleichgültigkeit, die uns gewohnheitsmäßig kämpfen läßt, weil wir als Soldaten dazu verpflichtet sind und nicht als feige gelten wollen. Es ist ein automatisches Mitmachen, ohne die notwendige Antriebskraft und ohne eigentliches Ziel vor Augen. Aber ihnen, die uns für ihre eigenen merkwürdigen Ziele in die Hölle schicken, ist es im Grunde scheißegal, was wir denken, solange wir nur kämpfen und unsere Gedanken nicht allzulaut aussprechen.
Fast mechanisch bediene ich mein MG und feuere mit den anderen vom Waldrand aus in die Flanke der feindlichen Linien hinein. Als später noch unsere Stukas am Himmel erscheinen und die feindlichen Stellungen bombardieren, können wir den Feind einige Kilometer weit zurückdrängen.

Das beherzte Vorgehen unseres Oberleutnants hat wesentlich dazu beigetragen, daß wir wiederum einen Sieg über den Gegner erringen konnten. Aber auch diesmal wird ein vorübergehender, in dieser Zeit bereits bedeutungsloser Sieg mit großen Verlusten bezahlt. Neben der schweren Verwundung unseres verehrten Chefs haben wir in unserer Schwadron wieder einige Tote und viele Verwundete zu beklagen. Unter den Toten befinden sich ein junger Wachtmeister vom leichten Zug und einige junge Panzergrenadiere. Auch einer unserer ältesten Stabswachtmeister, der bereits in Friedenszeit gedient hat, wird schwer verwundet. Er war bereits seit Kriegsbeginn dabei und ist, wie unser Ober auch, mit dem deutschen Kreuz in Gold ausgezeichnet worden.

Erst als wir die alte HKL am nördlichen Waldrand erreicht haben und etwas zur Ruhe gekommen sind, vermissen wir unseren Waldi, den Obergefreiten Krekel, der während des Angriffs mit Gustav Koller die Verbindung zu den leichten Zügen gehalten hat. Gustav berichtet uns, daß Waldi von Granatsplittern an der Hand und am Oberschenkel verwundet und mit anderen Verwundeten nach hinten abtransportiert worden ist. Er hatte gerade noch Zeit, Gustav zuzurufen, uns alle zu grüßen und daß wir bald nachkommen sollten. So makaber es sich auch anhören mag, ich gönne Waldi seine Verwundung von ganzem Herzen. Er hat mit den wenigen von uns schon verdammt lange durchgehalten, und es wäre tragisch, wenn es Waldi tödlich erwischt hätte.

30. April. Gerade in der letzten Zeit haben wir oft darüber gesprochen, wann auch wir dran sind, mit einer Verwundung aus dem Kampfgeschehen auszusteigen. Daß es geschehen wird, ist unausweichlich. Dennoch hofft ein jeder von uns, daß es dann glimpflich abläuft. Wir, das sind jetzt außer Waldi noch Fritz Hamann, der lange Warias, der "Professor", Gustav Koller, Klemm, der sich nach seinem Urlaub irgendwie verändert hat, und ich. Alles noch sogenannte "Alte" vom Oktober 1943, die vom schweren Zug übrig geblieben sind. In den leichten Zügen sind es auch nur noch eine

Handvoll vom Oktober, obwohl einige nach ihrer Verwundung im Brückenkopf Nikopol wieder zu uns zurückgekehrt waren.

1. Mai. Mit meinen vier Schrammen und Blessuren bin ich bis jetzt noch verhältnismäßig günstig weggekommen. Aber auch diese kleinen Splitterverletzungen sind als Verwundungen eingetragen worden, so daß ich mir bereits, wie Klemm und Gustav Koller, das silberne Verwundetenabzeichen anheften konnte. Wegen des Splitters in der Oberlippe konnte ich nach diesem Einsatz drei Tage bis zum Abklingen der Schwellung beim Troß bleiben. Der Oberarzt der Abteilung wollte mir nicht die Lippe aufschneiden, um den kleinen Splitter herauszunehmen. So blieb er bis zum heutigen Tage noch unter der Nase stecken.

2. Mai. Während die Schwadron vorne im Einsatz ist, befinde ich mich seit zwei Tagen beim Troß. Die Schreibstube ist in einer alten Villa untergebracht, und der Spieß und seine Troßleute leben dort nicht schlecht. Die Mehrzahl der Männer, die wir auch Schreibstubenhengste nennen, sind noch die gleichen wie im Oktober 43. Man erkennt, daß sie beim Troß doch nicht so gefährdet sind wie wir, die wir ständig an der Front mit dem Feind kämpfen. Ich habe nichts gegen sie und unseren Spieß, denn sie sind notwendig, um den organisatorischen Ablauf in der Schwadron zu gewährleisten.
Das Wissenswerte erfahre ich immer durch den Schreibstubenunteroffizier Todtenhaupt, den wir unter uns immer noch "Rübe" nennen. Von ihm wissen wir, daß als Ersatz für unseren Chef ein blutjunger Leutnant von der Abteilung abgestellt wurde. In den Tagen, da ich beim Troß bin, bombardieren starke feindliche Fliegerverbände die Stadt Jassy. Sie werden stets von einem Schwarm russischer Rata-Jäger abgesichert und begleitet. In spannenden Luftkämpfen werden viele von ihnen durch unsere Jäger abgeschossen.

4. Mai. Ich bin heute wieder zur Einheit gestoßen und übernehme mein sMG, das solange von Gustav Koller ersatzweise bedient

wurde. Gustav sagt, daß er wieder mit seinem verwundeten Bein Schwierigkeiten hat und deshalb zum Troß zurückfährt. Wir haben schon seit einiger Zeit keinen Gruppenführer und seit Waldis Verwundung auch keinen Gewehrführer mehr. Wir benötigen im Moment auch niemand, denn ich bin für den Einsatz der Gewehre verantwortlich. Die nächsten Tage sind wieder sehr harte Einsatztage mit vielen Ausfällen. Zusammen mit den Einheiten von "Großdeutschland" vereiteln wir, daß die Sowjets nach Jassy durchbrechen. Von Gefangenen erfahren wir, daß der Gegner wieder hohe Verluste erlitten hat und in der nächsten Zeit erstmal damit beschäftigt sein wird, seine Truppen mit neuen Waffen und Menschen aufzufüllen. Das hat zur Folge, daß wir von der vordersten Front abgezogen werden und eine längere Ruhepause einlegen können.

Erbeuteter russischer Panzer vom Typ T 34.

Auch in Jassy, wie andernorts, die Erinnerung an die Gebote des deutschen Soldaten in Feindesland.

Vom Ritterkreuz zum schlichten Holzkreuz

10. Mai. Nach den schweren Kämpfen in den letzten Tagen haben wir endlich wieder Zeit, uns um unsere persönlichen Dinge zu kümmern. Da erreicht uns die schlimme und erschütternde Nachricht, daß unser verehrter Schwadronschef schon vor einer Woche seiner schweren Kopfverletzung erlegen ist. Er soll aus seiner Bewußtlosigkeit nicht mehr erwacht sein.

In Gedenken an ihn erinnern wir uns an seine hervorragenden Qualitäten als Schwadronsführer und als Mensch. Fritz Hamann und ich wußten, daß er den Krieg haßte und dennoch immer vorbildlich kämpfte, ja mehr einsetzte als manch anderer. Er schoß auf den Feind, wenn er uns bedrohte oder wir ihn zurückwerfen mußten. Aber er war auch jedesmal froh, wenn viele von ihnen am Leben blieben und sich uns ergaben. Und gar mancher Gefangener mag sich gewundert haben, daß er von einem deutschen Offizier eine Zigarette und Feuer angeboten bekam. Mit diesem humanen Denken und Tun setzte er sich über die ständig wachsende Haßlawine des Krieges hinweg. Aber diese Eigenschaften halfen ihm nicht, der Sichel des Todes zu entgehen. Sie tötete auch ihn gnadenlos und riß ihn aus der Gemeinschaft seiner Schwadron, die ich noch nie so stark erlebt habe, wie unter seiner Führung.

Der Tod traf ihn überraschend, war er doch von dem Glauben beseelt, daß er diesen Krieg überleben würde. Ich erinnere mich, wie er am Tage vor dem Angriff der Bienen zu Fritz Hamann und mir voller Optimismus sagte: "Wenn der Rabatz hier vorbei ist, kommt ihr für ein paar Tage zu mir, verstanden?"

"Jawoll, Herr Oberleutnant!" antworteten wir erfreut und wußten, daß er seine Einladung auch ernst meinte.

"Jagen dann einmal etwas anderes, als immer nur Zweibeiner. Hängt mir nämlich schon längst zum Halse heraus", setzte er hinzu und schnitzte danach wieder an seinem Knotenstock herum.

Es war das erste und einzige mal, daß er uns andeutete, wie sehr ihm der Krieg gegen den Strich ging.

Als ich damals in Rumänien diese Aufzeichnungen machte, ahnte ich nicht, daß ich zehn Jahre nach dem Krieg zufällig in die Gegend von Nördlingen in Schwaben kommen sollte, in dessen Nähe sich das Schloß und die Güter des Fürstentums zu Oettingen-Wallerstein befanden, aus dem unser ehemaliger Schwadronschef stammte. Neugierig geworden, fuhr ich die paar Kilometer hin.
Der freundliche Verwalter, dem ich erklärte, daß der Prinz im Kriege eine Zeitlang mein Chef war, führte mich in einen Saal, an dessen Wand sein Portrait in Lebensgröße hing. Das Bild war so lebensecht gemalt, daß ich glaubte, er stände leibhaftig vor mir. Auf seiner Brust prangte neben dem EK I auch das Deutsche Kreuz in Gold, das man ihm nach dem Tode noch verliehen hatte. Diesen Orden, der aufgrund einer Vielzahl tapferer Taten verliehen und in den Augen von Frontsoldaten höher bewertet wurde als das Ritterkreuz, hat er mehr als einmal verdient.
Als ich schließlich gehen wollte, fragte mich zu meiner Überraschung der Verwalter, ob ich nicht noch etwas bleiben könnte, denn die Fürstin und der Fürst wären sehr daran interessiert, sich mit mir über den gefallenen Prinzen zu unterhalten. Da ich einwilligte, erhielt ich vom Fürstenpaar die Einladung, mit ihnen zu Mittag zu essen. Von der warmherzigen Art der Fürstin angenehm berührt, verlor ich während des Gesprächs sogar meine Befangenheit. Mir wurde klar, daß der Prinz von seiner fürstlichen Mutter viele gute Eigenschaften mitbekommen hatte. Aber der Tod fragt nicht nach gut oder böse oder nach arm oder reich. Auch die Fürstin hat das Leid und die Trauer um ihren Sohn Moritz genauso schwer ertragen wie andere Mütter, die ihre Söhne für den sinnlosen Krieg geopfert hatten.

11. Mai. Heute habe ich auf der Schreibstube meinen Urlaubsschein für einen dreiwöchigen Heimaturlaub erhalten. Morgen früh soll es mit zwei anderen Landsern aus unserer Schwadron losge-

hen. Gustav Koller ließ es sich nicht nehmen, mir noch schnell einen ordentlichen Urlaubshaarschnitt zu verpassen. Er verzichtete sogar auf die Bezahlung. Dafür sollte ich eine Menge Briefe mitnehmen und in Deutschland absenden, weil sie dann schneller zugestellt werden als von unserer Feldeinheit. Obwohl ich wußte, daß mein Heimaturlaub demnächst fällig war, kam die Nachricht überraschend. Jetzt, wo es Wirklichkeit wurde, daß ich für ein paar Wochen aus der Gefahr und dem Dreck herauskam, sollte ich mich eigentlich freuen. Dem war aber nicht so. Ich hatte eher ein zwiespältiges Gefühl. Einerseits freute ich mich, meine Lieben daheim wiederzusehen und auch wieder in einem richtigen Bett zu schlafen, andererseits bereitete es mir Unbehagen, meine Kumpel hier zurückzulassen. Wir waren zu lange durch dick und dünn gegangen und auf Gedeih und Verderb miteinander verbunden. Es war mir, als würde ich meine Familie, die sich in Gefahr befindet, verlassen. Werde ich bei meiner Rückkehr alle noch gesund antreffen?

Erst als uns alle der rumänische Wein, den wir in großen Mengen erhielten, etwas beschwingt machte, verschwanden für einige Stunden meine trüben Gedanken an den morgigen Abschied. Wir - Warias, Fritz Hamann, Gustav Koller, Klemm, der "Professor" und meine Wenigkeit - sitzen an einem langen Tisch. Zwei Schritte hinter uns steht ein guterhaltenes Sofa an der Wand, auf dem noch Gefreiter Halbach und zwei junge Landser vom neuen Ersatz lagern. Auf dem Tisch stehen zwei große weiße Emailleschüsseln mit goldgelbem rumänischen Wein. Die Schüsseln hat uns der Küchenbulle organisiert; es waren keine anderen Gefäße für den Wein aufzutreiben. Daraus schöpfen wir den Wein einfach mit unseren Aluminium-Trinkbechern. Es ist genug da, und wenn er zur Neige geht, sorgt einer von uns für Nachschub. Wir brauchen also nicht zu sparen, und darum saufen auch manche bis zur Bewußtlosigkeit. Diesen süffigen Wein trinke ich auch gerne, aber in Maßen. Ich weiß, daß ich Alkohol nicht so verkraften kann wie manch anderer. Klemm z. B. kippt den Wein wie Wasser in sich hinein und döst mit trübem Gesicht vor sich hin. Ich mache mir ein wenig Sorgen um ihn. Erst als Unteroffizier Todtenhaupt, den wir unter uns die Rübe nennen, zu uns kommt, wird er etwas gesprächiger. Klemm ist nicht mehr der selbstsichere und gesprächige Kumpel, der auch immer mal einen Witz auf Lager hatte. Seit er vom Urlaub zurück ist, bemerkten wir diese Veränderung an ihm. Während der vergangenen Kampftage hatten wir jedoch nicht die Zeit, uns über andere Dinge zu unterhalten als über Angriff, Verteidigung und die gegenwärtige Kampfsituation. Und ihn direkt nach seinem Kummer fragen wollte ich auch nicht.

Erst als sich Fritz Hamann mit Warias wieder einmal über das Thema Nr. 1, die Liebe unterhält, horcht Klemm auf und mischt sich dann ein. In dem folgenden Gespräch, das er vorwiegend mit der "Rübe" führt, bin ich nur stiller Zuhörer. Wir erfahren jetzt den wahren Grund seiner Veränderung: Seine Frau hatte er bei seinem Urlaub mit einem anderen angetroffen. Es muß für ihn ein großer Schock mit langer Nachwirkung gewesen sein. Armer Teufel!
Es beginnt damit, daß sich Klemm bei dem Wort "Liebe" nur schwer beherrschen kann: "Liebe? Daß ich nicht lache! Was bedeutet das schon? Soll ich euch sagen, was unsere Weiber darunter verstehen? - nichts weiter als diese verdammte Bettfeisterei - jawoll! Wir fallen nur immer wieder auf ihre Liebesbeteuerungen herein und glauben, daß Liebe auch Treue bedeutet, und daß sie in großer Liebe auf uns warten."
Ich sehe, wie Klemm tief atmet und dann lauter wird: "Alles Lüge! In Wirklichkeit denken sie längst daran, mit einem anderen ins Bett zu steigen sobald wir nicht da sind. Pfui Teufel! kann ich da nur sagen! Hat man sie aber erwischt, spielen sie dir noch das arme Geißlein vor, das in seiner Einsamkeit von dem bösen Wolf verführt worden ist."
Wir schweigen und sehen auf Klemm, der sich wieder einen vollen Becher Wein in den Hals gießt.
Schließlich legt ihm die "Rübe" den Arm um die Schultern und sagt tröstend: "Das viele Grübeln hilft nichts, Bernhardt. Es macht dich

hier nur kaputt. Du mußt darüber hinwegkommen. Es ist dieser verdammte Krieg. Wenn er vorbei ist, sieht alles wieder anders aus."

Das hätte er nicht sagen sollen, denn Klemm schlägt mit der Faust auf den Tisch, daß die Trinkbecher hochspringen und der Wein herausspritzt. Seine Stimme trieft vor Spott, als er wütend sagt: "Ja, wenn der Krieg aus ist und wir den Arsch nicht zugekniffen haben, dann wird wieder alles gut, nicht wahr?...

Verdammt, warum schiebt ihr nur immer alles auf den Krieg? Jetzt ist der Krieg auch schon schuld, daß unsere Frauen in der Heimat zu Huren werden, was? Ich habe immer geglaubt, daß gerade die Trennung die Liebe zweier Menschen noch mehr festigt. Aber jetzt weiß ich, daß dadurch lediglich die Spreu vom Weizen getrennt wird. Was gut war, hält auch diesem Krieg stand. Was aber schon vorher schlecht und gemein war, wird im Krieg wahrscheinlich noch gemeiner und dreckiger!"

Klemm lacht krampfhaft auf und sprudelt heraus: "Und da willst du mir erzählen, daß die miesen Kreaturen nach dem Krieg besser werden? Er springt auf und macht erregt zwei Schritte zur Seite. Kurz vor Todtenhaupt bleibt er stehen und fragt ihn lauernd: "Sag mal, Heinz, bist du durch den Krieg schlechter geworden?"

Die "Rübe" schaut ihn überrascht an: "Wie meinst du das?"

"Ob sich dein Charakter durch den Krieg negativ verändert hat?"

Die "Rübe" überlegt nicht lange und sagt: "Nein, Bernhardt, ich glaube nicht, daß sich da was bei mir geändert hat. Worauf willst du hinaus?"

"Ganz einfach, Kumpel", sagt Klemm. "Ich wollte von Dir nur die Bestätigung, daß der Krieg einen Menschen charaktermäßig nicht verändert. Was du nämlich schon immer verachtet und für dreckig befunden hast, wirst du auch im Kriege für dreckig und für verachtenswert halten, klar? Und wenn du vorher ein Schweinehund warst, wirst du es im Kriege auch sein, stimmt's?"

Obwohl er die Frage im Zusammenhang mit dem Ehebruch seiner Frau stellte, mußte ich unwillkürlich an Dneprowka und an die verwerfliche Tat von Unteroffizier Heistermann an den russischen Frauen denken, über die uns Klemm berichtete. Heistermann war

393

damals seiner Bestrafung entgangen, weil er im Brückenkopf Nikopol als verschollen galt.

Während Unteroffizier Todtenhaupt nach der Frage von Klemm noch überlegt, sieht man ihm an, daß er nicht damit einverstanden ist. Er sagt darum: "Oberflächlich betrachtet mag es ja so aussehen, Bernhardt, aber bedenke, daß während eines Krieges auch eine anständige Gesinnung vor die Hunde gehen kann. Da wird so mancher schon in den Strudel hineingerissen, ehe er richtig begriffen hat. Andererseits glaube ich aber auch, daß jener, der vom Charakter her immer schon ein Schweinehund war, sich angesichts des Todes auch durchaus ändern kann."

Klemm schüttelt abwehrend den Kopf und sagt schon etwas schleppend: "Bin deiner Meinung, Kumpel, wenn du die Landser hier an der Front meinst, wo einer auf den anderen angewiesen ist und niemand aus der Reihe tanzen kann. Aber in der Heimat triffst du genügend andere an, die keinen Grund haben, sich zu ändern. Die nehmen doch auf nichts Rücksicht und pennen am liebsten mit unseren Weibern, derweil wir vorne in der Scheiße liegen."

"Ja, es ist schlimm! - Bernhardt! Aber in der Heimat ist es auch nicht mehr so rosig", widerspricht Todtenhaupt. "Geh doch mal in die Großstädte und sieh dir die wahnsinnige Zerstörung durch die Bomben an."

"Ach Quatsch, Großstadt! Du willst mich nur ablenken", sagt Klemm ärgerlich.

Er hat gerade wieder einen Becher Wein in sich hineingegossen, und wischt mit einer hastigen Handbewegung den verschütteten Wein vom Tisch, so daß er dem "Professor" am anderen Ende ins Gesicht spritzt.

Dann schaut er wieder auf Todtenhaupt und sagt: "Bei uns Zuhause haben sie jedenfalls vom Krieg noch nichts gespürt. Die müssen sich gerademal mit der Fresserei etwas einschränken, das ist alles. Krieg hin, Krieg her. Ich sage dir, Heinz, wer sich einmal dreckig benommen hat, wird sich immer wieder dreckig benehmen, das ist so klar wie das Amen in der Kirche. Das hat auch mit dem Krieg nichts zu tun. Es ist die Haut, in der jemand steckt. Niemand kann aus ihr heraus, daran glaube ich fest."

"Du urteilst verdammt hart, Bernhardt. Du meinst natürlich deine Frau damit, nicht wahr? Und du willst ihr auch keine Chance geben? Dabei kommst du nur aus der Sache heraus, wenn du dich mit ihr aussprichst. Kannst es mir glauben, habe so was Ähnliches auch schon hinter mir."

Klemm schaut die Rübe nur an und höhnt: "Warum Chance? Wer gibt *uns* denn eine? Du weißt doch wie ich, daß es für uns keine Chance gibt. Entweder der Iwan oder wir. Unser Leben oder unseren Tod. Was dazwischen liegt, danach fragt doch kein Schwein."

In einer Aufwallung packt er wieder seinen nachgefüllten Trinkbecher und leert ihn in einem Zuge.

Ich staune, wieviel Klemm vertragen kann und daß er, trotz seiner Berauschtheit und der schon schwerfälligen Zunge, der Unterhaltung mit der Rübe noch so gut folgen kann. Als er dann den Trinkbecher hart auf den Tisch setzt, fängt er plötzlich an zu lachen. Er lacht wie irrsinnig, und wir schauen ihn beängstigt an. Erst als ihm Warias den Becher wieder vor die Nase hält, greift er hastig danach und leert ihn, ohne abzusetzen. Als er sich danach mit der Hand über den Mund wischt, wirken seine Bewegungen schon recht müde, und weil er hin- und herschwankt, stemmt er beide Hände fest auf die Tischplatte. Dann sucht er mit glasigen Augen mein Gesicht und sagt grinsend:

"Na, ist das nicht eine schöne Abschiedsfeier für dich?"

Klemm lacht mit verzerrtem Gesicht und schaut grinsend die anderen der Reihe nach an. Dann quetscht er heraus: "Wundert euch wohl, was mit dem alten Klemm los ist, was? Müßtet alle mal überraschend in Urlaub fahren und sehen, was eure Weiber machen - wenn ihr welche habt. Sie sitzen immer brav Zuhause und warten, bis der Alte wieder da ist, was?"

Klemm torkelt hin und her und knüllt mit beiden Händen seinen Becher wie Pappe zusammen. Dann schleudert er ihn mit einem Schrei gegen die Wand und nuschelt schon fast unverständlich: "Ich liebe dich, sagt sie mir, und meint, damit ist alles wieder im

Lot. Und wenn ich nicht da bin, liebt sie den anderen und wünscht, daß ich inzwischen verreckt bin."

Die Worte fallen ihm schon richtig labberig aus dem Mund. Aber er holt nochmal tief Luft und stöhnt: "Gut! Soll sie ihn haben! Ist sowieso alles Scheiße! Der Krieg und unser verfluchtes Leben hier besteht doch nur aus dreckiger Angst, aus Tod und Vernichtung. Und das idiotische Gequatsche von Heldentum fürs Vaterland fällt mir schon lange auf den Sack."

Seine Stimme wird immer leiser, und langsam sackt sein Körper auf dem Stuhl zusammen. Wir sehen, wie seine Schultern zucken, und dann hören wir auch sein haltloses Schluchzen.

Eine Zeitlang ist Schweigen im Raum. Klemm liegt mit verschränkten Armen auf dem Tisch und weint sich aus. Wenn unsere Hirne durch den Wein auch schon etwas vernebelt sind, spüren doch alle die Tragik dieses Augenblicks. Wie schlimm muß es diesen Mann getroffen haben, der so fest an die Treue seiner Frau glaubte und jetzt so bitter enttäuscht wurde!

Die "Rübe" ist der erste, der die Stille unterbricht. Er legt seinen Arm um Klemms Schulter und sagt ruhig: "Komm, leg dich hin, Bernhardt, du hast zu hastig getrunken."

Auch der "Professor" am anderen Ende des Tisches ist aufgestanden und geht schwankend auf Klemm zu. Als er vor ihm steht, will er ihm etwas sagen, aber jedesmal wenn er zum Sprechen ansetzt, bekommt er einen Schluckauf. Endlich bringt er, vom Schluckauf ständig unterbrochen, doch einige Worte hervor: "Mußt nicht soviel trinken, Klemm! - hick. Dann... hick, hick, brauchst dich nicht so viel über die Weiber zu ärgern, hick. Sieh mich an, hick, bin noch nüchtern, hick... hick."

Wir können über die komische Figur, die unser spitzbrüstiger "Professor" in seinem alkoholisierten Zustand abgibt, fast wieder lachen. Ich glaube, er und Gustav an der anderen Tischseite haben gar nicht so richtig mitbekommen, worum es hier eigentlich ging. Darum schubst ihn Todtenhaupt zur Seite und sagte sanft: "Komm, Professor, leg dich jetzt in deine Koje, du hast schon genug intus."

Den "Professor" hindert ein neuer Schluckauf daran, etwas zu sagen. Er schiebt aber, mit dem Schluckauf belastet, nach hinten ab und verschwindet im anderen Raum. Die "Rübe" redet auf Klemm ein, der sich langsam beruhigt hat. Er ist voll wie "tausend Mann". Zu zweit bugsieren wir den schweren Brocken ins Nebenzimmer und legen ihn auf sein Lager. Kurz darauf verkündet uns sein lautes Sägen, daß er begonnen hat, seinen mächtigen Weinrausch auszuschlafen. Die Lust am fröhlichen Abschiedsgelage hat einen starken Dämpfer erhalten, und ich bin froh, daß ich mich noch nicht mit derartigen Problemen zu befassen brauche.

Als mir Fritz Hamann meinen Trinkbecher vollmacht und auf meinen Urlaub anstößt, trinke ich noch eine Weile mit. Manchmal tut es gut, wenn sich das Gehirn langsam zu drehen beginnt und man dabei eine wohltuende Leere im Kopf spürt. So vergißt man wenigstens für eine Weile diesen verfluchten Krieg mit allen seinen gemeinen und brutalen Auswirkungen. Ich fühle mich leicht, und mir ist, als würde vor mir ein dichter Tüllvorhang hängen und den Raum in einen dunstigen Nebel hüllen. Nur auf dem Tisch leuchten noch hell die weißen Konturen der Schüsseln mit dem süffigen Wein auf. Das läßt mich erkennen, daß ich genug habe, und ich überlasse das Weitersaufen den Standfesten. Schon leicht schwankend verschwinde ich in unserem Schlafraum und lege mich bei den bereits Schnarchenden auf mein Lager.

12. Mai. Unser Fahrer, Obergefreiter Jost, hat mich um vier Uhr geweckt. Bereits eine halbe Stunde später sitzen wir drei Urlauber auf dem Wagen und fahren zum Bahnhof. Ich habe mich nur noch von Fritz Hamann und Warias verabschieden können, alle anderen schliefen noch ihre Räusche aus.
Wer in Urlaub fährt, muß Zeit mitbringen, sagte man mir. Die Züge fahren nicht immer nach Fahrplan, und die Zeiten erfährt man meist erst auf der Bahnhofskommandantur. Aber von Rumänien kamen wir noch verhältnismäßig gut weg. Die meisten Landser in den Personenwaggons waren Frontsoldaten, die wie ich nicht viel vom

Reden hielten, sondern im eintönigen Rattern des Zuges schnell eindösten. Erst als ab Wien auch andere zustiegen, wurde es in meinem Waggon lebhafter. Daß es Hinterlandsoldaten waren, erkannte ich an ihren Uniformen und als sie sich über ihre amourösen Abenteuer in Österreich und in Ungarn unterhielten.

13. Mai. Unterwegs bin ich mindestens fünfmal im Zug und auf den Bahnhöfen von den sogenannten Kettenhunden kontrolliert worden. So nennen wir die Männer der nicht gerade beliebten Feldgendarmerie, weil sie als äußerliches Zeichen ihrer Befugnisse ein blinkendes Metallschild auf der Brust tragen, das an einer Art Hundekette um den Hals hängt. Ab und zu führten sie auch jemand ab. Sie kontrollierten die Urlaubsscheine und Marschbefehle sowie die Eintragungen in den Soldbüchern, um festzustellen, ob sich nicht jemand mit unverdienten Orden schmückte oder sich einen falschen Dienstgrad zulegte. Ohne Zweifel waren die Kettenhunde nötig, innerhalb der Truppe für Ordnung zu sorgen.
Sogar in meinem Abteil nahmen sie einen Feldwebel fest, der zwar mit dem EK I und der silbernen Nahkampfspange ausgezeichnet war, aber dennoch etwas ausgefressen hatte. Er mußte keine korrekten Papiere bei sich gehabt haben, so daß der Verdacht auf unerlaubte Entfernung von der Truppe bestand. Im Gespräch mit anderen Landsern erfuhr ich, daß es mit der Moral der Truppe nicht mehr zum besten stand. Es soll immer mehr Deserteure geben, die in der Regel ohne viel Federlesen erschossen werden. Schlimme Zeiten! Wir bezeichnen sie als Vaterlandsverräter, weil sie nicht das tun, was wir alle tun müssen, ohne es eigentlich zu wollen. Denn niemand kann im Krieg über sich selbst verfügen! Wir gehören alle dem Staat oder dem Volk. Und letzteres hört sich immer gut an, weil dann nämlich alles, was geschieht, immer im Namen des Volkes, also in unserem Namen geschieht.

14. Mai. Bis ich in meinem Heimatstädtchen eintraf, waren zwei Tage vergangen. Die Freude des Wiedersehens mit meiner Mutter und meiner ältesten Schwester wurde getrübt durch die Nachricht

vom Tode einiger Freunde. Unser so ruhiges und beschauliches kleines Städtchen hat sich zu einem überbevölkerten hektischen Ort verwandelt. Auf den Straßen traf man vorwiegend Soldaten und viele Mütter mit Kindern aus Berlin und anderen Großstädten, die vor den Bomben der Alliierten bei uns Schutz suchten. Aber wie lange werden sie es noch können?

Wenn die Sowjets so weitermarschieren wie ich es an der Front erlebt habe, werden sie auch bald bei uns erscheinen. Ich werde es aber nicht laut aussprechen. Neben den falschen Ohren, die es hören könnten, würde ich nur jene, die sich bei uns sicher fühlen, möglicherweise verängstigen. Dabei bin ich selbst noch nicht einmal davon überzeugt, daß es so kommen könnte. Es erscheint unfaßbar, plötzlich den Feind im eigenen Land zu haben. Aber sprechen nicht viele Anzeichen schon dafür?

Wenn es aber wirklich so käme, sollte man sich jetzt schon eine Kugel durch den Kopf jagen. Aber noch ist es ja nicht soweit! Alles spricht von einer geheimen Waffe, die den Krieg mit einem Schlage zu unseren Gunsten entscheiden könnte. Ist es wahr oder wieder nur ein Gerücht, um dem Volk und den Soldaten den Glauben an den Endsieg zu erhalten?

Sind nicht gerade wir Landser schon einmal auf eine großartige Versprechung hereingefallen? Damals in Stalingrad, als wir bis zum Schluß an die Versicherung der obersten Reichsführung glaubten, um dann doch gnadenlos verheizt zu werden? Warum sollte es diesmal anders sein?

Vielleicht glauben wir nur noch an den Sieg, weil es für uns unvorstellbar und ungeheuerlich wäre, daran zu denken, daß die vielen Toten und das unmenschliche Leid und Elend umsonst gewesen sein sollten? Damals, als ich diese Notizen machte, hatte ich nur Zweifel; doch heute, wo ich es niederschreibe, weiß ich, daß sie berechtigt waren. Es sind danach nur drei Monate vergangen, bis die russische Armee Anfang Oktober die ostpreußische Grenze überschritt und die Kämpfe im eigenen Lande begannen.

15. Mai. Ich ahne, daß mein Heimaturlaub wegen all den zwiespältigen Gedanken und Gefühlen nicht so harmonisch verlaufen wird, wie erwartet. An mir war der mörderische Fronteinsatz nicht spurlos vorübergegangen. Im nächsten Monat werde ich erst einundzwanzig, aber ich fühle mich bedeutend älter. Nicht zuletzt auch darum, weil ich bereits viele jüngere Kameraden überlebt habe. Dabei bin ich mit meinen fünf kleinen Verwundungen noch verhältnismäßig gut weggekommen. Im Kampf flattern meine Nerven manchmal, aber ich habe sie immer noch im Griff. Wie oft habe ich in den letzten Monaten jüngere und ältere Männer erlebt, die über Nacht grau geworden sind. Oder denen die Nerven versagten, und die im stundenlangen Schlachteninferno völlig durchdrehten. Und das alles soll wirklich umsonst gewesen sein? Gott gebe, daß es niemals dazu kommen wird!

16. Mai - 2. Juni. Ich versuche dennoch, meinen Urlaub zu genießen und mich abzulenken. Meine schönste Beschäftigung ist: lange schlafen. Nachmittags fahre ich mit meinem Sportrad in der Gegend herum oder bin auf dem See beim Angeln. Den Abend verbringe ich manchmal mit anderen zusammen in einer Wirtschaft oder bei einer Freundin, mit der ich schon früher einmal liiert war. Aber all die Tage vergehen nicht wie früher in einer entspannten Atmosphäre, sondern ich spüre die Spannung und Unzufriedenheit der Menschen, die alle etwas zu sagen hätten, aber sich nicht trauen, es laut auszusprechen.

Manchmal höre ich, daß sie jemand abgeholt haben, um ihn in ein Konzentrationslager zu stecken. Man sagt, daß es Arbeitslager wären, deren Wachmannschaft aus SS-Leuten bestehen soll. In die Konzentrationslager steckt man Andersdenkende und Gegner des Dritten Reiches. Aber niemand weiß da etwas Genaues, weil bisher noch niemand daraus entkommen konnte.

3. Juni. In den letzten Tagen kann ich nicht einschlafen. Mir geht so vieles durch den Kopf, und ich muß sehr häufig an meine Kumpel vorne an der Front denken. Ich fühle, daß ich sie nicht alle wie-

dersehen werde. Wenn sie nur verwundet sind, werden sie aber eines Tages zurückkehren. Nur die Toten kommen nicht wieder. Und es sind bei jedem Kampf immer mehr. Je näher das Urlaubsende kommt, desto unruhiger werde ich - meine Gedanken sind bei meinen Kameraden an der Front.

4. Juni. Schon seit Stunden bin ich in einem ratternden Zug unterwegs zu meiner Einheit. Der Abschied fiel mir vor allem von meiner Mutter schwer, die mir die Urlaubszeit so angenehm wie möglich machte. Doch das Ladengeschäft, das sie seit Jahren betreibt, nahm sie so stark in Anspruch, daß sie sich mir nicht so widmen konnte, wie sie es gern gewollt hätte. Meinen Vater hatte man zu dieser Zeit zu einer Volkssturmeinheit für eine spezielle Aufgabe im Grenzgebiet eingezogen.

Der Zug ist bis obenhin mit Wehrmachtsangehörigen verschiedener Truppenteile vollgepackt. Die Wagen waren so überfüllt, daß ich auf meiner Packtasche auf dem Gang sitzen mußte. Erst nachdem unterwegs einige Landser ausgestiegen waren, erwischte ich einen Platz auf der Bank. Ein Unteroffizier von unserem gepanzerten Grenadierregiment 26, mit dem ich mich schon vorher anfreundete, hatte ihn mir freigehalten. Er war etwas älter als ich und der Typ eines alten Haudegens mit EK I und zwei Streifen für geknackte Panzer. Wie er mir erzählte, kam er nicht aus dem Urlaub zurück, sondern hatte einen Marschbefehl von der Genesungskompanie Insterburg zur Einheit zurück. Ihm wurden während des Rückzugs im März, bei dem Gewühle durch den tiefen Morast, vom eigenen Schützenpanzer zwei Rippen gebrochen und die Lungenspitze zerquetscht. Trotz der lädierten Lunge hat man ihn wieder KV, also kriegsverwendungsfähig geschrieben.

Er und ich hatten demnach das gleiche Ziel. Da unsere beiden Regimenter ständig zusammen kämpften, lagen in der Regel auch die Führungsstäbe immer im gleichen Raum. Wo sie sich allerdings jetzt befanden, hofften wir beim nächsten Aufenthalt in Wien von der dortigen Kommandantur zu erfahren.

5. Juni. Wir sind die ganze Nacht durchgefahren. Unterwegs gab es zweimal Fliegeralarm, und der Zug hielt auf freier Strecke an. Uns hat es weniger gestört, und die meisten Landser schliefen weiter. Sie liegen überall auf dem Boden herum, und manche haben es sich sogar in den Gepäcknetzen bequem gemacht. In den Abteilen ist es stockdunkel, denn es darf kein Licht gemacht werden. Aber ab und zu flammt der Schein einer Taschenlampe auf oder jemand schnippt ein Feuerzeug an, um einen, der sich zum Pinkeln durchquetscht, zu warnen, nicht einem Liegenden auf den Kopf zu treten. Als es langsam hell wird, nähern wir uns Wien. Der Zug erhält jedoch keine Einfahrt! Erst gegen Mittag sind wir im Bahnhof und müssen den Zug verlassen. Er wird für den Transport von Fronttruppen benötigt, heißt es.

Auf der Bahnhofskommandantur erfahren wir, daß sich unsere Einheiten noch im gleichen Raum wie vor meinem Urlaub befinden. Wir warten bis zum Abend auf die Weiterfahrt. Aber niemand kann uns sagen, wie wir weiterkommen. In keinem Falle vor morgen mittag, heißt es. Sie empfehlen uns, für die Nacht ein Privatquartier zu suchen, da alle Soldatenheime und Wehrmachtsunterkünfte besetzt seien. "Schöne Scheiße!" schimpft der Unteroffizier.

Vorsorglich lassen wir uns von der Dienststelle die Zugverspätung bescheinigen, damit uns die Kettenhunde nicht an den Karren fahren können. Sie legen überschrittene Urlaubstage oft als Fahnenflucht oder unerlaubte Entfernung von der Truppe aus.

In Ermangelung einer Schlafgelegenheit nehmen wir uns vor, das Nachtleben von Wien zu entdecken. Wir bummelten deshalb nur so herum, bis wir in einem Lokal für viel Geld etwas Hochprozentiges zu trinken bekamen. Davon angeheitert, aber auch schon müde, erwischten wir gerade noch die letzte Trambahn um Mitternacht, die uns wieder zurück zum Bahnhof brachte.

6. Juni. Am Bahnhof faßten wir für zwei Tage Marschverpflegung. Danach mußten wir aber noch bis zum Spätnachmittag warten, bis wir einen Zug Richtung Budapest und weiter nach Rumänien er-

wischten. Mit mehrmaligem Umsteigen dauerte es zwei Tage, bis wir unser Ziel erreichten. Unsere Regimenter befanden sich dicht nebeneinander im Raum Jassy-Monesti. Sie waren durch große Verluste in den letzten Monaten zu kleineren Kampfgruppen zusammengeschmolzen. Während der Unteroffizier schnell ein Fahrzeug seines Regiments aufstöberte, konnte ich kurz darauf mit einem Verpflegungsfahrzeug unserer Abteilung bis zur Schwadron mitfahren. Als wir uns trennten, versprachen wir, uns bei Gelegenheit mal wiederzusehen. Leider wurde nichts daraus. So blieb auch diese Begegnung, wie viele andere in diesem Krieg nur eine kurze Episode.

8. Juni. Heute morgen bin ich mit einem Verpflegungs-Lkw der Abteilung bei der Schwadron eingetroffen. Auf der Schreibstube vermisse ich sogleich Unteroffizier Todtenhaupt, die "Rübe". Auch der Spieß ist nicht anwesend. Ein mir unbekannter Obergefreiter sagt mir, daß Todtenhaupt vor zwei Wochen bei einem Fliegerangriff auf sein Fahrzeug verwundet wurde und ins Lazarett gekommen sei.
Im Quartier erwarten mich Fritz Hamann und der lange Warias voll Freude über unser Wiedersehen. In der Zwischenzeit hatte sich in der Schwadron eine Menge zugetragen. Ich erfahre Neuigkeiten, die mich überraschen und in Staunen versetzen, und andere, die mich erschrecken und schmerzlich berühren. Die schlimmsten sind, daß Klemm in der letzten Woche bei einem Angriff gefallen war und daß dem Professor von einem Granatsplitter der rechte Arm abgerissen wurde und er bald verblutet wäre. Auch der Gefreite Halbach, der noch nicht lange bei uns war, soll so schwer verwundet worden sein, daß er wohl nicht durchkommen wird. Schlimme Nachrichten, die mich wieder daran erinnern, wie grausam der Krieg hier an der Front ist.
Als ich Gustav Koller vermisse und nach ihm frage, höre ich Erstaunliches. Die beiden lassen mich etwas zappeln, dann platzt Fritz heraus: "Gustav hat das Ritterkreuz bekommen!"

"Was?" staune ich. "Wofür hat er es erhalten? Was war geschehen?"

"Nicht viel mehr als sonst bei unseren Angriffen", berichtet mir Fritz. "Nur mit dem Unterschied, daß der liebe Gustav, der an deiner Stelle das Kommando über beide Gewehre hatte, den Anschluß an die leichten Züge links von uns verlor. Wir latschten aber unter seiner Führung weiter durch ein Kusselwäldchen. Als ich mit meinem Schützen II fast aus dem Wäldchen heraus war, standen am Waldrand drei T 34, deren Besatzungen ausgestiegen waren und sich mit einem Offizier lebhaft unterhielten. Wir brachten sogleich beide Gewehre hinter den Bäumen in Stellung, und Gustav und ich ballerten in die Russen hinein. Zwei waren sofort tot, und den Rest nahmen wir gefangen. Wir stellten fest, daß die Panzer die Flanke der Sowjets sicherten und sogar ein VB (Artilleriebeobachter) dabei war, der das russische Sperrfeuer lenkte.

Was dann geschah, war für uns ein richtiges Freudenfest. Wir konnten vom Waldrand genau in die feindlichen Gräben hineinballern, was das Zeug hielt. Dadurch kam der Angriff unserer Kampfeinheiten, der ins Stocken geraten war, wieder in Bewegung, und das Regiment konnte die russischen Gräben mit nur geringen Eigenverlusten aufrollen. Ja - und das war's auch schon, was es da zu berichten gibt. Wegen den drei erbeuteten Panzern und der Ballerei in die Gräben erhielt Gustav das Ritterkreuz, und Warias und ich das EK I", schloß Fritz Hamann seinen Bericht.

"Tolle Sache!" freue ich mich. "Aber eigentlich ein richtiger Zufallstreffer, nur weil Gustav den Anschluß verpaßte, nicht wahr?"

"Klar!" bestätigt Warias, "aber danach fragt hinterher niemand, der Erfolg zählt."

"Wo ist Gustav jetzt?" frage ich.

"Keine Ahnung? Seit er wegen des Ritterkreuzes zum Regimentskommandeur beordert wurde, hat ihn hier niemand mehr gesehen. Man erzählt sich, daß er zum Unteroffizier befördert worden ist und einen Lehrgang absolvieren soll. Mehr hört man nicht von ihm."

Leider habe ich Gustav auch später nicht mehr wiedergesehen. Wir wissen, wie das so ist, wenn ein Landser das Ritterkreuz erhält. Er ist dann nicht mehr er selbst, sondern ein vorbildlicher Held, der zur Motivation für andere überall herumgereicht wird. Ich kenne Gustav, und ich glaube nicht, daß er sich besonders wohlgefühlt hat, überall als großer Held vorgeführt zu werden. Er wußte selbst, daß er genausoviel oder genausowenig ein Draufgänger und Held war wie andere auch. Wie Fritz Hamann es schilderte, taten sie nach der verlorengegangenen Verbindung zum leichten Zug gegenüber der ausgestiegenen Panzerbesatzung das einzig Richtige: sie ballerten hinein, bevor die Besatzung wieder einsteigen konnte und sie selbst zusammengeschossen hätte. Dann der glückliche Zufall, daß sie direkt von der Flanke in die feindlichen Gräben hineinschießen konnten und dadurch dem Regiment ermöglichten, die feindlichen Stellungen mit nur wenigen Verlusten zu nehmen.

Der Iwan muß ganz schön geflucht haben, als plötzlich starkes Feuer von dort herkam, wo seine drei Panzer standen und ihr Artilleriebeobachter das Feuer lenkte. Und Gustav, der wegen seiner Beinverletzung nur zeitweise vorne eingesetzt wurde, ist als sMG-Schütze und ersatzweise eingesetzter Gruppenführer fast ungewollt zum großen Helden geworden. Aber einfache Landser haben es mit dieser hohen Auszeichnung besonders schwer. Jeder sieht in ihnen nicht den zufälligen Helden, sondern den schneidigen Draufgänger, der in jeder Kampfsituation ohne Angst ist und mutig voranstürmt.

Armer Gustav! Wenn sie dich als Vorbild eines heldenhaften Landsers herumgereicht haben, wirst du knallhart wieder an die Front geschickt. Aber deine Chancen zu überleben werden diesmal weit geringer sein als vorher. Denn alle deine Vorgesetzten werden dich als besonders kühnen Helden überall dort einsetzen, wo es besonders brenzlig ist und wo sie sich von einem Helden den größten Nutzen versprechen. Wahrscheinlich ist das der Grund, warum nur wenige einfache Landser ihr Ritterkreuz überlebten.

Auch Gustav Koller hat es nicht überstanden. Von seinem schicksalhaften Tode erfuhr ich aber erst einige Monate später, als ich nach meiner schwersten Verwundung vorübergehend als Rekrutenausbilder eingesetzt war. Durch Zufall traf ich einen Obergefreiten, der mit Gustav einige Wochen lang zusammen in Ungarn gekämpft hatte. Er erzählte, daß Unteroffizier Koller bei jedem Himmelfahrtskommando mit dabei war. Am 10. November 44 sei er bei der Erstürmung einer feindlichen Stellung zusammen mit seinen Männern gefallen.

Armer Freund! Dein Ruhm mit dem Ritterkreuz hat nur einige Monate gedauert, bis das unerbittliche Schicksal entschieden hat, daß sich das stolze Ritterkreuz in ein einfaches, schlichtes Holzkreuz verwandeln soll. Zurück blieb nur noch die Erinnerung an einen guten und geschätzten Kameraden, der absichtslos zum Held wurde und deshalb schneller sterben mußte als jene, die ihn rücksichtslos verheizt haben.

Auf Befehl zum Sterben verurteilt

9. Juni. Ich bin noch nicht einmal richtig warm geworden, da muß ich wieder in den Einsatz. Die Luftaufklärung soll größere Bereitstellungen von sowjetischen Panzern ausgemacht haben. Die Vermutung, daß die Sowjets eine größere Offensive beginnen, bewahrheitet sich aber nicht. So befinden wir uns einige Tage in kleinere und größere Kampfhandlungen verwickelt, die nur zwei Verwundete fordern.

15. Juni. Heute liegen wir zwischen Jassy und Targul-Frumos auf einer Höhe in Stellung, mit einem weiten Blick auf eine grüne flache Ebene. Hinter uns brennen einige Gehöfte, die durch feindliche Granaten in Brand geschossen wurden. Manchmal weht der Wind einen Schub schwarzen Rauch in unsere Stellung hinein. Er stinkt fürchterlich und beklemmt uns den Atem. Die Häuser sind von den Bewohnern längst verlassen. Auf der Flucht hatten sie nicht immer die Zeit, das Vieh aus den Stallungen zu treiben und mitzunehmen. Wenn es nicht vor Hunger verendet war, wurde es von den Granaten oder vom Feuer vernichtet. Überall liegen verendete und aufgedunsene Tierkadaver herum, die sich langsam zersetzen und scheußlich stinken.

16. Juni. Nach Einbruch der Dunkelheit haben wir auf der Ebene vor uns Feindbewegungen festgestellt. Der erwartete Angriff blieb jedoch noch aus. Aber die ganze Nacht über werden wir mit Sprenggranaten beschossen, da der Feind uns im Schein des immer neu aufflammenden Feuers gut erkennen kann.
17. Juni. Im Morgengrauen liegt dichter Morgennebel vor uns. Es scheint, als würde der Nebel durch den Wind langsam auf uns zutreiben. So etwas habe ich noch nicht beobachtet. Möglicherweise

nutzt der Feind diesen Morgennebel und geht in seinem Schutz langsam vor.

Die milchige Wand kommt immer weiter auf uns zu, und es ist, als würde der Nebel sogar dicker. Da entdecke ich durch meine Optik schemenhaft eine geduckte Gestalt, die auf dem Rücken einen Rucksack oder etwas Ähnliches trägt. Ich ziele und jage auf gut einen Kilometer Entfernung einen kurzen Feuerstoß auf den geduckt laufenden Iwan. Die Wirkung ist so verblüffend, daß wir lachen müssen. In dem Rucksack, den der Iwan auf dem Rücken trägt, müssen sich Nebelgranaten befinden, die vermutlich auch den Nebel erzeugten, den wir für dicken Morgennebel hielten. Denn sogleich nach meinem Feuerstoß quillt eine dicke weiße Wolke aus dem Rucksack des Iwans. Der muß sich derart erschrocken haben, daß er, statt den Rucksack abzuwerfen, vor lauter Schreck im Zickzack davonrast, als würde er von jemand verfolgt werden. Indessen entzünden sich nach und nach alle Nebeltöpfe auf seinem Rücken, und es sieht aus, als sei er von einer Rakete angetrieben.

Nach Aufdeckung dieser feindlichen Finte, im Schutze des künstlichen Nebels vorzugehen, schießen sofort unsere schweren Waffen in den Dunst hinein und stoppen den Angriff bereits in seiner Entstehung. Als die Sicht wieder klar wird, liegen eine Menge Tote nebst einigen zerstörten Granatwerfern und anderen Waffen auf der Ebene vor uns.

20. Juni. Obwohl die Kämpfe in den letzten zwei Tagen vorwiegend Abwehrkämpfe waren, beklagen wir mehrere Tote und wieder eine Menge Verwundete. Unter den Verwundeten befindet sich auch unser Ober, der wieder einmal die zusammengeschrumpfte Schwadron ersatzweise führte. Niemand weiß genau, wie oft er wirklich verwundet war, denn sein goldenes Verwundetenabzeichen, das man nach fünf Verwundungen erhält, trug er schon im Brückenkopf Nikopol. Bei den kleinen Schrammen blieb er meistens bei der Schwadron zur Ausheilung. Diesmal ist es aber mehr, und daher muß er zum Hauptverbandplatz und kommt sicher anschließend ins Heimatlazarett.

27. Juni. Unser Regiment ist seit dem 21. Juni aus dem Kampf genommen worden, und wir liegen im Raum von Popesti in Ruhe. Obwohl wir noch vom "Regiment" sprechen, zählt die Gefechtsstärke höchstens eine Kampfgruppe von nahezu zwei Schwadronen. Von uns sind, neben einem Unteroffizier, nur ganze sieben Männer vom sogenannten Stamm übriggeblieben. Und auch von den anderen, die in der Zwischenzeit zu uns gestoßen waren, sind wieder viele gefallen oder verwundet worden. Deshalb werden wir in der Ruhephase mit neuen Ersatzleuten aus Insterburg aufgefüllt. Unsere Schwadron erhält einen gemischten Haufen von jungen und älteren Jahrgängen. Darunter sind viele Volksdeutsche und russische Hiwis. Statt uns mit dringend erforderlichen Waffen auszustatten, will man die geschwächte Kampfkraft einfach mit schnellausgebildetem "Kanonenfutter" ausgleichen. Welch ein militärischer Wahnsinn!

2. Juli. Unsere sMG-Gruppe wird wieder aufgefüllt. Mit Fritz Hamann, Warias und mir sind wir nur noch drei von der alten Truppe. Da wir auch weiterhin nur mit zwei sMG bestückt sind, werden alle Neuen als Munitionsträger eingesetzt. Wir bemerken schnell, daß die meisten keinen großen Drang zum Soldatsein verspüren. Auch ihre Moral ist nicht zum besten bestellt. Vielleicht überlegen auch sie sich, ob es sich noch lohnt, sein Leben aufs Spiel zu setzen.

10. Juli. Die Ruhe in den letzten Tagen tat uns gut. Die Neuen müßten soweit sein, daß sie auch an der Front ihren Mann stehen können. Heute hatten wir den derzeitigen Abteilungskommandeur und einen höheren rumänischen Offizier zu Besuch. Der Grund war wieder einmal die ehrenvolle Verleihung von EK an einige hinzugekommene verdiente Landser und die Dekoration mit rumänischen Kronenorden an einige aus der alten Mannschaft. Die Verluste unserer Schwadron wurden dadurch deutlich, daß einige der Aufgerufenen gar nicht vortreten konnten, weil sie entweder verwundet oder gefallen waren. Die Feier, als Motivation für die Neuen gedacht, endete aber diesmal, trotz ihres ritualisierten Ablaufs, in

einer ergötzlichen Vorstellung, die von einem gehörnten Teufel inszeniert wurde.

Der kraftstrotzende gehörnte Teufel war ein schwarzweiß gescheckter Ziegenbock, dessen Kopf ich schon eine Weile hinter dem langgestreckten Stallgebäude, vor dem die Schwadron angetreten war, hervorlugen sah. Der Bock mußte zu den Haustieren gehören, die einige Troßleute noch in den Stallungen vorfanden und jetzt durchfütterten. Er war offenbar aus dem Stall entwischt und beobachtete interessiert die Szene, die vor ihm ablief. Als der rumänische Offizier nach einer kurzen Dankesrede gerade unserem Unteroffizier Zanker den letzten Orden anheftet, muß den schwarzweißen Teufel wohl der Ledereinsatz seiner Breecheshose gereizt haben. Als er hinter dem Stallgebäude hervorkam, tänzelte er zuerst auf den Hinterbeinen herum, um aber dann plötzlich im Galopp auf das Hinterteil des Rumänen zuzurasen. Mit voller Wucht rammte er seinen behörnten Schädel auf die lederbesetzte Breecheshose, daß es nur so krachte.
Der überraschende Angriff stieß den Rumänen um und auf den Unteroffizier, und beide lagen auf dem Boden. Ein junger Leutnant, der dem Rumänen zur Hilfe eilen wollte, war der nächste, der einen kräftigen Stoß auf seine Breecheshosen abbekam und auf die zwei am Boden Liegenden stürzte. Der schwarzweiße Teufel tänzelte wieder auf zwei Beinen und suchte nach weiteren Breecheshosen. Da kamen schon aus unserem Glied die Häscher angerannt, um den Ziegenbock einzufangen. Der kräftige Teufel war aber nicht so leicht zu bändigen. Die Schwadron amüsierte sich noch einige Minuten lang über die Versuche, ihn von den Hinterteilen der anderen Offiziere fernzuhalten. Erst als ein bulliger Landser den Bock bei den Hörnern packte und ihn wegschleifte, war das köstliche Schauspiel beendet.

14. Juli. Es schwirren wieder ein paar Gerüchte umher. Eines davon besagt, daß unsere Einheit nach Ostpreußen verlegt werden soll, um dort die Grenze zu sichern. Wir fragen uns, ob die Reichs-

regierung mit Hitler tatsächlich damit rechnet, daß der Feind bald dort sein wird. Man sagt auch, daß bereits sogenannte Volksgrenadiere aufgestellt worden sind, um die Kampfkraft der Truppe zu stärken. Keine Ahnung, welche Truppen das sein sollen. Manche Landser reißen Witze und meinen, daß es unsere Großväter wären, die man als letzte Reserve eingezogen hat. Einige Neue, die noch in den letzten Tagen zu uns gestoßen waren, reden von einer neuen Vergeltungswaffe, die demnächst eingesetzt wird. Wir fragen uns, wann das geschehen soll. Erst wenn unsere Städte zerstört und vom Feind besetzt sind? Von dieser Wunderwaffe habe ich ja bereits in meinem Urlaub gehört; ich glaube, daß es ein Gerücht ist, um dem Volk neue Hoffnungen vorzugaukeln.

15. Juli. Vor einigen Tagen haben wir wieder einen jungen Leutnant als Schwadronschef bekommen. Ich kann gar nicht mehr zählen, wieviel Offiziere es seit Oktober 43 schon waren. Er macht keinen schlechten Eindruck, aber auch er hat nicht das Zeug, der Schwadron das Gefühl der Zusammengehörigkeit und der kameradschaftlichen Einheit zu vermitteln. Irgendwie fehlt etwas, was wir Älteren vermissen. Es sind zu viel neue Gesichter hinzugekommen, an die man sich erst wieder gewöhnen muß.
Wir, die Älteren, bilden eine eigene Clique. Die Neuen bewundern uns zwar wegen unserer Dekorationen und der langen Fronterfahrung, aber wir werden mit ihnen noch nicht so richtig warm. Ähnlich ist es auch mit den neuen Vorgesetzten, die uns nicht einmal korrekt beurteilen und einsetzen könnten, wenn es dazu kommt. Warten wir es ab, bis wir wieder im Einsatz sind. An der Front, wo einer auf den anderen angewiesen ist, ergibt sich das Gefühl der Zusammengehörigkeit und der Kameradschaft fast von selbst.

18. Juli. Die Zeit der Ruhe und Auffrischung ist beendet. Wir sind mit den Fahrzeugen nach Roman gefahren und dann zu Fuß weiter zum Verladen. Es soll tatsächlich nach Ostpreußen gehen. Doch unterwegs erhalten wir einen neuen Befehl und werden nach Polen

umgeleitet. Dort sollen die Sowjets bereits den Bug überschritten haben und nach Westen vormarschieren.

20. Juli. Wir hören von dem erfolglosen Attentat auf Hitler. Niemand von uns weiß etwas von den Hintergründen. Man spricht von einer Verschwörung höherer Offiziere, die hingerichtet werden sollen. Es versetzt uns in Erstaunen, daß wir ab sofort statt der militärischen Ehrenbezeugung den Deutschen Gruß mit der ausgestreckten Hand übernehmen sollen. Wie bei der SS, denken wir, aber Befehl ist Befehl. Danach habe ich allerdings nicht das Gefühl, daß sich dadurch der Kampfgeist bei unserer Truppe verbessert hätte. Im Gegenteil, wir machten uns unsere Gedanken darüber, warum man uns als Soldaten in die Nähe der Parteibonzen rückte, die wir nicht nur wegen ihrer Drückebergerpöstchen im Hinterland nicht ausstehen konnten. Sogar in den Stäben sollen sie politische Führungsoffiziere eingesetzt haben, die uns, den kämpfenden Soldaten, das sogenannte nationalsozialistische Gedankengut näher bringen sollen.
Welch ein Quatsch! Als wenn es uns helfen würde, dadurch zu überleben. Gott sei Dank habe ich nie einen von diesen Typen zu Gesicht bekommen. Ich glaube auch nicht, daß sie den Mumm hätten, sich zu uns in die Gräben zu begeben.

21. Juli. Wir sind bereits in Polen und erhalten die Order, die Frontlinie bei Jaroslau am San zu halten. Der Feind hat bereits den Versuch gemacht, den Fluß an verschiedenen Stellen zu überschreiten. Wir stoßen bereits am ersten Tag auf versprengte deutsche Soldaten, die aufgelöst und in Panik in der Flußniederung herumirren. Sie erzählen, daß viele ihrer Kameraden von polnischen Partisanen erschossen wurden. In der Nacht sind wir in starke Gefechte verwickelt und vereiteln, daß der Feind über den Fluß setzt.

22./23. Juli. Der Feind ist mit starken Verbänden nördlich von Jaroslau bei Wola Pelkinska über den San gekommen. Wir greifen

mit Unterstützung von Schlachtfliegern an. Der Feind leistet hart-
näckigen Widerstand. Die Schwadron hat beim Vorgehen große
Ausfälle durch Panzer- und Pakbeschuß. Erst am späten Nachmittag haben wir ihn in unserem Abschnitt wieder über den San gejagt.
Dagegen soll die siebente Schwadron in der verlängerten Flanke
von starken Kräften des Gegners eingeschlossen sein. Bei unserem
Versuch, sie zu befreien, stoßen wir auf derart starke Gegenwehr,
daß wir nicht bis zu ihnen durchkommen. Wir erreichen nur, daß
sich etwa die Hälfte zu uns durchschlagen kann. Der Rest, darunter
auch der Schwadronschef, gilt seitdem als vermißt. Bei diesem
Angriff wird auch unser Chef, der junge Leutnant, am Oberschenkel verwundet, was ihn aber nicht veranlaßt, zurückzugehen.

24. Juli. Hinter uns brennen einige Gehöfte und Strohschober. Der
Wind treibt die rußige Asche bis zu uns herüber. Der Feind greift
seit zwei Tagen ununterbrochen an. In der Nacht erhalten wir Unterstützung durch Infanteriekompanien. Ihr Gegenangriff in der
Dunkelheit bleibt schon nach kurzer Zeit stecken. Wir ziehen nach
und graben uns an ihrer rechten Flanke ein. Der Feind soll bereits
an mehreren Stellen mit Panzern über den Fluß gesetzt haben.

25. Juli. Noch in der Dunkelheit, greift uns ein Pulk feindlicher
Panzer mit aufgesessener Infanterie an. Wir haben keine panzerbre-
chenden Waffen und müssen die Stellungen verlassen. Panikartig
läuft alles zurück und versucht im Schutze eines Getreidefeldes zu
entkommen. Die Panzer fahren hinterher und überholen uns. Die
abgesessenen Sowjets greifen uns an und viele fallen im Kampf
Mann gegen Mann. Warias und ich verstecken uns unter den vom
Regen flachgedrückten Halmen. Da es noch dunkel ist, haben wir
Glück und werden nicht entdeckt. Erst nach einer Stunde, als einige
Panzer abgeschossen wurden und der Feind wieder zurückgedrängt
worden ist, wagen wir uns aus dem Kornfeld heraus. Uns war
nichts passiert, und selbst unser sMG haben wir gerettet.

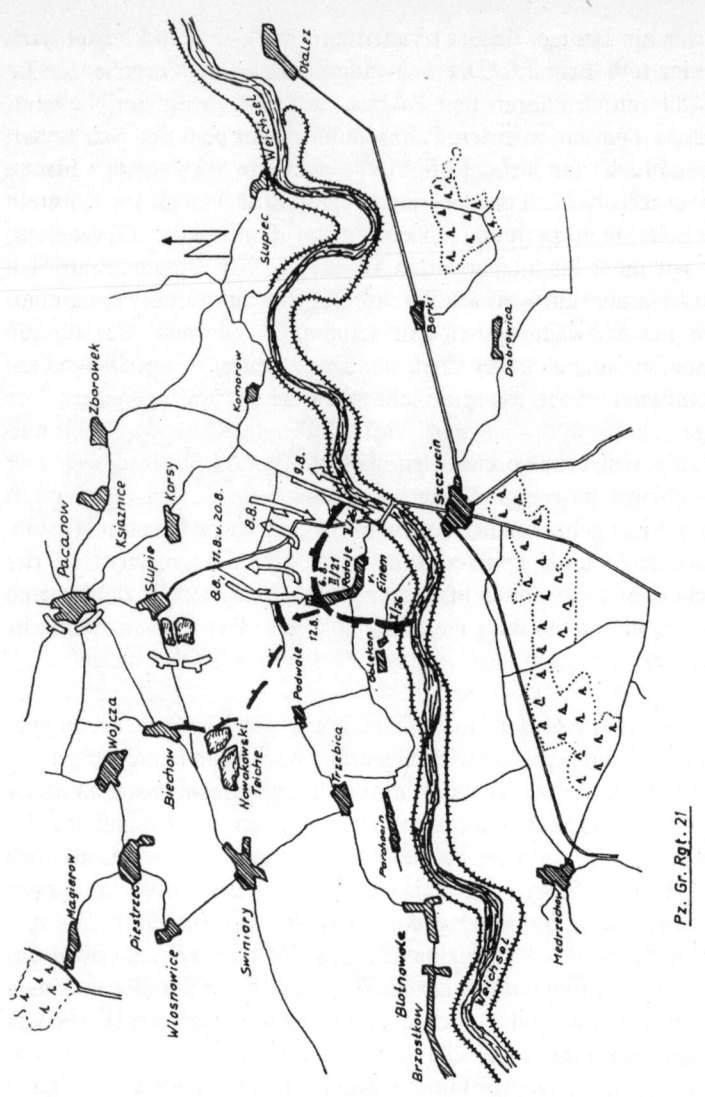

Kämpfe in Polen. Anfang August 1944 an der Weichsel.

414

Es war ein blutiger Tag mit vielen Ausfällen. In den Nahkämpfen mit der feindlichen Infanterie wurden einige hingemetzelt. Sie lagen da mit verstümmelten Köpfen und aufgeschlitzten Leibern. Manche wurden von den Panzerketten regelrecht zermalmt. Seit dieser Flucht durch das Kornfeld ist auch unser Leutnant vermißt. Er wurde zum letztenmal gesehen, als ihn ein Panzer im Kornfeld überholte, und er mit einigen Leuten zurücklief. Niemand weiß, ob er verwundet, gefallen oder in Gefangenschaft geraten ist. Nach dem Massaker im Kornfeld zu urteilen hat der Feind keine Gefangene gemacht. Aber der Bescheid "vermißt" gibt den Angehörigen manchmal noch einen Hoffnungsschimmer. Wer den Krieg wie ich in Rußland erlebt hat, gibt jedoch keinen Pfifferling dafür. Der aufgestaute Haß des Gegners wird auch in der Gefangenschaft niemandem eine Chance zum Überleben geben.

Obwohl wir unseren Leutnant nur kurz kannten, bedauern wir seinen Verlust sehr. Auch wenn er nur wenig Kampferfahrung hatte, so war er doch ein pflichtbewußter und vorbildlicher Offizier. Fritz Hamann hatte an diesem Tag auch seinen Schützen II verloren und mit ihm die Lafette für das sMG. Jetzt war nur noch mein Gewehr einsatzbereit.

26. Juli. Man hat uns wieder einen neuen Oberleutnant als Schwadronschef zugeteilt. Der Feind greift indessen ununterbrochen unsere Stellungen bei Wola Pelkinska an. Unsere Verluste werden immer größer. Man unterrichtet uns zwischen den Kampfhandlungen, daß auch der neue Chef gefallen sei. Und es wird noch schlimmer. Bei den Vorgesetzten löst einer den anderen ab. Wegen des erbarmungslosen Dahinschlachtens werden die neuen Männer unserer Schwadron immer ängstlicher. Sie kämpfen nur, weil das eingedrillte Pflichtgefühl es ihnen aufzwingt. Immer mehr gehen bei einem Angriff nur noch zögernd vor und versuchen, solange wie möglich hinten in Deckung zu bleiben.

Wenn ich im Kampf Munition benötige, muß ich mich manchmal heiser brüllen, weil die Munitionsträger irgendwo hinter uns im Loch sitzen und sich nicht trauen, nach vorne zu kommen. So müssen Warias oder ich oftmals selbst nach hinten rennen, um Munition nach vorn zu bringen. Angeblich haben unsere Leute, zum Teil auch "Hiwis", unser Rufen in dem Kampflärm nicht gehört. Bei derart vergrößertem Risiko bleibt es nicht aus, daß bald darauf auch der gute Warias, mein alter Kumpel und langer Kampfgefährte, durch einen Schulterdurchschuß verwundet wird und zum Verbandplatz zurückgehen muß.

Ohne Warias fehlt mir etwas! Es hat mich eine große Mutlosigkeit erfaßt, und ich möchte mich am liebsten in ein Mauseloch verkriechen. Aber ich spüre, daß meine Resignation bei unseren Ersatzleuten ein weiteres Sinken ihrer Kampfmoral ausgelöst hätte, da sie in uns Älteren immer noch die furchtlosen und kampferprobten Männer sehen. So fühle ich mich auch gegen meinen Willen verpflichtet, zumindest äußerlich den Eindruck eines unerschrockenen Kämpfers zu machen. Routine und die sture Automatik der Kampfeinsätze helfen mir dabei.

27. Juli. Der Feind ist vom Norden her mit starken Kräften über den Wislok, einem Zufluß zum San gekommen und kämpft sich immer weiter vor. Wir versuchen ihn zwischen Landshut und Reichshof aufzuhalten. Es gelingt uns zur teilweise. Ich habe als Schützen II den Obergefreiten Dorka erhalten, der früher bei der siebenten Schwadron war. Dorka ist ein alter Hase und nach einer ausgeheilten Verwundung, die er sich im Brückenkopf Nikopol zuzog, wieder in Rumänien zur Schwadron gekommen. Nach einem schweren Kampftag beziehen wir in Reichshof Quartier. Hier werden wir wieder neu eingeteilt. Aber kein Mensch weiß mehr, was zu wem gehört. Die Reste der Schwadron werden zusammengelegt und bilden eine Art Kampfgruppe, über der ein Abteilungsstab steht. In dieser Situation erhalten wir wieder kleckerweise einige Männer aus Insterburg zur Verstärkung.

Zu meiner Freude kehrt mit diesem Ersatz auch Waldi zurück. Er hat inzwischen einen Unteroffizierslehrgang besucht und trägt jetzt die Silbertressen. Nachdem er bereits woanders eingeteilt war, erreichte er es, daß er unser Gruppenführer wird. Er wundert sich zwar, daß Fritz Hamann und ich noch dabei sind, ist aber erfreut, bei uns zu sein. Er berichtet, daß unser Oberleutnant, der Prinz, angeblich für uns beide die Empfehlung eines nächsthöheren Ordens vorbereitet habe, die aber der Spieß nach dem Tode unseres Chefs noch nicht weitergeleitet haben soll. Die Rübe soll es ihm erzählt haben, mit dem er in der Genesungskompanie zusammengetroffen war. Wir wußten nichts davon, sind aber auch nicht sonderlich überrascht. Wir wissen, wie das da so läuft, und daß es dabei immer auf die individuelle Beurteilung durch den kompetenten Vorgesetzten ankommt. Was soll's, Fritz denkt wie ich, und das Höchste, was wir beide anstreben, ist, diesen verdammten Krieg zu überleben. Inzwischen haben wir bereits eine längere Strecke geschafft, und Gott beschütze uns, so daß wir es auch bis zum Ende schaffen werden. Leider war dieses Glück unserem guten Kumpel Waldi nicht vergönnt.

28. Juli. Waldi hat sich sehr verändert. Jetzt wo er die Tressen trägt, hat er mehr Verantwortung und muß vor allem auch für die Ersatzleute Vorbild sein. Er ist es aber nicht! Waldi ist nervös und ängstlich geworden. Zwar versucht er, es vor anderen zu verbergen, aber mir entgeht es nicht. Ich kann es verstehen, denn Waldi war zu lange aus der mörderischen Hölle heraus. Er muß sich erst wieder daran gewöhnen, daß hier zwar überall der Tod lauert, aber wir deshalb nicht den Kopf in den Sand stecken dürfen.
30. Juli. Als wir heute in einem Wäldchen vorgehen, in dem sich der Feind festgesetzt hat, ist von Waldi nichts zu sehen. Da wir uns aber wegen zu starkem Widerstand zurückziehen müssen, entdecke ich, daß er immer noch hinter der gleichen Deckung liegt wie vor dem Angriff. Im nachhinein glaube ich, daß Waldi bereits unterbewußt das kommende Ende gespürt hat.
Einige Tage später, als wir in Mielec aus einer Schnapsfabrik einige Pullen erbeuteten und sie nach dem Kampf leerten, machte er so eigenartige Andeutungen, die ich aber für eine sentimentale Anwandlung während der Sauferei hielt. Er sprach viel von seinem Freund Fritz Koschinski, der seinerzeit im Brückenkopf Nikopol

417

gefallen war und vom Tod seiner Großmutter, deren Totengeläute er ganz deutlich gehört haben will, obwohl sie schon lange tot war.

Dieses Gespräch fiel mir sofort wieder ein, als ich zusehen mußte, wie Waldi am nächsten Morgen beim Vorgehen von einer feindlichen MG-Salve erfaßt wurde und tot auf die Erde fiel. In diesen Tagen ist bei der 8. Schwadron auch ein junger Verwandter unseres ehemaligen Chefs - ebenfalls ein Prinz - für Führer, Volk und Vaterland gefallen, wie es im Nachruf so schön heißt.

4. August. In den letzten Tagen waren wir ständig in Galizien in Kämpfe verwickelt. Der Feind ist bereits über die Weichsel vorgedrungen. Die Situation an der Front verändert sich fast stündlich. Im Laufe des Tages werden wir zu zwei Brennpunkten gekarrt. Die Kämpfe wogen hin und her, und unsere Verluste werden immer größer.

Zur Zeit kämpfen wir in einem Brückenkopf, der sich östlich von Mielec befindet. Neben einigen Leichtverwundeten und zwei Toten wurde wieder unser neuer Schwadronsführer, ein junger Leutnant, schwer verwundet. Ich habe ihn kaum gekannt, denn er war nur einmal ganz kurz bei mir in der Stellung. Vor seiner Verwundung hatte er noch Fritz Hamann zum Gruppenführer ernannt. Die Gruppe bestand nur noch aus fünf Mann. Fritz konnte sich wie ich nicht daran gewöhnen, nur eine MPi zu tragen, deshalb übernahm er sogleich nach dem Ausfall des Leutnants wieder sein MG als Schütze I.

5. August. Abends wurden wir von einer anderen Truppe abgelöst und sind danach die ganze Nacht durchgefahren. Am Morgen ziehen wir in einem Haus am Brückenkopf Szczucin ein und liegen einen ganzen Tag in Ruhe. In den vielen Nachschublagern in Galizien gibt es noch fast alles, was ein Landserherz begehrt. Wir leben daher zur Zeit wie die Maden im Speck. Selbst die schon knapp gewordene Munition können wir in einem Munitionslager auffüllen, ein Trupp kann mit sogenannten "Ofenrohren" zur Panzerbekämpfung für den Nahkampf ausgerüstet werden.

6. August. Heute ist meine Gemütsverfassung auf den Nullpunkt abgesunken. Zwar glaubte ich, daß ich inzwischen stur genug geworden sei, um alles Unangenehme und Drohende zu verdrängen - doch es ist nicht so. Wie zwanghaft muß ich an die vielen toten Kameraden denken, die in den vergangenen Monaten neben mir gefallen sind, und daß, neben einigen wenigen anderen, ausgerechnet ich überlebt habe. Ich bin überzeugt, daß Gott meine Gebete erhört hat, dennoch weiß ich, daß auch andere gebetet haben und trotzdem gefallen sind. Wo steckt das Geheimnis und der Sinn, warum entscheidet Gott so unterschiedlich?

7. August. Das Überleben an der Front ist schwer, und es kann eine Tortur sein. Es bleibt nicht aus, daß die Nerven eines Überlebenden langsam brüchig werden. Auch ich bin unruhig und ängstlich geworden, und ich ahne, daß Fritz und ich jetzt auch bald dran sein werden. Der Krieg an der vordersten Front läßt niemand entkommen. Die Ungewißheit der Kriegslage, die vielen neuen Gesichter um mich und der ständige Wechsel unserer Führungskräfte tragen viel dazu bei, daß ich furchtsamer und unsicherer geworden bin. Darüber hinaus habe ich den Eindruck, daß unsere Führung nicht mehr in der Lage ist, die gewaltige Angriffskraft des Gegners zu stoppen. Was erfolgt, sind in meinen Augen nur klägliche Versuche, die Löcher der ständig wachsenden Feindeinbrüche statt mit mehr Waffen mit Menschenleibern zu stopfen, was für den Landser fast einem vorgezeichneten Todesurteil gleichkommt.
Obwohl ich versuche, mich wie üblich mit der gegenwärtigen Feindsituation und meinem Einsatz zu beschäftigen, kann ich nicht verhindern, daß in mir eine unerklärliche Angst wie eine heiße Welle hochsteigt und mich in eine nervöse Unruhe versetzt. Ich kann mich nicht von den Gedanken befreien, die mir einflüstern, es würde sich etwas Schlimmes ereignen. Es hat sich so fest in meinem Gehirn verankert, als wäre es eine Art Vorahnung. Wenn ich zurückdenke, hatte ich diese Unruhe eigentlich immer vor meinen Verwundungen, und erst danach wurde ich wieder ruhig. Diesmal war aber das Gefühl, das ich als Vorahnung deuten möchte, stärker

als je zuvor. Deshalb war ich geradezu dankbar, als ich durch den Befehl zum Aufsitzen etwas abgelenkt wurde.

Unsere Einheit sollte mit den noch zur Verfügung stehenden Fahrzeugen in einen anderen Abschnitt gekarrt werden. Vor einem Dorf erhielten wir die Aufgabe, eine abfallende Uferlandschaft zur Weichsel hin zu sichern. Vom Feind war weit und breit nichts zu erkennen. Aber wir wußten, daß er bereits versucht hatte, an verschiedenen Stellen über den Strom zu setzen.

Am Dorfrand und vor uns erstreckt sich ein abgeerntetes Kornfeld, das in einen leichten Hang ausläuft. Der Bauer hatte wahrscheinlich nicht mehr die Zeit, alle gebundenen Garben einzufahren. Der größte Teil liegt noch überall auf dem Feld herum und dient uns zur Tarnung der Stellungen am oberen Rand einer Mulde. Vor dem Stoppelfeld liegt ein schmaler Wiesengürtel, der zur Weichsel hin in ein mit Büschen und Bäumen bewachsenes Wäldchen einmündet. Der Strom selbst fließt davor und ist von uns aus nicht sichtbar.

Befehlsgemäß beziehen wir oben vor dem Dorf unsere Stellung und beginnen ein Deckungsloch zu graben. Die Erde ist hier oben hart und von der Sonne ausgetrocknet. Es ist ein heißer Augusttag, und die Sonne brennt uns ordentlich auf den Pelz. Wenn wir auch mächtig dabei schwitzen, für Obergefreiten Dorka, mein Schütze II, und für mich ist das Graben kein Problem. Ich erwähnte bereits, daß ich, und wahrscheinlich auch Willi Dorka, bereits Hunderte von Löchern in die Erde gegraben hatte. Dann aber kommt uns der gerade getrunkene Kaffee hoch, als ein Unteroffizier zu uns tritt und erklärt, daß wir unsere sMG-Stellung auf Anordnung eines Offiziers weiter nach vorn in das abfallende Kornfeld verlegen sollen. Wir glauben, nicht richtig gehört zu haben. Warum sollen wir eine Stellung mit ausgezeichneten Schußfeld und guter Deckung mit einer vom Feind leicht einsehbaren Vorderhangstellung vertauschen? Wer solche Anweisungen gibt, kann weiß Gott nicht über die erforderliche Fronterfahrung verfügen. Auch der Unteroffizier ist sauer, denn er soll mit seinem leichten MG etwas nach rechts versetzt im abfallenden Stoppelfeld Stellung beziehen.

Mit knirschenden Zähnen beginnen wir ein neues Deckungsloch zu buddeln. Der Schweiß rinnt uns aus allen Knopflöchern, aber in der Tiefe der Erde ist es feucht und kühl. Nachdem wir es geschafft haben, tarnen wir unsere Stellung mit Korngarben und verschwinden abwechselnd in der Kühle des Erdlochs. Als es dann dunkel wird, erfaßt mich wieder die Unruhe. In der Regel lösen wir uns alle zwei Stunden bei der Wache ab. Heute werde ich sicher nicht schlafen können. Darum übernehme ich gleich die erste Wache und werde Dorka erst wecken, wenn es erforderlich wird. Von der Weichsel weht ein kühler Wind herüber, und zuerst empfinde ich das angenehm.

Der Himmel ist wolkenlos, und die Sterne flimmern wie unter einem dunkelblauen Baldachin. Der Duft des gemähten Getreides steigt vom Feld hoch und liegt schwer in der Luft. Der Geruch des reifen Korns weckt Erinnerungen in mir. Ich denke an Zuhause und an die schöne, aber kurze Zeit während meines Ernteeinsatzes, wo ich ein Mädel kennenlernte. Sie war eine echte Bauerntochter, und einmal sagte sie mir, daß das Korn für sie der Inbegriff des Wachstums, des Werdegangs und der Erfüllung sei. Ich weiß, wie sie es gemeint hat, aber jetzt bedrückt mich der Geruch des reifen Getreides, der sich mit dem vom Wind herübergewehten, etwas modrigen Schilfgeruch des feuchten Weichselufers mischt.
Langsam zieht ein milchiger Nebel vom Flußufer durch das Wäldchen und über die Wiese zu uns herauf. Er wird mit der Zeit dichter, und die vom Wind hin- und herbewegten Schwaden gaukeln mir Gestalten in langen Gewändern vor. Ich starre in den Nebel und schrecke bei jedem harmlosen Geräusch zusammen. Bestimmt sind es Feldmäuse, die an den Ähren knabbern und im Stroh hin- und herrennen, beruhige ich mich. Dennoch bleibt eine ängstliche Spannung in mir. Sie beginnt sich sogar zu steigern, wenn ich daran denke, daß wir hier vorne im Kornfeld allein in Stellung liegen, ohne zu jemand seitlich eine Verbindung zu haben. Selbst das andere MG mit dem Unteroffizier liegt etwas weiter hinter uns in Stellung.

Der Nebel zieht langsam höher zu uns hinauf. Er wird dichter, und bald kann ich die Häuser des Dorfes nur noch schemenhaft erkennen. Der feuchte Niederschlag legt sich als Nässe auf das MG und macht mich frösteln. Deshalb schlage ich meinen Kragen hoch und ducke mich tiefer in das Loch hinein. Wir haben den Boden mit Stroh ausgepolstert. Dorka sitzt zusammengekauert in einer Ecke und hat den Rücken an die Wand gelehnt. Er atmet tief, und manchmal höre ich auch sein leises Schnarchen. Obwohl er mich schon längst ablösen müßte, lasse ich ihn schlafen. Ich werde ihn wecken, wenn auch ich Müdigkeit spüre, denke ich.

Als ich gerade dabei bin, das Gewehr mit einer Zeltbahn gegen die Feuchtigkeit abzudecken, höre ich vor mir deutlich knarrende Geräusche und Stimmen aus dem Nebel. Der Iwan durchzuckt es mich! Ich halte den Atem an und lausche. Die Geräusche werden deutlicher und die Stimmen lauter. Es sind Russen, die Kommandos geben und sich uns langsam nähern. Das Knarren hört sich an, als würden sich Räder auf trockengewordenen Achsen drehen. Vorsichtig wecke ich Willi Dorka. Der springt wie üblich erschreckt hoch und will etwas sagen. Ich kann ihm gerade noch die Hand auf den Mund legen, dann lauschen wir gemeinsam in den Nebel hinein.

Wir vermuten, daß die Sowjets Pak- oder Ratschbum-Geschütze über die Weichsel gebracht haben und jetzt weiter vorgehen. Da sie laut sprechen, ist anzunehmen, sie haben keine Ahnung, daß wir hier in Stellung liegen. Wenn sie noch weiter herankommen, werden wir sie mit einem Feuerüberfall überraschen und ihnen vielleicht die Geschütze abjagen können, wie es mir schon einmal in Rumänien mit zwei Pak gelungen ist. Dorka zieht sogleich die Zeltbahn vom Gewehr, und ich klemme mich hinter das MG. Wir warten und starren in den Nebel. Es scheint uns, als würden sie nicht näher kommen. Dann hören wir plötzlich andere Geräusche. Sie hacken und schaufeln in der Erde.

"Verdammt! Die buddeln ihre Geschütze genau vor unserer Nase ein", sagt Dorka ärgerlich und setzt hinzu: "So eine Scheiße! Was sollen wir jetzt machen?"

"Im Moment nichts", entgegne ich nervös. "Der Nebel ist zu dick. Wir wissen nicht einmal genau, wo sie stecken und können nicht einfach aufs Geratewohl hineinballern. Sie können uns aber schnell ausmachen und mit den Geschützen zur Sau machen."

"Klar, aber wir müssen doch was unternehmen!" Dorka ist aufgeregt und tritt von einem Fuß auf den anderen. "Wenn die sich eingebuddelt haben, dann Gnade uns Gott morgen früh. Auf diese kurze Entfernung werden sie uns sofort entdecken."

"Ich weiß", sage ich und spüre, wie mir bei dem Gedanken an morgen früh das Herz bis in den Hals hinauf schlägt. "Mir ist klar, daß wir hier nicht liegenbleiben können", sage ich dann zu Dorka. "Das beste ist, du gehst nach oben und fragst den Oberleutnant, wo wir die neue Stellung beziehen sollen. Vielleicht schickt er sogar einen starken Stoßtrupp los, um den Iwan beim Buddeln zu überraschen."

Dorka saust aus dem Loch und rennt nach oben zu den Häusern. Schon nach kurzer Zeit ist er wieder zurück, und ich höre ihn leise fluchen.

"Was hat er gesagt?" frage ich, schlimmes ahnend.

"Der Schweinstreiber sagte doch tatsächlich, wir sollten hier in der Stellung bleiben", stößt Dorka wütend hervor.

"Das darf doch nicht wahr sein! Hast du ihm denn gesagt, wie dicht die Geschütze vor uns stehen?" frage ich ungläubig.

"Klar! Er sagte mir, er wüßte es bereits, daß der Iwan Geschütze vor uns eingräbt. Wir sollten aber die Stellung solange halten, bis unsere Panzer da sind."

"Wann sollen die denn hier sein?"

"Hat er nicht gesagt. Aber der Unteroffizier rechts oben ist auch sauer. Er meinte, der wüßte genau, daß er keinen Panzer bekommen wird, weil die erst gestern in einen anderen Abschnitt verlegt wurden."

Dann können wir unser Testament machen! Wie kann ein Offizier nur so verantwortungslos sein? denke ich. Sobald sich der Nebel gelichtet hat, werden sie uns mit ihren Granaten eindecken. Nach den Geräuschen zu urteilen muß der Iwan so nah sein, daß er fast mit Steinen in unser Loch werfen kann. Wir werden nicht die geringste Chance haben, wenn wir im Loch bleiben. Es ist wie ein Todesurteil, und genauso fühle ich mich auch. Wer kann nur so vermessen sein, mit einem unqualifizierten Befehl über Leben oder Tod von Menschen zu entscheiden? Falls der mir unbekannte Offizier die Anordnung nicht aus Unfähigkeit befohlen hat, will er uns bewußt und mit klarer Überlegung als lebende Schutzschilder für seine eigene Sicherheit opfern?

Den letzten Satz habe ich mehr zu mir selbst gesprochen. Aber Dorka hat es gehört und sagt grimmig: "Ich glaube auch, daß der die Hosen gestrichen voll hat und denkt, daß wir die Sowjets schon solange aufhalten werden, bis er sich verdrückt hat. Wir sollten ihm einen Strich durch die Rechnung machen und wieder nach oben in Stellung gehen."

"Bist du verrückt, Dorka!" stoppe ich seine Idee. "Dieser Typ würde uns dafür knallhart vors Kriegsgericht bringen. Wir können jetzt nichts tun, als abwarten und auf unser Glück vertrauen", sage ich, obwohl ich innerlich keinen Pfifferling mehr für uns gebe. Ich bin lange genug an der Front, um die Situation richtig einzuschätzen und weiß, daß hier der Glaube an das Glück nur noch ein schwacher Trost ist. Hier kann uns nur noch ein Gebet helfen, daß Er uns auch in dieser bitteren Stunde beistehen möge, unser klägliches Leben zu erhalten. Dorka ist im Gegensatz zu mir Katholik. Während ich immer still bete, bekreuzigt er sich und betet mit bebenden Lippen. Er erinnert mich an Swina, damals in Rytschow. Swina war sehr gläubig, und doch hat es Gott nicht gewollt, daß er überlebt.

Der Nebel wird gegen Morgen noch etwas dichter. Wir starren angestrengt in die milchige Masse und hören ängstlich auf die russischen Kommandos und Zurufe, die gedämpft unsere Ohren erreichen. Noch haben wir eine kurze Galgenfrist. Aber außer beten können wir nichts mehr tun. Selbst die ganze Erfahrung, die man während des Krieges gesammelt hat, ist keinen roten Heller wert, wenn man in der Mausefalle sitzt, aus der es kein Entrinnen mehr gibt.

In der nächsten Stunde beginnt sich der Nebel langsam zu lichten. Zuerst werden die Häuser hinter uns sichtbar, und dann liegen auch die ersten Sonnenstrahlen auf dem Stoppelfeld. Ich suche mit den Augen das leichte MG schräg hinter uns und erkenne die aufgehäuften Garben vor der Stellung. Jemand hebt die Hand und winkt herüber. Ich winke zurück und denke, daß sie das leichte MG erst in Stellung bringen, wenn es erforderlich wird. Bis dahin können sie es in Deckung halten. Unser sMG dagegen muß mit der Lafette aufgebaut in Stellung stehen, um sofort feuerbereit zu sein. Wir haben es zwar flachgestellt und gut mit Stroh getarnt, aber es ist nicht ausgeschlossen, daß der Feind es auf diese kurze Entfernung und in dieser unglücklichen Vorderhangstellung auf Anhieb entdeckt.

So ist es denn auch! Als ein aufkommender Wind die letzten Nebelschleier vor uns zerreißt, starren wir direkt in die Mündungen von vier Geschützrohren, die knapp über die Kuppen von vier aufgeworfenen Hügeln herausragen. Die Entfernung beträgt etwa hundert Meter. Sie müssen unsere Stellung sofort entdeckt haben oder schossen zuerst vielleicht nur dort hinein, wo sich die Garben auf dem Stoppelfeld anhäuften.

Als das Mündungsfeuer aufblitzt, schlägt es uns fast ins Gesicht, so nah kommt es uns vor. Ein scharfer Knall schleudert die Korngarben hoch und legt das Gewehr frei.

"Pakgeschütze!" ruft Dorka entgeistert und bekreuzigt sich.

Im gleichen Augenblick schlägt eine zweite Granate genau auf die Deckung und zerfetzt das sMG. Dorka schreit auf und faßt sich an den Hals. Er starrt entsetzt auf seine blutige Hand und preßt sie auf die Wunde. In panischem Schrecken springt er aus dem Loch und hetzt nach oben, dem Dorf zu. Dicht hinter ihm schlägt eine weitere Granate ein und reißt ihm beide Beine unter dem Körper weg. Sein Rumpf wird hochgeschleudert und fällt blutüberströmt auf die Erde.

Es sind nur Sekunden vergangen, und als ich wieder nach vorne starre, blitzt es aus einem der Geschützrohre erneut auf. Die Pakgranate knallt voll in die Deckung und schüttet mein Loch halb zu.

Ich ziehe die Beine aus der Erde und presse meinen Oberkörper fest auf das aufgerissene Erdreich. Da explodiert die nächste Granate nur knapp vor mir und jagt die glühendheißen Splitter auf meinen Körper. Ich spüre einen heftigen Schlag auf meinen rechten Oberarm und einige leichte gegen die Brust. Sofort läuft mir das Blut warm den Arm hinunter und tropft aus dem Ärmel heraus. Einen Moment lang bin ich benommen und spüre einen brennenden Schmerz im Arm.

Du wirst hier im Loch verbluten!... denke ich, und eine wahnsinnige Angst springt mich an. Nur weg von hier!

Die Angst treibt mich hoch und aus dem Loch heraus. Ich presse meine linke Hand auf die Verwundung und hetze los. Rein instinktiv renne ich nicht den geraden Weg zu den Häusern hinauf, sondern laufe von der Angst getrieben nach rechts zu einem seitlich gelegenen Wäldchen hinüber. Ich weiß, daß die Richtschützen ihre Rohre erst wieder neu auf mich einrichten müssen. Die Granaten schlagen dann auch erst um mich ein, als ich schon ein Stück gerannt bin. Sie schießen auf mich wie auf einen Hasen. So verhalte ich mich dann auch und schlage ständig Haken, damit sie ihre Geschützrohre immer wieder neu richten müssen.

Meine Rechnung geht in etwa auf. Aber meine Lunge pfeift wie ein Blasebalg, und ich spüre zwischendurch leichte Schwindelgefühle. Das Blut kann ich nicht mit der Hand stoppen. Es läuft unaufhörlich aus dem Ärmel und durchfeuchtet bereits meine Uniformhose. Die Pakgranaten krachen links und rechts neben mir in die Erde, daß mir der Dreck ins Gesicht fliegt.

Keuchend renne ich im Zickzack um mein nacktes Leben, ständig in Gefahr, von einem Treffer zerrissen zu werden. Aber die rettenden Bäume des Wäldchens rücken immer näher... und dann sind es nur noch ein paar Sätze! - Endlich kann ich im Unterholz untertauchen und mich den Blicken der feindlichen Pakschützen entziehen. Wie wütend knallen die Pakgranaten in die Bäume und lassen Baumstämme und Äste wie Streichhölzer umknicken. Atemlos hetze ich noch ein Stück in den Wald hinein und lasse mich auf den Waldboden fallen.

Ich bin zwar in Sicherheit, aber noch nicht gerettet! Als ich wieder aufstehe, werden mir die Knie weich. Das viele Blut, das ich verloren habe, hat meinen Körper geschwächt. Aber ich muß weiter! Mit letzter Kraft laufe ich noch ein Stück durch den Wald und im Schutze des Hügels zum Dorf zurück. Es sind nur noch zweihundert Meter bis zum Dorfrand. Mit zittrigen Knien erreiche ich die ersten Häuser.

Zwischen ihnen stehen einige Fahrzeuge, und zwei Offiziere beobachten mit Feldstechern das Vorfeld zur Weichsel hin. Die feindlichen Pakgeschütze feuern jetzt in das Dorf hinein. Sie erhalten aber von unseren schweren Granatwerfern mächtiges Gegenfeuer.

Als mich die zwei Offiziere sehen, wundern sie sich, daß ich aus einer Richtung komme, in der sie niemand vermuten. Ich berichte ihnen, wo ich verwundet wurde und daß der Obergefreite Dorka gefallen ist. Weder der Major noch der Rittmeister wußten von einer vorgeschobenen sMG-Stellung im Stoppelfeld. Sie hatten nur davon Kenntnis, daß die Gräben am Dorfrand die vorderste Linie waren. Sie staunen, daß es mir mit der Verwundung noch gelungen ist, dem Pakbeschuß zu entkommen. Dann sacke ich wie ein Taschenmesser zusammen und werde gerade noch von einem Fahrer aufgefangen. Der Major befiehlt dem Fahrer seines Kübelwagens, mich sofort zum Sanitätswagen zu bringen.

Dort befand sich neben zwei Sanitätern auch der Oberarzt der Abteilung. Er kannte mich bereits, weil er mir Ende April die leichte Splitterverletzung an der Oberlippe verarztete. Er begrüßte mich wie einen alten Kumpel und schnitt mir sogleich den Ärmel auf. "Hat dich diesmal ganz schön erwischt!" sagte er, als er die große Wunde am Oberarm freilegte und die zwei kleineren Splitter in der Brust sah.

"Der im Arm scheint ein richtig großer Brummer zu sein, aber wie ich feststellen kann, hat der Knochen nicht viel mitbekommen", beruhigte er mich. Er versorgte die Wunden und entfernte einen kleineren Splitter aus der Brust, der nur unter der Haut saß. Dann wickelte er mir den Arm fest an den Körper und sagte väterlich:

"Nun ab zum Verbandsplatz! Sie werden dir dort einen Stuka verpassen, und dann geht es ab in die Heimat." Scherzhaft setzte er noch hinzu: "Ist mit den kleineren Schmissen jetzt schon die sechste Verwundung, nicht wahr? Tut mir leid, aber für dein goldenes Verwundetenabzeichen gibt's noch keine Brillanten, wie beim Ritterkreuz."

Es dauerte dann doch noch eine Weile, bis der Sani losfuhr, da noch zwei Verwundete hinzukamen. Ich nutzte die Zeit, einen Sani zu bitten, mir einige Zeilen an Fritz Hamann zu schreiben, der mit seinem leichten MG irgendwo vor dem Dorf in Stellung lag und mich später vermissen würde. Jetzt, wo auch ich ausgefallen war, blieb Fritz der letzte unserer Truppe vom Oktober 43. Während des Krieges habe ich ihn nicht mehr wiedergesehen.

Erst Ende 1950, während eines traditionellen Regimentstreffens, haben wir uns wiedergetroffen. Fritz Hamann war der einzige, den ich wiedersah. Ich habe an weiteren Treffen nicht mehr teilgenommen. Möglicherweise haben von unserem Jahrgang auch noch andere überlebt, die ich aber nicht persönlich kannte oder die bei dem Treffen nicht anwesend waren. Mein damaliger Kumpel Fritz Hamann hat wie ich das grausame Inferno an der Ostfront überlebt, aber es mit einem lädierten Lungenflügel bezahlen müssen.

8. August. Wie der Oberarzt mir voraussagte, verpaßten sie mir auf dem Hauptverbandplatz einen sogenannten Stukaverband, um den Arm stillzulegen. Der Splitter wurde noch nicht entfernt. Er sollte erst nach der Röntgenaufnahme im Heimatlazarett herausoperiert werden, da er vermutlich doch etwas in den Knochen eingedrungen war. Im Lazarettzug begriff ich erst so richtig, daß ich wieder einmal glimpflich aus dem Schlamassel herausgekommen war. Aber für wie lange? In jedem Falle werde ich zuerst einmal die Lazarettzeit genießen. Die Wunde schmerzte zwar, aber was war das schon gegen die Hölle, die hinter mir lag. Der Lazarettzug fuhr mit einem Großteil der Verwundeten nach Grottkau, einem kleinen Städtchen in Oberschlesien. Dort wurden wir ausgeladen und in ein sauberes Lazarett gebracht.

Totenvögel über Nemmersdorf

30. August. Mein Lazarettaufenthalt in Grottkau, der mit dem 9.8.1944 begann, war eine Zeit der Erholung. Nachdem man mir den 5 cm langen Splitter aus dem rechten Oberarm entfernt hatte, heilte meine Wunde verhältnismäßig schnell. Statt des unbequemen Stukaverbands durfte ich meinen Arm bald darauf in einer einfachen Armbinde tragen. Mit einem verwundeten Feldwebel der Heeresflak entdeckten wir die Kneipen des kleinen Städtchens und konnten sogar ab und zu statt des üblichen Molkebiers etwas Alkoholisches erwischen. In den übrigen Stunden spielte ich Karten oder las ein Buch.

Hier im Lazarett lernte ich auch eine weitere Spezies von Ungeziefer kennen, von deren Existenz ich bisher noch nichts wußte: Wanzen! Kleine, flache braune Biester, die ihre Schlupfwinkel in den Falten und Rillen unserer Bettmatratzen hatten. Wenn die Landser sie zerquetschten, stanken sie fürchterlich. Daß sich allerdings auch in meiner Matratze einige befanden, stellte ich erst fest, nachdem sich die Klagen der Landser über die nächtlichen Bisse mehrten und alle Matratzen unter die Lupe genommen wurden. Eine Schwester versuchte mir humorvoll klarzumachen, daß mein Blut für die Viecher nicht schmackhaft genug sei, darum hätten sie darauf verzichtet, an mir herumzusaugen. Ich konnte darüber nur froh sein, obwohl ich mich in meiner Haut nicht wohl fühlte, wenn ich daran dachte, auf einer Matratze mit Ungeziefer zu liegen. Ich schlief daher erst wieder ruhig, als meine Matratze von den Viechern befreit und desinfiziert wurde.

In der Zeit meines Lazarettaufenthalts erhielt ich auch den Besuch meiner Mutter; ihr gab ich meine Notizen mit, die ich in der Zeit nach meinem Heimaturlaub an der rumänischen Front gemacht hatte. Ihre Päckchen von Tabak und Zigaretten kamen mir als starkem Raucher sehr gelegen, da unsere Heeresrationen immer geringer wurden.

Für einen erlebnishungrigen jungen Landser war, außer dem Besuch der Kneipen, nicht viel los in dem kleinen Städtchen. Dennoch fand ich zwischendurch etwas Zerstreuung bei der siebzehnjährigen Tochter unseres Hausmeisters. Helga war eine sehr exotisch aussehende Schönheit. Sie trug auf ihrem langen, blauschwarzen Haar immer eine leuchtende Blume, die mich an die fröhlichen Frauen und Mädchen von Hawaii erinnerte, wie ich sie einmal auf den Abbildungen einer Reisebeschreibung sah. Ihre Eltern waren sehr streng. Deshalb stand sie ständig unter deren Aufsicht, damit ihr die bösen Landser ja nichts antun konnten. Dennoch fanden wir einmal Gelegenheit, uns zu küssen. Als ich aus dem Lazarett entlassen wurde, schenkte sie mir zum Abschied ihr Foto, das mich später oft an ein paar nette und unbeschwerte Stunden während des grausamen Krieges erinnern sollte.

4. September. Ich bin zum zweiten Male bei der Genesungskompanie in Insterburg gelandet. Wegen der gespannten Kriegslage ist mein Genesungsurlaub ausgefallen. Von meiner Wunde spüre ich nichts mehr. Es ist nur eine tiefe runde Narbe, etwa doppelt so groß wie das Zifferblatt meiner Armbanduhr, zurückgeblieben. Auf der mir zugewiesenen Bude im Genesungsblock kenne ich niemand. Aber ein Oberschnäpser sagt mir, daß auch einige Landser von der 1. Schwadron unseres Regiments hier sein sollen. Zwar finde ich einige, aber ich kenne sie nicht. In der letzten Zeit sind zuviel Neue in der Schwadron durchgeschleust worden. Manche waren nur einige Tage bei uns, bevor sie fielen oder verwundet wurden.
Zu meiner größten Überraschung treffe ich aber einige Tage später jemand auf dem Kasernenhof, den ich bereits für tot hielt. Es ist der kleine Schröder, der am 1. Januar 1944 in meiner Stellung einen Kopfschuß durch einen russischen Scharfschützen erhalten hatte, und dem der Sani und ich keine Überlebenschance gaben. Dennoch

ließ er ihn damals zum Hauptverbandplatz abtransportieren. Trotz seines vollen Gesichts und einer leichten Gesichtsveränderung durch eine handtellergroße Narbe am linken Ohr habe ich ihn sofort wiedererkannt.

Es war ein freudiges Wiedersehen. Schröder erzählte mir, daß er nach dem Kopfschuß erst wieder aufgewacht sei, als er sich im Heimatlazarett befand. Seine Genesung dauerte lange, aber sein Leben wurde gerettet. Es war ein Wunder, wenn man bedenkt, daß ihm durch das Explosivgeschoß fast ein faustgroßes Stück aus dem Kopf, von der Schläfe bis zum linken Ohr, herausgerissen wurde. Jetzt war Schröder in einem anderen Genesungsblock und wartete auf seine Entlassung. Bis zu seiner Heimfahrt verbrachte ich noch manche Stunde mit ihm. Während wir uns an die Tage im Brückenkopf Nikopol zurückerinnerten, tauchte in meinen Gedanken immer wieder das Bild von Katja auf, die wir als unseren guten Engel betrachteten. Ob sie den Einmarsch ihrer eigenen Truppen überlebt hat? Für Schröder ist nun der Krieg zu Ende, aber er hat viel dafür bezahlen müssen. Er wird bis an sein Lebensende Schädigungen zurückbehalten, Hör- und Sehstörungen sowie Schwindelanfälle.

8. Oktober. Nach Schröder traf ich durch Zufall auch unseren Ober in der Kaserne wieder. Nach seiner siebten Verwundung hatte man ihn zu einer Ausbildungskompanie versetzt, bei der er zur Zeit Dienst tat. Obwohl ich nie die Absicht verspürte, einmal Vorgesetzter zu werden, schaffte es der Ober, mich als Rekrutenausbilder für seine Kompanie zu gewinnen. Den Ausschlag gab ein Gespräch mit dem Kompaniechef der Ausbildungskompanie, der statt der üblichen schikanösen Rekrutenausbildung die einsatzbezogene Waffen- und Kampfausbildung bevorzugte.

9. Oktober. Der auszubildende Haufen in unserer Kompanie besteht aus einem Gemisch von älteren Volksdeutschen, meist Familienvätern, und Marinesoldaten, die wegen Ausfällen oder mangels Schiffen jetzt zu Panzergrenadieren umgeschult werden mußten.

431

Aufgrund des undisziplinierten Verhaltens der oft schon länger dienenden Matrosen setzte man vorzugsweise bereits dekorierte Frontkämpfer als Ausbilder ein, denen sie noch Respekt zollten. Dennoch war es für uns Ausbilder nicht immer einfach, für diesen abgetakelten Haufen den richtigen Ton und die rechte Methode zu finden.

Wenn der Dienst vorbei war, schob ich in den nächsten Wochen immer eine ruhige Kugel. Als Ausbilder hatte man Privilegien, und die nutzte ich reichlich. So fuhr ich fast jedes Wochenende mit der Kleinbahn nach Kreuzingen zu einer Freundin, mit der ich immer brieflich in Verbindung stand. Da sie jedoch als Flakhelferin Dienst tat, hatte sie nicht immer Zeit für mich. Ganz unerwartet wurde sie dann nach Apolda bei Jena verlegt. Danach sahen wir uns nur noch einmal. Sie besuchte mich während eines Kurzurlaubs in Insterburg. Bevor wir uns durch den Krieg für immer aus den Augen verloren, verlebten wir noch zwei schöne Tage in Insterburg.

10. Oktober. Die Rußlandfront ist wieder ein Stück nähergerückt. Die Sowjets sollen sich bereits auf dem nördlichen Ufer der Memel befinden. Man spricht davon, daß unsere Ausbildungskompanien nach Polen verlegt werden sollen, in einen Teil, der noch feindfrei sei. Am 16.10. greift der Feind mit starken Panzerverbänden und Schlachtfliegern von Litauen aus an und erzielt an mehreren Frontabschnitten starke Einbrüche. Unsere Kaserne wird in Alarmbereitschaft versetzt, und wir empfangen scharfe Munition. Noch will man es nicht glauben, daß aus den simulierten Kriegsspielen in der Kaserne plötzlich ernst werden soll. Aber es ist tatsächlich und real, daß der Feind im Begriff ist, unsere Heimat zu besetzen. Welch eine Schmach für die kämpfende Truppe!

21. Oktober. Die Sowjets sollen mit ihren Spitzen bereits zehn Kilometer südwestlich von Gumbinnen vorgedrungen sein und auf der Straße nach Westen den Ort Nemmersdorf an der Angerapp erreicht haben. In der Kaserne ist alles in Aufruhr. Fahrzeuge rasen mit Offizieren hin und her, und ihre Kommandos hallen laut über

den Kasernenhof. Für die unausgebildeten Rekruten fahren alte Lkw mit Holzvergasung vor, die bisher als Übungs- und Wirtschaftsfahrzeuge verwendet wurden. Wir werden gruppenweise darauf verfrachtet und quetschen uns zwischen Munitionskästen und Holzvorrat für den Lkw-Vergaser auf dem blanken Boden zusammen.

Bereits nach kurzer Fahrzeit sind die Straßen von flüchtenden Menschen mit Handkarren sowie Pferd und Wagen so verstopft, daß unsere Kolonne weite Umwege durch die Wälder machen muß, um zum befohlenen Kampfabschnitt nach Nemmersdorf zu gelangen. Noch am Nachmittag sitzen wir ab und gehen an beiden Seiten der Straße nach Nemmersdorf vor. Erstaunlicherweise ist noch kein Kampflärm zu hören. Ich wundere mich über die Scharen von Raben und Krähen, die rund um den Ort auf den Bäumen sitzen und von Zeit zu Zeit mit Gekrächze auffliegen.

Einer der älteren Rekruten aus meiner Gruppe deutet auf die schwarzen Vögel vor dem Ort und sagt: "Da sind viele Totenvögel im Ort. Das bedeutet nichts Gutes!"

"Wieso Totenvögel?" entgegnet ihm ein anderer. "Das sind ganz gewöhnliche Raben und Krähen, die sich im Herbst sammeln. Das ist jedes Jahr so! Ich wundere mich nur, daß sie nicht abgehauen sind, wo es doch hier geknallt haben muß?"

"Weil es eben Totenvögel sind!" belehrt ihn der erste.

"Quatsch! Das ist reiner Aberglaube und Altweibergewäsch", wehrt der andere ab. Er ist Obergefreiter und war vorher bei der Marine. Seinem Dialekt nach müßte er von Ostpreußen sein.

Der die Krähen als Totenvögel bezeichnete, ist Volksdeutscher aus der rumänischen Bukowina. Er läßt sich nicht von seinem Glauben abbringen, daß die Raben und Krähen nichts Gutes bedeuten. Deshalb sagt er fast beleidigt: "Werdet sehen, daß ich recht habe! So viele Totenvögel im Ort bringen Unglück!"

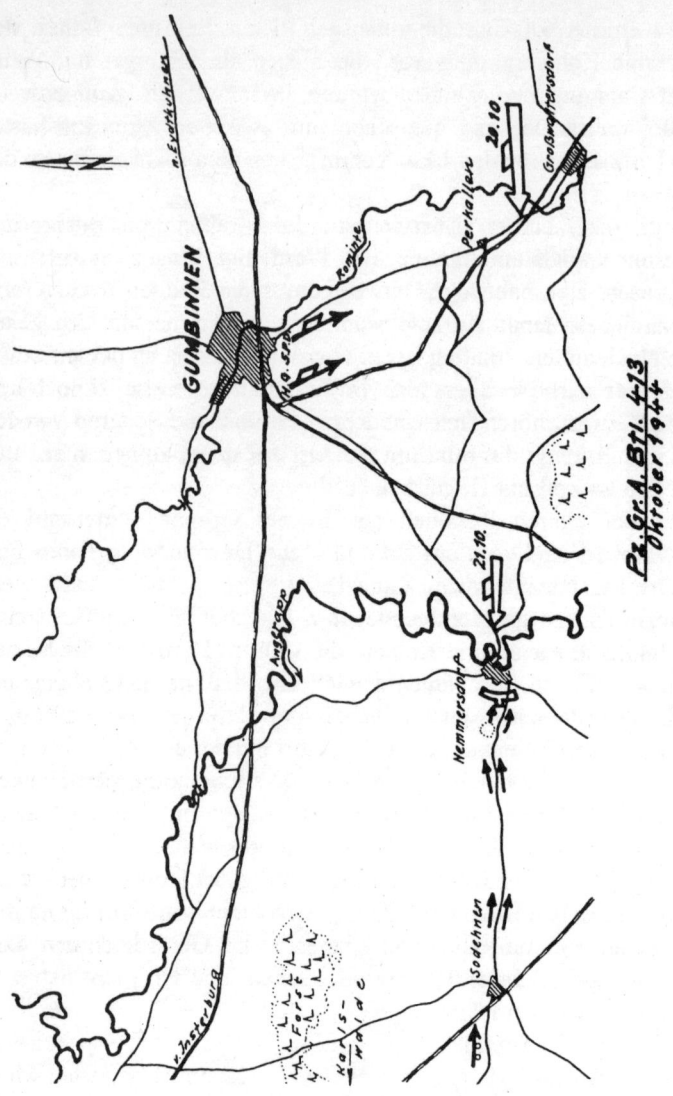

Aus der Kaserne in Insterburg in den Einsatz nach Nemmersdorf.

Ihre weiteren Diskussionen werden plötzlich durch feindliches Panzerfeuer abgebrochen. Sie stehen etwa ein bis zwei Kilometer seitlich von uns und schießen auf die Straße. Sofort sucht alles im Straßengraben Deckung. Die Raben und Krähen fliegen krächzend von den Bäumen hoch und suchen in einem nahen Wäldchen an der Angerapp Schutz.

In der Dunkelheit gehen wir weiter auf das Dorf zu und graben uns vor einer kleinen Anhöhe ein. Die Sowjets sollen sich in den Gräben festgesetzt haben, die in den letzten Wochen von Volkssturmmännern und der Zivilbevölkerung zum Schutz des Ortes angelegt wurden. Es heißt, daß unsere Ausbildungskompanien morgen früh die Gräben mit "Hurra" stürmen sollen. Die Nacht verläuft zwar ruhig, aber die Rekruten sind nervös und können nicht schlafen. Für sie und die umzuschulenden Matrosen wird es der erste Kampfeinsatz werden.

22. Oktober. An diesem Morgen liegt diesiger Nebel über den Feldern. Vom Ort selbst sind nur wenige Umrisse zu sehen. Unsere Kompanie liegt am rechten Flügel und wartet auf den Einsatzbefehl. Noch bevor er uns erreicht, stürmen links von uns die Rekruten der anderen Kompanien mit "Hurra" vorwärts. Sie erhalten starkes MG- und Gewehrfeuer. Ich höre viele nach dem Sanitäter rufen. Als auch wir antreten, ist das Gegenfeuer nicht mehr so stark. Dennoch haben wir drei Leichtverletzte und einen Schwerverletzten in meiner Gruppe. Die Ausfälle der anderen Kompanien sollen beträchtlich sein. Neben einigen Offizieren soll eine größere Anzahl Unteroffiziere und Mannschaften gefallen oder verwundet worden sein. Auch der Feind hat beträchtliche Verluste, die in den Gräben zurückbleiben. Der Rest versucht zu entkommen und wird nach und nach aufgegriffen.

Als wir den Ort durchkämmten, trafen wir keine Sowjets mehr an. Dafür entdeckten wir grausige Bilder von dahingemetzelten Menschen, die mich an die Greueltaten an sowjetischen Dorfbewohnern durch ihre eigenen Soldaten erinnerten, wie ich sie während unseres Rückzugs im Frühjahr 1944 oft erlebte. Hier waren es die deutschen Frauen, denen man die Kleider vom Körper gerissen hatte, um sie zu schänden und anschließend auf gräßliche Art zu verstümmeln. An einer Scheune entdeckten wir einen alten Mann, dessen Hals mit einer Mistgabel so durchstochen wurde, daß er an der Tür regelrecht angenagelt war. Im Schlafzimmer eines Hauses waren alle Federbetten aufgeschlitzt und mit Blut verschmiert. In den Federn lagen zwei aufgeschlitzte Frauenleichen und zwei ermordete Kinder. Der Anblick war so grausam, daß einige unserer Rekruten in Panik fortrannten und sich übergeben mußten.

Es ist mir unmöglich, all das Grauenvolle in Nemmersdorf so zu beschreiben, wie es wirklich war. Ich finde keine richtigen Worte, und es widerstrebt mir, das auszusprechen, was hier an unschuldigen Frauen, Kindern und alten Menschen teuflisch vollzogen wurde. Einen Moment lang mußte ich an den Rekruten aus der Bukowina denken, der gestern beim Anblick der vielen Raben und Krähen so überzeugt von den Totenvögeln über Nemmersdorf sprach. War es reiner Zufall, daß sich gerade zu diesem Zeitpunkt der große Schwarm dieser Vögel im Ort befand?... Oder steckte wirklich mehr dahinter?... Vielleicht eine Art von Vorahnung, die aber nicht jeder deuten kann? Leider konnte ich mich nicht mehr mit dem Rekruten darüber unterhalten, denn er war es, der bei unserem Angriff am frühen Morgen so schwer verwundet wurde.

23. Oktober. Nach den Kämpfen um Nemmersdorf erfuhren wir, daß die verantwortliche Dienststelle der Nationalsozialistischen Partei die Bevölkerung in den Dörfern nicht früh genug gewarnt und evakuiert hatte. Die Bevölkerung wurde somit vom Einmarsch der sowjetischen Truppen buchstäblich im Schlaf überrascht und konnte nicht mehr fliehen. Die Bonzen hingegen konnten alle noch rechtzeitig das Weite suchen.

25. Oktober. Durch den konzentrierten Einsatz von starken deutschen Verbänden konnten die sowjetischen Truppen wieder zu-

rückgedrückt und die Frontlinie stabilisiert werden. Unser Ersatzbataillon blieb noch ein paar Tage zur Sicherung im Raum Nemmersdorf und besetzte die vorhandenen Stellungen und Gräben.
Heute früh wurden wir abgelöst und wieder nach Insterburg in die
Hindenburg-Kaserne zurückgefahren. In den nächsten Tagen ist im
Kasernenbereich große Aufbruchstimmung. Die Ausbildungskompanien sollen nun endgültig verlegt werden.

27. Oktober. Heute sind wir verladen worden. Niemand weiß aber,
wohin es gehen soll. Es schwirren wieder eine Menge Gerüchte
herum. Die einen reden vom Fronteinsatz, während andere von
Verlegung und weiterer Ausbildung in Polen sprechen. Inzwischen
hat man einen Teil der Marinesoldaten ausgegliedert und uns als
Ersatz ehemalige Luftwaffenangehörige zugeteilt. Bereits zwei
Tage später ist das Rätselraten vorbei. Wir werden in Litzmannstadt (polnisch Lodz) ausgeladen und marschieren singend durch
das Tor einer polnischen Kaserne, die in den nächsten Wochen
unsere Unterkunft sein wird.

Von Polen ins Schlaraffenland

10. November. Wir befinden uns fast zwei Wochen in der ehemaligen polnischen Kaserne. Sie ist aus rotem Backstein gebaut und rundherum mit einer hohen Mauer versehen. In den letzten Tagen hat starker Frost eingesetzt, und wir haben warme Wintermäntel empfangen. Jeden Morgen marschieren wir mit den Ausbildungskompanien singend durch die Straßen von Litzmannstadt zum Übungsgelände hinaus. Das Gelände, das zur Kaserne gehört, ist riesig und mit Panzerdeckungslöchern bereits übersät. Die Ausbildung für die Umschüler und Rekruten ist hart, aber ohne Schikanen. Über das Essen kann niemand klagen, nur die Rationen an Tabakwaren sind sehr knapp bemessen.

Es blieb daher nicht aus, daß einige Landser versuchten, mit der polnischen Zivilbevölkerung in Kontakt zu treten, um sich auf dem Schwarzmarkt polnische Papieros-Zigaretten mit dem langen Papiermundstück zu beschaffen, die sie dann an andere weiterverkauften. Dieser Handel war jedoch nicht ungefährlich, und in einem Aufruf wurde davor gewarnt, weil dieser Kontakt vielen Soldaten bereits zum Verhängnis geworden war.

Es kam häufig vor, daß Soldaten absichtlich vom polnischen Untergrund in obskure Gegenden gelockt wurden, um sie unter dem Vorwand eines Schwarzmarkthandels dann umzubringen. Wir hörten fast täglich, daß Landser irgendwo tot aufgefunden wurden oder einfach spurlos verschwanden. Auch in unserer Kaserne wurden zwei Rekruten vermißt und tauchten nicht mehr auf. Nach Aussagen ihrer Kumpel konnte ausgeschlossen werden, daß sie desertiert waren.

Ich hatte in den nächsten Wochen ein Erlebnis, das mir fast zum Verhängnis wurde. Es begann damit, daß ich im Tanzcafé der Stadt, vorwiegend von deutschen Landsern besucht, eines Tages ein blondes polnisches Mädchen kennenlernte, das .uns im Café bediente und sogar ein wenig deutsch sprach. Iwonka, so hieß sie, erzählte mir, daß ihr Vater, ein Hochschullehrer, 1939 im Krieg gefallen sei, sie mit ihrer Mutter und ihrem Bruder aus ihrem Haus vertrieben wurde und jetzt in schlechten Verhältnissen lebe. Nach dieser ersten Begegnung trafen wir uns öfter, auch weil sie mir für meine Lebensmittel immer eine Menge Papieros-Zigaretten besorgen konnte, die mir und meinen Kumpeln zugute kamen.

Schon nach kurzer Zeit nahm sie mich zu sich nach Hause mit, und ich bemerkte bald, daß sie sich in mich regelrecht verknallt hatte. Iwonkas Zuneigung zu mir, einen deutschen Soldaten, hat ihr sehr geschadet und möglicherweise sogar Schlimmes beschert.

15. November. Es war an einem Sonntag, Mitte Dezember 1944, als sie mich wegen des kalten Wetters wieder einmal zu sich nach Hause mitnahm. Sie wohnte mit ihrer kranken Mutter und ihrem Bruder in einer Gegend, die nicht weit von der Kaserne entfernt, aber bei Dunkelheit nur streckenweise von einigen trüben Laternen beleuchtet war. Wenn wir am Abend die dunklen Abschnitte der schmalen Gassen passierten, waren meine Sinne immer aufs äußerste gespannt, und ich krampfte meine Hand fester um den Griff meiner entsicherten 08-Pistole in der Manteltasche.

Ganz in der Nähe hatte man bereits zweimal hintereinander erschossene Soldaten einer Pioniereinheit aufgefunden. Danach wurden wir angewiesen, in der Dunkelheit nur noch zu zweit auszugehen. Ich war deshalb immer froh, wenn wir unbehelligt ihre Wohnung erreichten. Das Haus, in dem Iwonka wohnte, war mehr eine Hütte, und die Zimmer lagen alle zu ebener Erde. Es mußte sie und ihre Mutter viel Überwindung gekostet haben, aus dem schönen großen Haus in der Stadt in diese Hütte zu ziehen. Ihr Haus in der Stadt wurde damals einfach von der Besatzungsmacht beschlagnahmt, wobei sie nur einige Bilder und ein paar persönliche Gegenstände mitnehmen durften. Ihre Mutter wurde aus Gram darüber so krank, daß sie seitdem bettlägerig war. Ich habe ihre Mutter während meiner wenigen Besuche im Haus nie zu Gesicht bekommen.

Dafür hat mir Iwonka einmal ihren Bruder vorgestellt und mir gesagt, daß er Verbindung zu einigen Leuten habe, bei denen er auch immer die Zigaretten für mich eintauscht.

Ihr Bruder war erst 17 Jahre alt und sprach nur polnisch. Er versuchte sich freundlich zu zeigen, dennoch sah ich in seinen Augen deutlich die Aversion gegen mich, den deutschen Soldaten. Mein Gefühl sagte mir, daß ich ihm gegenüber wachsam sein mußte. Da Iwonka und ich das Haus stets durch die Tür vom Vorgarten aus betraten, die zuerst in die Küche führte, wußten wir nie, ob ihr Bruder bereits in der Wohnung war. Er konnte das Haus jederzeit auch durch die Vordertür betreten oder verlassen. Sobald wir in der Küche waren, schloß Iwonka die Hintertür ab und versorgte zuerst ihre Mutter im Schlafzimmer. Erst danach nahm sie sich Zeit für mich. Damit ihr Bruder nicht unverhofft in die Küche hereingeplatzt käme, schlossen wir die Tür zum Wohnzimmer vorsorglich ab.

So war es auch heute. Iwonka erfuhr von ihrer Mutter, daß ihr Bruder bereits im Haus gewesen war, aber wieder gegangen sei. Trotzdem schloß sie die Tür zum Wohnzimmer gewohnheitsmäßig ab. Nachdem wir über eine Stunde allein waren und ich die eingetauschten Zigaretten bereits in meinen Manteltaschen verstaut hatte, hörten wir vom anderen Ende des Hauses Schritte von mehreren Personen und gleich darauf auch gedämpfte Stimmen aus dem Wohnzimmer. Es mußte Iwonka ungewöhnlich erscheinen, denn sie blies sofort die Kerze aus, die uns als Beleuchtung diente. Das alte Haus stand gleich am Anfang einer dunklen Quergasse frei da, und sie erwartete auch keine Besucher, wie sie mir zuflüsterte.

Als sich von der anderen Seite Schritte der Wohnzimmertür näherten, lauschte Iwonka und rief dann den Namen ihres Bruders. Er meldete sich aber nicht. Dafür hörten wir leises Geflüster von mehreren Personen hinter der Tür. Kurz darauf wurde die Klinke niedergedrückt und an der verschlossenen Tür gerüttelt. Dann vernahmen wir die Stimme ihres Bruders, der seiner Schwester etwas auf polnisch zurief, was ich nicht verstand. Iwonka schlang ihre

Arme um mich, und während sie mich küßte, flüsterte sie mir hastig zu, daß ich schnell durch die Hintertür zum Vorgarten fortlaufen sollte, weil mich einige Untergrundkämpfer erschießen wollten.

Dann wurde das Rappeln an der Tür lauter und die Stimme ihres Bruders eindringlicher. Während ich zur Hintertür schlich und sie vorsichtig aufschloß, rief Iwonka ihrem Bruder etwas zu und schloß die Tür zur Wohnung auf. Aber sie schlüpfte nur durch einen schmalen Spalt in das erhellte Wohnzimmer und stemmte sich sogleich von der anderen Seite mit ihrem Körper gegen die Tür. Ich hörte noch, wie jemand laut fluchte und versuchte, sie von der Tür fortzuzerren. Ich lief bereits durch die Hintertür nach draußen und rannte mit der entsicherten Pistole in der Hand und meinen Mantel unter dem Arm in die kalte Nacht hinaus in Richtung Kaserne. Eine Zeitlang hetzten noch einige Männer hinter mir her, bis ich eine hellerleuchtete Straße erreichte.

Da ich mir Sorgen um Iwonka machte, gingen wir anderntags zu viert zu ihrem Haus. Wir trafen aber nur eine ältere Frau an, die sich um ihre kranke Mutter kümmerte. Weder Iwonka noch ihr Bruder betraten in den nächsten zwei Tagen das Haus. Auch meine späteren Versuche, wieder mit ihr in Verbindung zu kommen, blieben ergebnislos. Ein großes Hindernis war, daß keiner von uns die polnische Sprache beherrschte.

Wenn ich heute auf dieses Ereignis zurückblicke, dann kann ich die Männer und Frauen im Untergrund verstehen, wenn sie sich gegen ihre Unterdrücker auflehnten und ihnen Schaden zufügten, wo immer sie es konnten. Ohne Zweifel hätten auch wir das gleiche getan, wenn wir in ihrer Lage gewesen wären. Allerdings wußten wir als Frontsoldaten nur wenig darüber, was in den besetzten Gebieten wirklich vor sich ging. Man munkelte nur, daß sich die Hinterlandtruppen dort gütlich taten, und die braunen Bonzen in den Verwaltungen, die wir wegen ihrer Wichtigtuerei unter uns nur "Goldfasane" nannten, wie die Maden im Speck lebten. Sie waren später auch die Männer mit den angeblich weißen Westen, in

Wirklichkeit aber die Drahtzieher in den besetzten Gebieten und am Elend der Menschen schuld. Sie waren es, die Hausbewohnern skrupellos die schönsten Häuser und Villen enteigneten und dann darin wie Fürsten residierten. Diese Nutznießer des grausamen Krieges kannten die Front nur vom Hörensagen, und wenn es nach ihnen gegangen wäre, hätte es noch lange so weitergehen können.

7. Januar 1945. In der Kaserne ist wieder Aufbruchstimmung. Wir werden zum Güterbahnhof gefahren und dort verladen. Wieder sagt man uns nicht, wohin, und alles rätselt herum. Es entstehen die unmöglichsten Spekulationen. Wir als Ausbilder wissen jedoch vom Bataillonskommandeur, daß es nicht in den Fronteinsatz geht, da die Ausbildung noch nicht abgeschlossen ist. Wir fahren meist des Nachts und halten wegen der ständigen Bombardierungen der Städte nur auf freier Strecke. Die Fahrt geht über Berlin und Hamburg immer weiter nach Norden hinauf bis nach Dänemark. Erst in Aarhus werden wir ausgeladen und mit Fahrzeugen in einen kleinen Ort gefahren.

10. Januar - 7. März. Unsere Ausbildungskompanie hat in einem kleinen Ort in der Nähe der Hafenstadt Aarhus in einer neugebauten Schule Quartier bezogen. Wir sind vorzüglich untergebracht und haben genügend Räumlichkeiten, um unsere Schulungen durchzuführen. Draußen ist es eiskalt, und über den Feldern liegt eine schwache Schneedecke. Der Standort für die Ausbildung der Rekruten ist gut gewählt, und es sind nur wenige Minuten bis zum Gelände für die Schießausbildung.

Nach der ersten Umschau im Ort kommt uns alles wie im Schlaraffenland vor. Für unser Geld können wir in den Geschäften so manches kaufen, was wir schon lange entbehren mußten. Vor allem haben es uns die süßen Backwaren und die Sahnetorten angetan. Ich glaube, ich werde in meinem ganzen Leben nicht mehr soviel Sahnetorten essen, wie ich sie hier bereits in den ersten Tagen verzehrt habe. Unser Aufenthalt in Dänemark schien recht angenehm zu werden. Doch dann begannen unerwartete Widerwärtigkeiten und Schikanen, die sich für mich und einige andere regelrecht zur Qual steigerten.

Es begann mit dem Verhalten unseres neuen Kompaniechefs. Eine Kostprobe hatten wir bereits am ersten Tag unserer Ankunft erhalten. Nur weil bei der Meldung durch den Transportführer die angetretene Kompanie seiner Meinung nach nicht gerade ausgerichtet war, ließ er uns fast eine Stunde lang in der eisigen Kälte vor der Schule stehen. Erst dann nahm er die Meldung entgegen und ließ wegtreten. Eine eigenwillige Demonstration seiner Stärke uns gegenüber! Dabei machte dieser Leutnant auf uns eine recht lächerliche Figur. Er gehörte zu der Gruppe der altgedienten Kommißköppe, die man in letzter Zeit aus verschiedenen Gründen von Stabsfeldwebeln zu Offizieren gemacht hatte.

In seinem Falle konnte der Grund seiner Beförderung seine Verwundung gewesen sein, denn er hatte irgendwo seinen linken Arm verloren und eine Augenverletzung davongetragen, die ihm das silberne Verwundetenabzeichen und möglicherweise auch im gleichen Einsatz das EK II einbrachte. Der Verlust seines linken Armes hinderte ihn aber nicht daran, den gesunden rechten in einer typischen Schleifer-Manier vor den Augen unserer Rekruten dazu zu benutzen, uns, die Ausbilder, ständig zu betatschen, um unsere Körperhaltung bei der Abgabe unserer Tätigkeitsmeldungen laufend zu korrigieren. Ein unmögliches Verhalten eines Vorgesetzten in Gegenwart der Rekruten, die es wahrscheinlich auch als lächerlich empfanden. Wegen seines ständigen Nörgelns und Herumgegrabsche an Ausbildern und Rekruten, an einer etwa einen halben Zentimeter zu tief hängenden Schulter oder eines nicht über die vorgeschriebene Augenbrauenhöhe gehobenen Armes bei der Ehrenbezeugung wurde er von uns und den Rekruten bald nur noch "Holzauge" genannt.

Im Laufe der nächsten Wochen vergraulte uns "Holzauge" wegen seiner ständigen Kleinkrämerei und Beanstandung immer mehr die Lust, in seiner Kompanie Dienst zu tun. Einmal, als wir einen Einsatz wegen Gleissprengungen durch dänische Partisanen durchführten, erfuhren wir von einem Wachtmeister einer anderen Kompanie, daß unser Kompaniechef erst vor wenigen Monaten zum Offizier befördert worden war und zum ersten Male eine Kompanie führte. Wahrscheinlich hat er nie begriffen, daß der Kompaniechef eine andere Aufgabenstellung hat als der Stabsfeldwebel. "Holzauge" trug zwar äußerlich die Uniform eines Offiziers, aber durch sein primitives Verhalten konnte er den sogenannten Schleifer Platzek nicht verleugnen.

Irgendwie muß er jedoch bemerkt haben, wie ihn die Kompanie einschätzte. Denn schon bald ließ er uns über sogenannte Arschkriecher bespitzeln. Wir wunderten uns darüber, wie gut er über Gespräche informiert war, die sein primitives Auftreten und seine unqualifizierten Methoden in der Ausbildung der Rekruten kritisierten. Danach gab es jedesmal neue schikanöse Dienstanweisungen - zusätzliche Nachtmärsche und laufend Alarmübungen an den Wochenenden. Diese widerwärtige und verdrießliche Atmosphäre in der Kompanie steigerte sich bis zur Unerträglichkeit. Auch mich beanstandete er häufig, da es ihm offensichtlich nicht paßte, daß ich meine Gruppe nach praktischen Gesichtspunkten ausbildete und die Männer in jeder Situation zu mir hielten.

Als dann der Befehl eintraf, die Ausbildung der Rekruten zu beenden und sie für die Front abzustellen, war ich soweit, lieber mit ihnen zu gehen, als weiterhin bei diesem widerwärtigen Vorgesetzten Dienst zu tun.

8. März. Wir waren fast zwei Monate in Dänemark, als uns der Befehl zum Fronteinsatz unserer Rekruten erreichte. Obwohl darauf vorbereitet, kam der Befehl überraschend. Ich kam in einen Zwiespalt zwischen der Entscheidung, weiterhin hierzubleiben und mich der Willkür eines primitiven Vorgesetzten auszusetzen, oder mich freiwillig zu melden, mit den Rekruten an die Front zu gehen. Nach einem Gespräch mit unserem Ober, der sich klugerweise aus allen Querelen heraushielt, aber mich überreden wollte, weiter hier zu bleiben - sah ich, daß auch er nichts in der Kompanie verändern

konnte. Darum entschloß ich mich, lieber an die Front zu gehen, als weiterhin in dieser widerwärtigen Atmosphäre Dienst zu tun.

Es war für mich keineswegs leicht, diesen Entschluß zu fassen, aber er drückt die bittere Enttäuschung aus, die ich in dieser entwürdigenden Situation empfand. Als ich meinen Entschluß Holzauge mitteilte, bemerkte ich, wie sehr ich ihm entgegenkam, die Kompanie auf diesem Wege zu verlassen. In seiner plumpen, scheinheiligen Art wies er auf mein goldenes Verwundetenabzeichen und meine Auszeichnungen hin, um mich lauernd zu fragen, ob ich es mir auch reiflich überlegt hätte, da ich ja schon mehr für mein Vaterland getan habe als manch anderer. Für diese Scheinheiligkeit hätte ich Holzauge sofort bestrafen und tatsächlich bleiben sollen. Denn inzwischen wußte ich längst, daß es gerade meine höheren Auszeichnungen waren, die ihn bei mir, einem simplen Obergefreiten, störten, und die in Anbetracht seiner enormen Eitelkeit geradezu Komplexe bei ihm auslösten.

10. März. Unsere Ausbildungskompanie, jetzt als Ersatzkompanie bezeichnet, ist verladen worden und heute in Hamburg eingetroffen. Wir wurden vom Bahnhof mit Fahrzeugen abgeholt und in eine Kaserne gebracht. Nach uns ist noch eine weitere Kompanie eingetroffen, die wie unsere auch in Dänemark ausgebildet wurde. Bei dieser Kompanie traf ich Gerhard Bunge wieder, mit dem ich 1942 in Insterburg ausgebildet wurde. Bunge hatte sich damals für eine Weiterbildung entschieden und war inzwischen Fahnenjunker-Feldwebel. Seine Frontbewährung hatte er auch schon hinter sich und war bereits mit dem EK II und der bronzenen Nahkampfspange dekoriert.

Von ihm erfuhr ich, daß unsere Division inzwischen in Ostpreußen kämpfte, aber dort nur noch als Kampfgruppe existierte. Wir sollten hier in der Kaserne neu eingekleidet werden, weil wir als Ersatz für die stark dezimierte Eliteeinheit "Großdeutschland" bestimmt wären, die sich zur Zeit bei Stettin auf der Ostseite der Oder im Einsatz befände, erzählte er mir.

12. März. Bunge behielt recht. Damals als Rekrut wäre ich wahrscheinlich stolz darauf gewesen, den schmalen, schwarzen Ärmelstreifen mit der silbernen Aufschrift: "Führerbegleitbrigade Großdeutschland" zu tragen. Jetzt kam mir die Bezeichnung "Großdeutschland" wie Hohn vor. Nicht zuletzt auch deshalb, weil diese angebliche Eliteeinheit nichts weiter war als ein zusammengewürfelter Haufen von halbausgebildeten Hitlerjungen, umgeschulten Marine- und Luftwaffenangehörigen und älteren Volksdeutschen. Letztere konnten sich mit uns nur in gebrochenem Deutsch unterhalten. Ein Sauhaufen, wie ich ihn nicht einmal 1942 nach der Flucht aus dem Kessel von Stalingrad erlebt habe.

14. März. Wir sind bereits neu eingekleidet worden und haben unsere Waffen und Ausrüstungsgegenstände für den Fronteinsatz empfangen. Nach dem ersten Abmarschbefehl kam der Gegenbefehl zum Bleiben. Es hieß, daß nicht genügend Transportmittel zur Verfügung stünden und wir weitere Befehle in der Kaserne abwarten müßten. Etwa eine letzte Galgenfrist vor der Vernichtung?

15. März. Wir nutzen die Zeit, um in Hamburg die Reeperbahn kennenzulernen, von der uns die Matrosen immer soviel erzählt haben. Ich bin enttäuscht! Viele Häuser sind dort bereits zerbombt. Ein Lokal, das uns Landsern etwas Unterhaltung bietet, ist das Hippodrom. Aber schon nach einer halben Stunde gibt es Fliegeralarm. Alles rennt in die Keller, in unterirdische Bunker und Schächte. In dieser Nacht erlebe ich zum erstenmal den gewaltigen Angriff der alliierten Bomber auf Hamburg.

18. März. Der Krieg ist jetzt überall! Er zerstört die Städte und die Menschen aus der Luft. Und er spiegelt sich in den Gesichtern der Menschen, die von Furcht, Gram und Trauer zerfurcht sind und alle um Jahre älter wirken. Er zerfetzt die Nerven und fordert täglich Verwundete und Tote. Er reißt Freundschaften und Familien brutal auseinander und bringt unsägliches Leid über sie.

Woina kaputt! So wie damals Katja im Brückenkopf von Nikopol diesen Wunsch voller Verzweiflung und Schmerz auf russisch herausschrie, so werden auch diese Menschen hier bei uns schon tausendmal den Wunsch geäußert haben, daß dieser unselige Krieg bald zu Ende gehen möge. Aber er hört nicht auf, sondern wütet weiter. Er zerstört alles um sich - nur er selbst zerbricht nicht daran. Dafür sorgen schon jene Fanatiker, die jetzt in Gefahr geraten sind, ihr Gesicht zu verlieren und zur Verantwortung gezogen zu werden. Sie verstehen es, ihnen eine Wende vorzugaukeln.

Und viele glauben daran! Sie glauben an das große Wunder, an eine noch geheime Waffe, von der alles spricht. Ich bin skeptisch, denn es wurde uns schon zuviel versprochen und nicht gehalten. Aber ich weiß eines gewiß, daß ich keine Lust mehr verspüre, jetzt noch meinen Kopf großartig hinzuhalten. Ich fühle, daß es für uns langsam zu Ende geht. Die sowjetischen Truppen stehen schon an der Oder, und die Alliierten sind im Begriff, den Rhein zu überqueren.

19. März. Vor zwei Tagen ist unser Marschbefehl gekommen. Danach wurden wir in einen Zug verfrachtet und bis Stettin gefahren. Im Bereich des Bahnhofs wurden wir bereits kräftig von der feindlichen Artillerie beschossen, wobei wir einen Toten und zwei Verletzte zu beklagen hatten. Beim Ausladen lief alles durcheinander wie aufgescheuchte Hühner, und wir Älteren hatten Mühe, den Haufen zusammenzuhalten. Nach den Monaten der Ruhe werde ich mich auch erst wieder daran gewöhnen müssen, daß ich an der Front bin und mich der Iwan wieder in seinen Klauen hat. Wie lange wird es diesmal dauern? Und wie wird es am Ende für mich ausgehen?

20. März. Nach einem längeren Fußmarsch haben wir die Truppe erreicht, in die wir eingegliedert werden sollen. Auf einem großen Dorfplatz empfangen uns ein Offizier, einige Feldwebel und Unteroffiziere, die sogleich damit beginnen, uns Ankömmlinge zu sortieren und einzuteilen. Ein etwas älterer Major, mit der blauen

EK-Spange aus dem I. Weltkrieg, scheint erstaunt zu sein, auch mich unter dem frischen Ersatz zu finden. Er kommt zu mir und sagt: "Alter Hase, wie?"

Ich schaue ihn an und denke mir, daß er etwa recht haben könnte, wenn er damit nicht gerade mein Alter meint. Ich reiße aber wie üblich meine Knochen zusammen und sage: "Wenn Herr Major damit meine Fronterfahrung meint, so habe ich schon einiges hinter mir."

Er nickt und fragt mir danach regelrecht ein Loch in den Bauch, wo ich im Einsatz war und was ich bisher bei der Einheit gemacht hätte. Zum Schluß sage ich ihm, daß ich mich am wohlsten hinter einem schweren MG fühlen würde.

Der Major schüttelt den Kopf: "Tut mir leid, aber die Gewehre sind bei uns alle besetzt, und auch die Gruppenführer sind erst vor zwei Tagen neu eingesetzt worden."

Das kann ja heiter werden, denke ich und sage deshalb enttäuscht: "Dann werde ich wohl vorne mit der Knarre in der Hand eingesetzt werden, Herr Major?"

Er lacht über meine Bemerkung und klopft mir dann wohlwollend auf die Schulter. "Natürlich nicht!" sagt er bestimmt. "Dafür wären Sie mir zu schade. Außerdem möchte ich gute Männer nicht vor die Hunde gehen lassen."

Hört sich gut an, registriert mein Hirn, und er wird mir auch sogleich sympathischer. Der Major macht eine Pause und ich sehe, daß er überlegt. Dann fragt er mich: "Können Sie Krad fahren?"

"Jawohl, Herr Major!" antworte ich sofort. "Ich besitze alle Wehrmachtsführerscheine bis zum Schützenpanzer", verkünde ich voller Stolz.

"Das ist gut!" Der Major nickt und ich bemerke, daß er mit meiner Antwort zufrieden ist.

"Ab morgen führen Sie die Kradmeldegruppe beim Regimentsstab, klar? Werde Sie dafür in den nächsten Tagen zum Kapo machen, einverstanden?"

449

Sein Vorschlag kommt etwas überraschend für mich, aber ich antworte ihm ohne zu zögern: "Jawohl, Herr Major!"
Was hätte ich auch sonst als simpler Obergefreiter sagen sollen? Etwa ablehnen? Möglicherweise hätte ich ihn dann noch verärgert, und wer weiß, wo er mich dann hinstecken würde. Kradmelder war vielleicht nicht einmal so übel. Doch so richtig davon erbaut war ich nicht, obwohl ich bisher keine blasse Ahnung davon hatte, welche Aufgaben auf mich zukommen werden. Ich werde also abwarten müssen, wie es sich in den nächsten Tagen entwickeln wird.

21. März. Die haben es verdammt eilig. Schon heute habe ich vom Schirrmeister meine Maschine und die dazugehörige Kradausrüstung empfangen. Die Kradmeldegruppe besteht zur Zeit aus fünf Mann, und wir haben unser Quartier gleich beim Regimentsstab. Er ist mit einem Oberst an der Spitze in den Kellergewölben einer Schule untergebracht. Die Kompanien liegen etwa zwei Kilometer vor dem Ort in Stellung und sind ständig in Kämpfe mit dem Feind verwickelt. Im Gefechtsstand ist ein ständiges Kommen und Gehen, und ich erlebe zum erstenmal die Hektik in einem Regimentsgefechtsstand. Vorne versucht der Feind laufend die Stellungen zu durchbrechen. Er wird aber immer wieder abgewehrt. Seine schwere Artillerie schießt ununterbrochen Störfeuer in das Dorf, und manchmal liegen die Einschläge der schweren Koffer ganz in unserer Nähe.

Obwohl der Stab mit den kämpfenden Einheiten ständig über Sprechfunk in Verbindung steht, werden wir als Melder für wichtige Befehle eingesetzt. Gleich am ersten Tag sind alle meine Melder unterwegs, so daß auch ich mit eingesetzt werde. Schon nach kurzer Zeit bin ich soweit, daß ich meinen Posten verdamme und verfluche. Was der Major als Vergünstigung für mich betrachtete, ist das Gegenteil davon. Ich bin auf meinem Krad mehr gefährdet, als wenn ich vorne in einem Deckungsloch gegen den Feind kämpfen würde. Meine Männer und ich müssen uns durch den aufgeweichten Boden und die tiefen Granattrichter hindurchbugsieren, während um uns die Granaten krepieren. Gleich am ersten Tag sackt nach einem Granateinschlag im Dorf der Boden vor meiner Nase weg, und ich stürze mitsamt dem Krad in den tiefen Trichter. Als ich mich mit aller Kraft aus dem Trichter herausgewühlt habe, wirft mich ein weiterer Granateinschlag unmittelbar neben mir wieder in den Trichter zurück. Ich hatte Glück, daß mich und mein Krad eine vorbeikommende Zugmaschine mit einem Drahtseil herauszog.

Mit aufheulendem Motor, den Oberkörper tief auf den Lenker gebeugt, raste ich weiter der Front zu, um meine Meldung noch rechtzeitig zur Kompanie zu bringen. Ein schwieriges Unterfangen, weil die Kompanie inzwischen gezwungen war, ihre Stellung zu verändern, und ich mich erst durchfragen mußte, wo sie sich jetzt befand. Es wurde dann eine Höllenfahrt durch Granatwerferfeuer und Kugelhagel, bei der am Ende mein Kradmantel zerfetzt war, aber ich wie durch ein Wunder nichts Ernsthaftes abbekommen hatte.

22. - 25. März. Die gefährlichen und kraftraubenden Meldefahrten durch Granattrichter und den tiefen Dreck waren ein riskantes Spiel auf Leben und Tod, doch ich erlebte es nur ganze fünf Tage. Während dessen waren zwei meiner Melder durch Verwundung ausgefallen, die ich durch neue ersetzen mußte. Einige Tage zuvor war hier der Teufel los gewesen. Nachdem ein Großangriff von unserer Seite keinen Erfolg brachte, griff der Iwan seinerseits an. Unsere Meldegruppe war ständig im Einsatz, und ich verfluchte den Major, der so großspurig sagte, er wolle mich nicht vor die Hunde gehen lassen. Auf diesem verdammten Krad hatte ich keine Deckung, und meistens mußte ich wegen zu starkem Beschuß abspringen und bis zu den Kompanien vorne wie ein flüchtiger Hase über das freie Feld laufen. Bei diesen Hetzereien hat es vor drei Tagen auch meine zwei Melder erwischt.

26. März. Heute ist es etwas ruhiger, und ich muß gleich frühmorgens nur einmal zur schweren Granatwerfergruppe. Zwei meiner Melder sind noch unterwegs, während die anderen auf ihre Einsatzbefehle warten. Es scheint aber ein ruhiger Tag zu werden, und

451

wir haben ein paar Verschnaufpausen bitter nötig. Als ich Hunger bekomme, gehe ich nach oben zu meinem Krad, das ich im Hof der Schule abgestellt habe. In der Seitentasche meines Krads befinden sich noch eine Büchse Ölsardinen und ein Kanten Brot.

Draußen scheint die Sonne, aber es ist kalt. Ab und zu rauscht eine schwere Granate heran und detoniert mit lautem Krachen zwischen den Häusern. Als ein schwerer Koffer ganz in der Nähe einschlägt, zucke ich nervös zusammen. Ich bin schon seit dem frühen Morgen innerlich erregt und in höchstem Grade nervös. Ich spüre, daß irgend etwas in der Luft liegt, das ich mir nicht erklären kann. Ist es wieder diese Vorahnung, die ich immer dann habe, wenn etwas mit mir passiert? Ich weiß es nicht! - Als ich zum Krad gehe und die Lederriemen an der Seitentasche aufschnalle, höre ich nur kurz das Heulen einer Granate und gleich darauf die Detonation ganz in der Nähe der Schule. Danach bohren sich einige Splitter in die Ziegelwand. Einen höre ich durch die Luft surren und ducke mich instinktiv nach unten... Zu spät! Der Splitter war für mich bestimmt, darum suchte er auch meinen Körper. Es war nur ein leichtes Klatschen auf dem gummierten Kradmantel, dann spürte ich einen kräftigen Schlag oberhalb meines linken Ellenbogens. Ich spüre den Schmerz und sehe das Blut aus dem Ärmel sickern, aber ich fühle mich plötzlich wie befreit, so als wäre eine schwere Last von mir abgefallen. Und mir wird bewußt, daß es auch diesmal wieder eine Vorahnung war, wie bei den anderen Verwundungen.

Besser tot als nach Sibirien

Völlig entspannt gehe ich zurück in den Keller und lasse mir den Arm von dem anwesenden Unterarzt notdürftig verbinden. Ein größerer Granatsplitter hat sich genau über dem Ellenbogengelenk in das Fleisch bis zum Knochen hineingebohrt. Das Gelenk selbst soll aber nicht beschädigt sein, wie mir der Unterarzt sagt. Da der Major zur Zeit nicht im Gefechtsstand ist, gehe ich zum Regimentskommandeur und melde ihm vorschriftsmäßig meine Verwundung. Als er mir zum Abschied die Hand gibt, fühle ich, daß mir der Oberst meinen Heimatschuß wirklich gönnt. Einige Anwesende dagegen beneiden mich offensichtlich, da ich schon nach knapp einer Woche mit einer nicht lebensbedrohenden Verwundung aus dem Kampfgeschehen ausscheide. Ich höre es an den Zurufen einiger Männer. Wohl haben sie alle vom Krieg die Schnauze voll und kämpfen sicher nur noch, weil sie als deutsche Soldaten dem Fahneneid verpflichtet sind und in den Augen des manipulierten Volkes nicht als Fahnenflüchtige gelten wollen.
Auch ich kann mich nicht von diesem Pflichtbewußtsein freisprechen, obwohl ich nicht mehr an eine Wende glaube. In dieser Phase gibt es meines Erachtens niemand mehr, der ernsthaft glaubt, daß der Krieg noch zu unseren Gunsten ausgehen wird. Unser Kampf ist nur noch ein letztes Aufbäumen vor der Agonie. Aber niemand traut sich, es offen auszusprechen. Man ist zwar unter sich - aber dennoch nicht unter Gleichgesinnten. Bereits auf dem Wege hierher haben wir gesehen, daß viele Schergen unterwegs sind, um Andersdenkende brutal zusammenzuschießen oder sie kurzerhand zur Abschreckung aufzuhängen.

Nach meiner Verwundung brachte mich einer meiner Melder auf dem Motorrad zum Verbandplatz, wo ich kurz darauf mit anderen Verwundeten in einen Sanka steigen konnte, der uns nach Stettin bringen sollte. Wir waren aber solange nicht in Sicherheit, bis wir die unter Artilleriebeschuß liegende Oderbrücke überquert hatten. Wegen einiger Beschädigungen mußten wir bis zum Einbruch der Dunkelheit warten, bis wir sie endlich passieren konnten. Erst danach war mir wohler.

27. März. Der Sanka brachte uns bis Stettin in ein großes Lazarett, das jedoch bis obenhin überfüllt war. Die beiden Sanis luden nur die Gehbehinderten und die Schwerverwundeten aus und kümmerten sich nicht um mich und zwei weitere Leichtverwundete. Bei diesem Trubel und dem Durcheinander war es mir unmöglich, einen Arzt zu finden, der sich unsere notdürftig verbundenen Verletzungen anschaute. Wir dösten so die ganze Nacht auf einem überfüllten, zugigen Gang und waren heilfroh, am nächsten Morgen wenigstens heißen Kaffee mit Brot und Marmelade zu empfangen. Da ich nur noch meinen rechten Arm benutzen konnte, half mir ein kopfverletzter Kumpel beim Brotschneiden.

28. März. Auch im Laufe des Vormittags kümmerte sich niemand um uns. Erst eine Rotekreuz-Schwester betreute uns ein wenig und besorgte uns ein paar Schmerztabletten. Sie informierte uns, daß man im Begriff sei, die Verwundeten soweit möglich in andere Lazarette weiter nach Westen zu verlegen. Wir sollten deshalb versuchen, mit einem Lazarettzug von hier wegzukommen.
"Auf nach Hamburg!" rief daraufhin ein Obergefreiter aus unserer Runde, der einen Kopfverband trug. Er stellte sich uns als Detlef Jansen aus Bremerhaven vor. Ich und die anderen waren einverstanden, denn wir hatten nur einen Wunsch, nämlich möglichst weit von der russischen Front wegzukommen. Und wenn wir schon in Gefangenschaft geraten mußten, dann beim Engländer oder Amerikaner.

29. März. Wir sind mit unserer Gruppe von vier Verwundeten nur bis Schwerin gekommen, dann wurden wir von der Feldgendarmerie, die wir Kettenhunde nennen, aus dem Zug geholt und auf dem

Bahnhof kontrolliert. Es sind Schweine! Sie nehmen keine Rücksicht auf unsere Verwundungen, sondern reißen uns die Verbände brutal von den Wunden, obwohl wir ordnungsgemäß unsere Verwundetenzettel an den Uniformen tragen. Wenn wir dagegen protestieren, stützen sie sich auf ihren Befehl und argumentieren, daß sie täglich eine Menge Simulanten und Fahnenflüchtige erwischen. Wir können darum nur mit den Zähnen knirschen und uns neu verbinden lassen. Uns stört, daß sich die Kettenhunde so enorm wichtig nehmen und selbst vor bewährten Frontsoldaten nicht halt machten, die ihren Kopf auch für diese Typen hinhalten mußten.

3 April. Nach einem Aufenthalt in einem Schweriner Lazarett, das mit Schwerverwundeten völlig überfüllt war, schloß ich mich einer Gruppe Verwundeter an, die versuchten, sich nach Süden abzusetzen. Zwar wußte niemand genau, wie weit der Russe von Osten her vorstoßen wird, aber zur Zeit erschien uns der Süden noch am sichersten. Wir schlugen uns mit Unterbrechungen drei Tage lang durch und erreichten, nach Magdeburg und Halle, die Stadt Jena in Thüringen. Unterwegs wurden wir immer wieder angehalten und scharf kontrolliert. Die Kettenhunde und SS-Schergen suchten nach Deserteuren.

5. April. Gestern erwischten sie hinter Halle in unserem Zug gleich zwei Landser und einen jungen Leutnant ohne Marschbefehle. Danach mußten wir alle vor dem Zug antreten, um nochmals kontrolliert zu werden. Ein Verwundeter, der auf Krücken ging, warf plötzlich die Krücken weg und rannte den Bahndamm hinunter. Er kam nicht weit, sondern wurde sogleich von mehreren MPi-Salven niedergestreckt. Als wir dann weiterfuhren, sahen wir an einigen Telefonmasten die toten Körper erhängter Soldaten, die als Abschreckung dienen sollten. Glaubten die Henkersknechte etwa, dadurch noch eine Wende herbeizuführen, um ihre eigene Haut damit retten zu können?

10. April. Seit einigen Tagen bin ich in einem Lazarett in Jena, wo noch alles ruhig und friedlich ist. Das Lazarett befindet sich in einer ehemaligen Schule am Rande der Stadt. Hier wurde mein Verband gewechselt und meine eitrige Wunde versorgt. Der Splitter soll mir auch herausgenommen werden, weil er mir Beschwerden macht. Das Essen ist hier ausgezeichnet, nur die Rauchwaren sind knapp. Pro Mann erhalten wir ein Paket Tabak in der Woche. Da es nicht ausreicht, versuchen wir, ihn mit getrockneten Brombeerblättern zu strecken. Es schmeckt scheußlich! Ein älterer Landser, der schon länger hier ist und sich darin besser auskennt, sucht uns im Wald Spezialkräuter, die wir trocknen und dem Tabak beimischen. So kommen wir besser über die Runden.

12. April. Buchstäblich über Nacht ist auch hier wieder Aufbruchstimmung. Das Lazarett soll nach und nach evakuiert werden. Heute habe ich endlich eine Verbindung zu der Flakeinheit nach Apolda bekommen, bei der meine Freundin Dienst tut. Da aber auch ihre Einheit im Begriff war zusammenzupacken, um dann irgendwohin verlegt zu werden, konnte ich sie nur einige Minuten sprechen. - Nach diesem Anruf hatten wir keinen Kontakt mehr.

13. April. Ich habe beschlossen, mich einer Gruppe von Verwundeten anzuschließen, die sich nach Plauen im Vogtland absetzt. Aber auch hier das gleiche Bild der Überfüllung. Um uns kümmert sich niemand, und jeder ist darauf bedacht, sich irgendwie in Sicherheit zu bringen. Hier lerne ich einen verwundeten Gefreiten kennen, der aus Marienbad im Sudetenland stammt. Er erzählt mir, daß seine Eltern in dem Kurstädtchen ein kleines Uhrmachergeschäft besitzen. Durch dieses Gespräch werde ich an den beinamputierten Landser erinnert, der Weihnachten 1942, nach dem Todeslauf bei Rytschow, mein Nachbar im Lazarettzug war. Er sagte mir damals, daß er aus Marienbad stamme und schwärmte mir so viel von seiner Heimat vor, daß ich schon damals den Wunsch verspürte, das Städtchen kennenzulernen. Wie das Schicksal so spielt, bin ich jetzt ganz in der Nähe dieser schönen Kurstadt. Ich überlege

darum nicht lange, sondern schließe mich dem jungen blonden Gefreiten und einigen anderen an, die gleichfalls versuchen, nach Marienbad zu kommen.

14. April. Wir haben die letzte Nacht in Eger übernachtet und reichlich Marschverpflegung empfangen. Gleich am Bahnhof hatten wir das Glück, ein weites Stück von einem Lkw mitgenommen zu werden, der zu einem Wehrmachtsdepot fahren mußte. Den Rest gingen wir dann zu Fuß. Das Wetter war seit Tagen zwar kühl, aber dafür sonnig. Der Fußmarsch, der vorwiegend durch herrliche Tannenwälder führte, tat mir gut, und ich atmete die würzige Waldluft tief in meine Lungen ein. Ich hätte mich rundum richtig wohlgefühlt, wenn meine Wunde, die sich durch Schmutz und Bewegung stark entzündet hatte, nicht derart geschmerzt hätte. Darum war ich froh, als wir Marienbad erreichten und ich zur Behandlung in ein Lazarett gehen konnte.

16. April. Der Landser damals im Lazarettzug hatte nicht übertrieben. Mir gefällt es hier außerordentlich gut. Das Kurstädtchen besteht vorwiegend aus schönen und sauberen Kurpensionen und Hotels mit gepflegten Parks und Anlagen. Es liegt inmitten einer schönen, hügeligen Waldlandschaft. Es wäre auch für uns Landser ein richtiger Erholungsort, wenn nicht das Gespenst des Krieges auch diese Idylle überschatten würde. Noch war es allerdings nicht soweit! Die Menschen hier leben noch wie im tiefsten Frieden, obwohl es mit den Lebensmitteln auch schon recht knapp wird. Bei uns im Lazarett ist die Verpflegung noch recht annehmbar, nur die für uns so wichtigen Marketenderwaren sind dürftig.
Auch hier in Marienbad sind alle Lazarette überbelegt. Da die Betten vorwiegend den Gehbehinderten und schwerer Verwundeten vorbehalten sind, legt man uns, die leichteren Fälle, in Privatpensionen und behandelt uns ambulant. Darum leben wir zur Zeit wie Hotelgäste in geräumigen Zimmern mit zwei oder vier Betten, wobei wir unser Frühstück im Zimmer und die Hauptmahlzeiten in

einem ehemaligen Kursaal einnehmen, der uns jetzt als Speisesaal dient.

21. April. Die Zeit vergeht hier viel zu schnell, und wir würden sie alle gern zurückdrehen, wenn es ginge. In höchster Spannung verfolgen wir, wie die feindliche Front von beiden Seiten herannaht. Jeder wünscht, daß die Amerikaner zuerst hier sind. Andernfalls werden viele versuchen, dem Ami zu Fuß entgegenzugehen. Aber noch ist es nicht soweit. Noch ist alles ruhig um Marienbad herum. Man hat aber begonnen, alle Genesenden zu erfassen und sie schubweise an kämpfende Truppen zu überstellen. Ich bin noch nicht genesen, darum werde ich noch eine Zeitlang in Behandlung bleiben. Meine Wunde ist immer noch entzündet und eitrig. Die Knochenhaut soll angegriffen sein, wie man mir sagt. Gut - ich habe nichts dagegen, denn die Schmerzen sind erträglich.

24. April. In den letzten Tagen standen wir häufig vor unserer Pension und betrachteten die Mädchen, die an uns vorbeiwandelten. Wenn ein Landser ein nettes Mädchen sah, stieß er einen anerkennenden Pfiff aus und folgte ihr, um Anschluß zu finden. Dann schlossen wir unter uns schnell Wetten ab, ob er es schaffen oder abblitzen würde. Bei einer besonders schönen, aber auch stolzen Brünetten, die jeden Tag um die gleiche Zeit an unserer Pension vorbeikam, hatte bisher noch niemand Erfolg. Sie gab den Landsern nicht einmal eine Antwort auf ihre verbalen Annäherungsversuche. Trotzdem versuchte es immer wieder ein anderer, mit ihr in Kontakt zu kommen. Zum Schluß wurde daraus ein regelrechter Wettbewerb, und ich hatte das Gefühl, daß es die Brünette richtig freute, sonst hätte sie längst einen anderen Weg genommen.

Als es dann sogar um ein Päckchen Tabak ging, das ein Nichtraucher für den Erfolgreichen spendieren wollte, konnte auch ich nicht widerstehen. Ich nahm mir vor, nicht mit den üblichen abgedroschenen Redensarten vorzugehen, sondern eine ganz simple Taktik anzuwenden. Ich wollte ihr einfach die Wahrheit sagen - worum es ging und ob sie mich darin unterstützen wolle.

Es klappte! Zwar lief auch ich zuerst wie ein Trottel neben ihr her, aber als sie von mir hörte, worum es ging, blieb sie stehen und lachte so laut, daß die Landser hinter mir lange Gesichter machten und hinterher von mir wissen wollten, welchen raffinierten Trick ich angewandt hätte, sie so schnell herumzukriegen.

Seitdem sahen wir zwei uns öfter, und es wurde sogar eine richtige Romanze daraus. Ihre Eltern hatten ihr den recht seltenen Namen "Jolanda" gegeben, den ich hier zum ersten Male hörte. Jolanda arbeitete als Damenschneiderin in einem renommierten Betrieb in der Stadt. Bereits zwei Tage später nahm sie mich nach Hause mit und stellte mich ihrer Mutter vor. Ihr Vater hatte ein Geschäft als Schildermaler und war wie alle Männer in dieser Zeit irgendwo im Einsatz. Wir verlebten danach schöne Tage zusammen, die jedoch überschattet waren von dem bevorstehenden Ende des Krieges und der Ungewißheit, die uns danach erwartete.

29. April. Seit gestern geht es wie ein Lauffeuer um, daß sich der Amerikaner von Westen her dem Sudetenland nähert und vermutlich vor den Russen hier sein wird. Wir atmen etwas befreiter auf und wünschen uns, daß es so bleibt. Marienbad ist ausschließlich Lazarettstadt ohne stationäre deutsche Truppen. Die Stadt soll daher kampflos an die einrückenden Sieger übergeben werden. Dennoch befinden sich am Rande der Stadt und in den Wäldern unsere Truppen. Und man spricht davon, daß übereifrige Kampfgruppenführer die Absicht haben, sich den Amerikanern entgegenzustellen. Zweifellos gibt es auch in dieser Endphase noch hirnverbrannte Truppenführer, die sich strikt an Adolf Hitlers Befehl halten, gegen den Feind bis zur letzten Patrone zu kämpfen. Sollen sie es tun; aber allein und ohne andere zu opfern!

Hier und jetzt noch gegen die Amerikaner zu kämpfen wäre nicht nur sinnlos, sondern auch Verrat an allen Verwundeten in dieser Stadt. Es würde bedeuten, daß die amerikanische Armee dadurch länger aufgehalten würde und Marienbad vielleicht nicht vor den

Sowjets erreichte. Was dann mit uns und der Zivilbevölkerung geschehen würde, davor fürchten wir uns alle. Wer die Sowjets nicht selbst an der Front erlebt hat, der hörte zumindest von ihrer Brutalität und Roheit gegenüber den deutschen Soldaten und der Zivilbevölkerung. Gott bewahre uns davor! Wenn wir denn schon in Gefangenschaft gehen müssen, dann nur bei den Amerikanern, die im Gegensatz zu den Sowjets ihre Gefangenen nach den Grundsätzen der Genfer Konventionen behandeln werden.

30. April. Wir merken alle, daß es dem Ende zugeht. Sogar der Lebensmittelnachschub soll unterbrochen sein, und man hat begonnen, die Depots zu räumen. Da ich heute meinen Verbandstag im Lazarett habe, höre ich erst sehr spät, daß ganz in der Nähe auch ein Bekleidungsdepot geräumt wurde. Die Landser laufen alle mit neuen Uniformen und Stiefeln herum. Ich erwische gerade noch ein Paar braune Schuhe, die einem anderen zu klein waren.

1. Mai. Der Gefreite Biernath aus unserer Pension und der Obergefreite Vogel aus unserem Zimmer haben plötzlich ein Englischbuch und lernen daraus englisch. Sie üben, mit welchen Worten sie die Amis empfangen und begrüßen wollen. Uns anderen geht ihr Getue gegen den Strich, und wir betrachten die beiden als typische Wendehälse, die sich nach unserer Niederlage dem Feind sofort anbiedern, um vielleicht ein paar Vorteile zu ergattern.
Ich weiß nicht, ob man sie deshalb verurteilen soll. Möglicherweise haben sie nur keinen Groll auf unsere Feinde, denen wir jetzt ausgeliefert sein werden. Sie waren bei einer Flakeinheit und haben die Grausamkeiten an der Front nie kennengelernt. Glückliche Landser, die diesen Krieg auf diese Weise überstanden haben! Darum werdet ihr diesen Krieg auch schnell vergessen können. Im Gegensatz zu mir und den vielen anderen, die dem höllischen Inferno an der Ostfront noch entkommen sind und jetzt vor einem Scherbenhaufen stehen. In mir ist eine unbeschreibliche Enttäuschung, und ich fühle einen Groll auf alles, was mit diesem Krieg zusammenhängt.

4. Mai. In den letzten Tagen kamen täglich versprengte Soldaten in die Stadt, die aber sofort von Kommandos aufgegriffen und abtransportiert wurden. Die umliegenden Wälder sollen nur so von Versprengten wimmeln, die alle nach Westen strömen, um nicht den Sowjets in die Hände zu fallen.

Vor drei Tagen haben wir von dem Selbstmord Adolf Hitlers und Eva Brauns erfahren. Wir waren schockiert, daß sich der so stolze Führer auf diese schändliche Weise seiner Verantwortung entzogen hat. Aber schon nach Stunden sprach kein Mensch mehr darüber, weil wir unsere eigenen Sorgen hatten. Neuerdings wurde berichtet, daß auch der Russe nicht mehr weit entfernt sein soll und gleichfalls bald hier sein wird. Wir schliefen deshalb in dieser Nacht unruhig und lauschten dem Geschützdonner, der von beiden Seiten deutlich zu hören war.

5. Mai. Der Tag beginnt wolkenlos. Die Sonne liegt seit dem Morgen warm auf dem frischen Grün der Bäume und Sträucher und zaubert kontrastreiche Schatten auf den gepflegten Gehwegen. Das Gras in den Parks und Anlagen ist saftig grün, und die Büsche an den Fußwegen stehen in voller Blüte und verströmen einen betäubenden Duft. Es ist heute ein wunderschöner Frühlingstag, und ich empfinde ihn angenehm. Nicht zuletzt darum, weil uns die Nachricht erreichte, daß Marienbad heute an die Amerikaner kampflos übergeben werden soll. Wir erwarten somit den unblutigen Einmarsch der Amerikaner in wenigen Stunden.

Wir sind auf die Amis neugierig. Als wir hören, daß sie vor der Stadt sind, gehe ich mit einer Gruppe Landser die Straße entlang und stelle mich mit ihnen vor einem größeren Lazarett auf. Einige Landser, die an der Westfront verwundet wurden, erzählen, daß die amerikanischen Soldaten bestens ausgerüstet sind, aber im Gegensatz zu uns verweichlicht seien. Ohne ihre reichhaltige Verpflegung und die vielen schweren Waffen zur Unterstützung wären sie nie und nimmer in der Lage gewesen, sich mit deutschen Soldaten zu messen und wie sie durchzuhalten. Warum sie noch mit uns vergleichen? Sie sind die Sieger, und ich werde sie gleich zu Gesicht bekommen.

Kurz darauf vernehmen wir bereits das Dröhnen und Rasseln von Panzerketten.

Dann sehen wir sie! Ich wundere mich, daß eine Menge Soldaten auf den Panzern sitzen, wie bei einem Angriff. Als sie näher kommen, läuft mir ein Schauer über den Rücken. Sie sehen aus wie die Russen, denke ich - nur daß die Uniformen anders sind. Alle Soldaten knien auf den Panzern und halten ihre Maschinenpistolen im Anschlag. Ihre Gesichter sind hart, und ein gespannter und lauernder Ausdruck liegt in ihren Augen, der mir so gut bekannt ist. Als sie an unserer Gruppe vorüberfahren, richten sie ihre MPi auf uns. Ich sehe, wie ihre Augen funkeln, und in ihren verdreckten Gesichtern erkenne ich die Bereitschaft zu töten, aber auch die Angst. Sehen sie nicht, daß wir alle hier Verbände tragen? Kein Mensch denkt noch an Widerstand. Oder ist es nur der Respekt vor den deutschen Soldaten, und daher die Nervosität? Hoffentlich dreht nicht einer von diesen lauernden weißen und schwarzen Gestalten mit den gehetzten Gesichtern durch und zieht den Abzug, denke ich. Wir verhalten uns daher ruhig und ohne uns zu bewegen, bis sie an uns vorbei sind. Dann stehen auf einmal auch ein paar Frauen und Mädchen mit Blumen da. Das Eis ist gebrochen!... Die nachfolgenden Truppen strömen mit Jeeps und Lkw nach Marienbad hinein.

6. Mai. Mit unserer Freiheit ist es vorbei. Ab heute besteht für deutsche Soldaten Ausgangssperre. Aus den Wäldern um Marienbad hört man immer noch Schußwechsel. Dort sollen sich noch einige Kampfgruppen befinden, die Widerstand leisten. Unsere Lazarette werden nun bewacht, und niemand kommt ohne Passierschein nach draußen. Es wird sofort scharf geschossen. Auch vor unserer Pension steht ein Jeep mit zwei kaugummikauenden schwarzen Amis. Morgen wollen sie die Lazarette nach SS-Leuten und Genesenden durchforsten.

8. Mai. Heute sind wir von unserer Privatpension in ein größeres Lazarett verlegt worden mit dem klangvollen Namen "Bellevue". Gestern haben die Amerikaner viele Genesende und Landser von der Waffen-SS auf einen Lkw geladen und irgendwohin verfrachtet. Nach dieser Aktion sind die Lazarette nicht mehr so stark belegt.

9. Mai. Ab sofort gibt es leider keinen Krümel Salz mehr in unser Essen. Die dünnen Suppen schmecken scheußlich fad. Es heißt, daß die Tschechen auch das Salz beschlagnahmt hätten. Wir vermuten, daß das vielmehr zur Bestrafung der Verlierer gehört. Wenn ich aus dem Fenster sehe, wundere ich mich, woher plötzlich die vielen tschechischen Soldaten kommen. Inzwischen ist auch das Ende des Krieges, die offizielle Kapitulation durch den Großadmiral Dönitz erklärt worden.

10. Mai. Gestern habe ich von einem Sanitätsunteroffizier einen Brief erhalten. Er war von Jolanda, die herausgefunden hatte, in welchem Lazarett ich mich jetzt befand. Sie schrieb mir, daß ihre Firma auf Anweisung eines höheren Offiziers die Werkstatt in das große Hotel "Bayrischer Hof" verlegen mußte, und daß sie jetzt nur noch für den amerikanischen Stab arbeiten würde. Da sich in dem oberen Teil des Hotels auch ein deutsches Lazarett befände, sollte ich versuchen, mich dorthin verlegen zu lassen.
Mein Gesuch wurde abgelehnt. Dafür entdeckte ich aber, daß man von außen fast unbehelligt in den Keller unseres Lazaretts gelangen konnte. Ich beschrieb Jolanda den Weg und zu welcher Zeit ich sie nach Feierabend dort erwarten würde. Der Sani berichtete mir noch am gleichen Tag, daß er meinen Brief übergeben hätte. Für ihn war es problemlos, da sich im Bayrischen Hof auch eine Chirurgie befand, bei der er als Sanitätsunteroffizier häufig zu tun hatte.

11. Mai. Ich war schon den ganzen Tag nervös und wartete auf den Abend. Ob Jolanda den Mut haben wird, zu mir in den Keller zu kommen? Die Zeit hatte ich so gewählt, daß allem Ermessen nach

463

niemand mehr den Keller betreten würde. Dort befanden sich Bade- und Heizungsräume und einige Abstellräume, in denen man sich gut verstecken konnte. An einer Seite ging eine Tür zum Garten, die ständig verschlossen war. Aber ich hatte mir bereits einen Schlüssel besorgt, und nachdem ich von oben unauffällig in den Keller hinabgeschlichen war, schloß ich auf.

Ich hatte Glück! Niemand war hier unten. Ich lugte nach draußen in den Garten und war freudig überrascht. Jolanda stand bereits hinter einem Busch und wartete auf mein Zeichen. Es war ein freudiges Wiedersehen. Sie brachte mir außerdem das mit, worum ich sie im Brief gebeten hatte: Salz und Zigaretten. Letztere hatte sie den Amis für ihren Vater abgeschnorrt, wie sie mir lachend erzählte.

Von Jolanda erfuhr ich dann böse Dinge. So erzählte sie mir, daß die Tschechen damit begonnen haben, die Deutschen zu enteignen und auszuweisen. Wer sich sträubte, den steckten sie einfach in ein Lager. Die deutsche Bevölkerung hätte jetzt nichts mehr zu essen, da alle Lebensmittel beschlagnahmt wurden. Viele Menschen versuchten deshalb, bei den Amerikanern nur fürs Essen zu arbeiten. Dadurch standen sie gleichzeitig auch unter deren Schutz. Von einem amerikanischen Offizier, der auch deutsch sprach, habe sie erfahren, daß die Russen nur einige Kilometer von uns entfernt stehen und sehr verärgert sind, da die Amerikaner ihnen mit der Besetzung Marienbads zuvorgekommen waren. Im Bayrischen Hof erzählt man sich, daß demnächst die deutschen Gefangenen an die Russen ausgeliefert werden sollen. Als ich es höre, fährt es mir gewaltig in die Knochen.

13. Mai. Was Jolanda mir erzählte, ist heute eingetroffen. Es ging plötzlich alles viel zu schnell, und man ließ uns keine Zeit für Überlegungen. Wahrscheinlich wären ich und viele andere noch irgendwie geflüchtet. Man sprach von einer Auslieferung an die Sowjets, aber jeder von uns hoffte auf die Fairneß der Amerikaner und daß sie nicht so brutal sein würden, ihre eigenen Gefangenen an die Rotarmisten auszuliefern.

Als wir dann heute morgen im Lazarett für den Transport zusammengestellt wurden und auf den Abtransport warteten, wußten wir, daß unsere Hoffnung zerronnen war. Auf dem Wege zu einem Barackenlager begegneten wir noch einigen Mädchen und Frauen, die von unserem Abtransport hörten und nach Verwandten und Freunden Ausschau hielten. Sie winkten uns zaghaft zu, aber niemand von uns winkte zurück. Wir saßen stumm mit bleichen und versteinerten Gesichtern auf dem Lkw und konnten es immer noch nicht fassen, daß sich unsere Hoffnung auf eine faire Gefangenschaft über Nacht in eine todgeweihte Zukunft veränderte hatte. Nach Rußland heißt: Gefangenschaft in Sibirien!

Für mich ein grausames Wort! Es hämmert ununterbrochen in meinem Kopf. Können sich die Amerikaner unter dem Wort "Sibirien" überhaupt etwas vorstellen? Können sie wissen, wieviel Angst, Entsetzen und Hoffnungslosigkeit dieses eine Wort auslöst? Vor allem wir, die wir gegen die Sowjets gekämpft haben, können uns ausmalen, was uns in Rußland und Sibirien erwarten wird.
Schon im Barackenlager bekommen wir den ersten Vorgeschmack. Wir werden in Räume gebracht, in denen wir nackte Holzpritschen vorfinden, auf denen nur eine Decke liegt. Noch werden wir aber von amerikanischen Soldaten bewacht. Es ändert sich, als auf den Gleisen am Ende der Baracken ein Güterzug vorfährt und einige russische Soldaten auftauchen. Mich schaudert's! Es sind die gleichen Uniformen und die gleichen Gesichter, die ich eigentlich schon immer gefürchtet habe. Ich glaubte, sie vergessen zu können..., aber jetzt weiß ich, daß ich es nicht kann. Wenn ich sie nicht leiblich vor mir sehe, werden sie mich in meinen Träumen verfolgen.

Wir müssen antreten, und ein Dolmetscher kommt zu uns. Er befiehlt, daß alle, die bei der SS waren, heraustreten sollen. Es sind nur noch wenige. Danach sind die dran, die nur an der Ostfront gekämpft haben. Er macht uns darauf aufmerksam, die Wahrheit zu sagen, da unsere Einheiten leicht festzustellen seien. Ich stelle mich einfach taub und trete nicht vor. In meinem Kopf arbeitet es fieberhaft, und ich suche nach einer Chance, hier herauszukommen. Ich bin fest entschlossen, mich nicht nach Sibirien transportieren zu lassen. Lieber werde ich mich auf der Flucht erschießen lassen, wie es mit zwei Landsern geschehen ist, die bei unserem Eintreffen im Lager flüchten wollten.

14. Mai. Gibt es noch eine Chance für mich, aus diesem Lager zu entkommen? Ich habe etwas Zeit gewonnen, denn der erste Güterzug ist bereits heute morgen abgefahren. Weil die Waggons noch nicht voll waren, haben die Russen schnell die Baracken durchgesehen und einige herausgegriffen. Als einer zu uns kommt, zeige ich ihm meinen Verband, den ich immer noch am Arm trage. Er packt daraufhin zwei Landser und treibt sie mit den anderen zu den Waggons. Als ich aus dem Fenster sehe, erkenne ich in der Gruppe die beiden Landser aus der Privatpension, die noch vor knapp drei Wochen Englisch lernten, um die amerikanischen Sieger auf englisch zu empfangen. Welch böse Überraschung mußte es für die armen Teufel gewesen sein, jetzt dem Russen ausgeliefert zu werden. Dabei ahnen sie nicht einmal, was auf sie zukommen wird.

Für mich bedeutet der Zeitgewinn eine Chance, nach einer Fluchtmöglichkeit zu suchen. Der nächste Transport soll erst wieder in zwei Tagen zusammengestellt werden. Heute gegen Mittag wurde das Lager wieder mit neuen Leuten aufgefüllt. Darunter sind einige mit nicht ausgeheilten Wunden. Sie werden auf der Krankenstation im Lager weiterbehandelt. Gegen Abend beobachte ich, daß zwei Landser mit der Sanka abgeholt und ins Lazarett zurückgebracht werden. Der Sani sagt mir, daß die Wunden der beiden noch offen wären und sie plötzlich Fieber bekommen hätten. Und Fieberkranke müßten wieder ins Lazarett zurückgebracht werden, so lautet der Befehl.
Dieses Gespräch mit dem Sani ging mir nicht mehr aus dem Kopf, und ich sah sogleich auch eine Chance, aus diesem Lager, das mir wie das Tor zur Hölle erschien, herauszukommen. Ich wußte von

meinen früheren Verwundungen, daß ich jedesmal Fieber bekam, wenn meine Wunden entzündet waren. Ich mußte also versuchen, meine fast verheilte Wunde wieder zur Entzündung zu bringen. Der Granatsplitter hatte vom Einschußloch bis zum Knochen eine regelrechte Röhre von einigen Zentimetern gerissen, durch die immer der Eiter abgeflossen war. Darüber war inzwischen eine dünne Haut gewachsen, die ich jetzt wieder durchstoßen wollte.

Als ich zu diesem Zweck einen verrosteten Nagel fand, wurde mir bewußt, daß das auch schlimm für mich ausgehen könnte. In meiner verzweifelten Lage war es mir jedoch lieber, an einer Blutvergiftung zu sterben, als in die Hölle nach Sibirien verschickt zu werden. Ich unterdrückte meinen Schmerz und durchbohrte mit dem Nagel die frisch verheilte Wunde, bis das Blut herauslief. Um die Entzündung zu beschleunigen, schob ich noch einige Zentimeter dünne Verbandgaze mit hinein.

15. Mai. Meine Rechnung ging auf. Bereits in der Nacht spürte ich einen starken Schmerz im Arm. Aber erst heute nachmittag bekam ich einen heißen Kopf und hohes Fieber. Als ich zur Sanitätsstube ging, wurde mir bereits schwindlig vor den Augen. Der Sani legte mich sofort auf die Bahre und untersuchte mich. Danach kann ich mich nur noch daran erinnern, daß ich dem Fahrer der Sanka sagte, er solle mich in das Lazarett im Bayrischen Hof bringen, was er dann auch tat. Danach schaltete meine Erinnerung aus.

17. Mai. Als ich heute morgen aufwachte, war ich schweißgebadet. Ich hatte böse Träume vom Krieg und seinen Grausamkeiten. Erst allmählich begriff ich, wo ich mich befand. Ich lag in einem sauberen Bett im Lazarett des Bayrischen Hofs zusammen mit drei anderen Verwundeten in einem hellen Raum. Eine freundliche Krankenschwester brachte gerade Kaffee. Sie stellte auch mir eine Tasse hin. Er schmeckte nach Bohnenkaffee, aber er war dünn und fad, als wäre es der zweite Aufguß. Als ich mich aufrichten wollte, bemerkte ich, wie schwach ich war, und daß mein linker Arm vom Ellenbogen bis zum Oberarm in einem dicken Verband steckte.

19. Mai. Ich habe versucht aufzustehen, doch meine Knie sind noch recht zittrig. Dennoch gelang es mir, auf den Gang zu kommen. Ich wollte mich nach Jolanda umsehen. Dort traf ich auf einen Arzt, der mich ansprach und sich wunderte, daß ich schon auf den Beinen war. Ob er mich operiert hat? dachte ich.

Als könnte er meine Gedanken lesen, sagt er: "War ein verdammt langes Stück Gaze, das da in Ihrer Wunde steckte. Ich mußte einen langen Schnitt über dem Ellenbogen machen. War aber auch höchste Zeit! - Ein paar Stunden später hätten Sie es nicht mehr geschafft."

Ich wollte etwas sagen, aber er winkte ab und sagte mit einem Augenzwinkern: "Ist schon in Ordnung! Ich habe Ihr Soldbuch gesehen und weiß, warum Sie es gemacht haben."

Noch am gleichen Tag schlich ich mit zittrigen Knien die Treppe hinunter, um Jolanda zu besuchen. Es war für sie, als wäre ich von den Toten auferstanden. Jolanda wußte von den russischen Transporten und auch davon, daß es für viele das Todesurteil bedeutete. Vor Freude versprach sie mir, in den nächsten Tagen bei mir Maß zu nehmen, um mir aus einem vorrätigen Stoff eine Hose und aus einem Stück Leinen eine Jacke zu nähen. Dann sähe ich wieder wie ein richtiger Zivilist aus, sagte sie geheimnisvoll, so als würde sie schon mehr wissen.

21. Mai. Jolanda wußte tatsächlich mehr! Ich erfuhr, daß die Amerikaner die Auslieferung der deutschen Gefangenen wieder gestoppt hatten und sie in ihr eigenes Lager brachten, das sich nur 10 Kilometer von hier in Tepl befinden soll. Dort werden alle Gefangenen, die im Umkreis bis 20 Kilometer wohnten oder Adressen von Verwandten angeben konnten, schon nach einigen Tagen wieder entlassen. Jolanda schlug mir sogleich vor, daß ich jederzeit ihre Adresse oder die ihrer Eltern angeben könnte. Die Amis würden es nicht weiter kontrollieren, weil sie froh wären, die Lagerüberfüllung zu reduzieren.

3. Juni. Die Zeit ist mir wie im Fluge vergangen. Das Lazarett hat sich langsam geleert, und es sind nur noch wenige hier, die behandelt werden müssen. Das Essen ist auch besser geworden, aber wir erhalten keine Rauchwaren mehr. Einige Verwundete haben nach draußen Verbindung aufgenommen und bekommen ab und zu von den Deutschen amerikanischen Kippentabak zugesteckt, den sie an ihren Arbeitsstellen aus den Aschenbechern gesammelt haben.

Ich selbst habe nach und nach meine Kriegsorden bei den Amis gegen Lucky Strike, Camel oder Chesterfield Zigaretten eingetauscht. Die weißen und schwarzen Soldaten sind geradezu verrückt auf deutsche Orden, mit denen sie wahrscheinlich in den Staaten angeben wollen. Sie kamen sogar bis zu uns ins Lazarett und überschlugen sich in ihren Angeboten von Zigarettenstangen. Was sollte ich auch jetzt noch mit der Kriegs-Dekoration, die im Grunde für mich nie die große Bedeutung hatte wie für manch andere. Jetzt, wo der Krieg für uns verloren war, sind sie sowieso nur das Stück Blech wert, aus dem sie bestehen, und ich bekam immerhin noch ein paar Stangen Amizigaretten, die mir als starker Raucher halfen, eine böse Zeit leichter zu überbrücken.

5. Juni. In den letzten zwei Wochen traf ich mich mit Jolanda fast jeden Tag für eine kurze Zeit. Aber ich bemerkte, daß seit einigen Tagen irgend etwas zwischen uns stand. Sie erzählte mir, daß die Mädel aus ihrem Betrieb häufig von den amerikanischen Offizieren ins Casino eingeladen werden. Bisher wäre sie aber noch die einzige, die es ablehnte. Was soll ich ihr darauf antworten?
Inzwischen weiß ich, daß es die deutsche Bevölkerung hier verdammt schwer hat. Die Lebensmittel sind knapp, und sie werden von den Tschechen unterdrückt und gedemütigt. Die nennen das Wiedergutmachung! Viele wurden schon grundlos für irgend etwas beschuldigt und in ein Lager abtransportiert. Die amerikanischen Besatzer sind die einzigen, bei denen die Deutschen Schutz finden. Ist es nicht verständlich, daß sie sich an die Amerikaner halten?

Wenn sich Jolanda auch jetzt noch, vielleicht mir zuliebe, wehrt, mit ihren Kolleginnen mitzumachen, wird sie es auf die Dauer doch nicht durchhalten können, zumal ich ihr als Kriegsgefangener in einem fremden Land in keiner Weise helfen, allenfalls schaden könnte. Darum werde ich sie wohl bald verlieren. Der Krieg ist zwar offiziell beendet, aber er wird von uns noch weiterhin Opfer und Entsagung fordern. Doch heute hat mir Jolanda versprochen, in den nächsten Tagen die angefangene Hose und Leinenjacke fertigzunähen.

6. Juni. Die unangenehmen Dinge kommen meist überraschend. Gleich nach dem Frühstück eröffnete man mir, daß ich aus dem Lazarett entlassen und mit einigen anderen um die Mittagszeit von einem Lkw abgeholt werde. Er sollte uns in ein Gefangenenlager bringen. Ich konnte Jolanda nicht mehr persönlich erreichen und gab dem Sani einen Brief für sie mit. Meine Wunde war zwar zugeheilt, aber mein Arm war noch nicht voll gebrauchsfähig, und ich mußte zur Unterstützung eine Armbinde tragen. Der offene Lkw, auf den wir verfrachtet wurden, benötigte höchstens eine halbe Stunde bis zum Lager.

Eigentlich war das Lager nur ein stacheldrahtumzäuntes Stück Feld mit verdorrten Grasflächen, an dessen Umzäunung einige amerikanische Wachposten patrouillierten. Ich sah, wie sie ab und zu ihre halbaufgerauchten Kippen über den Zaun warfen und sich amüsierten, wenn einige verwahrloste Landser sich darauf stürzten und sie hastig weiterrauchten. Manche Landser standen dicht am Zaun und warteten förmlich auf die Kippen. Dann steckte sich der Posten genüßlich eine Zigarette an und warf sie bereits nach einigen Zügen provozierend auf die Erde und zertrat sie. Eine widerliche Geste von diesen Amis!

Ich wunderte mich über die große Anzahl gefangener Landser, denen hier niemand mehr ansah, welchen Dienstgrad sie einst bekleideten. Sie saßen entweder auf dem Boden oder standen mit stoppeligen und blassen Gesichtern herum und starrten ziellos ins Leere. Es war brütend warm, und die Sonne brannte erbarmungslos auf die Körper. Einige hatten sich die Kleider ausgezogen und andere, die wohl schon länger hier waren, saßen in einer Art Deckungslöcher, die sie mit Zeltbahnen und alten Decken verhangen hatten. Es ist zwar sehr heiß, aber besser so, als wenn es regnet, dachte ich. Andernfalls würde es hier wie in einer morastigen Wildschweinsuhle aussehen. Wir Neuen erhalten erst am Abend eine Suppe, die wir mangels Eßgeschirr aus einer alten Konservenbüchse schlürfen müssen, welche wir uns aus einem Abfallhaufen heraussuchen durften.

11. Juni. Ich habe wahrlich Glück, und es ist alles so gekommen, wie es Jolanda gesagt hatte. Jeden Tag werden viele Gefangene entlassen, die entweder in der von den Amerikanern besetzten Region ihren Wohnsitz haben oder dort eine Adresse von Verwandten angeben können. Für letztere ist es allerdings Bedingung, daß sie laut Soldbuch in den vom Russen besetzten Gebieten beheimatet sind. Da ich diesen Nachweis erbringen konnte, habe ich heute meinen Entlassungsschein erhalten und gehe nun mit einer Gruppe Entlassener an den schwarzen Wachsoldaten vorbei durch das Tor in die Freiheit hinaus.

Nach einigen Metern verhalte ich meinen Schritt und schaue noch einmal zurück auf die verdreckten und elend aussehenden Gestalten, die auf dem mit Erdlöchern und aufgeworfenen Wällen übersäten Feld kampieren. Erst jetzt kommt mir so richtig zum Bewußtsein, daß es für mich noch recht glimpflich abgelaufen ist. Ich danke Gott, daß ich meine Gefangenschaft so schnell hinter mich bringen konnte. Es war nicht nur der Unrat und Dreck oder das stupide Dahinvegetieren, viel schlimmer waren die Schmach und die Demütigungen, die ich von jedem miesen Wachsoldaten über mich ergehen lassen mußte.

Nun bin ich davon erlöst - ich bin frei! Und mit jedem Schritt, mit dem ich mich weiter vom Lager entferne, befreie ich mich um ein weiteres Stück von der drückenden Last, die in den letzten Wochen wie ein Alpdruck auf mir lag. Langsam schöpfe ich wieder neue Hoffnung, und ich betrachte meine Umgebung in einem neuen

Licht. Ich genieße die bunte Pracht der Blumen auf den weiten Wiesen, und ich spüre den harzigen Geruch der Tannenwälder, die links und rechts die Straßen säumen. Auch der Tag erscheint mir schöner. Der Himmel ist strahlend blau und es ist warm, der Wind fächelt uns eine erfrischende Kühlung zu.

An der nächsten Kreuzung löst sich unsere Gruppe auf. Wir marschieren danach einzeln oder zu mehreren in unterschiedlichen Richtungen weiter. Ich schließe mich zwei anderen an, die auch nach Marienbad wollen. Bereits am späten Nachmittag erreichen wir die ersten Häuser der Stadt.

In einer kleinen Parkanlage mit Bänken machen wir Rast. In der Nähe plätschert ein Rinnsal, das gerade ausreicht, um uns frisch zu machen. Danach sitze ich auf der Bank und denke daran, daß Jolanda überrascht sein wird, daß ich bereits nach wenigen Tagen entlassen wurde. Jetzt bin ich kein Soldat mehr. Und wenn ich die verdreckten Klamotten ausziehe, werde ich mich auch wieder wie ein zivilisierter Mensch fühlen. Ob Jolanda meine Hose und die Leinenjacke schon fertig hat?

Ich schaue auf meine alte Soldatenhose, die am unteren Ende ausgefranst ist. Sie paßt gar nicht mehr so recht zu den neuen, hellbraunen Schnürschuhen an meinen Füßen. Ich konnte froh sein, daß ich die neuen Schuhe damals noch in dem Depot erwischt habe - wer weiß, wann ich sonst wieder an neue Schuhe gekommen wäre.

Als ich gerade dabei bin, sie mit einem Lappen aus meiner Packtasche zu reinigen, fällt ein dunkler Schatten darauf. Ich schaue hoch und zucke zusammen. Vor mir steht ein tschechischer Soldat und bedeutet mir in gebrochenem Deutsch, ihm die neuen Schuhe zu geben. Als ich ihn einfach ignoriere und weggehen will, nimmt er seine russische Kalaschnikow von der Schulter und preßt mir den Lauf auf die Brust.

Ich sehe seine haßerfüllten Augen und weiß, daß er ohne zu zögern abdrücken würde. Ich bin sein Feind, und er ist der Sieger - ich gehöre ihm, und er kann mich sogar erschießen, wenn es ihm beliebt. Darum beeile ich mich, meine neuen Schuhe auszuziehen und sie ihm zu übergeben. Inzwischen hatte auch der Tscheche seine ausgelatschten und brüchigen Schnürschuhe ausgezogen und mir vor die Füße geworfen. Mit einem hämischen Grinsen zieht er meine Schuhe an und marschiert wieder weiter.

Am liebsten wäre ich diesem gemeinen Kerl nachgelaufen, um mir meine Schuhe wieder zurückzuholen. Aber er war bewaffnet und voller Rachegefühle. Mir bleibt daher nichts anderes übrig, als zähneknirschend seine alten Latschen anzuziehen, wollte ich nicht auf Socken herumlaufen. Die Begegnung mit dem tschechischen Milizsoldaten zeigt mir recht deutlich die Ohnmacht eines Verlierers und läßt mich ahnen, wie tief der Haß und das Verlangen nach Rache und Vergeltung in den Menschen steckt, die unsere Feinde waren.

Woina kaputt! Der flehende Wunsch vieler Menschen ist in Erfüllung gegangen, und der Krieg ist endlich zu Ende. Aber wird er auch in den Herzen der Menschen beendet sein? Wie lange wird es dauern, bis sie ihre Haß- und Rachegefühle überwunden haben, die jetzt noch wie schmerzhafte Dornen tief in ihrem Fleisch sitzen und tausendfach nach Vergeltung schreien?
Doch ich weiß, daß es unter ihnen auch Menschen gibt, die selbst angesichts des unmenschlichen Kriegsgeschehens ihre Feinde nicht haßten und ihnen menschlich nähergekommen waren. Und sie sind es, die mir neue Hoffnung geben!

Wenn sich gegenwärtig, und bereits über 50 Jahre nach dem unseligen Krieg, der angestrebte Wunsch nach einem friedfertigen Zusammenleben aller sich einst befehdenden Nationen weitgehend erfüllt hat, werden uns stets Millionen mahnender Kreuze daran erinnern, daß einst junge Menschen auf beiden Seiten in einem grausamen Krieg ihr kostbares Leben verloren haben, noch ehe es für sie richtig begann.

Die Kriegskameraden, die ich persönlich gekannt habe, werde ich niemals vergessen können. Sie werden mich stets daran erinnern, daß ich selbst mit Gottes Hilfe überleben durfte, und so die Verpflichtung übernehmen konnte, über sie und ihr Schicksal zu berichten.

Erläuterungen

Abprallgranaten	Erhöhte Splitterwirkung durch Detonation über dem Erdboden
Abteilung	Bataillon (traditionelle Bezeichnung ehemaliger Kavallerie-Einheiten)
Ari	Abkürzung für Artillerie
Do-Werfer	Deutscher Raketenwerfer, auch Nebelwerfer genannt
Eiserner Gustav	Gepanzerter russischer Illjuschin Schlachtflieger
Ferdinand	In geringer Stückzahl gebauter schwerer Kampfpanzer mit einer Spezialoptik und 8,8 cm Langrohrgeschütz
Flak - Fla	Flugabwehrkanone. Beim Heer Fla genannt
Geballte Ladung	Mehrere Handgranaten aneinandergekoppelt
Gewehrgranate	Wird vom Gewehr mit aufgesetztem Schießbecher verschossen
Goldfasan	Abwertend für braununiformierte NS-Führer
Haubitze	Feldgeschütz bis 13 km Schußweite
Hiwi	Abkürzung für Hilfswillige aus anderen Nationen
Hornisse	8,8 cm Pak auf Selbstfahrlafette
Hummel	Gepanzerte Haubitze auf Selbstfahrlafette
IG	Infanteriegeschütz
Kalaschnikow	Russische Maschinenpistole
Kapo	Unteroffizier
Kolchose	Große alleinstehende Gehöfte in der Weite Rußlands
lMG	Leichtes Maschinengewehr (MG 42 mit 1500 Schuß in der Min.)

MPi	Deutsche Maschinenpistole
MTW	Mannschaftstransportwagen mit 6 Mann und 1 Fahrer besetzt
Nationalkomitee freies Deutschland	Bestehend aus kommunistischen deutschen Emigranten. Nach Stalingrad auch aus deutschen Offizieren
Pak	Panzerabwehrkanone
Panther	Panzerkampfwagen mit 8,8 cm Geschütz
Rachel	Auch Balka genannt. Tiefe Bodeneinschnitte im Flachland
Ratschbum	Russisches Feldgeschütz, bei dem der Einschlag sofort nach dem Abschuß erfolgt
Schwadron	Kompanie (traditionelle Bezeichnung ehemaliger Kavallerie-Einheiten)
sMG	Schweres Maschinengewehr. Auf einer standfesten Lafette aufgesetztes MG mit einer optischen Zieleinrichtung versehen
Stabswachtmeister	Langgedienter Stabsfeldwebel im Unteroffiziersstand mit 3 Sternen
Stalinorgel	Gefürchtetes russisches Salvengeschütz Katjuscha
Stuka	Die deutsche Ju 87, der gefürchtete Sturzkampfbomber
Rittmeister	Hauptmann
Rollbahn-UvD	Leichtgebauter russischer Doppeldecker
Tiger	Moderner Panzerkampfwagen
T 34	Russischer Panzer
VB	Vorderster Beobachter (zumeist Artillerie)